uma agenda
para o **RIO** de **JANEIRO**

Mauro Osorio
Luiz Martins de Melo
Maria Helena Versiani
Maria Lúcia Werneck
(Orgs.)

uma agenda para o RIO de JANEIRO

ESTRATÉGIAS E POLÍTICAS PÚBLICAS PARA
O DESENVOLVIMENTO SOCIOECONÔMICO

FGV EDITORA   SINAVAL

Copyright © Mauro Osorio, Luiz Martins de Melo, Maria Helena Versiani, Maria Lúcia Werneck

Direitos desta edição reservados à
Editora FGV
Rua Jornalista Orlando Dantas, 37
22231-010 | Rio de Janeiro, RJ | Brasil
Tels.: 0800-021-7777 | 21-3799-4427
Fax: 21-3799-4430
editora@fgv.br | pedidoseditora@fgv.br
www.fgv.br/editora

Impresso no Brasil | *Printed in Brazil*

Todos os direitos reservados. A reprodução não autorizada desta publicação, no todo ou em parte, constitui violação do copyright (Lei nº 9.610/98).

Os conceitos emitidos neste livro são de inteira responsabilidade do(s) autor(es).

1ª edição — 2015

Coordenação editorial e copidesque

Revisão
Fátima Carone

Capa, projeto gráfico de miolo e diagramação
Ilustrarte Design e Produção Editorial

Imagens da capa
Vista aérea do Pão de Açúcar © Curioso / Shutterstock
Mapa antigo do Rio de Janeiro, século XIX © Nicku / Shutterstock

**Ficha catalográfica elaborada pela
Biblioteca Mario Henrique Simonsen/FGV**

Uma agenda para o Rio de Janeiro: estratégias e políticas públicas para o desenvolvimento socioeconômico / Orgs. Mauro Osorio...[et al.]. - Rio de Janeiro : FGV Editora, 2015.
392 p.

Em colaboração com Luiz Martins de Melo, Maria Helena Versiani, Maria Lúcia Werneck. Em parceria com Sinaval.
Inclui bibliografia.
ISBN: 978-85-225-1662-9

1. Políticas públicas – Rio de Janeiro (Estado). 2. Desenvolvimento econômico – Rio de Janeiro (Estado). 3. Desenvolvimento social – Rio de Janeiro (Estado). I. Osório, Mauro, 1955- . II. Fundação Getulio Vargas.

CDD – 330.98153

Sumário

Desafios para o desenvolvimento socioeconômico
do Rio de Janeiro   7
Mauro Osorio, Luiz Martins de Melo, Maria Helena Versiani,
Maria Lúcia Werneck

A questão metropolitana em perspectiva: o desafio de tornar
a periferia da RMRJ mais densa produtivamente e com
melhor infraestrutura básica   17
Bruno Leonardo Barth Sobral

O papel do setor petrolífero no desenvolvimento fluminense   45
Adilson de Oliveira, Hildete Pereira de Melo

O cluster marítimo do Rio de Janeiro: possibilidades e desafios   67
Floriano C. M. Pires Jr.

Complexo da economia da saúde no estado do Rio de Janeiro:
uma oportunidade de ampliar o desenvolvimento do estado?   117
Lia Hasenclever, Julia Paranhos

Especialização e dinamismo inovativo da indústria fluminense:
desafios e potencialidades para o desenvolvimento regional   143
Jorge Britto, José Eduardo Cassiolato, Israel Sanches Marcellino

Turismo e sustentabilidade: contexto, obstáculos
e potencialidades no estado do Rio de Janeiro 197
Renata Lèbre La Rovere, Marta de Azevedo Irving,
Marcelo Augusto Gurgel de Lima

Esporte e lazer 229
Luiz Martins de Melo

Finanças públicas do estado e dos municípios do Rio de Janeiro 251
Paula Alexandra Nazareth, Marcos Ferreira da Silva, Nina
Quintanilha Araújo

Rio de Janeiro: potencial para se tornar a plataforma logística
do Brasil 291
Riley Rodrigues de Oliveira

Visão sistêmica para desenvolver a política de mobilidade urbana 325
Fernando Mac Dowell

Violência e polícia: o que aconteceu com o Rio de Janeiro 345
Silvia Ramos

Sobre os autores 389

Desafios para o desenvolvimento socioeconômico do Rio de Janeiro

Mauro Osorio
Luiz Martins de Melo
Maria Helena Versiani
Maria Lúcia Werneck

ESTE LIVRO OBJETIVA contribuir para a constituição de uma agenda de políticas públicas de fomento ao desenvolvimento socioeconômico do estado do Rio de Janeiro. Entendemos que sua relevância ocorre pelas janelas de oportunidades existentes hoje no estado, no âmbito econômico; pelos problemas de infraestrutura que atingem a região; pelas dívidas sociais que o estado acumula; e pela carência de reflexão regional e sobre estratégias de encadeamento e adensamento da estrutura produtiva fluminense.

A carência de reflexão sobre o estado e a cidade do Rio de Janeiro está em essência relacionada à trajetória nacional da região. Como aponta Carlos Lessa (2000) no livro *Rio de todos os Brasis*, a cidade do Rio já nasceu como um espaço nacional: porto, principal eixo logístico brasileiro e centro militar.

Com a transferência da capital de Salvador para a cidade do Rio de Janeiro, em 1763, e a chegada da família real em 1808, o Rio consolidou sua trajetória nacional.

Nesse caminho, constituiu-se também como o eixo da capitalidade brasileira, conforme o conceito desenvolvido pelo historiador de arte e ex-prefeito de Roma, Giulio Argan (1964). Segundo Argan, todo país do mundo possui uma cidade que é a sua referência internacional. Nesse sentido, quando, por exemplo, se pensa nos Estados Unidos, se pensa em Nova York, e não em Washington. Quando se pensa na Austrália, a primeira referência que vem à mente é Sydney, e não Camberra.

É nessa perspectiva que a historiadora Marly Silva da Motta (2001:24), com base no conceito de capitalidade de Giulio Argan, define as cidades-capitais "como o lugar da política e da cultura, como núcleo da sociabilidade intelectual e da produção simbólica, representando, cada uma a sua maneira, o papel de foco da civilização, núcleo da modernidade, teatro do poder e lugar de memória".

A história de eixo logístico nacional, de capital e de capitalidade do Rio de Janeiro influenciou para que se desenvolvessem fortemente na região reflexões sobre a trajetória do país e sua inserção internacional, mais do que sobre suas especificidades regionais.

Simbólico dessa trajetória é que a única universidade federal existente no Brasil até o golpe de 1964, que se chamava Universidade do Brasil, instalou-se na cidade do Rio. Além disso, enquanto em São Paulo os dois jornais mais tradicionais se chamam *Estado de S. Paulo* e *Folha de S. Paulo*, e, em Minas Gerais, o jornal mais tradicional é o *Estado de Minas*, no Rio, o jornal de maior influência é *O Globo*, e até recentemente tínhamos também a presença marcante do *Jornal do Brasil*.

A particular priorização das questões nacionais, na cidade e no estado, também é consequência da forma como se constituiu a institucionalidade política na cidade do Rio de Janeiro.

Em nossa cidade, ao contrário das demais capitais de estados brasileiros, no período republicano, até 1960, nunca ocorreu eleição direta para prefeito. Além disso, a Câmara Municipal do Rio, no decorrer dessa fase, possuía menor poder que as demais câmaras municipais do país, pois não lhe era facultado analisar os vetos do prefeito às leis por ela votadas.

Os vetos às leis municipais cariocas, inclusive referentes ao orçamento da cidade, eram analisados pelo Senado Federal.[1]

Ou seja, além da história de capital e de capitalidade, a institucionalidade local da cidade do Rio de Janeiro também contribuiu para a carência de reflexões regionais, tendo em vista o menor peso do debate político local na região.

Essa história e as permanências culturais levam a que, até os dias atuais, a despeito de iniciativas pessoais e institucionais específicas, exista muito pouca reflexão continuada sobre a cidade e o estado, principalmente no campo econômico e das políticas públicas.

Um exemplo é o fato de que, especificamente nos programas de mestrado e doutorado em economia oferecidos por instituições acadêmicas da Região Metropolitana do Rio de Janeiro, não encontramos linhas oficiais de pesquisa em economia fluminense e/ou regional.

Essa carência de reflexões, ao lado da mudança da capital federal para Brasília, em 1960 — tendo em vista o dinamismo socioeconômico que sua presença no Rio gerava para a cidade e mesmo para o conjunto do estado —, contribuiu para que o estado do Rio de Janeiro e suas regiões de governo[2] passassem por uma forte decadência, do ponto de vista econômico, social, de infraestrutura urbana e de serviços públicos no âmbito municipal e regional.

Isso pode ser verificado, por exemplo, pelo fato de que, a partir dos anos 1970, quando se consolidou a transferência da capital federal para Brasília, o estado do Rio passou a apresentar expressiva perda de participação no PIB nacional. Entre 1970 e 2012, apresentou a maior perda entre todas as unidades federativas, tendo passado de 16,7% em 1970 para 11,5% em 2012 (IBGE).

Na mesma direção, entre 1985 e 2013, o estado do Rio de Janeiro apresentou um crescimento do emprego formal de apenas 71,5%, contra um crescimento de quase o dobro no total do país, 138,9% (dados sobre em-

---

[1] Sobre o assunto, ver Osorio (2005).
[2] O estado do Rio de Janeiro é dividido oficialmente nas seguintes Regiões de Governo: Metropolitana; Baixadas Litorâneas; Norte; Noroeste; Serrana; Médio Paraíba; Centro-Sul; e Costa Verde.

prego formal constantes da série mais longa disponibilizada pela Relação Anual de Informações Sociais (Rais)/Ministério do Trabalho e Emprego). Registre-se que, nesse período, o crescimento do emprego formal no estado do Rio de Janeiro foi o menor entre todas as unidades federativas brasileiras.

Por esse motivo, em termos de empregos formais na indústria de transformação, entre 1985 e 2013, o estado do Rio de Janeiro passou da 2ª posição — atrás apenas do estado de São Paulo — para a 6ª posição, tendo sido ultrapassado pelos estados de Minas Gerais, Paraná, Rio Grande do Sul e Santa Catarina. Quanto ao número de empregos formais no total de atividades econômicas, o estado do Rio de Janeiro também foi ultrapassado, no mesmo período, por Minas Gerais, caindo da 2ª para a 3ª posição entre as unidades federativas brasileiras. Nesse processo de perda de participação na economia nacional, a economia fluminense ficou em boa medida "oca",[3] apresentando pouca densidade, o que levou a uma diminuição de sua base econômica para arrecadação. Em 2004, o estado de Minas Gerais ultrapassou o Rio de Janeiro em termos de arrecadação de ICMS (Confaz/MF), o que se mantém até os dias atuais.

Do ponto de vista social e dos serviços públicos, a degradação ocorrida nas últimas décadas, no campo estadual e das municipalidades do Rio de Janeiro, pode ser verificada, por exemplo, através dos últimos dados disponíveis do Índice de Desempenho do Sistema Único de Saúde (IDSUS), do Ministério da Saúde, organizados para o ano de 2011. Nesse indicador, o Rio de Janeiro aparece apenas na 25ª posição entre todos os estados brasileiros.

No que diz respeito à gestão municipal, os indicadores de saúde também não são bons. De acordo com os últimos dados do Índice Firjan de Desenvolvimento Municipal-Saúde, relativos ao ano de 2011, verifica-se que, em um ranking dos 1.668 municípios da região Sudeste, apenas dois municípios fluminenses aparecem entre os 100 primeiros colocados: Quissamã, na 30ª posição, e Angra dos Reis, na 43ª posição. Entre a 100ª e 500ª posição, encontramos 20 municípios fluminenses. Entre a 500ª e

---

[3] Sobre o assunto, ver Sobral (2013).

1.000ª posição, 28 municípios fluminenses, sendo que a maior proporção de municípios, 42, aparecem além da 1.000ª posição.

Na região metropolitana, não encontramos nenhum município até a 100ª posição; apenas dois até a 500ª posição: Niterói, na 343ª posição, e a cidade do Rio, na 434ª posição; e sete municípios entre a 500ª e 1.000ª posição. Os 12 demais municípios encontram-se além da 1.000ª posição.

O estado apresentou melhoria nos últimos anos na área de educação. Na avaliação do ensino médio público dos estados brasileiros, feita pelo Ministério da Educação/Ideb, o estado do Rio passou de uma nota média de 2,8, em 2009, para 3,6 em 2013. No entanto, a média obtida pelo estado em 2013 ainda é bem inferior à média considerada internacionalmente boa, que é 6,0 ou mais. Além disso, uma parte da melhoria da nota média no estado do Rio ocorreu por uma limpeza de cadastro e melhor fiscalização, pois muitas pessoas se inscreviam no ensino médio apenas para ter direito à gratuidade de transporte. Por último, apenas 7,6% dos 513 mil alunos da rede estadual estudam em horário integral,[4] ou seja, ainda existem muitos desafios no ensino médio fluminense.

De acordo com os últimos dados do Ideb para os alunos de 1ª a 5ª série da rede pública do ensino fundamental, relativos ao ano de 2013, verificamos que, em um ranking dos 1.632 municípios avaliados da região Sudeste, os 92 municípios fluminenses aparecem muito mal posicionados. Entre os 500 primeiros colocados, encontramos apenas dois municípios fluminenses: Comendador Levy Gasparian (235ª posição) e Paty do Alferes (423ª posição). Além da milésima posição, estão 80 dos 92 municípios fluminenses. Sobre esse ponto, é importante ainda ressaltar que, dos 21 municípios da Região Metropolitana do Rio de Janeiro, 19 encontram-se abaixo da 1500ª posição.

No mesmo sentido, quando analisamos os dados sobre a juventude, com base no Censo de 2010, do IBGE, verificamos, que, no estado do Rio, ainda existe um percentual absurdamente alto de jovens, entre 18 e 24 anos de idade, sem estudar nem trabalhar — os chamados "nem-nem" —,

---

[4] Dados publicados no jornal *O Globo*, 26/set./2014, p. 11.

de 28,96%, o que totaliza escandalosos 518.612 jovens sem estudar nem trabalhar no conjunto do estado.

Com relação aos "nem-nem", deve-se ressaltar que existe uma especificidade territorial. Os piores indicadores na cidade do Rio de Janeiro encontram-se na região Suburbana e na Zona Oeste. Nas regiões administrativas do Jacarezinho, Santa Cruz, Bangu, Guaratiba, Complexo do Alemão e Penha, os percentuais de "nem-nem" atingem, respectivamente: 38,8%, 38,4%, 35,1%, 33,0%, 32,9%, e 32,5%.

Da mesma forma, o percentual médio de "nem-nem" na periferia metropolitana do Rio — todos os municípios excluindo-se a cidade do Rio de Janeiro —, em 2010, foi de 32,1%, atingindo o elevado número de 207.118 jovens — sendo que, em Japeri, este percentual atingiu absurdos 40,6%.

Também do ponto de vista territorial, análises realizadas pelo Observatório de Estudos sobre o Rio de Janeiro, vinculado ao Programa de Mestrado da Faculdade Nacional de Direito/UFRJ, mostram que, entre as oito regiões de governo do estado do Rio de Janeiro, os piores indicadores sociais, de infraestrutura e econômicos são os da região metropolitana, apesar do Noroeste do estado apresentar o menor PIB *per capita*, de acordo com dados do IBGE para o ano de 2012.

A partir de período recente, a economia do estado do Rio de Janeiro apresentou melhorias e se aproximou da trajetória nacional. Ocorreram melhorias também no campo da gestão pública, e diversas janelas de oportunidades se abrem para uma maior dinamização econômica e o adensamento produtivo do estado, principalmente em torno dos complexos de petróleo e gás; de turismo, entretenimento, cultura, mídia, esporte e lazer; e da economia da saúde.

No período entre 2008 e 2013, o estado apresentou um crescimento do emprego formal de 23,6% contra 20,8% na região Sudeste e 24,1% no Brasil.

No entanto, para a geração de um círculo virtuoso, com base no maior dinamismo econômico já apresentado e nas janelas de oportunidade existentes, é necessário ampliar a reflexão sobre o estado do Rio e aprimorar a estratégia de fomento ao desenvolvimento econômico, visando adensar a estrutura produtiva e a base de arrecadação de impostos estaduais. O atual cenário de queda do preço do petróleo, queda da receita de *royalties* do governo do estado, e a perspectiva de menor receita de *royalties* a médio e longo prazo, pela menor participação do estado do Rio de Janeiro nos *royalties* obtidos com base na extração do pré-sal, reforça a necessidade de adensamento produtivo.

É necessário também definir com maior clareza as prioridades de políticas públicas e buscar a integração de políticas setoriais, seja no âmbito estadual, no âmbito de cada município, ou na articulação entre as políticas estaduais e municipais e destas com as iniciativas federais no estado.

A importância de se estabelecer uma coordenação de políticas em uma estratégia de desenvolvimento é bem expressa na tese de livre-docência do professor da Unicamp, Wilson Cano (1985:47):

> Na maior parte dos casos, os grandes problemas nacionais são tratados de forma isolada (...). Assim, são feitos estudos e proposições sobre a questão [fundiária], urbana, regional, saneamento, habitação, e outros. (...) Alguns autores parecem não se dar conta de que estão tentando solucionar problemas parciais sem levar em conta o fato de que fazem parte de um todo, mais ainda, parecem ignorar que tais problemas comumente se originam em outra área do campo social que pode, inclusive, imprimir-lhe uma dinâmica própria.

Assim, para a organização de uma estratégia de fomento ao desenvolvimento socioeconômico e a integração das políticas públicas estaduais e municipais, é necessário institucionalizar uma cultura de planejamento no governo do estado e nas prefeituras fluminenses.

No âmbito das prefeituras, praticamente inexiste, de fato, uma estrutura de planejamento e de base de dados municipais. Mesmo a Prefeitura do Rio de Janeiro não possui uma Secretaria de Planejamento, mas somente uma área, na Casa Civil, para definição e acompanhamento de uma carteira de projetos.

No âmbito do governo do estado, existe uma Secretaria de Planejamento e Gestão que, nos últimos oito anos, aprimorou a gestão de pessoal

— registre-se que o sistema de informática utilizado na área de recursos humanos ainda era de 1974, instalado na gestão do almirante Faria Lima! — e modernizou a estrutura orçamentária. No entanto, apesar da realização de alguns concursos para gestores públicos e da ampliação da área de planejamento, não existiu de fato, no último governo, uma adequada coordenação de políticas. Até porque uma parcela importante dos projetos estratégicos do governo do estado foi administrada no âmbito da Casa Civil, no mesmo padrão organizacional verificado na Prefeitura do Rio de Janeiro.

Além disso, a máquina pública do estado do Rio de Janeiro, no curso do processo de decadência socioeconômica pelo qual o estado passou, sofreu forte desestruturação com o envelhecimento de seu quadro de pessoal. Nos últimos oito anos, uma política de concursos públicos foi retomada. O Detran-RJ, por exemplo, teve recentemente o primeiro concurso público de toda a sua história. No entanto, essa política ainda é bastante tímida em diversas áreas de atuação do governo do estado. O número de engenheiros do quadro estadual, por exemplo, diminuiu nos últimos 30 anos, o que tem levado a atrasos no desenvolvimento de projetos de engenharia e obras. A Fundação Ceperj, que, em tese, deveria cumprir o papel de um IBGE estadual, trabalha de forma bastante precária com apenas um estatístico e um cartógrafo em seu quadro permanente de pessoal.[5]

Nesse sentido, tendo em vista o cenário traçado, este livro reúne um conjunto de artigos que têm o Rio de Janeiro como objeto privilegiado de análise e que sistematizam proposições com o objetivo de contribuir para a constituição de uma agenda de políticas públicas de desenvolvimento socioeconômico para o estado.

Desejamos uma boa leitura a todos!

---

[5] A esse respeito, cabe registrar que a Assembleia Legislativa do Estado do Rio de Janeiro aprovou, no segundo semestre de 2014, com base em proposta encaminhada pelo governo, a realização de um concurso público para a Fundação Ceperj.

Bibliografia

ARGAN, Giulio. *L'Europe des capitales*. Genebra: Albert Skira, 1964.

CANO, W. *Desequilíbrios regionais e concentração industrial no Brasil*: 1930-1970. São Paulo: Global Editora; Campinas: Editora da Unicamp, 1985.

LESSA, Carlos. *O Rio de todos os Brasis*: uma reflexão em busca de autoestima. Rio de Janeiro: Record, 2000.

MOTTA, Marly Silva da. *Rio de Janeiro:* de cidade-capital a Estado da Guanabara. Rio de Janeiro: ALERJ, 2001.

OSORIO, Mauro. *Rio local, Rio Nacional*: mitos e visões da crise carioca e fluminense. Rio de Janeiro: Editora Senac, 2005.

_____; VERSIANI, Maria Helena. O papel das instituições na trajetória econômico-social do estado do Rio de Janeiro. *Cadernos do Desenvolvimento Fluminense* (Fundação CEPERJ), Rio de Janeiro, n. 2, julho. 2013.

_____. Planejamento e estratégia socioeconômica para o estado do Rio de Janeiro. *Petróleo, Royalties & Região* (Mestrado em Planejamento Regional e Gestão de Cidades da Universidade Cândido Mendes), Campos dos Goytacazes, Ano XI, n. 45, set. 2014, p. 16-20.

SOBRAL, B. *Metrópole do Rio e projeto nacional:* uma estratégia de desenvolvimento a partir de complexos e centralidades no território. Rio de Janeiro: Garamond, 2013.

A questão metropolitana em perspectiva:
o desafio de tornar a periferia da RMRJ mais densa produtivamente e com melhor infraestrutura básica

Bruno Leonardo Barth Sobral

o crescimento urbano desordenado, a especulação, a "privatização" dos serviços públicos, as crescentes distâncias entre os assentamentos urbanos de baixa renda e o centro urbano (...) transformaram o "caos urbano" em "arrebentação urbana", tanto em termos da expansão física como do descompasso financeiro [Cano, 2011:114].

A QUESTÃO METROPOLITANA é um tema fundamental para a discussão do desenvolvimento do estado do Rio de Janeiro em sua totalidade. Contudo, o enfrentamento vem sendo irrisório, com um vazio institucional ainda não superado. Diante disso, a estratégia política tende a ser lastreada pela mera mercantilização de alguns locais privilegiados para a aplicação de grandes capitais, deixando escamoteados os problemas que persistem em escala ampliada e agravam as disparidades gritantes para a periferia.

Nos anos mais recentes, publicações de referência têm oferecido um conjunto de diagnósticos dessa economia metropolitana. Em particular, destacam-se as pesquisas capitaneadas por Mauro Osorio, que vem consolidando uma interpretação sobre o tema (Osorio, 2011a; 2011b). A colaboração do autor do presente artigo em algumas dessas pesquisas possibilitou desdobramentos em trabalhos individuais anteriores (Sobral, 2013a; 2013b). Assim, torna-se importante dar sequência ao esforço de análise para ampliar o debate.

Algumas características estruturais que conferem singularidade para a questão metropolitana fluminense serão analisadas, indicando que, nas devidas proporções, a gravidade de seus problemas chega a ser maior do que em outros espaços metropolitanos importantes (como as regiões metropolitanas de São Paulo e Belo Horizonte). Na primeira seção, serão discutidos os traços principais da base econômica e sua dinâmica recente, a fim de ressaltar o desafio de fortalecimento produtivo. Nas duas seções seguintes, serão abordados alguns indicadores sociais e de infraestrutura, bem como dados referentes às administrações públicas. Nesse sentido, buscou-se inserir os problemas econômicos em uma perspectiva mais ampla de desenvolvimento social e maior capacidade de atuação do estado.

Espera-se chamar atenção para a gravidade da questão metropolitana fluminense e para a necessidade de políticas específicas se tornarem prioridades em um planejamento integrado.

Algumas características decisivas do "vazio produtivo" relativo na periferia da Região Metropolitana do Rio de Janeiro (RMRJ)

Em perspectiva histórica, o desempenho da economia do estado do Rio de Janeiro é preocupante. Entre 1985/2012, a expansão do emprego formal total foi a mais baixa entre todas as unidades da federação. Conforme a tabela 1, segundo dados da Rais, sua variação foi de 66,9%, resultado que representa menos da metade da média nacional, 131,6%. Cabe assinalar que esse desempenho só não foi pior diante da elevada expansão da indústria extrativa mineral, puxada pela exploração de petróleo e gás natural. Este último foi o único macrossetor a ter uma variação superior à média nacional (respectivamente, 196,4% e 65,9%).

TABELA 1
Variação percentual do total de empregos formais segundo Setores do IBGE por regiões metropolitanas do RJ, SP e BH, principais regiões metropolitanas, estado do Rio de Janeiro, Interior fluminense, Sudeste e Brasil (1985-2012)

Unidades territoriais	Agropecuária	Extr. mineral	Ind. transf.	Siup	Constr. civil	Comércio	Serviços	Adm. pública	Total
Periferia RMSP	310,8	56,3	-0,2	389,7	472,5	390,0	256,6	313,0	122,2
Periferia RMBH	261,3	28,5	127,6	173,8	509,4	656,8	342,8	399,4	261,2
Periferia RMRJ	24,3	137,3	35,8	89,2	778,8	185,5	196,3	133,6	156,6
Município do Rio de Janeiro	-15,2	100,3	-38,2	5,5	80,3	74,9	61,8	1,7	31,8
RMSP	148,4	11,3	-22,8	19,6	145,7	193,4	166,0	56,7	78,6
RMBH	201,3	15,9	82,8	29,7	103,4	239,9	168,0	79,1	126,6
RMRJ	1,5	107,5	-22,5	12,8	149,1	101,0	79,8	15,4	50,9
Estado do RJ	145,6	196,4	-10,7	23,0	173,0	126,7	92,8	35,6	66,9
Sudeste	243,2	77,1	22,8	46,5	190,8	216,7	148,0	80,7	108,1
Brasil	339,0	65,9	56,3	44,5	229,8	251,7	167,3	103,3	131,6

Fonte: Rais/MTE.

Em um contexto de desindustrialização nacional, o grau de enfraquecimento de sua estrutura produtiva superou os efeitos mais gerais da "crise estrutural brasileira" (Cano, 2011 e 2014). No mesmo período, é revelador a redução de 10,7% do emprego formal na indústria de transformação, enquanto houve uma expansão de 56,3% na média nacional. Como consequência, a indústria de transformação fluminense deixa de ser a segunda para se tornar a sexta mais empregadora do país, ficando atrás de Minas Gerais, Rio Grande do Sul, Paraná e Santa Catarina. Como mostra a tabela 2, isso não se refere apenas a uma perda de competitividade relativa, mas a uma retração real do nível de empregos, ao contrário dos demais casos (entre 1985 e 2012, redução de 520.334 ocupações para 464.796 ocupações).[1]

TABELA 2

Número de empregos formais e posição entre as unidades federativas para a indústria de transformação (1985 e 2012)

Estados	1985		2012	
	Nº empregos	Posição	Nº empregos	Posição
Minas Gerais	392.529	4	841.694	2
Rio de Janeiro	520.334	2	464.796	6
São Paulo	2.492.802	1	2.820.813	1
Rio Grande do Sul	502.318	3	733.387	3
Paraná	235.514	6	678.080	4
Santa Catarina	286.345	5	641.212	5

Fonte: Rais/MTE.

Retomando a tabela 1, nota-se que a especificidade do problema envolve uma questão metropolitana. Entre 1985 e 2012, a expansão do emprego total para a periferia da RMRJ é maior do que para a periferia da RMSP e a média nacional (respectivamente, 156,6%, 122,2% e 131,6%). Contudo, esse desempenho não se deveu à indústria de transformação, cuja geração de empregos foi abaixo da média nacional (respectivamente, 35,8%, 56,3%). Nesse período, a expansão mais notável foi na construção civil, com uma variação de 778,8%.

Chama atenção que, no mesmo período, a evolução do emprego formal na indústria de transformação para a periferia da RMRJ é positiva (35,8%), ao contrário do resultado para o município do Rio de Janeiro, a RMRJ e a média estadual (respectivamente, -38,2%, -22,5% e -10,7%). Contudo, é importante ter cautela com os efeitos em termos de descon-

---

[1] Parte desse fenômeno se explica pela tendência de especialização estrutural verificada por Sobral (2013a). Nas últimas décadas, vem ocorrendo uma expressiva concentração da estrutura industrial fluminense em atividades menos intensivas em mão de obra, a saber: cada vez mais especializada na produção de *commodities* e redução do peso relativo da produção de bens tradicionais.

centração produtiva regional. O município do Rio de Janeiro tem mais empregos formais e número de estabelecimentos na indústria de transformação que toda a periferia da RMRJ. Respectivamente, 191.917 ocupações e 7.168 unidades, perante 113.813 ocupações e 4.872 unidades. Além disso, uma grave diferença da periferia da RMRJ para as periferias das RMBH e RMSP seria o menor peso da indústria de transformação no emprego total. Conforme a tabela 3, em 2012, essa participação relativa na periferia da RMRJ (12,6%) era menos que a metade do peso nas periferias da RMSP (26,4%) e da RMBH (29,7%).

TABELA 3
Participação percentual de cada setor do IBGE no total de empregos, nas regiões metropolitanas do RJ, SP e BH, estado do Rio de Janeiro, Sudeste e Brasil (2012)

Municípios	Agro-pecuária	Extr. mineral	Ind. transf.	Sup	Constr. civil	Comércio	Serviços	Adm. pública	Total
Belford Roxo	0	0	8,2	0,3	6,4	24,5	29,2	31,4	100
Cachoeiras de Macacu	8,3	0,4	14,3	2,7	2,1	19,1	23,7	29,5	100
Duque de Caxias	0	0,2	18,4	0,3	3,7	23,9	43,6	9,8	100
Guapimirim	2,3	0,3	15,5	1,3	1,5	32,4	20,6	26,1	100
Itaboraí	0,5	0,2	11,8	0,2	37,4	16,7	23,5	9,9	100
Itaguaí	0,3	1	7	0,1	34,3	13,4	19,8	24	100
Japeri	0,1	0,7	11,6	1,8	3,8	19,2	11,9	50,9	100
Magé	0,2	0,9	11,1	1,3	6	31,1	21,3	28	100
Maricá	0,7	0,6	9,2	0,1	2,6	33,8	32	21	100
Mesquita	0	0	9,4	0	2,6	18,4	54,8	14,8	100
Nilópolis	0	0	7,5	0	3,8	26,4	36,3	26,1	100
Niterói	0,2	0,7	9,5	2,3	6,1	19,6	55,3	6,3	100
Nova Iguaçu	0,1	0,2	12,7	0,3	3,2	30,6	32,5	20,4	100
Paracambi	0,7	0,1	16,6	0	2,1	29,3	20	31,3	100
Queimados	0	0,4	25,7	0,1	39,9	12,6	12,9	8,3	100

(cont.)

Municípios	Agro-pecuária	Extr. mineral	Ind. transf.	Siup	Constr. civil	Comércio	Serviços	Adm. pública	Total
Rio Bonito	2	0,1	8,2	0	12,6	15,2	49,8	12	100
São Gonçalo	0,2	0,1	13,5	1	5,2	30,9	37,1	12	100
S.J. de Meriti	0	0	8,9	0,1	1,5	30	48,2	11,3	100
Seropédica	0,3	4	10,3	0,6	7,4	14,4	38,6	24,4	100
Tanguá	1,9	3	14,9	0,4	6,2	18,3	29,7	25,5	100
Periferia RMRJ	**0,3**	**0,4**	**12,6**	**0,8**	**8,5**	**23,8**	**39,6**	**14**	**100**
Periferia RMSP	0,3	0,2	26,4	0,8	4,5	19,7	40,2	7,8	100
Periferia RMBH	1	2,4	29,7	0,3	7,3	20,9	27,5	11	100
Município do Rio	**0,1**	**0,5**	**7,5**	**1,7**	**5,6**	**16,6**	**49,4**	**18,6**	**100**
RMRJ	**0,1**	**0,5**	**8,8**	**1,5**	**6,4**	**18,5**	**46,8**	**17,4**	**100**
RMSP	0,2	0,1	15,8	0,7	5,5	18,4	45,4	14	100
RMBH	0,5	0,9	12,7	1,3	9,2	16	39,2	20,3	100
Estado do RJ	**0,5**	**1,1**	**10,4**	**1,4**	**6,4**	**19,1**	**43,7**	**17,3**	**100**
Região Sudeste	2,7	0,6	17,6	0,9	5,7	19,6	38,4	14,3	100
Total	3,1	0,5	17,2	0,9	6	19,4	34,1	18,8	100

Fonte: Rais/MTE

Cabe assinalar que a maioria das ocupações da periferia da RMRJ é referente ao setor serviços. Em 2012, essas atividades correspondiam a 39,6% do total de empregos formais (já excluindo o peso do comércio e da administração pública). Em vez de refletir vantagens competitivas, Ribeiro (1999:15) alertou que: "a economia fluminense vem historicamente apresentando sinais de uma terciarização[2] deformada por não re-

---

[2] Não confundir com terceirização, fenômeno de natureza distinta associado à estratégia empresarial. Terciarização se refere ao "inchamento" do setor de serviços (terciário) diante dos limites encontrados para a incorporação de mão de obra disponível na estrutura produtiva com o aumento da base urbana regional. Cabe lembrar que se fosse considerado o apreciável contingente de emprego "informal", o peso do setor de serviços verificado seria ainda mais acentuado.

fletir o avanço de uma divisão do trabalho, nem em nível metropolitano e tampouco regional (...)". Parte desse fenômeno se explica por se tratar, em grande maioria, de serviços não indutores.[3] Nesse sentido, o fenômeno reflete a menor estruturação de complexos logístico-produtivos no território, o que poderia articular uma dinâmica intersetorial mais consistente, tendo como núcleo dinâmico o entrelaçamento de diversos encadeamentos econômicos.

Ainda segundo a tabela 3, em 2012, todos os municípios da periferia da RMRJ possuíam menos de 20% do total de empregos formais na indústria de transformação, com exceção de Queimados (25,7%). Somente quatro municípios possuem um número mais expressivo de empregos formais na indústria de transformação: Duque de Caxias (31.899), Niterói (17.868), São Gonçalo (15.092) e Nova Iguaçu (12.794). Da mesma forma, no mesmo ano, esses quatro municípios são aqueles com maior número de estabelecimento em 2012, respectivamente: 1.046 unidades, 588 unidades, 866 unidades e 476 unidades.

Cabe assinalar que as principais especializações envolvem basicamente atividades dos complexos metalomecânico e químico-farmacêutico, inclusive com um conjunto de empreendimentos de porte em operação ou em fase de instalação, mas sem configurar setores líderes para as respectivas economias locais que permanecem dominadas por um conjunto de serviços não indutores (exemplo: comércio varejista). Segundo Britto (2010), a rigor, a periferia da RMRJ só possui identificados dois arranjos produtivos locais (APLs): petroquímica, química e plástico, em um área que envolve Duque de Caxias e Belford Roxo; e indústria naval, em Niterói.

---

[3] Sobral (2013a) apontou que a estrutura do setor terciário fluminense está mais voltada para prestação de serviços sociais e pessoais do que serviços produtivos, tecnológicos e de distribuição.

De modo geral, as especializações econômicas na RMRJ não são fruto de algum transbordamento e acessibilidade a um "polo de desenvolvimento" (Perroux, 1967), permanecendo, basicamente, insuladas. Por conseguinte, essas especializações ainda se encontram fragmentadas, sem impor sua lógica de valorização produtiva a ponto de ancorar um sistema econômico consolidado, com crescentes vantagens para geração de novos empreendimentos.

Mesmo no período mais recente (2000-2012), a tabela 4 mostra que a taxa de crescimento do número de estabelecimentos para o total do setor industrial foi bem menor na periferia da RMRJ do que nas periferias da RMSP e da RMBH (respectivamente, 28,0%, 39,0% e 64,9%). Como teve o maior crescimento do número de grandes estabelecimentos entre os casos analisados (respectivamente, 266,7%, 57,5% e 264,7%), o pior resultado para o total de estabelecimentos se deve ao descompasso das unidades de portes menores. Diante de um tecido econômico menos estruturado, o desempenho de megaempreendimentos na periferia da RMRJ não está articulado significativamente a um cinturão de micros, pequenas e médias empresas fornecedoras. É preciso ter claros os limites em termos de oportunidades de trabalho próximas ao local de moradia na RMRJ, pois geralmente as unidades de menor porte são intensivas em mão de obra.

Especificamente, as oportunidades de emprego qualificado e de maior remuneração são restritas na periferia da RMRJ. Quanto ao nível de escolaridade no setor privado, segundo a Rais, em 2012, boa parte dos empregados formalmente possuíam o médio completo (46,70%). Em ocupações de nível superior completo, a participação no emprego total foi somente de 8,76%. Esse valor é menor que os resultados para a periferia da RMSP, para a periferia da RMBH e que a média nacional (respectivamente, 12,87%, 10,72% e 11,74%). Entre os municípios, o grande destaque foi Niterói (12,54%). Contudo, em todos os casos, os resultados foram inferiores ao município do Rio de Janeiro (17,76%).

TABELA 4

Variação do número de estabelecimentos no setor industrial por tamanho de empresa nas periferias das regiões metropolitanas do RJ, SP e BH, estado do Rio de Janeiro, Sudeste e Brasil (2000-2012)

Unidades territoriais	Micro-estabelecimento	Pequeno estabelecimento	Médio estabelecimento	Grande estabelecimento	Total
Periferia RMRJ	**25,6**	**37,1**	**38,8**	**266,7**	**28,0**
Periferia RMSP	37,0	47,6	29,3	57,5	39,0
Periferia RMBH	63,4	71,4	47,8	264,7	64,9
RMRJ	**15,4**	**18,4**	**9,4**	**126,2**	**16,1**
RMSP	20,4	32,2	20,6	42,7	22,5
RMBH	31,7	43,3	39,5	250,0	34,0
Estado do Rio de Janeiro	**25,1**	**34,2**	**29,0**	**130,6**	**26,9**
Sudeste	33,5	47,8	38,2	95,2	35,9
Brasil	48,8	58,1	46,9	97,0	50,2

Fonte: Rais/MTE.

Quanto ao salário médio no setor privado, segundo a Rais, em 2012, correspondia a R$ 1.462,99 reais na periferia da RMRJ. Novamente, os resultados foram piores que o da periferia da RMSP, o da RMBH e a média nacional (respectivamente, R$ 2.023,22, R$ 1.692,89 e R$ 1.666,51). Entre os municípios, os principais destaques foram Itaguaí (R$ 2.163,18), Itaboraí (R$ 1.882,84) e Seropédica (R$ 1.666,93). Mas é preciso ponderar que, mesmo nesses casos, os resultados foram inferiores ao do município do Rio de Janeiro (R$ 2.221,19).

Diante disso, não há a superação de um estigma de "cidade-dormitório" para o conjunto da periferia metropolitana. Os efeitos da articulação econômica na RMRJ ficam limitados por uma grande heterogeneidade interna, explicitada por uma relação centro-periferia e uma dependência não desprezível da oferta de trabalho na capital fluminense (município do Rio de Janeiro). Tomando como indicador o peso do emprego formal no setor privado sobre o total da população, em 2012, o percentual para a periferia da RMRJ era de apenas 13,39%, enquanto para a periferia da RMSP era de 25,38% e para a da RMBH era de 20,23%. Conforme a tabela 5, considerando o peso do emprego industrial sobre o total da população, a situação é ainda mais grave: 2,06% para a periferia da RMRJ, enquanto para a da RMSP era 7,35% e para a da RMBH era 7,37%. Como mostra a mesma tabela, a maioria dos municípios da periferia da RMRJ estava nas piores posições.

Isso sugere que uma das razões para os problemas de dinamismo fluminense é um relativo vazio produtivo em sua periferia metropolitana. Buscar atrair novos empreendimentos de porte não pode ser visto como uma panaceia. Sem um planejamento integrado, não haverá geração de poder de arrasto produtivo significativo nem a requalificação necessária do tecido econômico regional. Ao contrário, o risco é reafirmar a histórica "arrebentação urbana" (Cano, 2011) na RMRJ. Trata-se do fenômeno em que a pressão demográfica e o crescimento explosivo de cidades se defrontam, de um lado, com o despreparo político para atender as demandas de infraestrutura e serviços, e, de outro, com a captura do estado pelos interesses do capital mercantil (imobiliário-construtor e empresa de transporte coletivo). Por isso, é preciso ter claro o desafio estratégico de orientar o adensamento econômico da periferia da RMRJ, aprofundando sua divisão territorial do trabalho.

TABELA 5
Ranking do percentual de emprego industrial por total da população nos municípios com 50 mil ou mais habitantes das periferias da RMRJ, da RMSP e da RMBH (2012)

	Municípios	Participação do emprego ind. no total da pop.		Municípios	Participação do emprego ind. no total da pop.
1	Cajamar	19,97	34	Santa Luzia	3,97
2	São Caetano do Sul	18,49	35	Niterói	3,89
3	Diadema	14,81	36	Sabará	3,86

(cont.)

Municípios	Participação do emprego ind. no total da pop.		Municípios	Participação do emprego ind. no total da pop.
4	Betim	14,71	37	Duque de Caxias	3,71
5	Nova Lima	14,70	38	Rio Bonito	3,15
6	Barueri	13,07	39	Itaguaí	2,74
7	Arujá	12,59	40	Franco da Rocha	2,65
8	São Bernardo do Campo	11,42	41	Cachoeiras de Macacu	2,47
9	Cotia	11,13	42	Ibirité	2,39
10	Santana de Parnaíba	10,17	43	Itaboraí	2,38
11	Contagem	8,79	44	Itapecerica da Serra	2,22
12	Guarulhos	8,76	45	Seropédica	2,21
13	Pedro Leopoldo	8,25	46	Nova Iguaçu	1,62
14	Caieiras	7,83	47	São Gonçalo	1,50
15	Ribeirão Pires	7,35	48	Carapicuíba	1,38
16	Santa Isabel	7,06	49	Guapimirim	1,36
17	Suzano	6,64	50	Ribeirão das Neves	1,17
18	Poá	6,54	51	Magé	1,16
19	Mauá	6,23	52	São João de Meriti	1,13
20	Jandira	6,20	53	Nilópolis	0,92
21	Ferraz de Vasconcelos	5,71	54	Maricá	0,91
22	Taboão da Serra	5,64	55	Esmeraldas	0,89
23	Itaquaquecetuba	5,62	56	Mesquita	0,87
24	Itapevi	5,51	57	Japeri	0,76
25	Embu-Guaçu	5,41	58	Belford Roxo	0,57
26	Vespasiano	5,40	59	Francisco Morato	0,30
27	Mogi das Cruzes	5,11	-	**RMRJ**	**2,66**
28	Queimados	4,89	-	RMSP	6,05
29	Mairiporã	4,88	-	RMBH	5,47
30	Santo André	4,85	-	**Periferia RMRJ**	**2,06**
31	Osasco	4,72	-	Periferia RMSP	7,35
32	Embu	4,47	-	Periferia RMBH	7,37
33	Lagoa Santa	4,47			

Fonte: População — IBGE/Censo 2010 e Empregos — MTE/Rais 2012.

Os problemas econômicos da RMRJ dentro de uma perspectiva mais ampla de desenvolvimento social: segregação ampliada da força de trabalho, carência de infraestrutura básica e perda de perspectiva futura para jovens

A manutenção do estigma de "cidade-dormitório" na periferia da RMRJ se reflete em uma segregação ampliada da força de trabalho. Como mostra a tabela 6, segundo Censo Demográfico 2010, 31,96% dos trabalhadores se deslocaram por mais de uma hora na periferia da RMRJ. Isso significa que os problemas de mobilidade urbana já são maiores que na periferia da RMSP e da RMBH (respectivamente, 25,50% e 23,18%). Entre aqueles com resultados piores, notam-se vários municípios fluminenses, inclusive alguns de maior porte, como: Nova Iguaçu (38,74%), Duque de Caxias (31,82%) e São Gonçalo (31,20%).

Além disso, também há carência de infraestruturas básicas. Isso não só prejudica as vantagens locacionais e a oferta de economias externas, como também agrava as condições de vida da população local. Como exemplo, as tabela 7 e 8 mostram que muitos municípios da periferia da RMRJ estão nas piores posições, ao se comparar com as periferias da RMSP e RMBH, considerando o percentual de domicílios atendidos por rede de água pelo censo demográfico (ano 2010) e o índice Firjan de Saúde (ano 2011). Portanto, ainda é grave a falta de investimento na universalização desses serviços. A esse problema soma-se um rol de demandas sociais urgentes, por exemplo: necessidade de implantação de uma rede de esgoto mais efetiva, uma política de infraestrutura elétrica e de telecomunicações, uma maior regularização fundiária e a execução de uma política efetiva de zoneamento urbano (mais clareza na definição dos usos e fiscalização).

TABELA 6
Percentual dos trabalhadores, formais e informais, que levam mais de uma hora para chegar ao trabalho nos municípios com 50 mil ou mais habitantes das periferias da RMRJ, RMSP e RMBH (2010)

	Municípios	Trabalhadores que se deslocam por mais de 1 hora (%)		Municípios	Trabalhadores que se deslocam por mais de 1 hora (%)
1	Francisco Morato	53,55	34	Cotia	24
2	Japeri	52,91	35	Niterói	23,88
3	Ferraz de Vasconcelos	46,95	36	Osasco	23,31
4	Queimados	46,45	37	Jandira	23,18
5	Belford Roxo	43,41	38	Seropédica	23,07
6	Itapecerica da Serra	42,41	39	Sabará	22,61
7	Franco da Rocha	41,98	40	Santo André	20,86
8	Ribeirão das Neves	41,78	41	São Bernardo do Campo	20,03
9	Nova Iguaçu	38,74	42	Contagem	19,38
10	Ibirité	36,38	43	Barueri	18,58
11	Itaquaquecetuba	35,58	44	Diadema	18,32
12	Embu	35,25	45	Santana de Parnaíba	18,09
13	Nilópolis	33,13	46	Betim	17,38
14	São João de Meriti	32,93	47	Arujá	17,06
15	Mesquita	32,72	48	Guapimirim	16,97
16	Duque de Caxias	31,82	49	Nova Lima	16,89
17	Itapevi	31,78	50	Mairiporã	16,23
18	Embu-Guaçu	31,49	51	São Caetano do Sul	15,68
19	Poá	31,39	52	Santa Isabel	15,63
20	São Gonçalo	31,2	53	Mogi das Cruzes	15,54
21	Mauá	31,18	54	Pedro Leopoldo	12,32
22	Santa Luzia	30,16	55	Lagoa Santa	11,56
23	Itaboraí	29,53	56	Cajamar	11,55

(cont.)

	Municípios	Trabalhadores que se deslocam por mais de 1 hora (%)		Municípios	Trabalhadores que se deslocam por mais de 1 hora (%)
24	Taboão da Serra	29,11	57	Itaguaí	10,38
25	Magé	28,98	58	Cachoeiras de Macacu	9,15
26	Esmeraldas	28,87	59	Rio Bonito	7,87
27	Carapicuíba	28,26	-	**Periferia da RMRJ**	**31,96**
28	Caieiras	28,26	-	Periferia da RMSP	25,5
29	Maricá	27,98	-	Periferia da RMBH	23,18
30	Vespasiano	26,95	-	**RMRJ**	**28,45**
31	Suzano	26,33	-	RMSP	28,56
32	Guarulhos	25,31	-	RMBH	19,99
33	Ribeirão Pires	24,56			

Fonte: Censo 2010 — IBGE.

TABELA 7
Ranking dos municípios com 50 mil ou mais habitantes das periferias das RMRJ, RMSP e RMBH quanto ao percentual de domicílios atendidos pela rede de água (2010)

	Municípios	Domicílios atendidos (%)		Municípios	Domicílios atendidos (%)
1	São Caetano do Sul	99,96	31	Seropédica	93,75
2	Taboão da Serra	99,62	32	São João de Meriti	93,03
3	Diadema	99,43	33	Arujá	93
4	Jandira	99,35	34	Nova Lima	92,7
5	Mauá	99,31	35	Suzano	92,29
6	Contagem	99,31	36	Nilópolis	91,17
7	Barueri	99,26	37	Cotia	90,98
8	Osasco	99,12	38	Santana de Parnaíba	90,88
9	Poá	98,9	39	Cajamar	90,78
10	Vespasiano	98,88	40	Mogi das Cruzes	89,74

(cont.)

	Municípios	Domicílios atendidos (%)		Municípios	Domicílios atendidos (%)
11	Ibirité	98,65	41	Itapecerica da Serra	89,67
12	Ferraz de Vasconcelos	98,37	42	Japeri	83,21
13	Carapicuíba	98,1	43	Queimados	82,52
14	São Bernardo do Campo	98,06	44	Itaguaí	81,17
15	Embú	98	45	São Gonçalo	79,68
16	Betim	97,91	46	Embú-Guaçu	77,32
17	Santa Luzia	97,61	47	Nova Iguaçu	76,27
18	Santo André	97,61	48	Cachoeiras de Macacu	74,62
19	Guarulhos	97,6	49	Belford Roxo	74,5
20	Niterói	97,36	50	Esmeraldas	73,87
21	Itaquaquecetuba	96,69	51	Santa Isabel	71,99
22	Caieiras	96,41	52	Mairiporã	70,71
23	Francisco Morato	95,78	53	Duque de Caxias	62,57
24	Ribeirão das Neves	95,77	54	Rio Bonito	55,74
25	Sabará	95,77	55	Guapimirim	55,7
26	Ribeirão Pires	95,17	56	Mesquita	52,8
27	Pedro Leopoldo	95,1	57	Magé	40,11
28	Itapevi	95,03	58	Itaboraí	27,01
29	Franco da Rocha	94,87	59	Maricá	18,95
30	Lagoa Santa	94,6			

Fonte: Censo 2010/IBGE.
Nota: Considerados atendidos apenas domicílios marcados como abastecidos pela rede geral de distribuição.

TABELA 8
Índice Firjan de Saúde dos municípios com 50 mil ou mais habitantes das periferias das RMRJ, RMSP e RMBH (2011)

	Município	Índice		Município	Índice
1	São Caetano do Sul	0,9548	31	Suzano	0,8249
2	Cajamar	0,9510	32	Cachoeiras de Macacu	0,8087
3	Barueri	0,9347	33	Lagoa Santa	0,7890
4	São Bernardo do Campo	0,9245	34	Guapimirim	0,7862
5	Santa Isabel	0,9170	35	Santa Luzia	0,7780
6	Santo André	0,9110	36	Magé	0,7691
7	Santana de Parnaíba	0,9068	37	Maricá	0,7650
8	Caieiras	0,8992	38	Duque de Caxias	0,7638
9	Mairiporã	0,8979	39	Sabará	0,7605
10	Ribeirão Pires	0,8915	40	Vespasiano	0,7587
11	Mauá	0,8900	41	Mesquita	0,7466
12	Cotia	0,8830	42	Ribeirão das Neves	0,7375
13	Osasco	0,8809	43	Poá	0,7307
14	Franco da Rocha	0,8778	44	Ibirité	0,7288
15	Guarulhos	0,8778	45	Francisco Morato	0,7253
16	Arujá	0,8763	46	Rio Bonito	0,7215
17	Mogi das Cruzes	0,8760	47	Itaquaquecetuba	0,7144
18	Itapecerica da Serra	0,8756	48	Nova Iguaçu	0,7097
19	Jandira	0,8753	49	Nilópolis	0,7092
20	Embu	0,8749	50	Itaguaí	0,6888
21	Nova Lima	0,8745	51	São João de Meriti	0,6788
22	Taboão da Serra	0,8733	52	São Gonçalo	0,6691
23	Itapevi	0,8719	53	Ferraz de Vasconcelos	0,6365
24	Carapicuíba	0,8671	54	Esmeraldas	0,6364
25	Embu-Guaçu	0,8480	55	Belford Roxo	0,6102
26	Niterói	0,8476	56	Itaboraí	0,6075
27	Diadema	0,8451	57	Seropédica	0,5630
28	Betim	0,8412	58	Japeri	0,5088
29	Contagem	0,8383	59	Queimados	0,4896
30	Pedro Leopoldo	0,8380			

Fonte IFDM/Firjan.
Nota: O índice é composto pelas seguintes variáveis: número de consultas pré-natal, óbitos por causas mal-definidas, óbitos por causas evitáveis, internação sensível à atenção básica.

Soma-se ainda a perda de perspectiva futura para jovens. Como mostra a tabela 9, segundo censo demográfico 2010, o percentual de jovens que não trabalham nem estudam (os chamados "nem-nem") na periferia da RMRJ é superior ao dos resultados para as periferias da RMSP e da RMBH (respectivamente, 32,1%, 26,5% e 25,3%). Comparando os resultados municipais, encontram-se vários municípios fluminenses entre as piores posições do ranking (a única grande exceção é Niterói).

TABELA 9

Ranking do número de jovens, entre 18 e 24 anos, que não trabalham nem estudam e peso destes no total da população desta faixa, nos municípios com 50 mil ou mais habitantes das periferias das RMRJ, RMSP e RMBH (2010)

	Municípios	RM	População de 18 a 24 anos	Nem trabalham nem estudam	Peso percentual dos que nem trabalham nem estudam
1	São Caetano do Sul	RMSP	15.038	2.240	14,9
2	Nova Lima	RMBH	10.234	1.712	16,7
3	Santo André	RMSP	78.224	15.428	19,7
4	Cotia	RMSP	23.917	5.338	22,3
5	Contagem	RMBH	76.434	17.139	22,4
6	Niterói	RMRJ	52.256	11.742	22,5
7	São Bernardo do Campo	RMSP	92.988	20.954	22,5
8	Lagoa Santa	RMBH	6.385	1.442	22,6
9	Santana de Parnaíba	RMSP	13.259	3.028	22,8
10	Osasco	RMSP	82.856	19.336	23,3
11	Barueri	RMSP	31.727	7.458	23,5
12	Taboão da Serra	RMSP	30.629	7.232	23,6
13	Pedro Leopoldo	RMBH	7.386	1.765	23,9
14	Betim	RMBH	49.529	12.562	25,4
15	Jandira	RMSP	14.166	3.636	25,7
16	Sabará	RMBH	15.655	4.029	25,7
17	Caieiras	RMSP	10.885	2.802	25,7
18	Diadema	RMSP	49.951	13.080	26,2
19	Ibirité	RMBH	20.894	5.495	26,3
20	Cajamar	RMSP	8.660	2.316	26,7
21	Guarulhos	RMSP	152.171	40.741	26,8
22	Vespasiano	RMBH	13.461	3.635	27,0
23	Poá	RMSP	13.510	3.673	27,2
24	Arujá	RMSP	9.183	2.523	27,5

(cont.)

	Municípios	RM	População de 18 a 24 anos	Nem trabalham nem estudam	Peso percentual dos que nem trabalham nem estudam
25	Santa Luzia	RMBH	25.636	7.051	27,5
26	Rio Bonito	RMRJ	6.207	1.716	27,6
27	Ribeirão das Neves	RMBH	38.647	10.767	27,9
28	Ribeirão Pires	RMSP	13.658	3.818	28,0
29	Mogi das Cruzes	RMSP	45.944	12.888	28,1
30	Ferraz de Vasconcelos	RMSP	21.923	6.151	28,1
31	Mairiporã	RMSP	9.098	2.569	28,2
32	Carapicuíba	RMSP	46.568	13.170	28,3
33	Embu	RMSP	30.489	8.784	28,8
34	Seropédica	RMRJ	10.106	2.937	29,1
35	Nilópolis	RMRJ	17.235	5.090	29,5
36	Embu-Guaçu	RMSP	7.680	2.292	29,8
37	Itaboraí	RMRJ	24.937	7.459	29,9
38	Esmeraldas	RMBH	6.950	2.099	30,2
39	Santa Isabel	RMSP	5.961	1.822	30,6
40	Mauá	RMSP	54.301	16.669	30,7
41	Cachoeiras de Macacu	RMRJ	6.408	1.991	31,1
42	São Gonçalo	RMRJ	110.804	34.524	31,2
43	Suzano	RMSP	31.902	9.965	31,2
44	Mesquita	RMRJ	19.019	5.965	31,4
45	Francisco Morato	RMSP	20.431	6.466	31,6
46	São João de Meriti	RMRJ	52.272	16.629	31,8
47	Itapevi	RMSP	26.038	8.296	31,9
48	Maricá	RMRJ	12.932	4.182	32,3
49	Itaquaquecetuba	RMSP	42.050	13.638	32,4
50	Guapimirim	RMRJ	6.182	2.042	33,0
51	Duque de Caxias	RMRJ	101.280	33.678	33,3
52	Belford Roxo	RMRJ	55.742	18.814	33,8
53	Itapecerica da Serra	RMSP	19.922	6.779	34,0
54	Nova Iguaçu	RMRJ	92.148	31.394	34,1
55	Magé	RMRJ	27.326	9.690	35,5
56	Queimados	RMRJ	16.441	5.935	36,1
57	Itaguaí	RMRJ	12.811	4.653	36,3
58	Japeri	RMRJ	12.412	5.044	40,6
59	Franco da Rocha	RMSP	17.822	7.294	40,9
-	**Total Periferia RMRJ**		**132.905**	**203.411**	**32,1**
-	**Total Periferia da RMSP**		**1.047.258**	**277.945**	**26,5**
-	**Total Periferia da RMBH**		**317.595**	**80.490**	**25,3**
-	**Total RMRJ**		**633.233**	**389.543**	**29,3**
-	**Total RMSP**		**2.374.113**	**586.067**	**24,6**
-	**Total RMBH**		**612.277**	**139.112**	**22,7**

Fonte: IBGE-Censo 2010.

Diante da falta de maior adensamento produtivo (discutida na primeira seção), é evidente as dificuldades de inserção do jovem no mercado de trabalho. Cabe evidenciar também o déficit de qualidade educacional para ficar claro o baixo aproveitamento e, consequentemente, a evasão escolar. Considerando as médias do Ideb 2011 (rede pública do ensino fundamental da primeira à quinta série), a tabela 10 mostra que não só nenhum município da periferia da RMRJ possui índice igual ou superior a 5 (média nacional), como quase todos estão nas piores posições ao se comparar com as periferias da RMSP e da RMBH.

Dentro de uma perspectiva mais ampla de desenvolvimento social, a questão metropolitana no estado do Rio de Janeiro se trata de um conjunto de problemas, de diversas naturezas, que se retroalimentam. Portanto, não cabem soluções parciais, e sim um planejamento integrado que incorpore, em um plano de desenvolvimento regional, as múltiplas dimensões e parâmetros estruturais (natureza da base produtiva, situação do mercado de trabalho, condições de vida segundo oferta de infraestrutura, serviços sociais etc.).

TABELA 10
Ranking dos municípios das periferias das RMRJ, RMSP e RMBH, com 50 mil ou mais habitantes, pelas médias do Ideb 2011, na rede pública do ensino fundamental da 1ª a 5ª série

	Municípios	Nota		Municípios	Nota
1	Nova Lima	6,6	31	Esmeraldas	5,1
2	São Caetano do Sul	6,4	32	Carapicuíba	5,1
3	Ribeirão Pires	5,9	33	Franco da Rocha	5,0
4	Barueri	5,9	34	Santana de Parnaíba	5,0
5	São Bernardo do Campo	5,8	35	Itapevi	5,0
6	Lagoa Santa	5,8	36	Osasco	5,0
7	Mauá	5,6	37	Cotia	5,0
8	Poá	5,6	38	Ferraz de Vasconcelos	4,9
9	Diadema	5,6	39	Francisco Morato	4,8
10	Santo André	5,6	40	Rio Bonito	4,7

(cont.)

	Municípios	Nota		Municípios	Nota
11	Caieiras	5,6	41	Itaboraí	4,6
12	Embu-Guaçu	5,5	42	Jandira	4,5
13	Santa Isabel	5,5	43	Itaguaí	4,5
14	Contagem	5,5	44	Itaquaquecetuba	4,5
15	Taboão da Serra	5,5	45	Nilópolis	4,4
16	Suzano	5,5	46	Niterói	4,4
17	Mogi das Cruzes	5,5	47	Marica	4,3
18	Mairiporã	5,5	48	Guapimirim	4,3
19	Betim	5,4	49	Seropédica	4,3
20	Arujá	5,4	50	Duque de Caxias	4,2
21	Guarulhos	5,4	51	Queimados	4,2
22	Pedro Leopoldo	5,3	52	Cachoeiras de Macacu	4,2
23	Ibirité	5,3	53	Mesquita	4,1
24	Vespasiano	5,3	54	São Joao de Meriti	4,1
25	Santa Luzia	5,3	55	São Gonçalo	4,1
26	Ribeirão das Neves	5,3	56	Nova Iguaçu	4,1
27	Itapecerica da Serra	5,2	57	Magé	3,9
28	Embu	5,2	58	Japeri	3,8
29	Sabará	5,1	59	Belford Roxo	3,8
30	Cajamar	5,1			

Fonte: Ideb/MEC.
Nota: O Ideb é calculado a partir de dois componentes: a taxa de rendimento escolar (aprovação) e as médias de desempenho nos exames aplicados pelo Inep. O ideal é alcançar 6 pontos, média correspondente ao sistema educacional dos países desenvolvidos.

Capacidade de atuação do poder público local

Diante da necessidade de um planejamento integrado da questão metropolitana, torna-se relevante avaliar a situação da administração pública. Cabe advertir que qualquer política de desenvolvimento regional deve ser transescalar (Brandão, 2007), logo, envolvendo uma governança supralocal que garanta os nexos com os objetivos de interesse nacional. Em particular, sem a retomada de um plano nacional de desenvolvimento, o êxito de qualquer iniciativa estadual e municipal é limitado diante da ausência de instrumentos de política macroeconômica expansionista (juros, câmbio, crédito, fiscalidade etc.) e de porte apropriado para as políticas industrial e urbana (quase sempre dependem de aportes do governo federal, os financiamentos e investimentos de maior vulto, por exemplo: em habitação, saneamento, transporte etc.). Contudo, o poder local deve estar capacitado para enfrentar uma série de problemas socioeconômicos em sua escala de competência. Nesse sentido, torna-se relevante discutir as "máquinas públicas" municipais.

O simples tamanho da administração não sinaliza se uma "máquina pública" é inchada e ineficiente no atendimento às demandas sociais. Por isso, avaliou-se a quantidade de habitantes por servidor para uma noção de cobertura. Conforme a tabela 11, em 2012, a periferia da RMRJ possui 44,94 habitantes por servidor, média superior ao valor da periferia da RMBH (43,86) e inferior ao valor da periferia de RMSP (52,52). Ademais, nota-se uma significativa disparidade entre os resultados municipais. Por exemplo, se Mesquita possuía 72,86 habitantes por servidor, Itaguaí possuía só 12,32. Além de Itaguaí, entre os municípios com menor número de habitantes por servidores, notam-se: Cachoeiras de Macacu (19,35), Rio Bonito (21,89), Seropédica (26,28), Japeri (31,71), Magé (36,84), Nova Iguaçu (39,85), Nilópolis (40,73).

Quanto ao salário médio dos servidores públicos municipais, segundo a Rais, em 2012, corresponde a R$ 1.699,30. Esse valor é inferior às médias das periferias da RMBH e da RMSP (respectivamente, R$ 1.872,96 e R$ 2.265,97). Chama atenção que o maior salário médio entre as três periferias metropolitanas foi em Duque de Caxias: R$ 3.775,97 reais. Contudo, entre os 20 piores salários médios, 13 se referiam aos municípios fluminenses: São João de Meriti (R$ 1.644,80), Guapimirim (R$ 1.639,26), Belford Roxo (R$ 1.620,54), Maricá (R$ 1.609,37), São Gonçalo (R$ 1.596,21), Cachoeiras de Macacu (R$ 1.507,09), Mesquita (R$ 1.461,49), Itaguaí (R$ 1.410,11), Japeri (R$ 1.381,31 reais), Nilópolis (R$ 1.347,64), Seropédica (R$ 1.322,63), Rio Bonito (R$ 1.269,88) e Magé (R$ 1.093,55).

Comparando esse resultado com a tabela 11, é importante observar que a maioria desses municípios com baixos salários médios na administração pública são justamente aqueles com menor número de habitantes por servidor. Isso sugere que buscar a modernização da gestão das prefeituras com melhores remunerações, incluindo maior realização de concursos, em vez de terceirização, pode levar a um serviço público de mais qualidade. De toda forma, é importante lembrar que mesmo os municípios com menor número de habitantes por servidor público apresentaram desempenho insatisfatório nos serviços sociais apresentados na seção anterior (tabelas 8 e 10, respectivamente saúde e ensino fundamental).[4] Por isso, além da modernização da gestão, é importante aumentar o gasto público.

TABELA 11

Número de habitantes por servidor público nos municípios com 50 mil ou mais habitantes das periferias das RMRJ, RMSP e RMBH (2012)

	Municípios	Funcionários da Adm. pública 2012	População 2012	Habitantes por servidor
1	Itaguaí	9.188	113.182	12,32
2	Santana de Parnaíba	6.728	113.945	16,94
3	Barueri	13.052	245.652	18,82
4	Cachoeiras de Macacu	2.849	55.139	19,35
5	Nova Lima	3.940	83.507	21,19
6	Rio Bonito	2.578	56.436	21,89
7	São Caetano do Sul	6.492	150.638	23,20
8	Cajamar	2.684	66.131	24,64
9	Seropédica	3.049	80.138	26,28
10	Vespasiano	3.666	108.771	29,67
11	Pedro Leopoldo	1.954	59.670	30,54
12	Japeri	3.070	97.337	31,71
13	Ribeirão Pires	3.528	114.361	32,42
14	Osasco	19.940	668.877	33,54
15	Lagoa Santa	1.569	54.732	34,88
16	Poá	2.963	107.556	36,30
17	Magé	6.258	230.568	36,84
18	Jandira	2.925	110.842	37,89
19	Santa Isabel	1.342	51.467	38,35
20	Cotia	5.363	209.027	38,98

(cont.)

---

[4] Lembra-se que o setor público é intensivo em pessoal, tendo em vista principalmente as áreas de saúde e educação.

	Municípios	Funcionários da Adm. pública 2012	População 2012	Habitantes por servidor
21	Nova Iguaçu	20.120	801.746	39,85
22	Ibirité	4.064	162.867	40,08
23	Nilópolis	3.879	157.986	40,73
24	Mairiporã	2.051	84.104	41,01
25	Esmeraldas	1.459	62.262	42,67
26	Contagem	14.209	613.815	43,20
27	Itapecerica da Serra	3.569	156.077	43,73
28	Caieiras	2.026	88.841	43,85
29	Guapimirim	1.210	53.527	44,24
30	Niterói	10.959	491.807	44,88
31	Arujá	1.706	77.279	45,30
32	Taboão da Serra	5.452	251.608	46,15
33	Belford Roxo	10.222	474.596	46,43
34	Embu-Guaçu	1.368	63.653	46,53
35	Itapevi	4.251	206.558	48,59
36	Ferraz de Vasconcelos	3.416	172.222	50,42
37	Itaquaquecetuba	6.489	329.144	50,72
38	Itaboraí	4.383	222.618	50,79
39	Maricá	2.659	135.121	50,82
40	Diadema	7.519	390.980	52,00
41	São Bernardo do Campo	14.555	774.886	53,24
42	Embu	4.590	245.148	53,41
43	Guarulhos	22.710	1.244.518	54,80
44	Betim	6.968	388.873	55,81
45	Franco da Rocha	2.372	135.150	56,98
46	Duque de Caxias	14.651	867.067	59,18
47	Suzano	4.516	267.583	59,25
48	Santo André	11.341	680.496	60,00
49	Francisco Morato	2.584	157.603	60,99
50	Ribeirão das Neves	4.923	303.029	61,55
51	Sabará	2.062	127.897	62,03
52	Queimados	2.195	140.374	63,95
53	Carapicuíba	5.764	373.358	64,77
54	São João de Meriti	6.590	460.062	69,81
55	Mesquita	2.327	169.537	72,86
56	Mogi das Cruzes	5.274	396.468	75,17
57	Mauá	5.613	425.169	75,75
58	São Gonçalo	12.970	1.016.128	78,34
59	Santa Luzia	2.135	205.666	96,33
-	**Periferia RMRJ**	**60.614**	**2.723.775**	**44,94**
-	Periferia RMBH	44.814	1.965.423	43,86
-	Periferia RMSP	69.059	3.626.778	52,52

Fonte: Rais/tem.

As dificuldades de maior gasto público, em parte, explicam-se por limitações na capacidade de receita própria. Entre 2000 e 2012, segundo dados da Finbra, nota-se que o crescimento da receita líquida *per capita* para a média da periferia da RMRJ (153,6%) foi maior que a média estadual (115,3%) e a média nacional (102,4%). Contudo, é preciso ponderar que essa expansão foi menos da metade dos resultados para as periferias da RMSP e RMRJ no mesmo período (respectivamente, 382,9% e 367,5%). Com variações próximas a esses desempenhos, somente se aproximavam Itaguaí e Maricá (respectivamente, 343,1% e 342,3%), que eram a sexta e a décima maiores receitas correntes líquidas *per capita* da periferia da RMRJ em 2012.

Nesse último ano, a receita corrente líquida *per capita* para a periferia da RMRJ foi R$ 1.466,98, valor inferior às periferias da RMSP e da RMBH (respectivamente, R$ 2.318,35 e R$ 2.007,59). Ao se comparar os resultados municipais, nota-se uma discrepância significativa entre as administrações municipais da periferia da RMRJ. Por um lado, sete municípios fluminenses estavam entre as 20 primeiras posições: Itaguaí (R$ 4.597,16), Niterói (R$ 2.692,61), Rio Bonito (R$ 2.692,61), Cachoeiras de Macacu (R$ 2.604,48), Guapimirim (R$ 2.375,17), Itaboraí (R$ 2.265,87) e Maricá (R$ 2.220,52). Por outro lado, oito municípios fluminenses estavam entre as 17 últimas posições relativas (com menos de R$ 1.500,00 e abaixo da média para o total da periferia da RMRJ): Magé (R$ 1.425,62), Japeri (R$ 1.343,95), Nilópolis (R$ 1.232,24), Mesquita (R$ 1.099,40), Nova Iguaçu (R$ 1.002,62), Belford Roxo (R$ 969,52), São Gonçalo (R$ 851,04) e São João de Meriti (R$ 829,51).

Quanto à capacidade de investimento próprio, assinala-se que são dispêndios fundamentais para a melhoria das infraestruturas básicas. Em 2012, segundo dados da Finbra, o investimento público *per capita* para a periferia da RMRJ foi R$ 100,04, valor inferior ao das periferias da RMSP e da RMBH (respectivamente, R$ 222,56 e R$ 243,40). Ao se comparar os resultados municipais, os grandes destaques foram somente: Itaguaí (R$ 1.097,52) e Maricá (R$ 369,75), que ficaram na segunda e décima primeira posição. Inversamente, 11 municípios fluminenses estavam entre as 15 últimas posições: Japeri (R$ 92,45), Rio Bonito (R$ 90,39), Mesquita (R$ 86,82), Cachoeiras de Macacu (R$ 86,05), Itaboraí (R$ 81,81), Duque de Caxias (R$ 60,84), Magé (R$ 51,91), São João de Meriti (R$ 49,77), Guapimirim (R$ 34,14), Nova Iguaçu (R$ 21,25), Belford Roxo (R$ 18,84).

Quanto ao custeio, Cano (2011:49) advertiu que: "(...) planejar significa também manter o que existe, e não apenas criar novas obras e equipamentos sociais". Cabe lembrar que é de competência das administrações municipais alguns serviços urbanos e sociais essenciais para melhoria do quadro socioeconômico (por exemplo, a operação de uma rede pública de ensino fundamental e parte da rede de saúde pública). Em 2012, segundo dados da Finbra, o custeio *per capita* para a periferia da RMRJ foi R$ 592,53, valor inferior ao das periferias da RMSP e da RMBH (respectivamente, R$ 967,34 e R$ 716,74). Ao se comparar os resultados municipais, nota-se uma discrepância significativa entre os municípios da periferia da RMRJ. Por um lado, seis municípios fluminenses estavam entre as 20 primeiras posições: Itaguaí (R$ 1.634,96), Niterói (R$ 1.345,13), Guapimirim (R$ 1.304,28), Rio Bonito (R$ 1.295,25), Cachoeiras de Macacu (R$ 1.087,36) e Itaboraí (R$ 1.015,56). Por outro lado, nove municípios fluminenses estavam entre as 20 últimas posições relativas: Magé (R$ 574,06), Queimados (R$ 560,98), Mesquita (R$ 511,02), Japeri (R$ 464,04), Nilópolis (R$ 452,62), Belford Roxo (R$ 420,05), Nova Iguaçu (R$ 348,96), São Gonçalo (R$ 333,48) e São João de Meriti (R$ 233,68).

De modo geral, a fragilidade fiscal das "máquinas" públicas municipais para o conjunto da periferia da RMRJ reflete o caráter de "cidade-dormitório", o que enfraquece a arrecadação própria. Esse problema se torna mais complexo pela heterogeneidade interna, o que revela uma grave assimetria entre a capacidade tributária e a necessidade de gastos públicos em diversas cidades. Portanto, torna-se urgente uma redistribuição macrorregional dos recursos, o que depende de serem implementadas formas institucionais mais efetivas de gestão intermunicipal e supramunicipal.

Conclusão: a prioridade para a questão metropolitana deve ser algo contemplado em qualquer estratégia de desenvolvimento fluminense

Diante de um processo histórico de considerável conurbação e alta periferização de assentamentos populares em relação à capital (município do Rio de Janeiro), não é exagero afirmar que a periferia metropolitana é o espaço mais problemático para a articulação de uma trajetória de desenvolvimento no estado do Rio de Janeiro. Qualquer estratégia política não pode desconsiderar a necessidade de requalificar o sentido histórico desse processo de metropolização, em particular, superar a precariedade da densidade produtiva e o déficit em infraestrutura básica.

Ao assumir a questão metropolitana como prioridade, torna-se possível a geração de um círculo virtuoso de dinamismo. Isso porque uma estratégia que vise ao adensamento econômico da periferia da RMRJ, além de possibilitar um processo de mobilidade social através do aumento da renda e do emprego na região, também possibilita maior arrecadação tributária. À medida que a capacidade de gasto público aumenta e se volta para enfrentar problemas estruturais (natureza da base produtiva, situação do mercado de trabalho, condições de vida segundo oferta de infraestrutura, serviços sociais etc.), são permitidas maiores vantagens para a consolidação de complexos logístico-produtivos no território, reforçando, assim, seu adensamento em um processo de "causação circular cumulativa" (Myrdall, 1957). Paralelamente, isso ataca as causas dos problemas de mobilidade urbana, ao gerar maiores e melhores oportunidades de ocupação mais próximas do local de moradia.

A falta de um plano nacional de desenvolvimento traz inúmeros limites para o êxito de qualquer política de desenvolvimento regional. Por isso, é importante não se desconsiderar a importância da luta pela retomada de um projeto de país e o maior papel estratégico que o Estado precisa assumir. Isso envolve recuperar a capacidade de planejamento público de longo prazo e integrado, ou seja, que articule as múltiplas dimensões e parâmetros estruturais. Portanto, não se trata de assegurar a mera mercantilização de alguns recortes territoriais com maior capacidade de valorização econômica, nem se resume ao sucesso de políticas estaduais e municipais para a atração de grandes capitais. No geral, distribuem-se equivocadamente pacotes generosos de favores públicos (incentivos fiscais e financeiros, oferta de terrenos urbanizados etc.) sem uma estratégia de industrialização e desenvolvimento tecnológico que inclua acompanhamento técnico e cumprimento de metas.

Nesse sentido, as escalas estadual e municipal de atuação política devem ser consideradas em suas competências e possibilidades para enfrentar uma série de problemas estruturais com dimensões específicas e de âmbito mais regional e local. Quanto à periferia da RMRJ, é preciso buscar a modernização da gestão das prefeituras e superar a debilidade fiscal, a fim de aumentar o gasto público. É preciso ter clara a urgência em uma redistribuição macrorregional dos recursos, o que pode ser viável através de uma política de consórcios intermunicipais mais efetiva, a integração do planejamento do governo estadual com os municipais (por exemplo, através dos planos plurianuais e diretores) e a maior territorialização dos orçamentos estaduais e municipais.

Em particular, é fundamental que se consolide uma governança metropolitana, a partir de uma institucionalidade própria nos moldes de uma agência pública, e dotada de um fundo de financiamento (dada a ausência de fiscalidade própria).[5] Sem a construção de um corpo técnico especializado de servidores concursados e com recursos financeiros, não se recuperam a cultura do planejamento de longo prazo e a capacidade de coordenação de decisões que dê sustentação para políticas permanentes de adensamento produtivo e melhoria das infraestruturas básicas.

---

[5] A condução de associações de prefeitos e fóruns e conselhos intermunicipais serve como arena de discussão e elaboração de demandas, porém, estes devem ser considerados instâncias complementares, e não substitutas, de uma agência pública metropolitana. Só assim é possível construir uma escala de atuação política que contemple a totalidade da região.

Bibliografia

BRANDÃO, C. *Território e desenvolvimento*. Campinas: Editora Unicamp, 2007.

BRITTO, J. Análise do mapeamento e das políticas para Arranjos Produtivos Locais no estado do Rio de Janeiro. Relatório de Pesquisa. Rio de Janeiro: BNDES-FEPESE, 2010.

CANO, W. *Ensaios sobre a crise urbana no Brasil*. Campinas: Editora Unicamp, 2011.

_____. *(Des)industrialização e (Sub)desenvolvimento*. Campinas (mimeo), 2014.

MYRDAL, G. *Teoria econômica e regiões subdesenvolvidas*. Rio de Janeiro: Saga, 1957.

OSORIO, M.. *Características e evolução recente do emprego e da economia carioca e metropolitana*. Rio de Janeiro: IPP, 2011a (Coleção Estudos Cariocas, n. 2423).

_____ (Coord.). Componente 3- Políticas de desenvolvimento econômico e social. *Plano diretor estratégico de desenvolvimento do Arco Metropolitano do Rio de Janeiro*. Rio de Janeiro: Governo do estado do Rio de Janeiro, 2011b.

PERROUX, F. *A economia do século XX*. Lisboa: Herder, 1967.

RIBEIRO, L. C. Q. Transformações da estrutura socioespacial: segmentação e polarização na Região Metropolitana do Rio de Janeiro. *Cadernos Metrópole*. São Paulo: PUC/SP, n.1, 1999, p.13-42.

SOBRAL, B. *Metrópole do Rio e Projeto nacional*: uma estratégia de desenvolvimento a partir de complexos e centralidades no território. Rio de Janeiro: Editora Garamond, 2013a.

_____. A falácia da "inflexão econômica positiva": algumas características da desindustrialização fluminense e do "vazio produtivo" em sua periferia metropolitana. *Cadernos do Desenvolvimento Fluminense*, Rio de Janeiro, n.1, pp. 61-94, fev. 2013b.

O papel do setor petrolífero no desenvolvimento fluminense[1]

Adilson de Oliveira
Hildete Pereira de Melo

APÓS A DÉCADA perdida, a estabilização da economia permitiu ao Brasil voltar a crescer nos anos 1990. No entanto, a economia fluminense não foi capaz de acompanhar o ritmo do crescimento econômico brasileiro. Comparado com o crescimento econômico paulista, o desempenho do Rio de Janeiro foi ainda mais decepcionante (Fauré e Hasenclever, 2005). Esse quadro desalentador sofreu radical mudança após a identificação de diversos reservatórios supergigantes de petróleo no pré-sal, em um período em que o preço do barril de petróleo atingiu patamar historicamente muito elevado.

Esse ambiente gerou natural otimismo quanto à reversão daquele quadro, apesar de a preocupação com o aquecimento global tender a acelerar a transição dos hidrocarbonetos para fontes de energia amigáveis com o meio ambiente. Essa transição será necessariamente lenta, pois exige investimentos pesados na transformação da logística de transportes que sustenta os fluxos de mercadorias globais. A redução na demanda de petróleo dos países industriais será mitigada pelo incremento da demanda desse combustível nos países em desenvolvimento. Dessa forma, o pe-

---

[1] Agradecemos à aluna de iniciação científica Ana Paula Santos Delfino pelo apoio na elaboração de tabelas e na editoração do texto.

tróleo ainda continuará a ocupar papel central no suprimento energético mundial nas próximas décadas (Oliveira, 2014).

Pelo ângulo da oferta, as revoltas populares nos países do Oriente Médio tornaram mais complexas as dificuldades de acesso aos recursos petrolíferos daquela região. Essa situação e o esgotamento dos recursos petrolíferos *offshore* em águas relativamente rasas vêm induzindo as empresas petrolíferas a deslocarem esforços exploratórios para águas progressivamente mais profundas e para as disponibilidades de óleos não convencionais (*tightoil, shaleoil*).

Esse contexto incrementou os riscos econômicos e ambientais da atividade petrolífera. O preço do petróleo foi alçado a patamar historicamente muito elevado, criando condições favoráveis para uma onda de inovações tecnológicas que viabilizam a produção desse combustível em novos ambientes. A identificação de diversos campos petrolíferos, com volumes expressivos de hidrocarbonetos no pré-sal, se insere nessa dinâmica do mercado petrolífero global.

A produção de hidrocarbonetos gera significativo fluxo de receitas fiscais vinculadas aos *royalties* pagos pelas operadoras, aumentando a capacidade de os governos alavancarem o processo de desenvolvimento de suas economias. Atrai também investimentos na logística (portos, terminais, estradas e dutos) necessária para mover a produção de hidrocarbonetos, transformá-los em derivados adequados ao consumo e colocar esses derivados à disposição dos consumidores.

Mais importante, pode induzir efeitos industrializantes que dão sustentabilidade ao processo de desenvolvimento econômico. Uma vasta gama de fornecedores de equipamentos e serviços tende a se instalar em torno das regiões produtoras para atender às demandas de apoio da cadeia produtiva do petróleo. A rede de ensino e pesquisa pode ser mobilizada com o objetivo de prover a qualificação profissional e a capacidade de inovação do parque produtivo local.

O desenvolvimento da produção dos reservatórios de hidrocarbonetos identificados no pré-sal oferece oportunidade histórica para a revitalização do parque industrial brasileiro, capacitando-o para sua inserção favorável na economia global. A produção de petróleo nas bacias de Campos e de Santos transformará a costa brasileira na principal zona produtora de hidrocarbonetos do Atlântico Sul (Oliveira, 2010). Adequadamente explorado, o desenvolvimento do pré-sal pode gerar um polo supridor de bens e serviços para a indústria do petróleo com características e condições similares às que noruegueses e britânicos foram capazes de constituir no mar do Norte, centrado no eixo industrial Rio-São Paulo (Oliveira, 2008).

No entanto, a organização de um polo petrolífero não é um processo natural. Os investimentos necessários para dar forma a um novo polo petrolífero no Brasil são vultosos e os riscos envolvidos são significativos, especialmente quanto à trajetória tecnológica que será adotada no desenvolvimento da produção no pré-sal. Essa tarefa exige coordenação e cooperação entre instâncias governamentais.

O desenvolvimento do pré-sal abre ampla janela de oportunidade para impulsionar uma trajetória de crescimento sustentado da economia fluminense por décadas. Os dados disponíveis indicam que a produção de petróleo no pré-sal será crescente nas duas próximas décadas. Atingido o pico de produção, ela deverá permanecer em patamar elevado por algumas outras décadas.

Este artigo examina as mudanças provocadas pelo desenvolvimento da produção petrolífera na economia fluminense. A próxima seção analisa a janela de oportunidades aberta pelo pré-sal para a economia brasileira e avalia os impactos na economia fluminense do desenvolvimento dos recursos petrolíferos em sua costa sob as óticas fiscal, industrial e tecnológica.

Nossa conclusão sugere que o governo fluminense tem atuado passivamente na exploração da janela de oportunidade aberta pelo pré-sal. Preservada essa situação, é grande o risco de vir a se reproduzir o mesmo fenômeno provocado pelo "*boom*" do café no século XIX (Melo, 2003). Passados os efeitos conjunturais do ciclo de expansão da produção, a economia fluminense mergulhará novamente na estagnação.

Janela de oportunidade

A crise da década de 1970 moveu a indústria do petróleo para a produção no mar com o objetivo de superar as dificuldades de acesso às vastas reservas petrolíferas existentes em terra, impostas pelos países da Opep (Grenon, 1973). Esse novo ambiente criou condições econômicas favoráveis para a expansão da produção de petróleo *offshore*, assentada em uma onda de inovações tecnológicas incentivadas pela escalada no preço do petróleo. Desde então, a produção de petróleo *offshore* cresceu em diversas partes do globo, reduzindo a dependência global do suprimento de petróleo da Opep (BP, 2012).

A Petrobras soube aproveitar a janela de oportunidades aberta pela produção no mar para desenvolver a produção *offshore* no Brasil. Ainda no início dos anos 1970, a empresa identificou reservas significativas na bacia de Campos e iniciou a produção de petróleo nesta bacia em 1975. No entanto, a crise econômica provocada pelo estrangulamento externo, conjugada com a queda brusca do preço do petróleo na segunda metade da década de 1980, arrefeceu os investimentos na bacia de Campos. Nossa produção de hidrocarbonetos voltou a crescer na década passada, após a estabilização macroeconômica doméstica criar condições favoráveis para o investimento no potencial petrolífero brasileiro.

Mudança na escala produtiva

A escalada no preço do petróleo na década passada abriu nova fronteira para a expansão da indústria do petróleo no Brasil. Graças ao conhecimento da geologia brasileira acumulado na Petrobras durante décadas, foram identificados vastos reservatórios no pré-sal brasileiro. Ainda não se tem uma dimensão precisa do potencial petrolífero de seu, mas estimativas preliminares, concentradas nas bacias de Campos, de Santos e do Espírito Santo, apontam para volumes que podem somar entre 50 e 70 bilhões de barris de óleo equivalente (Lima, 2011). As estimativas dos campos nos quais os esforços exploratórios já estão em fase avançada sugerem que as reservas nessas três bacias devem superar aquele potencial. De fato, somente em Libra estima-se que as reservas "*in situ*" somem entre 26 bilhões e 42 bilhões de barris (ANP, 2013). E é importante notar que o potencial petrolífero brasileiro não se limita a essas três bacias.

As jazidas do pré-sal mudam a escala produtiva da indústria brasileira do petróleo. A Empresa de Pesquisa Energética (EPE) estima que a produção brasileira de petróleo deva atingir 5,5 milhões de b/d em 2022, patamar de produção similar ao do mar do Norte atualmente. A esta produção de petróleo deve se somar outros 149,8 milhões de m^3/d de produção líquida de gás natural, que serão ofertados ao mercado consumidor desse combustível (EPE, 2013). A maior parte dessa produção sairá de reservatórios localizados nas bacias de Campos e de Santos, confrontando os litorais paulista e fluminense.

Os impulsos para o crescimento provocados pelo pré-sal são diversificados. No plano fiscal, aos *royalties* pagos pelas operadoras pelo esgotamento dos recursos petrolíferos há de se somar a massa de impostos pagos por fornecedores de equipamentos e serviços da cadeia produtiva petrolífera. No plano do emprego, cabe destacar a qualidade dos empregos gerados pela atividade petrolífera. E, no plano científico e tecnológico, pela possibilidade de um grande incentivo a pesquisas nos centros universitários do Rio de Janeiro. Esta possibilidade foi consolidada com a criação em 1997 do Parque Tecnológico da Universidade Federal do Rio de Janeiro (UFRJ), na ilha do Fundão.[2]

Laboratório de inovações

Ao assumir o papel pioneiro do desenvolvimento da produção de petróleo na nova fronteira petrolífera representada pelo pré-sal, o Brasil se posiciona como principal laboratório de inovações tecnológicas para o *offshore* nas próximas décadas. O conhecimento técnico e a capacitação industrial estabelecida no Brasil serão utilizados no resto do mundo,

---

[2] Este desenvolvimento foi estimulado pela fundação da Coordenação de Programas de Pós Graduação em Engenharia (Coppe), em 1963, na ilha do Fundão, e a partir de 1968 pelo convênio Coppe e Petrobras para instalação no Fundão de uma unidade para realizar pesquisas tecnológicas — Centro de Pesquisas e Desenvolvimento Leopoldo Miguez de Mello (Cenpes), e em 1974 a Eletrobras criou também nos terrenos da universidade o Centro de Pesquisas Elétricas (Cepel).

abrindo uma janela de oportunidades para a inserção mais favorável da economia brasileira no mercado global.[3]

O Reino Unido e a Noruega souberam aproveitar a janela de oportunidade aberta pela expansão da produção *offshore* no mar do Norte após a crise do petróleo da década de 1970. Nesses dois países, os sistemas nacionais de inovação foram mobilizados para apoiar empresas locais na aquisição das competências tecnológicas necessárias para suprir competitivamente a demanda das empresas petrolíferas (Hatakenaka et al., 2006). Passadas algumas décadas, consolidou-se no norte da Europa um polo fornecedor capaz de atender competitivamente a demanda global de equipamentos e serviços da indústria do petróleo.

O cenário petrolífero brasileiro sinaliza ampla janela de oportunidade para a ampliação da oferta doméstica de bens e serviços para a indústria do petróleo, porém são formidáveis os desafios que o parque fornecedor doméstico terá que superar para atender a demanda do pré-sal com prazo, qualidade e preços compatíveis com os requerimentos da indústria do petróleo.

Estudo recente indica que o parque fornecedor doméstico não está preparado para atender a demanda de equipamentos da indústria brasileira do petróleo (de Oliveira et al., 2008). O estudo inventariou as condições competitivas de 24 segmentos fornecedores, identificando que apenas seis deles reúnem capacidade produtiva para suprir a demanda prevista pela expansão programada pela Empresa de Pesquisa Energética (EPE) para a produção de petróleo e gás natural. Praticamente todos eles têm dificuldades em obter suprimento doméstico de insumos essenciais para suas atividades produtivas em condições competitivas. Os ofertantes domésticos de insumos praticam preços mais elevados que seus competidores internacionais, não são capazes de cumprir os prazos demandados pela indústria do petróleo e a qualidade de seus insumos deixa a desejar.

As dificuldades competitivas dos fornecedores domésticos não se limitam ao suprimento competitivo de insumos. Eles sofrem com a falta de mão de obra qualificada (principalmente engenheiros e técnicos es-

---

[3] É importante notar que existe forte similaridade geológica entre a plataforma continental brasileira e a da costa ocidental africana, onde também há expectativa de forte aumento da produção de petróleo (EIA, 2014).

50 | UMA AGENDA PARA O RIO DE JANEIRO

pecializados), a forte tributação de suas atividades e a logística precária, que eleva seus custos. A esses fatores soma-se o fato de os poucos laboratórios de pesquisa e desenvolvimento dos fornecedores dedicarem-se exclusivamente à adaptação para as condições brasileiras de tecnologias desenvolvidas no exterior.

O desenvolvimento de novos conceitos tecnológicos para as condições petrolíferas brasileiras é essencialmente realizado nos laboratórios do Cenpes, em colaboração com fornecedores cujos laboratórios de pesquisa estão localizados no exterior. Esses conceitos evoluem para inovações testadas no campo pela Petrobras, mas pouco desse conhecimento é difundido no parque industrial brasileiro. Esse ambiente não é propício para que os fornecedores domésticos alcancem níveis de competitividade compatíveis com os vigentes no mercado internacional.

Polo fornecedor para o Atlântico Sul

O Programa de Mobilização da Indústria Nacional de Petróleo e de Gás Natural (Prominp), instituído pelo governo federal em 2003,[4] e a obrigação legal de destinar pelo menos 1% das receitas da produção de petróleo para atividades de pesquisa e desenvolvimento tecnológico no país criaram condições favoráveis para o desenvolvimento no Brasil de um polo fornecedor de equipamentos e serviços competitivo para a indústria do petróleo no Atlântico Sul.

Construído sob a proteção de um conjunto de instrumentos protecionistas (Castro e Souza, 1985), o parque industrial brasileiro tem encontrado dificuldades em alcançar sua inserção competitiva na economia global. A demanda de equipamentos e serviços do pré-sal em um período de crise econômica global instiga a retomada desses instrumentos para favorecer a expansão da oferta doméstica. Porém, os benefícios de curto prazo obtidos com esse encaminhamento se revelarão muito custosos no médio prazo.

---

[4] Decreto nº 4.925, de 19 de dezembro de 2003.

Estudo recente identificou incremento de 15% a 20% no custo de aquisição de equipamentos e serviços da indústria do petróleo assentada na simples proteção ao fornecedor doméstico (Onip, 2014). Tal aumento nos custos de investimento elevaria entre 4% e 7% o custo do petróleo produzido, resultando em perdas de receitas fiscais que somariam entre 3 e 4 bilhões de reais anuais, quando a produção anual de petróleo atingir o patamar de 5 milhões de b/d. Mais importante, ao inibir o processo de inovação tecnológica indispensável para o desenvolvimento do pré-sal, uma boa parcela de óleo *in situ* deixará de ser extraída, reduzindo o ritmo de expansão da produção brasileira de petróleo.

O cenário petrolífero global sofreu radical transformação, a partir do início da presente década. A consolidação do *fracking* como tecnologia economicamente viável para a produção de petróleo *onshore* reduziu significativamente o papel das reservas do pré-sal na geopolítica do petróleo. Depois de décadas de dependência de hidrocarbonetos importados, os Estados Unidos pretendem alcançar a autossuficiência petrolífera em meados da próxima década (Anderson, 2014). A competição tecnológica entre a produção de petróleo *onshore* e *offshore* está apenas se iniciando. Todo retardo na produção brasileira no pré-sal por insuficiência competitiva do nosso parque fornecedor terá efeitos definitivos nessa competição.

A indústria do petróleo e o Rio de Janeiro

O território fluminense foi o berço da indústria brasileira. O desenvolvimento industrial fluminense começou a perder vitalidade com o advento da República. Esse processo se acentuou durante o procedimento de substituição de importações que concentrou o crescimento industrial em São Paulo. Entre 1939 e 1959, a participação fluminense no valor da produção industrial brasileira caiu de 28,2% para 17,6% (Silva, 2004).

Na década de 1960, a transferência da capital federal para Brasília provocou novo choque negativo na economia fluminense. O governo federal procurou mitigar os efeitos nocivos dessa mudança. Permaneceram no estado as sedes de grandes empresas estatais (Petrobras, Eletrobras, Vale, CSN,

Álcalis, Telebras), e a vocação de importante praça financeira foi realçada (com a atuação do BNDES e as operações do Banco Central do Brasil). No âmbito do II Plano Nacional de Desenvolvimento, foi lançado um ambicioso programa naval, assentado nos estaleiros fluminenses, com o objetivo de estruturar o fluxo de óleo demandado pela industrialização brasileira.

Papel dos royalties na retomada do crescimento

As ações governamentais, no sentido de abrandar os impactos negativos que a mudança da capital federal para Brasília provocaria na economia fluminense, não foram suficientes para provocar a retomada da atividade industrial no Rio de Janeiro. Com a descoberta de reservatórios de petróleo na plataforma continental fluminense, a expansão da frota de petroleiros tornou-se desnecessária (Leite, 2007). O país passou a buscar a autossuficiência do seu suprimento de óleo nas bacias sedimentares brasileiras, esvaziando o programa naval que havia sido estruturado para importações de petróleo do Oriente Médio. Por outro lado, a descoberta de reservatórios significativos e o aumento da produção de hidrocarbonetos na bacia de Campos não provocaram efeitos industrializantes relevantes no estado.[5] A maior parte dos equipamentos e serviços demandados pela Petrobras era adquirida no exterior. Nas décadas seguintes, a economia fluminense seguiu perdendo posição relativa no parque industrial brasileiro. Em 1980, o valor da produção industrial fluminense representava apenas 10,1% do total brasileiro (Silva, 2004).

A retomada do desenvolvimento industrial fluminense foi impulsionada na década passada. A escalada no preço do petróleo, o crescimento da produção de petróleo e a nova regulamentação da atividade petrolífera[6] provocaram aumento significativo no fluxo fiscal para o governo estadual

---

[5] Destacam-se apenas a proposta de implantação do polo petroquímico alimentado com gás natural em Duque de Caxias e a criação de um porto de contêiner em Itaguaí.

[6] Em 1997, o monopólio da Petrobras foi removido para permitir a introdução da concorrência no mercado petrolífero (Lei nº 9.478). No bojo dessa mudança institucional, a legislação referente ao ressarcimento do Estado pelo esgotamento dos recursos petrolíferos foi modificada. A parcela de *royalties* foi aumentada e foi criada a contribuição de participação especial para os reservatórios de rentabilidade elevada (Oliveira, 2012).

e para boa parte dos municípios fluminenses, oferecendo contribuição decisiva para o reordenamento das contas públicas fluminenses (tabela 1).[7]

O ordenamento das contas públicas fluminense criou ambiente atrativo para investimentos no estado. Os financiamentos do BNDES destinados a projetos no Rio de Janeiro mudaram de patamar (R$ 16 bilhões no triênio 2003-2006; R$ 52 bilhões no triênio 2007-2010). Montadoras de veículos automotores instalaram-se no Médio Paraíba e iniciou-se a reativação da indústria naval articulada com a exploração de petróleo.

Os investimentos das empresas petrolíferas no estado no período de 2010-2012 foi de R$ 83 bilhões (Hasenclever et al., 2012). A esses investimentos veio se somar a exploração da vocação natural fluminense para o turismo, com a organização de uma sucessão de megaeventos na cidade do Rio de Janeiro (Osorio e Versiani, 2013).[8] A participação da indústria fluminense no PIB industrial brasileiro passou de 8,6% em 1996 para 12,7% em 2008 (Hasenclever et al., 2012).

TABELA 1

Evolução da parcela fiscal fluminense vinculada ao petróleo

Ano	Arrecadação (milhões de reais)	*Royalties* (milhões de reais)	Parcela de royalties* (%)
1998	6.298	37	0,60
2000	8.276	554	6,70
2002	10.828	1.083	10,00
2005	15.114	2.294	15,20
2012	64.032	6.761	10,56

Fonte: Cide (2013)
* A parcela *royalties* inclui a participação especial.

A descoberta do pré-sal anunciou um impulso novo no processo de industrialização fluminense. O desenvolvimento dos megacampos identifi-

---

[7] Boa parcela dos *royalties* foi destinada ao equacionamento dos custos previdenciários dos funcionários aposentados (Rabelo, 2001).

[8] Jogos Panamericanos (2007), Jogos Mundiais Militares (2011), Rio+20 (2012), Jornada Mundial da Juventude (2013), Copa do Mundo de Futebol (2014), Jogos Olímpicos (2016).

cados nas bacias de Campos e de Santos atrairiam investimentos pesados tanto na logística operacional necessária para explorar esses reservatórios quanto na ampliação da oferta doméstica de equipamentos e serviços necessários para viabilizar seu desenvolvimento. No entanto, o debate relativo à mudança do regime de concessão para o regime de partilha acabou retardando o desenvolvimento desses campos, provocando a inflexão no ritmo de expansão da produção de petróleo do Rio de Janeiro indicada na figura 1.

Apesar dessa inflexão, o Rio de Janeiro ainda é responsável pela oferta doméstica de 1,6 milhão b/d de petróleo (73% da produção nacional) e de 28 milhões de m³/d de gás natural (43% da produção nacional). Com o deslanche da produção no pré-sal programado pela Petrobras, estima-se que a produção fluminense de petróleo atingirá 3 milhões b/d em 2020, fruto de US$ 60,1 bilhões investidos.[9] A retomada da trajetória de expansão da produção reverterá a estagnação na arrecadação fiscal vinculada ao petróleo, indicada na tabela 1. Esses números indicam que o desenvolvimento do potencial petrolífero será o principal motor do crescimento econômico fluminense.

FIGURA 1
Produção de petróleo e gás natural no Brasil e no Rio de Janeiro

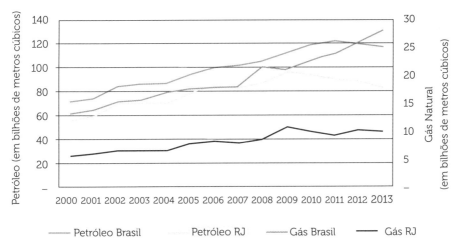

Fonte: Elaboração própria com base em dados da ANP.

---

[9] Disponível em: <http://www.codin.rj.gov.br/Paginas/SetoresNegocio/SetorPetroleoGas.aspx>. Acesso em: 12 maio 2014.

Indústria naval[10]

Localizada no entorno da baía de Guanabara, a cidade do Rio de Janeiro é porto seguro na rota do Atlântico Sul desde tempos coloniais. Essa vantagem comparativa induziu à emergência da indústria naval de consertos e embarcações no estado (Melo e Considera, 1986). Depois de sofrer os efeitos devastadores da década perdida, a indústria naval fluminense iniciou seu renascimento no final dos anos 1990. "Desde então, dezesseis estaleiros foram reabertos ou revitalizados, estimulados principalmente pela mudança de postura da Petrobras, que passou a transferir aos construtores nacionais as encomendas antes feitas a estaleiros estrangeiros" (Brito e Oliveira 2008).

A indústria naval moderna é uma atividade complexa econômica e tecnologicamente. Cabe ao armador definir as características gerais dos navios e encaminhar para escritórios especializados a realização do projeto do navio desejado. O estaleiro fica responsável pela construção do navio solicitado pelo armador, mas operando como uma indústria de montagem. Uma plêiade de fornecedores fabrica os componentes (navipeças) que permitem a operacionalidade do casco estruturado nas instalações dos estaleiros. A escala produtiva e a boa gestão da cadeia de suprimento são fatores determinantes da competitividade do setor naval. Os benefícios econômicos da concentração geográfica das atividades do segmento naval são significativos, razão pela qual o segmento tende a se organizar na forma de arranjo produtivo local (APL).[11]

A contratação de 46 navios em estaleiros domésticos iniciou a recuperação da indústria naval brasileira, viabilizando a construção de novos estaleiros, a reabertura de estaleiros fechados há anos e a ampliação de estaleiros existentes. A Organização Nacional da Indústria do Petróleo (Onip) estima que a continuidade do renascimento da indústria naval brasileira será fortalecida com a contratação de outros 42 navios pela

---

[10] Esta seção está baseada extensamente em Britto e Oliveira (2008).
[11] Entre os benefícios econômicos relevantes dos APL, cabe destacar, no caso da indústria naval, a redução de custos de transporte e a redução de estoques intermediários (Cassiolato, Lastres e Stallivieri, 2008).

Transpetro e 60 navios por armadores privados, somando US$ 5,2 bilhões de investimentos na construção naval.

O Rio de Janeiro foi significativamente beneficiado com o renascimento da indústria naval brasileira. Um novo estaleiro foi criado na Barra do Furado, outro reativado em Niterói e os demais estaleiros fluminenses puderam investir na sua ampliação e modernização. Em 2006, o estado contabilizava aproximadamente 8.200 empregos vinculados à indústria naval, com salário médio (R$ 1.800,00), significativamente superior ao salário mínimo regional (Brito e Oliveira, 2008). No entanto, o custo de construção desses navios é reconhecidamente mais elevado do que o verificado no mercado internacional. Esse sobrecusto tem origem na baixa produtividade da mão de obra dos estaleiros brasileiros, no preço elevado do aço doméstico e na baixa escala de produção dos componentes dos navios.

Os efeitos industrializantes do renascimento da indústria naval foram significativos. Estima-se que as encomendas para a construção dos 46 navios contratados pela Petrobras somem 290 mil toneladas de chapas de aço, 125 toneladas de tubos, 6 milhões de litros de tintas e 2.200 km de cabos elétricos. Há que se agregar ainda a construção de um porto marítimo de grande porte em São João da Barra (Complexo Logístico e Industrial do Açu), que servirá de base de apoio para as operações petrolíferas na bacia de Campos e para a exportação anual de 15 milhões de toneladas de minério de ferro, e que também é fruto do renascimento da indústria naval fluminense. O site do Prominp indica outros investimentos relevantes na cadeia de fornecedores da indústria do petróleo: ampliação das instalações da Marine e da Cameron em Niterói; da FMC na Pavuna; DANKT Flexibles e da Technip em São João da Barra; da Rolls Royce em Santa Cruz.

A mudança na escala das atividades petrolíferas induzida pelo pré-sal criou uma ampla janela de oportunidade para a produção doméstica de equipamentos e serviços para o setor naval. A Abimaq identificou cerca de 400 de suas empresas associadas como fabricantes de navipeças, articulados com aproximadamente 2 mil fornecedores diretos e outros 28 mil indiretos (Brito e Oliveira, 2008). Por outro lado, estudo da Coppe/UFRJ (2014) estimou que o suprimento doméstico de navipeças pode alcançar US$ 270 milhões anuais (1,6% do mercado mundial). Outro estudo, da Transpetro, reuniu os componentes da indústria naval em três grupos, segundo o potencial para a fabricação doméstica (tabela 2). Nele podemos visualizar que existe um espectro amplo de oportunidades para o desenvolvimento da produção doméstica de navipeças.

No entanto, "a indústria nacional de navipeças é segmentada, heterogênea e multifacetada (...)". O segmento metalomecânico reúne condições para atender ao mercado naval em geral, mas os estaleiros tendem a adquirir "pacotes" fechados de navipeças no exterior. A desarticulação entre a rede de fornecedores locais e os estaleiros é uma das principais fragilidades competitivas da indústria naval doméstica (Brito, 2008).

O catálogo da Onip indica que, das 622 empresas produtoras de equipamentos ou prestadores de serviços para a indústria naval, 134 atuam no Rio de Janeiro (21,5%). Com base nos critérios adotados pelo BNDES, é possível classificar esse conjunto de empresas segundo sua receita bruta anual[12] (tabela 3). A maioria das empresas é de pequeno porte (62,7%), prestadora de serviços (64,9%). Entre as empresas de serviços destacam-se as ofertantes de manutenção (43%) e de engenharia e logística (25%). Nos segmentos industriais, o segmento metalúrgico ocupa papel central (47% das empresas), seguido pelo mecânico (19%) e o eletroeletrônico (17%). Cabe chamar a atenção para a presença marginal de empresas fornecedoras de equipamentos *subsea* (apenas uma), que, como apontado acima, são fundamentais na estruturação de um APL naval competitivo.

---

[12] O BNDES classifica como *microempresas* aquelas com receita anual menor ou igual a R$ 2,4 milhões; como *pequenas* aquelas com receita anual maior que R$ 2,4 milhões e igual ou menor que R$ 16 milhões; como *médias* aquelas com receita anual maior que R$ 16 milhões ou menor ou igual a R$ 90 milhões; como *médias grandes* aquelas com receita anual maior que R$ 90 milhões e menor ou igual a R$ 300 milhões; e como *grandes* aquelas com receita anual maior que R$ 300 milhões.

TABELA 2

Potencial de nacionalização de insumos da construção naval

Grupos	Potencial de nacionalização*	Valor indicativo da participação nacional	Composição
Grupo 1	Alto	80%	– Sistemas de iluminação – Sistemas de convés, amarração e fundeio – Sistemas de segurança e salvatagem – Acessórios – Sistemas de habitação – Materiais – Subcontratos de serviços técnicos – Outros serviços
Grupo 2	Médio	50%	– Sistemas de geração auxiliar – Sistemas elétricos – Sistemas de governo – Sistemas auxiliares – Sistemas térmicos – Sistemas de carga
Grupo 3	Baixo	30%	– Sistemas de propulsão e geração de potência – Sistemas de navegação de controle – Sistemas de comunicação e entretenimento – Sistemas de operações especiais

Fonte: Transpetro <www.transpetro,com.br>, acesso em: maio 2014.
*Cenário de recuperação plena da construção naval brasileira.

TABELA 3

Porte das empresas do Rio de Janeiro atuantes na cadeia de petróleo e gás

Setores	Grande empresa	Média-grande empresa	Média empresa	Pequena empresa	Microempresa	Total
Equipamentos	**5**	**3**	**7**	**17**	**15**	**47**
Metalúrgicos	1	2	3	8	8	22
Mecânicos	1	–	2	3	3	9
Elétricos/ eletrônicos	2	–	1	3	2	8
Subsea	–	–	–	1	–	1
Tinta	1	–	–	2	1	4
Borracha	–	1	1	–	–	2
Vestuário	–	–	–	–	1	1
Serviços	**6**	**9**	**35**	**37**	**33**	**120**
Engenharia	3	4	7	5	7	22
Apoio logístico	1	–	6	8	5	12
Apoio marinho	–	2	2	–	–	4
Manutenção	2	3	5	15	15	37
Outros serviços	–	–	10	9	6	12
Total	**11**	**12**	**42**	**54**	**48**	**167**

Fonte: Elaboração própria a partir de dados do BNDES e do Catálogo Navipeças, Onip.

A maior parte das encomendas de insumos e praticamente toda a demanda de componentes dos estaleiros fluminenses são supridas por plantas que não estão localizadas no Rio de Janeiro. Essa situação aumenta os custos logísticos do setor naval fluminense que sofre também com os problemas de falta de mão de obra qualificada e preços não competitivos da oferta doméstica de seus insumos. Essa situação sugere a necessidade de maior articulação dos fornecedores domésticos a fim de viabilizar a integração de componentes locais na cadeia produtiva naval. Uma política ativa do governo do Rio de Janeiro é fundamental para consolidação do renascimento da indústria naval fluminense.

Em Niterói já se observa a mobilização dos atores locais com o objetivo de coordenar os esforços de capacitação de mão de obra e estruturar o APL Naval *Shore* de Niterói, São Gonçalo e Itaboraí. Esse movimento busca explorar as externalidades vinculadas à aglomeração espacial com focos no acesso ao mercado de crédito, na promoção da inovação e na difusão de práticas modernas de produção, entre as quais se destaca o emprego crescente de sistemas computacionais (Brito e Oliveira, 2008).

Inovação tecnológica

O estado do Rio de Janeiro, por ter sediado a capital da província, do Império e a capital federal, tem como legado um dos aparatos científicos e universitários mais importantes do país. Atualmente, o Rio conta com quatro universidades federais, três estaduais e oito centros de pesquisa do Ministério de Ciência, Tecnologia e Inovação (MCTI). Há que se notar ainda a presença dos dois principais centros de pesquisas da área de energia (Cenpes/Petrobras e Cepel/Eletrobras) e do parque tecnológico da UFRJ. A cidade abriga mais de 16 mil doutores e pesquisadores nos setores de petróleo e gás, produção audiovisual, saúde e tecnologia da informação.

Nos últimos 10 anos o parque tecnológico da UFRJ tornou-se um dos principais polos de pesquisa e desenvolvimento da América Latina. A descoberta de grandes reservas do pré-sal tem atuado como elemento motor do desenvolvimento do parque, e um número expressivo de fornecedores da indústria do petróleo de classe mundial decidiu instalar nele centros de pesquisa. Já estão em funcionamento os centros da Schlumberger, da Baker Hugues, da FMC Technologies, da Halliburton, da Vallourec e da Siemens/Chemtech. Para 2014, espera-se conclusão das obras das unidades de pesquisa da Tenaris, da BG, da EMC2, da General Electrics e da Georadar.

Na última década, investimentos da ordem de R$ 1 bilhão foram realizados ou estão em execução no parque tecnológico. Em 2013, além das empresas citadas acima, o parque contava com nove pequenas empresas e outras 23 incubadas na Coppe/UFRJ. No âmbito da pesquisa universitária, a Coppe/UFRJ montou cinco laboratórios especiais (Nutre, Lamce, LabOceano, NEO e CEGN), que atuam articuladamente com os 227 laboratórios do Cenpes.[13] O parque tecnológico da UFRJ gerou 1.414 em-

---

[13] Além do setor de petróleo e gás, há negociações em curso para instalação de laboratórios nas áreas de saúde e cosméticos.

pregos diretos de formação universitária: 110 postos para doutores, 103 para mestres e 1.078 para graduados (UFRJ, 2013).

Essa forte ampliação da capacidade de pesquisa foi viabilizada pela obrigação legal de destinar uma parcela dos *royalties* do petróleo e pelo menos 1% das receitas dos grandes reservatórios petrolíferos para as atividades de pesquisa e desenvolvimento tecnológico. Graças a esses recursos, foram criados programas pelo governo federal que promovem a capacitação de pessoal técnico e a inovação tecnológica.

O programa de recursos humanos (PRH) da Agência Nacional do Petróleo (ANP) já investiu mais de R$ 244 milhões em bolsas de estudo que apoiam alunos de graduação e pós-graduação. Uma parte significativa desses recursos está sendo canalizada para instituições de ensino e pesquisa fluminenses. Dos 55 programas contemplados pelo PRH, 16 são vinculados a instituições do Rio de Janeiro.[14] No plano da inovação, cabe destacar o programa Inovapetro, iniciativa conjunta da Finep, do BNDES e da Petrobras. Esse programa tem por objetivo ampliar o conteúdo local no suprimento de bens e serviços para a indústria petrolífera. Com R$ 3 bilhões disponíveis para o período 2012-2017, o Inovapetro tem o foco nos gargalos industriais identificados no estudo Indústria Parapetrolífera Brasileira: Competitividade, Desafios e Oportunidades (de Oliveira et al., 2008). A primeira chamada pública do programa concentrou esforços nas tecnologias aplicáveis em processos de superfícies e instalações submarinas e poços. Foram apresentadas 37 cartas de intenção, porém, entre as 11 selecionadas, apenas a FMC é atuante no Rio de Janeiro. Uma segunda chamada pública encontra-se em processo.

No âmbito estadual, foi lançada a iniciativa *Rio Capital Energia*. No entanto, entre os 10 programas de pesquisa apoiados por essa iniciativa, apenas um está diretamente articulado com o desenvolvimento da cadeia de fornecedores da indústria do petróleo no Rio de Janeiro: o "Estudo para geração e distribuição de energia e produção submarina de óleo e gás no estado do Rio de Janeiro".

---

[14] UFRJ (9), Uerj (2), PUC, UFF, Uenf, Impa e o LNCC.

Conclusão

Depois de décadas de estagnação industrial e perda de espaço na economia brasileira, os reservatórios do pré-sal abriram um cenário favorável para o desenvolvimento socioeconômico do Rio de Janeiro. A escala da produção de petróleo e gás natural nas bacias de Campos e de Santos abre ampla janela de oportunidade para que seja estruturado um polo supridor de bens e serviços similar ao desenvolvido no mar do Norte. Com centro nervoso no Rio de Janeiro, o polo fornecedor brasileiro pode reunir condições adequadas para suprir em condições competitivas a demanda de bens e serviços da indústria do petróleo de todo o Atlântico Sul.

O governo federal adotou iniciativas importantes nessa direção, articulando-as em torno do Prominp. Os efeitos dessas iniciativas já se fizeram sentir no Rio de Janeiro. Sua face mais visível é o renascimento dos estaleiros, porém, a estruturação de um núcleo forte de inovação tecnológica em torno do parque tecnológico do Fundão é sua dimensão mais relevante. O pré-sal propõe desafios tecnológicos formidáveis e a instalação de centros de pesquisa dos principais fornecedores globais da indústria do petróleo no parque tecnológico do Fundão sinaliza condições favoráveis para que o Rio de Janeiro possa se tornar o principal laboratório de inovação tecnológica da indústria do petróleo na primeira metade do século XXI (Coppe/UFRJ, acesso em 14/4/2014).

O governo do Rio de Janeiro tem assistido passivamente às iniciativas do governo federal, concentrando sua atenção nos efeitos fiscais das mudanças na regulação setorial. Ainda que relevante, essa questão é insuficiente para enraizar no Rio de Janeiro os efeitos industrializantes prometidos pelo pré-sal. A competitividade do parque fornecedor fluminense é essencial para que o estado escape das armadilhas estagnantes da política de substituição de importações adotadas no passado. Para tanto, é indispensável utilizar os instrumentos de política à disposição do governo fluminense a fim de promover ativamente a articulação entre os centros de pesquisa do estado, as empresas de engenharia fluminenses e o parque fornecedor emergente.

Bibliografia

ANDERSON, R. "How American energy independence could change the world", *BBC News* 2/4/2014.

BRASIL. Agência Nacional do Petróleo, Gás Natural e Biocombustíveis (ANP), *Anuário Estatístico Brasileiro de Petróleo, Gás Natural e Biocombustíveis* 2013 — Disponível em: www.anp.gov.br. Acesso em: Mar./Abr. 2014.

_____. ANP, Programa de Recursos Humanos (PRH-ANP), Manual do Usuário, Parte I. Site: www.anp.gov.br, Acesso no dia 19 de maio de 2014.

_____. ANP, *Programa de Recursos Humanos* (PRH-ANP), Manual do Usuário, Parte I. Disponível em: www.anp.gov.br. Acesso em: 19 maio 2014.

_____. *Governo realiza o leilão de Libra, a maior reserva de petróleo do Brasil.* Disponível em: http://m.g1.globo.com/economia/noticia/2013/10/governo-faz-nesta-2-leilao-de-libra-maior-reserva-de-petroleo-do-brasil.html. Acesso em: 20 maio 2014.

_____. Financiadora de Estudos e Projetos (FINEP), INOVAPETRO. Disponível em: www.finep.gov.br/inovapetro. Acesso em: 19 maio 2014.

_____. Ministério de Minas e Energia, *Empresa de Pesquisa Energética* (EPE), Decenal de Expansão de Energia 2022 / Ministério de Minas e Energia. Empresa de Pesquisa Energética. Brasília: MME/EPE, 2013.

_____. Universidade Federal do Rio de Janeiro (UFRJ), *Parque Tecnológico UFRJ — 10 Anos 2003/2013*, Rio de Janeiro, UFRJ, 2013.

BRITO, J.; DE OLIVEIRA, A. (Coords.). *Indústria para-petrolífera brasileira:* competitividade, Desafios e Oportunidades, Relatório preparado para o Programa de Mobilização da Indústria Nacional do Petróleo e do Gás Natural (Prominp), 2008.

CASSIOLATO, J. E.; LASTRES, H.M.M; STALLIVIERI. *"Arranjos Produtivos Locais* — uma alternativa para o desenvolvimento. Experiências de Políticas, Rio de Janeiro, E-Papers Serviços Editoriais Ltda, Volume 2, 2008.

CASTRO, A. B.; SOUZA, FEP, *A economia brasileira em marcha forçada.* Rio de Janeiro: Paz e Terra, 1985.

COPPE/UFRJ, *Corrida para o Mar:* os desafios tecnológicos e ambientais do pré-sal, disponível em http://www.coppe.ufrj.br/pdf_revista/coppe_pre-sal.pdf (acesso em 14/04/2014).

EIA — Energy Information Administration, *Annual Energy Outlook* 2014. Abril de 2014.

FAURÉ, YA; HASENCLEVER, L., *"O Desenvolvimento Local no estado do Rio de Janeiro:* Estudos Avançados nas Realidades Municipais, Rio de Janeiro, E-Papers Serviços Editoriais, 2005.

GRENON, M. *Le Nouveau Petrole.* Paris: Hachet, 1975.

HASENCLEVER, L.; PARANHOS, J.; TORRES, R. "*Desempenho Econômico do Rio de Janeiro:* Trajetórias Passadas e Perspectivas Futuras", em DADOS — *Revista de Ciências Sociais*, volume 55, nº 3, 2012.

HATAKENAKA, S.; WESTNES, P.; GJELSVIK, M.; LESTER, R. *From 'Black Gold' to 'Human Gold'* LIS working paper 06-002, July 15, 2006.

LIMA, P, *PRÉ-SAL — O novo marco legal e a capitalização da Petrobras*, Rio de Janeiro, Synergia Editora, 2011.

LEITE, AD, "*A Energia do Brasil*", Rio de Janeiro, Elsevier-Campus, 2º Edição, 2007.

MAUGERI, L, *Oil:* The Next Revolution. The Unprecedent Upsurge of Oil Production Capacity and What It Means for the World. Harvard Kennedy School. Boston, MA, 2012. Disponívelem: <http://www.horia.com.br/sites/default/ files/documentos/oil-the next revolution.pdf >. Acesso em: 31.03. 2014.

MELO, H.P.de, "Coffee and Development of the Rio de Janeiro, 1888/1920", em Clarence-Smith, W. G., e Topik, Steven (Eds.), *The Global Coffee Economy in África, Ásia, and Latin América 1500-1989*, New York, Cambridge University Press, 1º edição de 2003, 2005 e 2006.

MELO, H.P. de; CONSIDERA, C.M. "Industrialização Fluminense — 1930/1980", em *Revista do Rio de Janeiro*, Niterói, Vol. 1, nº 3, mai/ago. 1986.

DE OLIVEIRA, A. (Coord.), "*Indústria Para-Petrolífera Brasileira:* Competitividade, Desafios e Oportunidades", Relatório Preparado para o Programa de Mobilização da Indústria Nacional do Petróleo e do Gás Natural (*Prominp*), 2008.

_____. *Energy Security in South America:* The Role of Brazil (2010), disponível em www.iisd.org.

_____. Brazil's Petrobras: strategy and performance. in: Victor, D; Hults, D; Thurber, M. (Org.).*Oil and Governance State-Owned Enterprises and The World Energy Supply*. 1ed. Cambridge: University Press, 2012, v. 1, p. 515-556.

_____. The Global Oil Market: An Outlook from South America, presented at the *Conference "International Monetary System, Energy and Sustainable Development"*, Seoul, Korea, September 2012.

_____; RIBEIRO, CG; FURTADO, AT. *Competition Between Technological Systems In Pre-Salt Fields*. 23rd International Management of Technology Annual Conference., Washington, 2014.

O ESTADO DE SÃO PAULO, "*Pré-sal estimado representa 4 vezes reservas do País*", diz ANP. São Paulo, 07/11/2008. Disponível em <http://www.estadao. com.br/noticias/geral,pre-sal-estimado-representa-4-vezes-reservas-do -pais-diz-anp,274146,0.htm> Acesso em 10 de Abril de 2014.

OLIVEIRA, C.W. de A.; COELHO, D. S. C.; BAHIA, L. D.; FERREIRA FILHO, J.B. "*Impactos Macroeconomicos de Investimentos na Cadeia de Petróleo Bra-*

sileira", em Brasília, Instituto de Pesquisa Econômica Aplicada (IPEA), Texto para Discussão nº 1657, agosto de 2011.

ONIP — Organização Nacional da Indústria do Petróleo, *Catálogo Navipeças*. Ver site: http://www.onip.org.br/navipecas/navp_busca, Acesso em 11/04/2014.

OSÓRIO, M.; VERSIANI, M.H. "O papel das instituições na trajetória econômico-social do estado do Rio de Janeiro", em *Cadernos do Desenvolvimento Fluminense*, Rio de Janeiro, Fundação CEPERJ, nº 2, julho de 2013, p.188-210.

RABELO, F. M. *"Regimes Próprios de Previdência: Modelo Organizacional, Legal e de Gestão de Investimentos*, Coleção Previdência Social", Caderno 11, Ministério da Previdência e Assistência Social, Brasília, 2001;RIO DE JANEIRO, Secretaria de Estado de Planejamento e Gestão. Orçamento Anual 2012. — Rio de Janeiro : SEPLAG, 2011.n.º 875 p. Rio de Janeiro.

RIO DE JANEIRO, CIDE. Fundação Centro de Informações e Dados do Rio de Janeiro. *Anuário Estatístico do estado do Rio de Janeiro*; 2013.

RIO DE JANEIRO, SEDEIS, Secretaria de Desenvolvimento Econômico, Energia, Indústria e Serviços, www.rj.gov.br/web/sedeis/, acesso em 19 de maio de 2014.

SILVA, R. D. *Rio de Janeiro:* Crescimento, Transformações e sua Importância para a Economia Nacional (1930-2000). Dissertação (Mestrado em Desenvolvimento Econômico) — Instituto de Economia, Universidade Estadual de Campinas, 2004.

TRANSPETRO — www.transpetro.com.br, acesso em 14 e 15 de maio de 2014.

VALOR ECONÔMICO, Jornal, 23 de abril de 2014.

O cluster marítimo
do Rio de Janeiro:
possibilidades e desafios

Floriano C. M. Pires Jr.

Expansão e decadência da indústria
naval no Brasil: lições da história

AS INDÚSTRIAS MARÍTIMAS no Brasil, e, em particular, no Rio de Janeiro, têm raízes históricas profundas, que remontam ao período colonial.

O isolamento dos países vizinhos da América do Sul e a falta de vias terrestres fizeram do transporte por água o único meio relevante de ligação do país com o resto do mundo, e do centro econômico, localizado no Sudeste, com as demais regiões deste país continental, até a segunda metade do século XX.

Apesar disso, e embora os fundamentos de uma pequena base cultural e empresarial tivessem se constituído e resistido, as indústrias marítimas nunca chegaram a alcançar dimensão e estrutura compatíveis com o potencial que representam para a economia brasileira. A falta do que tem sido chamado de mentalidade marítima na consciência da nação brasileira é uma constatação recorrente, há décadas, nas manifestações de lideranças ligadas ao mar, em particular das representações da Marinha do Brasil.

A única atividade industrial na colônia foi a construção naval. A ação e a própria legislação da metrópole portuguesa impediam a expansão de atividades industriais no Brasil. A construção naval foi uma exceção, à medida em que a Coroa precisava de navios para manter a presença nas costas brasileiras (Araújo Jr. et al., 1985).

O primeiro registro histórico da construção naval é a instalação de um pequeno estaleiro, em 1531, no local onde hoje existe o Iate Clube do Rio de Janeiro, na baía de Guanabara. Um marco interessante dessa fase colonial foi a construção do galeão *Padre eterno* – a maior embarcação do mundo, na Ilha do Governador, em 1662 (Geipot, 1999).

Durante todo o período colonial, a construção naval foi a principal atividade industrial não apenas no Rio de Janeiro, mas no Brasil, devido à importante demanda e, principalmente, à abundância de madeiras de alta qualidade.

Na segunda metade do século XVIII, o governo português instalou cinco arsenais de marinha no Brasil, nas cidades de Rio de Janeiro, Salvador, Recife, Belém e Corumbá. O Arsenal de Marinha do Rio de Janeiro, mais tarde chamado de Arsenal de Marinha da Corte, fundado em 1763, foi durante muito tempo a principal unidade de construção naval brasileira, e é, ainda hoje, o principal estaleiro da Marinha do Brasil (Geipot, 1999).

No século XIX, como desdobramento da Revolução Industrial, a navegação e a construção naval sofreram um processo radical de transformação, com a introdução da propulsão mecânica e da construção metálica. A possibilidade de transporte marítimo regular, de longa distância e com embarcações de maior porte, independentemente dos ventos, vai transformar a geopolítica e a economia mundial.

No mesmo período, a construção naval no Brasil passa por um período de grande atividade, em função da demanda por embarcações militares, necessárias para a preservação da unidade do país. Na segunda metade do século XIX, os polos dinâmicos da indústria naval eram o Arsenal de Marinha do Rio de Janeiro e o estaleiro da Ponta D'Areia, em Niterói, criado pelo barão de Mauá.

Durante o Segundo Império, a Marinha tinha grande prestígio político e o arsenal do Rio de Janeiro passou por um período de intensa atividade. A construção naval foi o principal setor industrial e o Arsenal de Marinha do Rio de Janeiro, a principal unidade fabril do país.

No período da Guerra do Paraguai, a construção naval no Brasil alcançou um nível de atualização tecnológica, em relação ao estado da arte da produção europeia, sem precedentes na América Latina. O arsenal do Rio de Janeiro chegou a empregar 2.300 homens e a fabricar navios a vapor e produtos de ferro, como elementos estruturais de embarcações, caldeiras, hélices e eixos, além de motores de até 200 cv (Araújo Jr. et al., 1985).

No mesmo período, o estaleiro privado criado pelo barão de Mauá constitui-se em marco de grande importância não apenas na história das indústrias marítimas, mas da própria história econômica e política do Brasil.

No curto período em que foi viável a indústria privada no Brasil, o estaleiro da Ponta D'Areia produziu cerca de uma centena de embarcações. O primeiro navio com casco metálico produzido no país e cerca de um terço de toda a frota empregada na Guerra do Paraguai saíram das oficinas da Ponta D'Areia.

No final do século XIX, depois da falência do barão de Mauá, em 1875, o único centro de construção naval, em bases industriais, era o Arsenal de Marinha do Rio de Janeiro.

Com a proclamação da República, em decorrência da perda de prestígio político da Marinha e da adoção de políticas desfavoráveis ao desenvolvimento de atividades fabris, a construção naval brasileira entra em rápida decadência. A indústria naval só retomaria o processo de desenvolvimento nas décadas de 1950 e 1960.

No longo período entre o início da República e o final da década de 1950, a construção naval praticamente inexistia. Algumas poucas iniciativas isoladas evitaram a completa extinção da atividade na baía de Guanabara e no Brasil.

Nesse longo período de quase inatividade, podem ser lembradas as iniciativas da Companhia Comércio e Navegação (CCN), do estaleiro Caneco e do estaleiro instalado por Henrique Lage na ilha do Viana.

Em 1911, a CCN construiu, nas antigas instalações do barão de Mauá, na Ponta D'Areia, o dique Lahmeyer, então o maior da América do Sul, que até hoje está em operação.

O estaleiro da ilha do Viana construiu na década de 1920 o primeiro navio da classe Ita e um navio de 1.400 tpb, para transporte de petróleo, exportado para a Argentina. As instalações da ilha do Viana foram encampadas e incorporadas à Companhia de Navegação Costeira, na década de 1940.

O estaleiro Caneco chegou a ter uma atividade razoavelmente intensa em construção e reparos, principalmente na década de 1920.

Somente no final da década de 1950, no ciclo desenvolvimentista do governo Kubitschek, o país voltou a considerar a indústria marítima. O principal instrumento da política de desenvolvimento econômico do período foi o Plano de Metas. No plano, entre as 30 metas setoriais, estavam incluídas a marinha mercante (Meta 11) e a indústria da construção naval (Meta 28).

A indústria naval e a marinha mercante, que apresentavam óbvia relevância estratégica para a economia do Brasil, país com 8.500 km de costa marítima, mais de 20 mil km de rios navegáveis, distante dos principais fluxos mundiais de comércio, eram pela primeira vez na República consideradas entre as prioridades de governo.

No momento do lançamento do Plano de Metas, a indústria naval limitava-se ao Arsenal de Marinha do Rio de Janeiro, ao estaleiro da Companhia Nacional de Navegação Costeira (CNNC), na ilha do Viana, às instalações de reparo do Lloyd Brasileiro e, como reportado no documento de apresentação do Plano de Metas (Geipot, 1999), a alguns pequenos estabelecimentos, concentrados na baía de Guanabara. Praticamente toda a atividade era de reparo, registrando-se uma atividade secundária de construção de pequenas embarcações, como rebocadores e pesqueiros.

Fora do Rio de Janeiro, o documento reconhece a existência de pequenos estaleiros em Vitória, Santos e Porto Alegre.

Na época do lançamento do Plano de Metas, que marca o início do processo de implantação da indústria marítima moderna no Brasil, as atividades de construção e de reparo eram absolutamente incipientes e desprovidas de um padrão industrial minimante compatível com o das principais nações marítimas.

Todo o conjunto de engenheiros navais existentes no Brasil correspondia a um pequeno grupo de profissionais estrangeiros e aos militares formados pela Marinha em universidades estrangeiras.

O núcleo de conhecimento que formou a base para a implantação da moderna indústria naval, basicamente oriunda dos quadros da Marinha, estava totalmente concentrado no Rio de Janeiro.

O cenário para a marinha mercante não era diferente. A participação da bandeira brasileira nos tráfegos do comércio internacional do país era praticamente nula. Apenas o Lloyd Brasileiro operava em longo curso, captando menos de 5% do total de frete gerado. Além do Lloyd, havia a CNNC e algumas empresas privadas operando na cabotagem, porém com uma frota insuficiente e obsoleta.

Ainda no período Kubitscheck, no contexto do Plano de Metas, foi criado o Grupo Executivo da Indústria de Construção Naval (Geicon), que viabilizou a implantação de estaleiros por companhias estrangeiras e a implantação e ampliação de estaleiros nacionais, configurando as bases da nova indústria naval.

Foram submetidos ao Geicon 34 projetos. Dez foram aprovados e seis chegaram a ser efetivados. A tabela 1 mostra os seis projetos que chegaram a ser efetivados, com as capacidades propostas e as encomendas-incentivo. Entre os aprovados havia um projeto para o estado do Espírito Santo, proposto por uma companhia estrangeira, que não foi efetivado. Entre os efetivados, apenas o Estaleiro Só localizava-se fora do Rio de Janeiro. Ishikawajima e Verolme eram controlados por grandes estaleiros estrangeiros. Além do Só, em Porto Alegre, e do Verolme, em Angra dos Reis, no Rio de Janeiro, os demais se localizam na baía de Guanabara, também no estado do Rio.

O Estaleiro Só não resistiu à crise dos anos 1980 e 1990, foi desativado e, posteriormente, demolido. Todas as demais instalações indicadas na tabela encontram-se em operação.

Os projetos aprovados pelo Geicon contavam com todo tipo de apoio governamental: financiamento, subscrição de ações, cessão de terrenos, incentivos fiscais, subsídios à produção, e encomendas-incentivo de navios para empresas estatais de navegação.

TABELA 1
Projetos aprovados pelo Geicon e efetivados

Estaleiro	Estado	Capacidade (tpb/ano)	Encomendas (navios x tpb)
CCN	RJ	25.000	4 x 1.550
Ishikawajima	RJ	60.000	1 x 5.600
Emaq	RJ	8.000	5 x 5.600
Verolme	RJ	40.000	2 x 2.550
Caneco	RJ	2.000	1 x 2.200
Só	RS	5.000	1 x 2.200

Fonte: Serra (1994).

Em 1958 foi criado o Fundo da Marinha Mercante (FMM), que, ainda hoje, é a principal fonte de recursos para financiamento da marinha mercante e da construção naval.

O primeiro curso de engenharia naval foi criado na Universidade de São Paulo, em 1956, por iniciativa e com o apoio da Marinha, que passava a formar no Brasil os engenheiros militares que até então eram formados no exterior. O segundo, em 1959, na Universidade do Brasil (atual Universidade Federal do Rio de Janeiro), já atendendo à demanda da indústria que se estabelecia.

Os fundamentos para o desenvolvimento da indústria naval haviam sido estabelecidos, com a criação do FMM, implantação de estaleiros, encomendas-incentivo e formação de engenheiros. Porém, apenas uma década mais tarde, já no período dos governos militares, tomaria forma o modelo de política de marinha mercante que viabilizou a consolidação e a rápida expansão da frota mercante nacional e da indústria naval.

No início da década de 1960, a capacidade instalada era da ordem de 350 mil tpb/ano, porém, entre 1961 e 1967 foram produzidas apenas cerca de 250 mil tpb. Apesar das bases terem sido estabelecidas, a indústria naval encontrava-se estagnada. Além dos problemas que afetavam a economia nacional, faltavam encomendas e recursos para financiamento.

Em 1967, o governo brasileiro iniciou a implantação do novo modelo de política de marinha mercante que viabilizaria a rápida expansão da indústria marítima nos anos seguintes. Os objetivos eram o aumento da participação da bandeira brasileira nos tráfegos de longo curso, a expansão da frota nacional e a consolidação da construção naval. O sistema era baseado em um nível muito elevado de integração entre a marinha mercante e a construção naval.

O novo modelo, embora compatível com as práticas protecionistas que prevaleciam mundialmente no setor e com a organização dos mercados de transporte marítimo naquele período, foi, em certa medida, inovador e colocou o Brasil na liderança dos países emergentes nos foros onde se debatia o comércio marítimo.

A reação dos países hegemônicos, com tentativas de retaliação e processos judiciais em cortes estrangeiras, não teve maiores consequências. Dois fatores contribuíram para a aceitação internacional das regras brasileiras. Em primeiro lugar, o crescimento do comércio internacional do Brasil mais do que compensou a perda percentual de participação dos armadores estrangeiros, e, em segundo lugar, o governo dos Estados Unidos estava empenhado em apoiar e fortalecer o governo militar recém--instalado no Brasil.

A marinha mercante brasileira que emergiu da nova política era constituída por empresas estatais, que detinham as maiores frotas e as maiores participações no mercado — Lloyd Brasileiro, Petrobras e Docenave, e por um conjunto de empresas privadas (escolhidas pelo governo), que recebiam concessões para operar em tráfegos específicos. Além disso, o controle acionário de empresas de navegação era restrito a cidadãos brasileiros.

Um dos principais mecanismos de proteção foi a instituição da exclusividade das Conferências de Frete[1] em todas as rotas de carga geral

---

[1] Conferências de Frete eram organizações privadas de armadores que controlavam as rotas de carga geral em todo o mundo.

do comércio exterior do país. As conferências, então reestruturadas para atender à nova legislação, deviam obedecer ao critério 40-40-20, que garantia 40% do mercado para a bandeira brasileira e para a do país importador ou exportador, liberando 20% para terceira bandeira.

Também foram prescritas todas as cargas de governo, entendidas como importadas pelo governo, em qualquer nível, por empresas estatais, e mesmo pelo setor privado, nos casos de financiamento governamental ou favorecimento fiscal. Isso significava a prescrição de praticamente toda a importação de granéis, além de uma parcela da carga geral.

Além disso, como exportadores, a Vale do Rio Doce (através da subsidiária Docenave) e a Petrobras detinham uma parcela significativa do transporte marítimo de exportação, e eram prescritos para a bandeira brasileira os tráfegos de exportação de cargas estratégicas, como café, cacau e algodão.

As estatais detinham a maior fatia do mercado. A Petrobras dominava o setor de granéis líquidos. A Docenave era a principal operadora de granéis sólidos. O Lloyd Brasileiro, além da operação de graneleiros, detinha cotas da ordem de 20% em todas as rotas de carga geral do Brasil, que eram então exclusivas das conferências.

A reserva de mercado era completada pela totalidade da cabotagem e por vários acordos bilaterais, que reservavam 50% do comércio entre os signatários para as respectivas bandeiras.

Ao mesmo tempo, a contratação da construção de navios, obrigatoriamente em estaleiros nacionais, era estimulada com financiamento favorecido e subsídio direto pelo FMM. A maior parte das construções foi contratada no contexto dos Planos de Construção Naval, que definiam armador, estaleiro e especificação de cada navio.

Por sua vez, os estaleiros eram obrigados a praticar níveis extremamente elevados de conteúdo local. De fato, as listas de importações eram aprovadas, caso a caso, pelo Conselho de Desenvolvimento Industrial (CDI). Bastava que um fabricante informasse que o equipamento seria produzido no Brasil para que o item saísse da lista, tendo a importação proibida.

Os enormes problemas causados pela qualidade, cumprimento de prazos de entrega e preços elevados no fornecimento de insumos domésticos estavam entre os fatores críticos de desempenho que levaram à crise do setor.

Em 1968 foi lançado o Plano de Emergência de Construção Naval, que, embora programado para 1969-1970, teve o último navio entregue apenas em 1972.

Em 1970 foi lançado o I Plano de Construção Naval (I PCN), com encomendas de 1,6 milhão de tpb, para entrega entre 1971 e 1975, e investimento de US$ 1,2 bilhão.

O Plano de Emergência e o I PCN promoveram grande expansão da capacidade dos estaleiros. Entre 1971 e 1975, a capacidade aumentou cerca de 2,5 vezes.

Entretanto, o plano mais ambicioso, que determinou o futuro do setor — a expansão e a crise —, foi o II Plano de Construção Naval (II PCN).

O II PCN previa a construção de 5,3 milhões de tpb e investimento de US$ 2,8 bilhões. Promoveu novo salto na capacidade de produção. A capacidade em 1980 era 2,7 vezes a de 1975.

O total de encomendas do II PCN correspondia a 190 navios, com mais de 4,6 milhões de tpb. Essa carteira representou para a indústria brasileira da década de 1970 um desafio comparável ao que as demandas do setor *offshore* colocam para a indústria de hoje.

A política de marinha mercante do governo militar pode ser considerada bem-sucedida, à medida que promoveu a expansão da frota de 1,5 para 8 milhões de tpb entre 1970 e 1985. Em termos de participação de empresas nacionais nos tráfegos de longo curso, o país passou de 35%, sendo 13% com navios de registro brasileiro, em 1969, para 45,6%, sendo 23,7% com navios brasileiros, em 1983. Ao mesmo tempo, colocou o Brasil entre os produtores mundiais de navios.

É interessante observar que, alguns poucos anos mais tarde, a Coreia do Sul adotaria um modelo semelhante. A diferença é que a Coreia adotou tempestivamente uma estratégia de inserção competitiva no mercado internacional, investindo pesadamente em recursos humanos e qualificação tecnológica, enquanto o Brasil insistiria ainda por duas décadas em uma estratégia tardia de substituição de importações.

A despeito dos problemas internos e externos que estavam levando o modelo à exaustão, já no início da década de 1980, as estratégias governamentais e empresariais não foram ajustadas ao novo cenário e aos novos desafios. O Estado brasileiro perdera a capacidade de formulação e gestão de políticas racionais para o setor.

A conjunção de vários fatores levou à derrocada da marinha mercante e da indústria naval. Entre os fatores críticos, podem ser mencionados:

- conjuntura desfavorável da economia nacional;
- escalada da inflação, comprometendo os contratos de longo prazo;
- crise nos mercados mundiais de transporte marítimo e construção naval;
- mudanças tecnológicas e estruturais no transporte marítimo, particularmente de carga geral, que acabaram por inviabilizar a sobrevivência das empresas nacionais.

Nesse ambiente, as pressões pela liberalização dos tráfegos — internacionais e de setores domésticos ligados ao comércio exterior, e a fragilidade da gestão das políticas governamentais levaram à desregulamentação intempestiva dos transportes marítimos, sem uma estratégia gradual, que viabilizasse a transição e a sobrevivência da marinha mercante brasileira.

Num ambiente econômico nacional extremamente desfavorável, a derrocada da marinha mercante e os problemas estruturais próprios do setor foram as raízes da crise que abalou a indústria naval brasileira.

Entre os problemas endógenos, ligados à própria estrutura do modelo brasileiro de política marítima ou à qualidade da gestão, tanto no setor público quanto no privado, podem ser destacados a rigidez da cadeia protecionista, a falta de qualificação dos gestores da última fase do II PCN e a falta de entendimento da natureza das transformações da indústria marítima mundial no período.

Entretanto, o principal problema, estrutural, foi a ausência da qualificação tecnológica entre os objetivos estratégicos e a falta de metas de desempenho. Nunca houve efetiva preocupação, na formulação ou na gestão das políticas governamentais ou nas estratégias das empresas, com o desenvolvimento de padrões superiores de eficiência e competitividade. Ao contrário das estratégias de crescimento da construção naval japonesa e, mais tarde, da coreana, o investimento em formação avançada de recursos humanos e em pesquisa e desenvolvimento não fazia parte da agenda de desenvolvimento da indústria naval no Brasil.

A falta de metas de desempenho e de um processo estratégico de qualificação tecnológica, mais do que os problemas conjunturais, não permitiram o ganho progressivo e sustentável de competitividade, requerido para se alcançar o estágio de uma indústria de classe mundial.

As décadas de 1980 e 1990 foram de grande decadência para o conjunto do setor marítimo. Apesar da clara vocação marítima do país e do sucesso da primeira fase da política de crescimento da marinha mercante e da construção naval, ambos os setores foram profundamente abalados.

A frota brasileira praticamente desapareceu dos tráfegos de longo curso. As mais importantes empresas privadas foram fechadas ou desnacionalizadas, incorporadas a grupos multinacionais. Das estatais, foi extinto o Lloyd Brasileiro e privatizada a Docenave, permanecendo na operação de navios apenas a Petrobras, agora através da subsidiária Transpetro.

Todos os estaleiros que participaram da epopeia dos planos de construção naval chegaram a ter as portas fechadas em algum momento desse período, com a única exceção do Emaq (atual Eisa).

O impacto da derrocada afetou particularmente o estado do Rio de Janeiro, onde se localizavam praticamente todos os estabelecimentos estritamente especializados. Importantes setores fornecedores encontravam-se em outros estados. Porém, em geral, não eram plantas especificamente dedicadas a insumos da indústria naval. Era o caso das fábricas de equipamentos mecânicos e elétricos, siderúrgicos, tintas etc. As plantas dedicadas, como fábricas de hélices, motores e acessórios, em grande medida tiveram o mesmo destino dos estaleiros (com a diferença de que várias dessas instalações de menor porte nunca chegaram a se recuperar).

Porém, certamente o custo mais significativo — econômico e social — foi o da desativação da força de trabalho — trabalhadores de produção, projetistas e engenheiros, que acumularam experiência nos anos de expansão. A grande maioria não encontrou ocupação com padrão técnico compatível com sua qualificação. Vários engenheiros brasileiros deixaram o país, alguns ocupando posições de liderança em centros avançados de construção naval (com a recuperação do setor, alguns têm voltado a atuar no Brasil). Uma geração presa na armadilha da construção do *Brasil Grande*.

A indústria marítima brasileira teve um período de crescimento acelerado, respondendo de maneira bastante dinâmica aos estímulos das políticas de incentivo. Depois, mergulhou num longo período de estagnação e decadência. Reconhecer as conquistas e as deficiências daquele processo será útil para pensar o atual processo de expansão, no século XXI.

A indústria naval e offshore no século XXI

Por uma coincidência histórica, os anos de decadência da construção de navios foram também anos de importante progresso na indústria de exploração e produção de petróleo no mar. Sob a liderança da Petrobras, as fronteiras foram sendo continuamente superadas, em termos de profundidade da lâmina d'água, distância da costa, e complexidade das operações. A Petrobras teve que investir no desenvolvimento de tecnologias pioneiras para águas profundas, assumindo um papel de significativa liderança mundial.

Parte da engenharia naval e oceânica que se desmobilizara no projeto e construção de navios foi incorporada ao esforço nacional de desenvolvimento da indústria *offshore*.

Nesse período, os centros de formação de engenheiros navais e oceânicos, na USP e na UFRJ, não apenas se mantiveram em atividade, mas expandiram-se e progrediram, alcançando reconhecimento internacional. A demanda de estudantes e projetos de pesquisa e desenvolvimento concentrava-se no setor *offshore*. Embora a formação de engenheiros para a construção naval tenha sido drasticamente reduzida, os cursos de pós-graduação voltados para a engenharia *offshore* e submarina eram fortemente demandados (o primeiro curso de pós-graduação em engenharia naval e oceânica fora criado na Coppe/UFRJ em 1967).

Ao mesmo tempo, um pequeno conjunto de empresas de engenharia de projetos navais permaneceu em atividade e se desenvolveu, tendo, em certos casos, também alcançado reconhecimento internacional.

Pode-se afirmar que a engenharia brasileira — nas empresas, universidades e centros de pesquisa —, embora em escala insuficiente, preservou o conhecimento que, hoje, garante uma base sólida para a recuperação acelerada do setor.

Entretanto, embora a indústria *offshore* tenha apresentado um importante desenvolvimento nos últimos anos do século XX, não garantiu suporte suficiente para a preservação e desenvolvimento da indústria naval. Ao contrário, embora a Petrobras tenha mantido intensa atividade em operações oceânicas e em engenharia de projeto, as principais obras de construção de plataformas foram contratadas no exterior. Também no setor de navegação de apoio *offshore* a participação da bandeira estrangeira aumentou consideravelmente.

Na virada do século, o setor apresentava um nível baixo de atividade, com a construção de algumas embarcações de apoio, uma atividade residual de reparo naval e algumas obras de conversão e integração, que permitiram a manutenção de alguns estaleiros em operação.

No início do período Lula, o governo adotou uma postura determinada no sentido de recuperar a indústria naval. A primeira ação significativa foi a contratação de duas plataformas semissubmersíveis — P-51 e P-52, que estavam em processo de contratação no exterior. Essas construções, nas instalações do estaleiro Brasfels, o antigo Verolme, podem ser consideradas o marco da recuperação da indústria naval brasileira.

Em seguida, a Transpetro lançou um ambicioso programa de reaparelhamento da frota de petroleiros, com previsão de construção de mais de 40 navios.

As novas descobertas de petróleo e gás, particularmente no pré-sal, já concretizaram uma grande carteira de encomendas de plataformas, FPSO, sondas e embarcações de apoio, e projetam um cenário extremamente promissor para a demanda futura.

O governo brasileiro voltou a eleger a indústria naval como um setor estratégico e a estabelecer ou fortalecer múltiplos mecanismos de estímulo. Embora, dessa vez, não exista uma estratégia nacional, ou uma política nacional para a indústria naval, abrangente, articulada e racional.

Uma importante característica dessa retomada é o movimento de desconcentração geográfica. A indústria naval, que era concentrada no Rio de Janeiro, expandiu-se com a implantação de estaleiros em várias regiões do país. Ainda hoje, existem projetos de novos estaleiros, em novas regiões, em vários estágios de avanço.

Não se discute a necessidade de criação de novos estaleiros. No período que antecedeu a retomada, todos os diagnósticos e estudos sobre o setor indicavam a necessidade não apenas de ampliação e modernização dos estaleiros, mas de construção de novas plantas, capazes de produzir em padrões compatíveis com os novos padrões mundiais (Coppe, 2004). Era evidente também, como analisado em publicações da época, a necessidade do ingresso de novas empresas, com a capacidade de investimento e gestão que faltava aos grupos que controlavam os estaleiros brasileiros (Pires Júnior, 1999).

Não há também que se discutir o objetivo nacional de desconcentração da produção industrial. Além disso, há que se reconhecer a limitada disponibilidade de áreas costeiras adequadas para a instalação de estaleiros nas vizinhanças da Guanabara.

A questão, que acaba por introduzir dificuldade adicional para o desenvolvimento competitivo da indústria naval brasileira, é que muitas das decisões de localização de estaleiros foram tomadas ao sabor de interesses específicos ou regionais, sem orientação estratégica e sem obedecer a critérios minimamente racionais.

Há um entendimento amplamente consensual entre os analistas do setor de que a sustentabilidade da construção naval brasileira dependerá de se alcançar, em prazo médio, padrões de desempenho comparáveis aos competidores globais. E, entre os fatores críticos de competitividade, está a localização dos empreendimentos.

A indústria naval e *offshore* que ressurge neste século é bastante diferente da que se desenvolveu no ciclo de expansão anterior. A diversidade de segmentos que a compõem, e a inevitável inserção no mercado internacional, nestes tempos de globalização, requerem estratégias mais abrangentes e articuladas.

A extensa bibliografia sobre *clusters* marítimos e de construção naval (De Langen, 2002; Wijnolst, 2006; Hassink e Shin, 2005) e os exemplos dos países e blocos que buscam adequar suas políticas à nova dinâmica dos mercados internacionais indicam que é necessário aprofundar a análise e ousar adotar estratégias inovadoras, para que o potencial das indústrias marítimas seja concretizado no Brasil e, muito particularmente, no estado do Rio de Janeiro.

O próprio setor chamado de indústria naval e *offshore* é, na verdade, um conjunto diversificado e heterogêneo de segmentos industriais. Mesmo no caso de estaleiros ou instalações dedicadas à construção do mesmo tipo de produto e localizados no mesmo país, não existem paradigmas tecnológicos, corporativos ou de processos produtivos (Coppe, 2007). Embora, é claro, não se trate de segmentos estanques, os diferentes subsetores requerem análises específicas.

No caso da indústria naval brasileira, podem-se considerar os seguintes segmentos:

- navios oceânicos convencionais;
- embarcações de apoio *offshore*;
- unidades *offshore*;
- embarcações militares.

Construção de navios oceânicos convencionais

A construção de navios convencionais (petroleiros, graneleiros, porta-contêineres etc.) é tradicionalmente o segmento mais importante da indústria naval mundial.

Trata-se de uma indústria considerada estratégica pela maioria dos países marítimos e, portanto, fortemente influenciada por políticas governamentais.

O mercado de construção naval é acoplado ao de transporte marítimo e sujeito a um nível extremamente elevado de volatilidade. Tanto a demanda e o volume de produção quanto os preços dos navios apresentam variações extremamente acentuadas ao longo do tempo.

No período em que as principais decisões relacionadas com a recuperação da indústria naval brasileira (encomendas da Transpetro e criação de novos estaleiros) estavam sendo tomadas, em meados da década de 2000, o mercado internacional vivia uma escalada sem precedentes. Os preços e as carteiras de encomendas dos estaleiros mundiais encontravam-se em patamares nunca antes alcançados.

Entretanto, a partir da crise financeira de setembro de 2008, a tendência foi revertida, iniciando-se um período de declínio de demanda e preços. O nível de preços no final de 2013 tinha recuado ao patamar de 2003 (antes da escalada). O patamar de preços no pico, em 2008, era cerca de 50% acima desse nível. Nessa conjuntura, o cenário tornou-se muito menos favorável para novos empreendimentos no Brasil. Os estaleiros brasileiros veem um mercado internacional com excesso de oferta, preços baixos e prazos de entrega reduzidos.

Embora não haja estatísticas específicas, pode-se dizer que o setor opera com margens pequenas e voláteis, pouco atrativas para o investimento privado, principalmente em prazos curtos.

A partir da década de 1960, a produção deslocou-se para a Ásia, quando o Japão ocupou a posição de maior construtor do mundo. Mais tarde, a Coreia, em 2003, e a China, em 2010, assumiram a posição de maior produtor mundial. Em 2013, Coreia, China e Japão respondiam por mais de 86% da carteira mundial, em cgt.[2] A parcela de mercado de todos os produtores asiáticos chegava a 92%. A tendência para curto e médio prazo é de manutenção ou expansão dessa participação (Clarkson, 2014).

Uma característica do setor, no estrato mais competitivo, é um nível muito elevado de integração entre engenharia de produto e de processo. Os principais estaleiros trabalham com projetos próprios, engenharia de processos muito sofisticada, e, em muitos casos, com centros de pesquisa e desenvolvimento. Nesse aspecto encontra-se uma das principais barreiras para a inserção internacional da construção naval brasileira, no segmento de navios convencionais de grande porte.

---

[2] cgt — *compensated gross tonnage* é uma medida de produção da construção naval que leva em conta as variações de conteúdo de trabalho, em função do tipo e do porte do navio.

O Brasil nunca chegou a atingir níveis de produtividade próximos dos melhores padrões mundiais, porém, nas duas décadas de inatividade, a defasagem ampliou-se dramaticamente (Coppe, 2007). De um lado, a produtividade dos líderes de mercado aumentou muito (a produtividade dos estaleiros japoneses e coreanos quadruplicou nas décadas de 1980 e 1990). De outro lado, os estaleiros brasileiros estão encontrando dificuldade em recuperar mesmo a produtividade que já fora alcançada no passado. Entre as causas da ineficiência no processo de recuperação do setor estarão decisões de localização de novos estaleiros e deficiência no planejamento estratégico, tanto empresarial quanto governamental. A recuperação do tempo perdido está a exigir ajustes profundos nos programas.

Por outro lado, no segmento de navios oceânicos, o cenário da demanda doméstica é bastante complicado. A principal demanda é a de petroleiros, seja diretamente da Transpetro, seja através de licitações para afretamento pela Petrobras. Em ambos os casos, a contratação depende de decisões políticas governamentais. A demanda potencial por petroleiros, incluindo a tonelagem já contratada no programa de recuperação da frota da Transpetro, tem uma escala significativa para viabilizar a operação dos estaleiros envolvidos por alguns anos, porém não representa uma demanda estável no longo prazo. Além disso, existem ameaças no médio prazo, que são o risco de mudança na orientação de política econômica e o possível aumento de pressões internas decorrentes do eventual desempenho deficiente dos estaleiros. É de se esperar que, se o desempenho não evoluir rapidamente, em termos de prazos e custos, a posição da indústria venha a ser desafiada.

Com relação ao setor privado, os mecanismos existentes de incentivo a contratação no país são reserva de mercado, restrições a afretamento de navios estrangeiros, proibição de importação de navios usados, barreiras tarifárias à importação de navios novos, financiamento favorecido pelo Fundo da Marinha Mercante e o subsídio da conta vinculada do AFRMM.[3] Porém, o mecanismo mais importante tende a ser sempre a reserva de mercado para a bandeira nacional.

---

[3] A legislação do Adicional de Frete para Renovação da Marinha Mercante (AFRMM) inclui um subsídio, que pode ser empregado na aquisição de navios brasileiros, ou em outras aplicações de interesse da marinha mercante.

No caso da cabotagem, o tráfego é reservado para a bandeira brasileira, induzindo-se assim um mercado potencial. Porém, a demanda para a indústria da construção naval, além de não representar um volume significativo, é ameaçada pela importação de navios.

Mesmo com os impostos incidentes sobre a importação de navios, o incentivo do financiamento favorecido e o subsídio da conta vinculada de AFRMM (Pires Junior e Souza, 2012), armadores — principalmente as subsidiárias de empresas de navegação estrangeiras — têm optado por importar navios e colocá-los sob bandeira brasileira. Essa decisão é estimulada pela possibilidade de afretamento a casco nu de tonelagem estrangeira equivalente à que opera em bandeira brasileira. Ou seja, a importação de um navio confere o direito de afretar outro, a casco nu, com acesso aos tráfegos de cabotagem.

O longo curso, por outro lado, não tendo prescrição relevante de cargas, não gera demanda preferencial para a construção naval doméstica. Observe-se, a propósito, que a maior frota controlada por uma empresa privada nacional (Vale) é formada por navios de bandeira de conveniência.

Assim, o cenário da demanda doméstica é modesto. Por outro lado, as dificuldades de desenvolvimento de um padrão de produção competitivo internacionalmente são mais críticas nesse setor. Portanto, a construção de navios oceânicos convencionais de grande porte é o que apresenta menor potencial de expansão. No médio prazo, não há perspectiva de investimento em novos estaleiros para esse segmento.

Nesse segmento, os estaleiros em atividade são Eisa[4] e Mauá, no Rio de Janeiro, e Vard Promar[5] e EAS, em Pernambuco. O EAS é o único com capacidade para navios de grande porte e instalações modernas. Outros

---

[4] O Eisa, apesar de uma carteira de encomendas que garantiria operação contínua por vários anos, passa por uma profunda crise, causada por graves problemas de gestão, que levou à interrupção das atividades em junho de 2014. Até o mês de setembro, permanecia a incerteza sobre a reativação da produção e o destino do estaleiro, de histórica importância para a indústria naval brasileira.

[5] O estaleiro Vard Promar, em Pernambuco, foi implantado a partir de um contrato da Transpetro para construção de navios gaseiros, porém deverá provavelmente dedicar-se a construção de embarcações de apoio, particularmente no segmento de embarcações mais sofisticadas, de maior valor.

estaleiros que construíram navios mercantes no passado estão dedicados a outros segmentos ou desativados, como o Inhaúma (antigo Ishibras), Brasfels (antigo Verolme) e Rionave (antigo Caneco), no Rio de Janeiro, e o Metalnave, em Santa Catarina.

Para os estaleiros do Rio de Janeiro, a tendência é de se concentrarem em embarcações de apoio e unidades *offshore*, com a construção de navios apenas em pequena escala e voltada para nichos domésticos.

Construção de embarcações de apoio offshore

Na classe de apoio *offshore* estão incluídas diversas categorias de embarcações, com diferentes níveis de complexidade e de valor. Em linhas gerais, esse segmento se distingue da construção de navios de grande porte pela maior participação no valor da produção dos equipamentos e sistemas embarcados. A competitividade dos construtores depende menos criticamente da eficiência do processo de produção do casco. Outra diferença relevante está na escala do mercado global. O número de embarcações produzidas e a tonelagem das unidades nesse setor são extremamente menores do que no de navios mercantes.

Ao contrário do que acontece no setor de navios de grande porte, os projetos são altamente padronizados. Em geral, projetos de embarcações de apoio são elaborados e comercializados por empresas especializadas. Uma parcela relevante das construções é baseada em projetos padrões, frequentemente desenvolvidos por empresas ligadas a fabricantes de equipamentos e sistemas.

Nesse segmento, predominam estaleiros de menor porte, com infraestrutura e tecnologia de processos mais simples. Tipicamente, os estaleiros não desenvolvem projetos. O nível de subcontratação é também mais elevado. Encontram-se casos em que o estaleiro subcontrata a construção do casco completo, atuando apenas na instalação de equipamentos, acabamento e comissionamento. No Brasil, alguns estaleiros importantes não têm processamento de aço, adquirindo peças tratadas, cortadas e marcadas.

A produção competitiva requer estaleiros com instalações físicas mais simples e engenharia de processos menos sofisticada.

O setor é caracterizado por uma produção menos concentrada. A tabela 2 apresenta a carteira mundial de embarcações de apoio, em agosto de 2010. Observa-se a pequena participação de países líderes na construção de navios de grande porte, como Coreia e Japão. A produção dos Estados Unidos pode ser explicada pela reserva do mercado norte-americano para embarcações construídas no país. Observa-se também uma participação considerável de países europeus.

TABELA 2

Carteira mundial de embarcações de apoio offshore

	China	Europa	Índia	Cingapura	Coreia	Japão	outros Ásia	USA	Brasil	Outros + nd	Total
AHT/AHTS	161	32	29	21	4	9	50	4	5	21	336
PSV	44	34	21	4	0	4	13	39	20	13	192
MSV	8	19	7	4	4	0	13	1	3	4	63
outros	24	34	6	10	4	0	16	8	1	13	116
Total	**237**	**119**	**63**	**39**	**12**	**13**	**92**	**52**	**29**	**51**	**707**
	34%	**17%**	**9%**	**6%**	**2%**	**2%**	**13%**	**7%**	**4%**	**6%**	**100%**

Fonte: Clarkson (2014).

O mercado de apoio marítimo foi reservado para a bandeira brasileira, com a promulgação da chamada Lei da Marinha Mercante, em 1997. Embarcações estrangeiras só podem operar se não houver disponibilidade de brasileiras. Atualmente estão em atividade no país 469 embarcações, sendo 224 de bandeira brasileira e 245 estrangeiras (Abeam, 2014). Nesse segmento, observa-se alguma verticalização, com vários casos de estaleiros e operadores ligados a um mesmo grupo econômico.

A grande maioria das contratações corresponde à demanda da Petrobras, que lançou o Programa de Renovação da Frota de Apoio Marítimo (Prorefam), visando à construção de 146 embarcações (PSV, ORSV e

AHTS), em sete rodadas, entre 2008 e 2014. Nas cinco primeiras rodadas já foram contratadas 87 embarcações, e as duas últimas estão previstas ainda para 2014 (Sinaval, 2014).

Existem muitos estaleiros no Brasil envolvidos em construção de barcos de apoio. A construção no setor não demanda instalações de grande investimento, nem qualificação tecnológica sofisticada. Também, para atender à necessária expansão de capacidade a curto e médio prazo, existe certamente espaço para a implantação de unidades independentes para produção de blocos e módulos de embarcações.

O estado do Rio de Janeiro mantém uma participação importante nesse segmento. Nas cinco rodadas do Prorefam, 45% das 87 embarcações foram contratadas em estaleiros do Rio de Janeiro. A tabela 3 mostra as contratações das cinco primeiras rodadas do Prorefam.

TABELA 3

Embarcações de apoio offshore contratadas — Prorefam

Estaleiro	Estado	Número
Erin	AM	10
Eisa	RJ	16
Aliança	RJ	6
ETP	RJ	2
Promar	RJ	5
São Miguel	RJ	10
Intecnial	RS	4
Navship	SC	14
Detroit	SC	11
Wilson Sons	SP	9
Total		**87**

Fonte: Sinaval (2014).

Além dos estaleiros indicados na tabela 3, existem vários outros que produzem, já produziram ou têm capacidade para produzir embarcações de apoio, em vários estados do Brasil (Pará, Ceará, Bahia, Sergipe, Rio de Janeiro, Santa Catarina).

O conteúdo local mínimo requerido no Prorefam é de 60% para PSV e ORSV e 50% para AHTS. O índice de nacionalização é limitado pela tendência de emprego de projetos testados e ao emprego de sistemas altamente integrados. Assim, embora a engenharia nacional tenha já desenvolvido muitos projetos de barcos de apoio e não existam barreiras tecnológicas, os projetos em geral são importados e, consequentemente, funcionam como barreiras ao desenvolvimento de fornecedores nacionais. A Abimaq e instituições de pesquisa e empresas de projeto têm se mobilizado no sentido de viabilizar o desenvolvimento de projetos de embarcações com índice mais elevado de conteúdo nacional.

O desenvolvimento de capacidade de projeto não é requisito de competitividade. Porém, um importante objetivo estratégico nacional deveria ser o desenvolvimento e construção de projetos nacionais. Além do que representa de mercado para a engenharia nacional, teria impacto no desenvolvimento de embarcações mais eficientes nas condições únicas das províncias *offshore* no Brasil, e, principalmente, como mecanismo de estímulo à viabilização de uma indústria de equipamentos e sistemas, melhorando a qualidade do conteúdo local.

A escala da demanda doméstica é suficiente para viabilizar a mobilização e os investimentos requeridos para o desenvolvimento de projetos nacionais. Uma rede de instituições de pesquisa lideradas pela Coppe/ UFRJ vem se empenhando para desenvolver um projeto de PSV, de classe mundial, adequado às condições brasileiras, em articulação com potenciais fornecedores e integradores de sistemas críticos.

Construção de unidades offshore

Com a queda da demanda mundial por navios mercantes a partir de 2008, e o crescimento da exploração e produção de petróleo e gás no mar nos últimos anos, o setor *offshore*, incluindo plataformas e embarcações de apoio, já representa um mercado maior do que o de navios convencionais, em valor da produção. A tabela 4 mostra a evolução relativa dos dois segmentos, de 2010 a 2013, em termos do valor da produção. Os principais segmentos da construção *offshore* são unidades de perfuração (52% do valor, em 2013) e produção (20%).

TABELA 4
Construção de navios mercantes e construção offshore —
Valor da produção (2010-2013)

	Navios mercantes		Offshore*	
	US$ bilhões	%	US$ bilhões	%
2010	291	68%	137	32%
2012	177	51%	169	49%
2013	163	47%	182	53%

Fonte: Clarkson (2014).
*Inclui embarcações de apoio e unidades de exploração e produção.

Cada região do mundo com atividade *offshore* tem características próprias, que determinam diferenças significativas entre as características das unidades demandadas. O Brasil já é uma das regiões mais importantes do mundo, e as reservas já descobertas apontam para crescimento rápido da exploração e produção na costa brasileira,[6] e, consequentemente, da demanda por construção naval e *offshore*.

O setor de construção *offshore* (unidades de exploração e produção) se distingue do de construção em massa de navios de grande porte, basicamente, pela complexidade do produto. Plataformas são produtos únicos, ou construídos em pequenas séries, de maior valor e com prazos maiores de produção. Em geral, a construção de plataformas *offshore* aproxima-se mais da construção industrial do que da indústria de manufatura.

Os principais produtores mundiais são Coreia, China e Cingapura. A Europa tem participação importante na fabricação de módulos e equipamentos, e ainda detém alguma participação na construção de platafor-

---

6   A projeção da Petrobras é de se atingir a faixa de 5 milhões bpd, em 2020.

mas (principalmente Holanda e Noruega). Com a crise nos transportes marítimos, grandes estaleiros asiáticos, antes concentrados na produção de navios, têm se dedicado cada vez mais à construção *offshore*.

O desempenho competitivo dos produtores não é tão dependente, como no caso de navios, da eficiência na construção da estrutura de aço (produtividade da mão de obra e tempo de produção), já que a maior parte do tempo de construção e da mão de obra é alocada à montagem, integração e comissionamento de equipamentos e módulos.

O nível de subcontratação é geralmente alto, com a possibilidade de contratação de módulos inteiros, sem comprometer o fluxo do processo construtivo. No caso de unidades complexas de exploração ou de produção, em certos casos, a construção de módulos estruturais, a edificação do casco, a construção de módulos de processos ou perfuração e módulos de acomodações e a integração são realizadas em instalações diferentes. Por exemplo, é normal a construção ou conversão do casco de um FPSO em um estaleiro, construção de módulos de processo em outros, e integração em outro diferente.

A primeira plataforma construída no Brasil foi a plataforma fixa P-1, no Estaleiro Mauá, em 1968. Nas décadas de 1970 e 1980, com as encomendas da Petrobras para produção em águas rasas no Nordeste e na bacia de Campos, além dos estaleiros, foram implantados 17 canteiros, em vários estados, como Bahia, Paraná e Rio de Janeiro. A partir da década de 1990, com a concentração das operações em águas profundas, a demanda migrou para sistemas flutuantes, de maior complexidade. Na ocasião, a Petrobras adotou a política de contratar no exterior. Nesse período, a atuação da indústria nacional limitou-se a algumas conversões de FPSO e construção de módulos.

Na primeira metade da década de 2000 uma nova fase foi iniciada, com a construção no Brasil das semissubmersíveis P51 e P52, que estão entre as maiores do mundo. As obras, que estavam previstas para contratação no exterior, finalmente foram construídas no Brasil, no Estaleiro Brasfels. A P52 teve o casco construído em Cingapura, com a construção de módulos e do *deck-box*, bem como o acoplamento realizados no Brasil. A segunda unidade, P-51, teve o casco construído no país, com exceção dos nós de união dos *pontoons*, que foram trazidos de Cingapura. Posteriormente, uma terceira unidade similar, P56, foi construída totalmente no Brasil.

Essa série teve a importância de demonstrar que a indústria brasileira tem capacitação para construção de estruturas de qualquer complexidade. É claro que isso não significa que o país tenha alcançado padrões adequados de eficiência no processo construtivo, e capacidade para produzir com conteúdo nacional satisfatório, principalmente no que se refere aos componentes de maior sofisticação tecnológica.

Na construção *offshore*, em geral, os estaleiros construtores não desenvolvem projetos próprios. Os projetos de engenharia são desenvolvidos por empresas especializadas, às vezes com participação dos operadores. Mesmo nos casos em que as empresas de projeto são ligadas a grupos construtores, não se caracterizam projetos do estaleiro, como em geral ocorre no caso de navios de grande porte. Portanto, não é requisito para competitividade que o estaleiro disponha de capacitação para projeto básico. Em geral, a capacitação de estaleiros na construção *offshore* limita-se a projeto de detalhamento, sendo que em muitos casos o próprio detalhamento é subcontratado.

O Brasil detém razoável capacitação em projeto, não apenas nas empresas de projeto, mas também na Petrobras e em instituições de pesquisa e desenvolvimento. Porém, na área da produção, a indústria tem apresentado dificuldade em alcançar níveis de produtividade equivalentes ao padrão mundial. Para isso, seriam necessários foco no aumento de produtividade, investimento em engenharia de processos e gestão, e, principalmente, melhor qualificação dos recursos humanos.

Atualmente, além de instalações capazes de produzir módulos, o parque brasileiro é formado por estaleiros antigos, localizados no Rio de Janeiro — Brasfels, Mauá, Inhaúma, e novos, localizados nos novos polos — Quip e Ecovix, em Rio Grande, e EAS,[7] em Pernambuco. Além disso, existem estaleiros em fase de implantação, já com encomendas contratadas, como Enseada-BA, EBR-RS e Jurong-ES. E têm sido noticiados projetos de novas plantas, incluindo alguns já enquadrados pelo CDFMM.

---

[7] O estaleiro EAS, construído para a construção de uma série de petroleiros da Transpetro, tem atividade também no setor *offshore*.

Com a posição que o país já ocupa como produtor de petróleo e gás no mar, as perspectivas de expansão nos próximos anos e a liderança da Petrobras no mercado nacional, existe uma demanda preferencial extremamente significativa para os estaleiros brasileiros.

A principal ameaça a esse cenário favorável de demanda é o risco de performance dos próprios estaleiros e o risco de mudança de orientação na estratégia da Petrobras de contratação no país, eventualmente decorrente de mudança de orientação de política econômica do governo.

De qualquer modo, é o setor da construção naval com melhores perspectivas de expansão e inserção competitiva no mercado mundial.

Os principais estaleiros brasileiros têm alguma associação com empresas estrangeiras. Os dois principais estaleiros de Cingapura têm subsidiárias no Brasil — Fels e Jurong. Outros estaleiros importantes têm parcerias tecnológicas e participação acionária de grupos japoneses (EAS, Ecovix, Enseada, EBR).

O principal desafio da indústria naval brasileira é a necessidade de avanço rápido nos padrões de produtividade, custo, prazo, qualidade e capacidade de inovação. Esses são os principais pré-requisitos da competitividade e sustentabilidade. Os principais elementos nesse processo são o desenvolvimento tecnológico e gerencial e a formação avançada de recursos humanos, em todos os níveis.

É extremamente importante entender que as parcerias com estaleiros estrangeiros não são suficientes para esse desenvolvimento. A definição das metas e as ações estratégicas precisam ser empreendidas pelo governo e pelas empresas brasileiras. Parcerias internacionais são extremamente importantes para acelerar o desenvolvimento dos programas, mas não podem ser vistas como alternativas a políticas e programas nacionais de qualificação tecnológica.

Construção de embarcações militares

A construção militar tem uma dinâmica diferente da construção de embarcações comerciais. Entretanto, existe uma importante sinergia entre os setores. Além de recursos humanos, serviços tecnológicos e infraestrutura, vários segmentos da indústria fornecedora são compartilhados.

A implantação do programa de construção de submarinos pela Marinha do Brasil é uma ação extremamente importante no processo de retomada da indústria naval no país. O programa envolve um acordo de cooperação entre o Brasil e a França, e a participação de empresas privadas dos dois países. Um novo estaleiro está em fase de implantação em Itaguaí, no estado do Rio de Janeiro. O programa, além da qualificação de pessoal técnico civil e militar, envolve transferência de tecnologia e desenvolvimento de fornecedores.

O desafio da sustentabilidade e fatores críticos de competitividade

Oportunidades, desafios e ameaças são diferentes, para cada setor e para cada região do país. Entretanto, embora sejam necessários diagnósticos e estratégias específicos, a sustentabilidade no longo prazo da indústria de construção naval e *offshore* no Brasil exigirá uma orientação estratégica nacional — articulada, inteligente e eficiente.

A sustentabilidade dependerá de se alcançarem, em prazo não muito longo, padrões de produção — custo, prazo, qualidade, confiabilidade e capacidade de inovação — compatíveis com o melhor padrão mundial.

Em linhas gerais, o desenvolvimento de uma indústria naval competitiva depende, ao mesmo tempo, de um ambiente favorável, ou seja, da oportunidade histórica e de uma política nacional para o setor.

Uma política nacional de construção naval efetiva, por sua vez, dependerá, simultaneamente, de instituições capacitadas, condições políticas objetivas e racionalidade e eficiência das estratégias.

No Brasil, apesar da determinação do governo de apoiar e promover a indústria naval, não existe uma política industrial, articulada e racional.

Uma das causas, talvez a principal, está relacionada com a organização institucional. O sistema existente no período dos governos militares degradou-se e nunca foi substituído por uma organização moderna, de perfil técnico. Ao contrário dos países com tradição no setor, falta ao estado brasileiro uma organização com capacidade técnica e política para a definição e gestão de estratégias para o setor marítimo. Uma organização de estado com capacidade técnica vai requerer quadros técnicos especializados, competentes e experientes, portanto estáveis.

Para que se viabilize uma *Política Nacional de Construção Naval* é também um requisito que existam condições políticas propícias no país. Neste momento existe um ambiente favorável, com amplo consenso de que o setor marítimo é de fato um setor estratégico. Entretanto, dois obstáculos políticos devem ser reconhecidos. Primeiro, a avaliação equivocada, e generalizada, de que a indústria naval é um vetor eficiente de desenvolvimento regional tem provocado disputa de interesses locais, que pode levar a erros históricos para o país. Segundo, a persistência de ineficiências no setor poderá implicar pressões na sociedade pela desregulamentação e abandono de políticas setoriais.

Por outro lado, a conjuntura é favorável ao desenvolvimento da indústria naval e *offshore*, embora a melhor oportunidade histórica para retomar a produção de navios tenha já sido perdida. A posição do Brasil em relação a alguns dos fatores críticos de competitividade da indústria naval é bastante favorável. Porém, alguns outros representam desafios ou ameaças que precisam ser claramente entendidos e enfrentados.

Os fatores críticos de competitividade são:
- demanda;
- cadeia produtiva;
- recursos humanos;
- capacidade tecnológica e gerencial;
- localização geográfica.

Demanda

O acesso restrito, ou preferencial, a setores de mercado é um instrumento importante para viabilizar a consolidação de indústrias entrantes, em competição com indústrias consolidadas e hegemônicas. No Brasil, como discutido anteriormente, a demanda direta ou indiretamente derivada do setor de petróleo e gás é a principal base de sustentação e o principal indutor do processo de desenvolvimento da indústria naval.

Cadeia produtiva

O Brasil tem uma base industrial ampla e diversificada, com potencial para atender às demandas do setor, exceto em segmentos muito especializados.

O desenvolvimento de uma indústria de componentes forte e competitiva é um fator crítico para a sustentabilidade da indústria naval. O índice de nacionalização na construção naval no Japão é da ordem de 98%, e na Coreia, superior a 90%. Atualmente o desenvolvimento dos setores fornecedores da construção naval na China é extremamente acelerado e deverá alcançar esses patamares em prazo muito curto.

O conteúdo local na produção brasileira tem atingido níveis bastante elevados e com tendência de crescimento. Entretanto, duas questões merecem ser mencionadas. Em primeiro lugar, observa-se que os itens importados tendem a ser aqueles com maior conteúdo tecnológico, ou seja, que empregam trabalho de maior valor ou produtividade. Em segundo lugar, mesmo para equipamentos produzidos no país, se o controle tecnológico (a inteligência embutida no produto) está no exterior, a divisão de trabalho tende a ser desvantajosa para o Brasil.

É claro que o primeiro objetivo no processo de consolidação da indústria naval é adensar a cadeia produtiva, reduzindo custos de transação e custos logísticos, reduzindo problemas de atrasos e não conformidades, melhorando a interação com os fornecedores de modo a melhorar as especificações dos insumos.

Em estágios posteriores, deverá ser também objetivo de política setorial a qualificação do conteúdo local, em termos de valor e controle estratégico da inovação, através de empresas com centros de decisão no país.

A indústria de equipamentos mais especializados e de maior conteúdo tecnológico é, na maioria dos setores fornecedores, bastante concentrada. Nesses casos, no médio prazo, a ampliação do conteúdo local somente poderá ser viabilizada pela instalação de subsidiárias no Brasil ou através de contratos de licenciamento.

Várias organizações, públicas e privadas, estão empenhadas em fortalecer a cadeia naval: MDIC, ABDI, Prominp, Sebrae, Onip, Abimaq, entre outras, além de organizações no âmbito das regiões onde se encontram os polos navais. Vários programas de identificação e desenvolvimento de fornecedores potenciais estão em curso. Por exemplo, o estado do Rio de Janeiro tem um programa para criação de um distrito industrial de navipeças.

Entretanto, somente o desenvolvimento dos estaleiros, criando confiança nos demais investidores, atrairá de fato empreendimentos de longo prazo, principalmente nos segmentos mais específicos da indústria naval e de maior conteúdo tecnológico.

Recursos humanos

No Brasil, a falta de mão de obra qualificada é um dos grandes desafios da indústria naval, na busca da elevação dos indicadores de produtividade, principalmente nos novos polos.

A mão de obra é um problema estrutural dos países desenvolvidos, na medida em que as populações mais jovens têm disposição cada vez menor de ingressar em setores industriais com as características da construção naval. A escassez e o custo da mão de obra nesses países tende a forçar sua saída do mercado. Por esse processo passaram vários países europeus e tende a passar, nos próximos anos, o Japão.

O problema brasileiro é conjuntural. Há grande oferta de mão de obra potencial para o setor. O problema consiste na qualificação dos recursos humanos, com a quantidade e qualidade necessária em todos os níveis, operacionais e gerenciais. A disponibilidade e o custo de mão de obra representam vantagens competitivas do Brasil. A educação e qualificação profissional, uma ameaça.

A educação no Brasil, em particular a educação técnica, tem sido diagnosticada como uma das principais causas da baixa produtividade da indústria e da economia como um todo.

O problema é particularmente crítico para a indústria naval.

No período 1970-1990 um grande contingente de trabalhadores especializados foi formado e ganhou experiência. Nos anos seguintes, não se formaram novos quadros e a grande maioria dos trabalhadores foi desmobilizada.

No momento da retomada, o setor ressentiu-se de grande escassez de trabalhadores com formação e experiência. Para a retomada dos estaleiros existentes e para a implantação dos novos, foi necessário adotar programas de treinamento acelerado, nos níveis básicos: soldadores, montadores, mecânicos, eletricistas etc. nos polos já existentes, como Rio de Janeiro e Santa Catarina, e nos novos, como Rio Grande e Pernambuco.

Programas de governo e dos próprios estaleiros conseguiram viabilizar a grande expansão do setor nos últimos anos. A indústria naval passou de 2 mil trabalhadores em 2001 para mais de 70 mil em 2013.

Entretanto, os 20 anos de estagnação da indústria naval no Brasil foram de grande progresso tecnológico e gerencial em nível mundial. Os processos de construção sofreram grande transformação, com ganhos muito relevantes de produtividade. Nos anos 1980 e 1990, a produtividade média dos estaleiros japoneses e coreanos foi quadruplicada, e os tempos de produção foram muito reduzidos. Ao mesmo tempo, as mudanças tecnológicas e de organização dos processos levaram a uma grande mudança no perfil dos trabalhadores.

Assim, coloca-se uma questão estratégica crítica para o desenvolvimento competitivo da indústria naval brasileira. De um lado, é necessário manter e ampliar os programas de treinamento que atendam à demanda imediata. Ou seja, prover os quadros que garantam a continuidade da produção, nos atuais padrões tecnológicos e organizacionais. De outro lado, é necessário implantar programas de educação técnica que suportem o desenvolvimento de padrões de produção mais avançados, próximos do melhor padrão mundial. Nesse caso, trata-se de programas de formação de técnicos e tecnólogos, de nível médio e pós-médio, em centros especializados de alto nível.

Vários estudos e diagnósticos têm insistido na recomendação da criação de um *Centro de Formação Tecnológica para Construção Naval e Offshore* no Brasil, além de centros menores, preferencialmente interligados em rede e distribuídos pelos polos navais (Coppe, 2005; Ricino, 2011).

Um centro desse tipo depende de investimento significativo, competência técnica e continuidade, e requer um tempo razoável de maturação. Como não é um empreendimento de resultado imediato, é pouco atraente para políticos e para programas focados no curto prazo. Desde o início do processo de retomada, já se perdeu um tempo importante. Porém, fica cada vez mais evidente a necessidade estratégica prioritária de ações nessa direção.

Mais recentemente, com a entrada de empresas estrangeiras, vários programas de treinamento de trabalhadores brasileiros nos estaleiros orientais, ou com apoio de organizações do Japão, estão sendo implantados. Esse é um mecanismo de grande impacto na qualificação e ganho de experiência. Porém, convém ressaltar que não substitui um sistema de educação técnica de alto nível no país.

Embora não haja no Brasil centros especializados de formação técnica no nível requerido, o Rio de Janeiro tem um conjunto de instituições que formam uma base sólida para a implantação de um programa de grande porte. A mais antiga escola técnica naval é a Escola Henrique Lage, na cidade de Niterói. Além disso, há a Escola Técnica da Marinha e o curso de formação de tecnólogos navais, criado mais recentemente na Universidade da Zona Oeste (Uezo), além de uma rede tradicional de ensino técnico médio em mecânica, eletrotécnica etc. Além disso, o Rio de Janeiro dispõe de um parque naval maduro e diversificado, que representa um fator importante de sucesso para um centro dessa natureza.

No caso de recursos humanos de engenharia, existe também um gargalo a ser superado. O Brasil possui um sistema de formação de engenheiros distribuído pelo país e de boa qualidade. Em particular, na área da engenharia naval e oceânica, existem duas universidades com cursos tradicionais e de padrão internacional, e um conjunto de cursos novos distribuídos em diferentes regiões.

Uma das metas de uma política de desenvolvimento competitivo deveria ser ampliar a participação da engenharia nas operações dos estaleiros. Enquanto um estaleiro japonês ou coreano conta com 10% a 20% de engenheiros na força de trabalho, a média no Brasil é da ordem de 2%.

Capacidade tecnológica e gerencial

O desenvolvimento da produtividade e a inserção competitiva no mercado mundial serão criticamente dependentes da evolução acelerada da capacidade de inovação e da qualificação tecnológica e gerencial da indústria naval brasileira.

O Brasil, nos anos de inatividade da indústria, acumulou um déficit tecnológico muito grande em relação à engenharia de processos que se pratica nos principais estaleiros mundiais. Esse déficit se revela na comparação de indicadores de produtividade e tempo de produção entre os líderes de mercado e os estaleiros brasileiros. No caso da construção de navios, os estaleiros japoneses com maior produtividade operam na faixa de 10 hh/cgt. Os principais estaleiros coreanos, abaixo de 20 hh/cgt (Coppe, 2007). No Brasil, embora o nível de 64 hh/cgt tenha sido alcançado na década de 1990 pelo Ishibras (Pires Junior, 1999), no atual período de retomada, embora não haja estatísticas formais, pode-se estimar que ainda não foi alcançado o patamar de 100 hh/cgt.

Como no ciclo de expansão da década de 1970, no atual processo de retomada também falta uma *Política de Desenvolvimento Tecnológico*. A principal razão para isso é a própria ausência de uma política estratégica articulada para o setor. Além disso, os setores governamentais envolvidos não têm demonstrado a percepção da relevância dessa questão e falta um mínimo de mobilização da indústria.

Os exemplos históricos de países com inserção tardia na indústria naval mundial que alcançaram posições importantes no mercado indicam estratégias sólidas, combinando transferência de tecnologias dominadas dos países líderes e desenvolvimento de programas autônomos de pesquisa e desenvolvimento (Sohn, Chang e Song, 2009).

Países que apostaram em pura transferência nunca chegaram a assumir posições de liderança, como por exemplo, Taiwan, na década de 1970. Por outro lado, e esse é o exemplo da China nos anos 1970, não é possível reduzir a defasagem estabelecendo barreiras à participação de empresas estrangeiras, ainda que com investimento doméstico autônomo significativo em pesquisa e desenvolvimento. As estratégias que souberam combinar esses mecanismos, como a da Coreia na década de 1970, e a da própria China, nos anos 1990, devem ser consideradas referência.

Alguns dos principais estaleiros nacionais têm participação acionária ou acordos de cooperação técnica com importantes estaleiros estrangeiros. Por outro lado, o Brasil dispõe de um conjunto de instituições voltadas para pesquisa e desenvolvimento, especializadas, que podem se constituir na base para um grande programa nacional, apoiado em uma estratégia racional de transferência de tecnologia e inovação.

Claro que esse conjunto, embora qualificado, tem uma escala muito limitada. A comparação da massa de pesquisadores e recursos de P&D brasileiros e japoneses ou coreanos pode dar uma ideia do tamanho do desafio.

Todos os estaleiros coreanos e japoneses de grande porte possuem centros de pesquisa próprios. Somente o Estaleiro Hyundai tem mais de mil doutores e vários centros de pesquisa especializados. Um deles, o *Maritime Research Center*, voltado para projeto de novas concepções de navios e plataformas e projeto orientado à produção, tem mais de 150 pesquisadores. Esse número é superior ao total de pesquisadores doutores atuando no Brasil, não apenas nessas áreas, mas em todas as áreas diretamente voltadas para a construção naval.

É evidente a necessidade de agregação de esforços em grandes projetos de interesse estratégico nacional e a formação de redes funcionais de pesquisa, desenvolvimento e inovação.

Vários trabalhos e estudos já foram realizados nos últimos anos com o objetivo de identificar os gargalos e competências críticas a serem priorizados em programas de P, D & I. Entre eles, pode ser mencionado o *Programa de Capacitação Tecnológica da Indústria de Construção Naval* (Ceeno,[8] 2005), desenvolvido pelas equipes das principais instituições da área, com financiamento Petrobras/Transpetro, e ampla participação da indústria.

Outros exemplos são: Coppe (2004, 2007) e CGEE (2009). Deve-se ressaltar que o trabalho de CGEE (2009) foi encomendado e divulgado pelo próprio MCTI.

Outros esforços podem ser apontados como contribuições para a construção de uma política tecnológica nacional para a indústria naval. A Sociedade Brasileira de Engenharia Naval (Sobena), em parceria com

---

[8] Centro de Excelência em Engenharia Naval e Oceânica (Ceeno) é uma rede formada pelas instituições com atuação tradicional na área: Coppe/UFRJ, USP, IPT e Cenpes, com a participação da Furg, UFPE etc.

Sinaval, Syndarma e Ceeno, promoveu a criação da *Rede de Inovação para a Competitividade da Indústria Naval e Offshore* (Ricino). A rede tem o objetivo de oferecer mecanismos de identificação e priorização de projetos e ações estratégicas. Embora a rede tenha produzido o *1º Plano de Ações Estratégicas* (Ricino, 2011), não conseguiu mobilizar as agências de fomento para financiamento dos projetos. Os únicos projetos estratégicos desse conjunto que avançaram foram o projeto de um OSV brasileiro (cooperação Coppe, IPT e USP) e a criação do Parque Tecnológico Oceantec no campus da Furg, em Rio Grande, que deverá contar com um centro de pesquisa pioneiro de um estaleiro local.

O principal projeto do *Plano de Ações Estratégicas da Rede RICINO* é a criação do Centro de Pesquisa em Construção Naval e Offshore (CTN). O CTN foi proposto como uma organização independente, com gestão compartilhada entre indústrias e instituições de pesquisa, localizado no ambiente do Parque Tecnológico do Rio de Janeiro, na ilha do Fundão, integrando laboratórios e grupos de pesquisa já em atividade. O centro tem o objetivo de atuar no desenvolvimento de tecnologias críticas e suporte a programas de transferência de tecnologia por estaleiros com parceiros internacionais.

Embora tenha se formado um amplo consenso sobre a necessidade de um centro de referência, o projeto ainda encontra grande dificuldade para concretizar-se.

O único instrumento específico para o setor atualmente disponível para financiamento de P, D & I é o Fundo Setorial de Transporte Aquaviário e Construção Naval, gerido pelo Ministério da Ciência, Tecnologia e Inovação (MCTI). Entretanto, o histórico de aplicação de recursos pelo fundo não demonstra foco em ações de impacto relevante para o desenvolvimento competitivo do setor. A orientação do fundo não parece levar em conta os diagnósticos existentes, nem mesmo o que encomendou e divulgou (CGEE, 2009).

O não reconhecimento da importância do eixo tecnológico no processo de desenvolvimento competitivo da indústria naval e da necessidade de uma política nacional de P, D & I para o setor é um obstáculo político importante. A superação desse obstáculo poderia ativar o potencial que tem o Brasil, nas universidades, centros de pesquisa, empresas de engenharia e nos próprios estaleiros.

Localização geográfica

A indústria de construção naval é sujeita a economias e deseconomias de localização extremamente significativas. Existe uma bibliografia extensa tratando dos impactos da formação de *clusters* setoriais e regionais, para os diferentes estágios de amadurecimento da indústria (por exemplo: Porter, 2010; Wijnolst, 2006; Dutch Maritime Network, 2005; Casaca, 2013; Hassink e Shin, 2005; Shinohara, 2010; Shin, 2011 e Sokolié, 2009).

No caso do Brasil, com a indústria naval em fase de implantação ou revitalização, com as reconhecidas impedâncias logísticas, e com os grandes desequilíbrios na distribuição regional de infraestrutura e qualificação de recursos humanos, a questão fica particularmente sensível.

Em linhas gerais, os efeitos relevantes da concentração geográfica de instalações de construção naval são:

- proximidade com fornecedores reduz custos de transação e de transporte e favorece a articulação de planos de produção, viabilizando a redução de estoques intermediários;
- proximidade de outros estaleiros favorece a formação de parcerias estratégicas;
- concentração de atividades ligadas à indústria naval pode viabilizar o desenvolvimento de centros de formação de recursos humanos especializados, em todos os segmentos da força de trabalho específica do setor;
- permite investimentos compartilhados em programas de treinamento de mão de obra executados diretamente pelas empresas;
- consolidação de centros de pesquisa e desenvolvimento, com níveis mais elevados de capacitação e escala, pode ser viabilizada pela interação com as empresas;
- concentração favorece investimentos compartilhados em P&D;

- estimula o progresso tecnológico e gerencial, através do intercâmbio entre as próprias empresas e com associações ou instituições de ensino e pesquisa, bem como através da mobilidade dos recursos humanos. Os mecanismos de *spill over* são, em geral, alavancados pela existência de empresas líderes na região. Nesse caso, uma empresa líder caracteriza-se por inserção internacional e atuação relevante em P&D;
- proximidade favorece a formação de parcerias, no sentido de estabelecer programas de *procurement* comuns, visando a ampliar o poder de mercado e promover ganhos logísticos na aquisição de insumos;
- viabiliza empresas de prestação de serviços que podem ser subcontratadas por diversos estaleiros, nos casos de picos de demanda individuais de mão de obra. Assim, variações localizadas de demanda podem ser absorvidas sem deseconomias para os estaleiros individuais.

A experiência internacional aponta para uma tendência universal de concentração geográfica e formação de *clusters*.

É claro que a desconcentração geográfica da produção industrial no Brasil é uma tendência e uma exigência do desenvolvimento econômico e social do país. Porém, é também evidente que os setores mais eficientes como vetores de industrialização de regiões não industrializadas são aqueles com maior potencial de emprego de mão de obra local e indutores de um processo gradual de desenvolvimento de outros setores industriais e de serviços.

A indústria naval, principalmente nos modelos de produção requeridos para um desempenho competitivo internacionalmente, demanda recursos humanos especializados com formação técnica, em geral não existentes em regiões não industrializadas. Do ponto de vista do desenvolvimento regional, em certos casos, outros setores seriam mais eficientes como vetores de industrialização.

Por outro lado, do ponto de vista da própria indústria naval, a falta de infraestrutura, recursos humanos qualificados e fornecedores de bens ou serviços são fatores negativos. O efeito desses fatores é tão mais intenso quanto mais avançadas sejam as metas de desempenho dos processos produtivos.

As decisões de localização de novos empreendimentos foram tomadas, em geral, sem obedecer a nenhum critério de racionalidade econômica. A questão da localização deveria ser um elemento de uma política nacional de desenvolvimento da indústria naval e *offshore*, e considerada sob uma perspectiva estratégica nacional.

No estágio atual, a meta de sustentabilidade depende da consolidação e adensamento dos polos de construção naval e *offshore* já existentes, evitando-se a pulverização adicional de investimentos.

Os polos existentes encontram-se nos estados do Rio de Janeiro, Rio Grande do Sul, Santa Catarina e Pernambuco. Todos, e particularmente os polos mais recentes, demandam investimento em infraestrutura (logística, energia e serviços urbanos), formação de recursos humanos de nível operacional, técnico e superior, pesquisa, desenvolvimento e inovação, e estímulo à implantação de empresas fornecedoras de materiais, equipamentos e serviços.

Todos os novos empreendimentos da cadeia da construção naval, com algum tipo de incentivo governamental, deveriam ser direcionados para expansão ou adensamento desses polos. Uma Política Nacional de Construção Naval e Offshore deveria incluir a identificação das vocações dos polos regionais e a discussão e elaboração de um plano diretor para cada um deles.

Perspectivas da indústria marítima do Rio de Janeiro

Há muito tempo os economistas se debruçam sobre a tendência histórica de aglomeração espacial de empresas similares ou relacionadas (Malmberg, 2000; Porter, 2000; Shin, 2011). A literatura apresenta diferentes definições de *cluster*, entretanto, fundamentalmente, as definições convergem para alguns elementos gerais, apontando para o conceito de que *clusters* compreendem um grande número de empresas industriais e de serviços e outras entidades importantes para a competição baseada em criação de conhecimento e inovação, que podem produzir sinergias através de um alto grau de cooperação ao longo da cadeia produtiva. O escopo geográfico pode variar de uma única cidade, até um estado, um país ou mesmo uma rede de países vizinhos (Casaca, 2013).

Uma definição clássica é a de Porter (2000): "cluster é um agrupamento geográfico de empresas interconectadas e instituições associadas em um campo particular, ligados por fatores compartilhados e complementares".

Características importantes são a interação econômica em uma cadeia de valor, relações estratégicas interfirmas, especialização, competição cooperativa, inovação e difusão, e compartilhamento de um mesmo ambiente cultural (De Langen, 2002).

Ao lado do desenvolvimento teórico no tema de *clusters* geográficos (Porter, 2000, Enright, 2003), tem sido verificado um número crescente de iniciativas políticas visando a promover e apoiar a formação de *clusters* industriais, em muitos países e regiões do mundo (Porter, 2000; Ashein, Cooke e Martin, 2006; OECD, 2007).

De acordo com Wijnolst (2006), uma *política de cluster* incorpora iniciativas de política regional, educacional, de P, D & I, de financiamento, fiscal, incentivos nacionais, regionais e locais, políticas para pequenas e médias empresas e política industrial.

No caso da indústria marítima, existem *clusters* setoriais de construção naval (Hassink, 2005; Shin, 2011; Sokolié, 2009) e *clusters* marítimos com delimitação mais ampla, que incluem outros setores ligados à economia do mar, como pesca, navegação, exploração de recursos naturais, geração de energia, finanças e seguros, direito marítimo, ensino, P, D & I, serviços marítimos, operações *offshore*, operações submarinas etc. (Casaca, 2013; Shinohara, 2010; Wijnolst, 2006).

O paradigma do *cluster marítimo* tem sido objeto não apenas de pesquisa e literatura técnica, mas também de novos modelos de organização de políticas governamentais e articulação entre organizações privadas.

Na Europa, os *clusters* marítimos têm sido estudados por iniciativa da União Europeia e demonstram importância relevante na prosperidade econômica dos setores envolvidos (Dutch Maritime Network, 2005; Wijnolst, 2006).

No Japão, o conceito de *cluster* marítimo foi introduzido em 2000, por iniciativa do Ministério dos Transportes, que passou a chamar o *cluster* japonês de *Maritime Japan*. Nessa ocasião foi formado um painel chamado *Maritime Japan Study Group*, que promoveu estudos e pesquisas, desenvolvidos pelo governo, setor privado e instituições de pesquisa. Os resultados dessas atividades viabilizaram a elaboração de políticas marítimas abrangentes, envolvendo a indústria e outras organizações, na perspectiva do *cluster*. Uma série de políticas e ações tem sido empreendida pelo *Maritime Japan*, visando racionalizar o ambiente institucional para impulsionar a inovação no setor privado (Shinohara, 2010).

Os modelos de governança de *clusters* marítimos e os exemplos de políticas marítimas praticados nos principais países marítimos oferecem um amplo material para análise e indicações valiosas para identificação e gestão de uma política inovadora para o *cluster* marítimo do Rio de Janeiro.

O estado do Rio de Janeiro tem clara vocação para desenvolver as indústrias marítimas, com foco na economia do conhecimento.

Os setores de serviços e de indústria de alta tecnologia capturam uma parcela muito significativa da cadeia de valor das indústrias marítimas: desde o fornecimento de materiais e equipamentos, construção naval, transporte marítimo, operações *offshore* e submarinas, engenharia e consultoria, tecnologia da informação, finanças, seguros, arbitragem e direito marítimo, comunicação, ensino, P, D & I.

O exemplo de Londres e seu papel na indústria marítima mundial é emblemático. Apesar da decadência da marinha mercante inglesa e do desaparecimento da indústria de construção naval, Londres tem grande atividade econômica, sendo um dos principais centros mundiais de conhecimento nas diversas áreas da economia marítima: ensino, publicações e difusão de informações, corretagem, engenharia, navegação, consultoria, finanças, direito, organismos internacionais privados e intergovernamentais.

Como discutido acima, a indústria naval brasileira, que era concentrada no Rio de Janeiro, passa por um processo de redistribuição regional, com a maioria dos novos empreendimentos alocados em centros emergentes. Entretanto, o que foi transferido para outras regiões foram as plantas industriais. Os setores de engenharia e outros serviços técnicos continuam, ainda, bastante concentrados no Rio. Embora alguns estaleiros estejam procurando transferir os respectivos departamentos de engenharia, em geral dedicados apenas a detalhamento e delineamento, para junto das fábricas, o setor de serviços como um todo ainda não foi afetado de maneira relevante.

Embora exista alguma possibilidade de expansão do parque de construção naval no estado, por exemplo, nas regiões do Norte Fluminense, Itaguaí e Maricá, a tendência de redução da participação na produção física é clara.

Porém, a inteligência do setor ainda está predominantemente localizada no Rio de Janeiro. Sem uma nova estratégia de desenvolvimento para o *cluster* marítimo, todos os demais segmentos poderão seguir a mesma tendência, colocando o tradicional centro da indústria marítima brasileira definitivamente em decadência.

Um novo ciclo de desenvolvimento das indústrias marítimas no Rio de Janeiro pode ser fortemente estimulado pelo crescimento da indústria de petróleo e gás. Vetores importantes são a implantação de novas indústrias de equipamentos da indústria *offshore* e submarina, a expansão das operações nesses segmentos e a criação do Parque Tecnológico do Fundão, principalmente voltado para a indústria do petróleo.

Porém, ao contrário do que se observa em outros polos emergentes, não há nenhum movimento articulado no Rio de Janeiro visando a uma estratégia regional de desenvolvimento para a indústria naval e de seus vínculos intersetoriais.

No caso da construção naval e *offshore*, é interessante registrar que o principal exemplo de articulação estratégica é o do Polo Naval de Rio Grande, onde está em implantação o primeiro centro de pesquisa de um estaleiro brasileiro, no Parque Tecnológico Oceantec da Furg.

A análise dos segmentos da indústria marítima já estabelecidos ou com perspectivas mais promissoras, bem como dos recursos já disponíveis ou potenciais, torna evidente a vocação do estado do Rio de Janeiro de grande centro de integração dos segmentos mais dinâmicos da economia marítima do Brasil.

A vocação do Cluster Marítimo do Rio de Janeiro é claramente a economia do conhecimento e da tecnologia.

Os setores integrantes do *Cluster* Marítimo seriam:

- construção naval e *offshore*;
- marinha mercante;
- reparo naval;
- indústria náutica;
- construção naval militar;
- operações *offshore*;
- operações submarinas;
- engenharia de projetos e de processos;
- serviços técnicos;
- indústria de navipeças;
- indústria de equipamentos *offshore* e submarinos;
- tecnologia da informação;
- finanças;
- seguros;
- direito marítimo e arbitragem;
- ensino e capacitação de recursos humanos;
- P, D & I;
- difusão de informações marítimas e mídia especializada.

As sinergias derivadas dos vínculos intersetoriais e do compartilhamento de áreas de conhecimento implicam grande potencial de desenvolvimento integrado do Cluster Marítimo do Rio de Janeiro.

O Rio de Janeiro dispõe de um ambiente altamente favorável, com todos os requisitos considerados críticos para caracterização de um *cluster* regional.

O ambiente econômico e cultural do Rio de Janeiro inclui a liderança nacional nos principais segmentos da atividade marítima:

- empresas e organizações líderes: Petrobras, Marinha;
- construção naval e *offshore*: estaleiros de construção, instalações de reparo, canteiros de módulos, complexo de construção militar;

- novos empreendimentos de navipeças e equipamentos submarinos;
- empresas de navegação;
- empresas de apoio *offshore*;
- operadores de petróleo e gás;
- empresas de engenharia e sociedades classificadoras;
- agentes financeiros: BNDES, Banco do Brasil e Caixa Econômica;
- serviços de agenciamento marítimo, financeiros, corretagem, seguros, direito marítimo;
- sede nacional de associações e organizações não econômicas privadas:
  - Sociedade Brasileira de Engenharia Naval (Sobena);
  - Sindicato Nacional da Indústria Naval (Sinaval);
  - Sindicato Nacional das Empresas de Navegação (Syndarma);
  - Associação das Empresas de Construção Naval (Abenav);
  - Associação das Empresas de Apoio Marítimo (Abeam);
  - Centro dos Capitães da Marinha Mercante;
  - Organização Nacional da Indústria do Petróleo (Onip);
  - Instituto Brasileiro do Petróleo — IBP;
  - Associação Brasileira de Direito Marítimo (ABDM) etc.
- Ensino e capacitação de recursos humanos:
  - os principais cursos de graduação e pós-graduação em engenharia naval e oceânica, na Politécnica/UFRJ e Coppe/UFRJ;
  - principal centro de formação de oficiais de marinha mercante, no Ciaga;
  - Escola Naval;
  - a mais tradicional Escola Técnica Naval — Henrique Lage;
  - Escola Técnica do Arsenal de Marinha;
  - universidades: UFRJ, PUC-Rio, UFF, Uerj, IME, FGV etc.;
  - a mais tradicional escola técnica do país — Centro Federal de Educação Tecnológica Celso Suckow da Fonseca;
  - Centro de Tecnologia Senai Solda;
- Centros de Pesquisa

- Coppe/UFRJ — principal centro de pesquisa e pós-graduação de engenharia do país, contando com mais de 100 laboratórios, incluindo:
  - Laboratório de Tecnologia Oceânica — dispõe do tanque de provas mais profundo do mundo;
  - Laboratório de Ensaios Dinâmicos e Análise de Vibração — Engenharia Oceânica;
  - Laboratório de Gerenciamento de Projetos — Engenharia Oceânica;
  - Laboratório de Simulação de Processos de Construção Naval
  - Laboratório de Tecnologia Submarina;
  - Centro de Informações de Transportes Aquaviários e Construção Naval — Marinf ;
  - Núcleo de Estruturas Oceânicas;
  - Polo Náutico da UFRJ;
  - Laboratório de Modelagem e Geofísica Computacional;
  - Laboratório de Métodos Computacionais e Sistemas *Offshore;*
  - Laboratório de Compósitos;
  - Laboratório de Ensaios Não Destrutivos, Corrosão e Soldagem;
  - Laboratório de Laminação e Tratamentos Térmicos;
  - Centro de Referência em Inteligência Empresarial;
  - Laboratório de Sistemas Avançados de Gestão da Produção;
  - Núcleo de Estudos em Tecnologia, Gestão e Logística;
- Cenpes/Petrobras — principal centro de pesquisa em petróleo, incluindo tecnologia *offshore* e submarina;
- Parque Tecnológico do Rio de Janeiro — maior parque tecnológico do país, localizado no campus da UFRJ, abriga centros de pesquisa de empresas, principalmente de petróleo e energia, incluindo grandes empresas internacionais;
- Centros de Pesquisa da Marinha: IPQM, Casnav, IEAPM etc.;
- Universidades: PUC-Rio, UFF, Uerj, IME, Uenf etc.;
- Imprensa especializada: Brasil Energia, Intermarket, Portos e Navios, TN-Petróleo.

Parece evidente que o *cluster* marítimo tem potencial para tornar-se o principal motor da economia do estado do Rio de Janeiro. O petróleo, em vez de ser apenas o produto de uma economia de extração de recursos naturais finitos, pode catalisar o desenvolvimento de setores industriais e de serviços de classe mundial.

Entretanto, isso dependerá da capacidade do Rio de Janeiro de formulação e gestão de políticas ousadas, inovadoras e competentes. O Cluster Marítimo do Rio de Janeiro está a requerer um projeto de política de desenvolvimento e mecanismos avançados de governança.

As estratégias deverão basear-se em estudos e debates estruturados, porém algumas ações podem ser, preliminarmente, identificadas como:

Implantação do Centro de Tecnologia da Construção Naval e Offshore

O centro, com gestão compartilhada entre a universidade e a indústria, dedicado ao desenvolvimento ou transferência de tecnologias críticas, terá o papel de centro de referência, como, para os respectivos setores, foram e são Embrapa e CTA.

O centro, inicialmente proposto pela Ricino, organizada pela Sobena, Sinaval, Syndarma e Ceeno, é hoje uma reivindicação de todo o setor.

Inserção da indústria marítima no Parque Tecnológico do Rio de Janeiro

O parque, que é o maior do Brasil, tem o papel de alavancar a liderança tecnológica do Rio de Janeiro nos setores mais dinâmicos da economia regional. Esses setores, com maior participação no parque, são o de petróleo e gás e o de energia. A inserção da indústria naval e *offshore* entre os setores mais dinâmicos seria fortemente estimulada pela participação no parque.

Os projetos piloto poderiam ser a instalação do *Centro de Tecnologia da Construção Naval e Offshore* e o estímulo à instalação, no ambiente do parque, de empresas líderes na área de projetos navais e *offshore*.

Incentivo ao segmento de engenharia de projetos navais e de processos

Além de estímulo à instalação de empresas líderes no parque tecnológico, incentivos fiscais e financiamento para instalação e ampliação de empresas de engenharia e de serviços tecnológicos, no Rio de Janeiro.

Ensino técnico

O ritmo de expansão do ensino técnico no Brasil, em quantidade e, principalmente, qualidade, não é suficiente para suportar o avanço acelerado requerido na qualificação de profissionais para uma indústria naval internacionalmente competitiva.

Uma ação prioritária é a criação de um grande centro de formação técnica especializada de alto nível, para os níveis médio e pós-médio. Esse projeto poderia ser implantado a partir do sistema existente de escolas técnicas — Henrique Lage, Cefet e Escola Técnica da Marinha, articulado com a indústria e o apoio de universidades e do Senai.

P, D & I

Prioridade pelas agências estaduais e gestões junto às agências federais para financiamento de programas de P, D & I na área marítima, voltados para empresas e redes de instituições de pesquisa.

Promoção

Organização de uma agenda de eventos técnicos e de um programa de promoção internacional do Cluster Marítimo do Rio de Janeiro.

Vários eventos técnico-científicos nacionais e internacionais, nas áreas de transporte marítimo, construção naval, engenharia naval, oceânica, *offshore* e submarina, principalmente atraídos e organizados pela Sobena e pela Coppe acontecem no Rio de Janeiro. Entretanto não existe uma agenda oficial, articulada com os diversos atores.

O Rio de Janeiro, ao contrário de alguns outros estados da federação, tem uma ação extremamente tímida e desinteressada de promoção internacional do setor.

Plano Estratégico do Cluster Marítimo

Elaboração de um plano estratégico de desenvolvimento do Cluster Marítimo do Rio de Janeiro, particularmente da indústria naval e *offshore*. O plano deveria incluir a identificação de sítios para novas instalações industriais, um programa de expansão e aprimoramento da infraestrutura, identificação dos segmentos e modelos de produção de maior potencial, ações para adensamento da cadeia de fornecedores, programas de capacitação de recursos humanos e de P, D & I.

O mar, que sempre foi determinante da história e da personalidade do Rio de Janeiro, tem o destino de principal motor do desenvolvimento econômico e social do estado, no século XXI.

Para isso, as lideranças políticas, empresariais e acadêmicas têm o desafio, o compromisso e a oportunidade histórica de viabilizar uma política estratégica de desenvolvimento do Cluster Marítimo do Rio de Janeiro.

Bibliografia

ABEAM. Associação Brasileira das Empresas de Apoio Marítimo — http://www.abeam.org.br/ — 2014.

ARAÚJO JR., J.T. et al. *A indústria de construção naval no Brasil:* desempenho recente e perspectivas. Rio de Janeiro: IEI/UFRJ, 1985.

ASHEIM, B.; COOKE, P.; MARTIN, R. *Clusters and Regional Development:* Critical Reflections and Explorations. Londres: Routledge, 2006.

CASACA, A. C. P. *Improving the competitiveness of the Portuguese maritime cluster* — International Association of Maritime Economists Annual Conference, Marselha, 2013.

CEENO. *Programa de Capacitação Tecnológica da Indústria de Construção Naval* — CENPES/Petrobras, 2005.

CGEE. Centro de Gestão e Estudos Estratégicos. *Tópicos estratégicos para investimentos em CT&I nos setores de transporte aquaviário e de construção naval* — contratado pelo MCTI — 2009.

CLARKSON — Shipping Intelligence Network. *Clarkson Research Studies* — Reino Unido — www.clarksons.net — 2014.

COPPE/UFRJ. *Indústria Naval Brasileira:* Situação atual e perspectivas e desenvolvimento. Rio de Janeiro: BNDES, 2004.

_____. Identificação de melhores práticas em Gestão de Operações em Construção Naval. In: *Programa de Capacitação Tecnológica da Indústria de Construção Naval* — CEENO — CENPES/Petrobras, 2005.

_____. *Benchmarking internacional para indicadores de desempenho na construção naval* — Transpetro/FINEP — 2007.

DE LANGEN, P. W. Clustering and Performance: The Case of Maritime Clustering in the Netherlands. *Maritime Policy and Management,* 29(3), 2002.

Dutch Maritime Network. *Proceedings of the European Maritime Policy Conference.* Bruxelas: Delft University Press, 2005.

ENRIGHT, M. Regional Clusters. What we know and what we should know. In: Brocker J., Dohse D.; Soltwedel, R. (Eds.). *Innovation Clusters and Interregional Competition.* Berlim: Springer, 2003.

GEIPOT. *Política governamental e competitividade da indústria brasileira de construção naval.* Brasília: GEIPOT, 1999. Vol. 2.

HASSINK, R.; SHIN, D.H. South Korea's Shipbuilding Industry: From a Couple of Cathedrals in the Desert to an Innovative Cluster. *Asian Journal of Technology Innovation,* Vol. 13, 2005.

MALMBERG, A.; MALMBERG, B.; Lundequist, P. Agglomeration and firm performance: economies of scale, localisation, and urba nisation among Swedish export firms. *Environment and Planning A,* 32(2), 2000.

OCDE. Competitive Regional Clusters. *Reviews of Regional Innovation,* Paris, 2007.

PIRES Jr, F. C. M. An assessment of the Brazilian shipbuilding industry competitive potential. *Journal of Ship Production,* 15(2), 1999.

PIRES Jr.; Souza, F. C. An Analysis of the Brazilian Coastal Shipping Regulation System. *International Research Conference on Short Sea Shipping,* Lisboa, 2012.

PORTER, M. E. Location, Competition and Economic Development: Local Clusters in a Global Economy. *Economic Development Quarterly,* v. 14 — 2000.

PORTER, M. E. Location, Competition and Economic Development: Local Clusters in a Global Economy. *Economic Development Quarterly* 14, 15–34, 2010.

RICINO. Rede de Inovação para a Competitividade da Indústria Naval e Offshore — *Plano de Ações Estratégicas* — www.ricino.org.br — 2011.

SERRA, E. G. *Uma avaliação global do processo decisório na indústria brasileira de construção naval no período do I e do II Planos Nacionais de Desenvolvimento* — Dissertação M.Sc. Coppe/UFRJ, 1994.

SHIN, D.; HASSINK, R. Cluster life cycles: the case of shipbuilding industry cluster in South Korea. *Regional Studies,* 45 (10), 2011.

SHINOHARA, M. Maritime cluster of Japan: implications for the cluster formation policies. *Maritime Policy & Management,* 37 (4) — 2010.

SINAVAL. *Sindicato Nacional da Indústria da Construção e Reparação Naval e Offshore* — http://www.sinaval.org.br/ — 2014.

SOHN, E.; CHANG, S. Y.; SONG, J. Technological Catching–up and Latecomer Strategy: A Case Study of the Asian Shipbuilding Industry. *Seoul Journal of Business,* v. 15, n. 2, 2009.

SOKOLIÉ, D. *Economics and Management of Shipbuilding Clusters:* Posssibilities for integrating Croatian shipbuilding in the EU shipbuilding industry. *EMNet Conference,* Sarajevo, 2009.

WIJNOLST, N. *Dynamic European Maritime Clusters.* Amsterdã: IOS Press BV, 2006.

Complexo da economia da saúde no estado do Rio de Janeiro:
uma oportunidade de ampliar o desenvolvimento do estado?

Lia Hasenclever
Julia Paranhos

O COMPLEXO DA economia da saúde é constituído por um conjunto interligado de produção de bens e serviços em saúde. Este conjunto de atividades produtivas mantém relações intersetoriais de compra e venda de bens e serviços e/ou de conhecimentos e tecnologias, e está inserido num contexto político e institucional bastante particular dado pelas especificidades da área de saúde, sua compradora final, e da área econômica, sua principal provedora de suprimentos. O complexo da economia da saúde, portanto, envolve dois sistemas: o sistema de saúde e o de produção e inovação de insumos (bens e serviços), que provê suprimentos para seu funcionamento.

O estreitamento das relações entre esses dois sistemas parece ser cada vez mais forte (Rosenberg et al., 1995; Delgado, 2013). Se esta inter-relação pode ou não ser uma excelente oportunidade para o desenvolvimento, isto irá depender das características dos atores, bem como dos arranjos institucionais forjados entre eles através das atividades de direção política, gestão, provisão de serviços, produção e distribuição de insumos e consumo dos serviços de saúde. A inter-relação tem potencial para gerar desenvolvimento não só porque, de um lado, as demandas do setor de saúde são geradoras de renda e emprego, mas também porque apresentam desafios para o avanço da ciência e da técnica e estimulam a inovação. Por outro lado, a melhoria do estado de saúde da população representa por si só um indicador de desenvolvimento através da melhora de bem-estar social (Hasenclever et al., 2011; Shadlen e Massard, 2013).

Neste capítulo, será desenhado um panorama da oferta e da demanda desses dois sistemas interligados: o sistema de saúde e o sistema de produção e inovação do setor de insumos, principal fornecedor de medicamentos, produtos médico-hospitalares e serviços para o setor de saúde, através de um estudo de caso que é o Complexo da Economia da Saúde no estado do Rio de Janeiro (CES/ERJ). Dois exemplos de interligação dos sistemas estaduais de saúde e de produção e inovação de insumos serão enfatizados e servirão de exemplos de como o estado do Rio de Janeiro poderia estimular o desenvolvimento local através do suprimento de medicamentos para a Secretaria Estadual de Saúde (SES) e as Parcerias de Desenvolvimento Produtivo (PDPs) envolvendo empresas locais. É importante ressaltar que a análise que será apresentada inicialmente, mostrando uma fotografia da interligação dos dois sistemas, seja mais abrangente do que o estudo destes dois exemplos.

A análise do sistema de saúde e do sistema de produção e inovação do setor de insumos (medicamentos, produtos médicos-hospitalares e serviços) pode ser feita de um ponto de vista positivo e normativo. A abordagem normativa, apresentada neste capítulo, busca compreender estes sistemas e analisar seus funcionamentos a partir de uma análise de sua regulação e sustentabilidade. Em que medida as escolhas, realizadas na área de saúde, estimulam ou não o sistema de produção e inovação de medicamentos e, consequentemente, o desenvolvimento local é a pergunta que se quer responder.

A análise normativa prossegue para além da compreensão destes sistemas, fazendo também prescrições sobre o mesmo (como deveria ser). A análise prescritiva será feita a partir do estudo de caso do CES/ERJ — compras públicas e PDP. É importante destacar que o objetivo central é inferir o nível de coordenação e efetividade entre as políticas de saúde e as políticas industriais e tecnológicas. De fato, trata-se de analisar duas políticas de saúde específicas na promoção de sua sustentabilidade industrial e tecnológica em âmbito estadual. Em outras palavras, quer se avaliar em que medida a escolha feita pelo CES/ERJ para o suprimento dos medicamentos utilizados (compras públicas), por um lado, consegue suprir a demanda de saúde a um preço adequado às necessidades presentes e, por outro, melhorar as condições de provisão futura destes medicamentos através do estímulo à produção e inovação dos mesmos localmente, garantindo a sua sustentabilidade futura (PDPs).

O capítulo está organizado em três seções além desta introdução e das considerações finais. Na segunda, serão apresentadas as características gerais dos sistemas de saúde e de produção e inovação do setor de insumos de um ponto de vista de seu funcionamento normativo. A terceira seção avança com uma caracterização geral dos principais atores de cada sistema, os possíveis arranjos institucionais entre a relação pública e privada e o papel do estado como regulador de ambos os sistemas. Ainda nesta seção, discutem-se os aspectos particulares do estado do Rio de Janeiro na regulação destes sistemas a nível estadual. Na quarta seção, são apresentados os dois exemplos estudados do caso CES/ERJ.

Características gerais dos sistemas de saúde e do setor de produção e inovação de insumos

Em termos macroeconômicos, as despesas de saúde podem representar uma boa *proxy* do sistema de saúde e de seu papel no desenvolvimento. Duas características podem ser fortemente observadas: seu importante papel no PIB e sua tendência de crescimento. De fato, na maior parte dos países desenvolvidos, sua participação está entre 7,5% e 14% do PIB (exemplos, respectivamente, da Grã-Bretanha e dos Estados Unidos). Nos países em desenvolvimento esses percentuais variam entre 4,7% (China) e 9,6% (Argentina), segundo dados da Organização Mundial da Saúde (Hasenclever et al., 2011). Além disso, essas despesas têm crescido: em 1970, a França dedicava 5,6% de sua riqueza aos bens e serviços médicos; em 2005, esta participação ampliou-se para algo em torno de 10%. No Brasil, os gastos totais com saúde representaram, em 2005, 8,2% do PIB, ampliando-se para 8,9 em 2009 (IBGE, 2009 e 2012). As razões potenciais desta alta são múltiplas, porém, entre seus vários determinantes, um dos mais importantes é a incorporação das tecnologias de saúde.

Um segundo traço que marca as despesas de saúde, mesmo nos países menos desenvolvidos, é que cada vez mais elas são assumidas por organismos de seguridade de saúde. Estes organismos podem ser públicos, como a seguridade social na França, privados sem fins lucrativos (os organizados pelos próprios mutuários), ou privados com fins lucrativos, como nos Estados Unidos.

No Brasil, segundo a Constituição de 1988, todos os brasileiros têm direito ao acesso universal e gratuito à saúde, através do sistema público de saúde, o Sistema Único de Saúde (SUS) e sua rede conveniada,[1] sendo obrigação do Estado garantir tal direito. Observa-se, porém, que vem ocorrendo uma expansão do mercado de planos de saúde privado que já alcança 25,3% dos brasileiros, segundo a Agência Nacional de Saúde Suplementar (ANS, 2013), o que torna o Brasil o segundo maior mercado mundial de planos privados, com quase 50 milhões de usuários. O arranjo institucional entre o financiamento público e privado varia de um país para outro, mas a parte do financiamento público é sistematicamente elevada, variando de 40% nos Estados Unidos a perto de 90% na Grã-Bretanha. As seguridades privadas podem vir em complemento da seguridade pública e pagar os serviços de saúde não cobertos, ou completar o reembolso público. No Brasil, a administração pública é responsável por 53,1% das despesas de consumo final com serviços de saúde e as famílias por 45,3%, enquanto as instituições sem fins lucrativos representam 1,6% (IBGE, 2012).

A complementação entre as despesas públicas e privadas iniciou-se, no Brasil, a partir de 2004 através de um programa de copagamento, de-

---

[1] A rede conveniada ao SUS é composta por hospitais, clínicas e laboratórios particulares que destinam leitos ao SUS e são remuneradas pelo governo por serviços prestados.

nominado Farmácia Popular do Brasil,[2] com implantação de unidades próprias de dispensação e válido para as seguintes doenças: hipertensão, diabetes, úlcera gástrica, depressão, asma, infecções e verminoses, cólicas, enxaqueca, queimadura, inflamações, alcoolismo e anticoncepcionais. O programa consiste no governo adquirir os medicamentos junto aos laboratórios públicos e privados e disponibilizá-los a preço de custo.

A partir de 2006, surgiu outro programa de copagamento, o Programa Farmácia Popular,[3] que disponibiliza para a população medicamentos para hipertensão, diabetes e anticoncepcionais nas farmácias privadas, através de um convênio com o SUS. As farmácias vendem essa lista de medicamentos para a população, que paga 10% do valor do medicamento, e o SUS arca com os 90% restantes.

No que diz respeito ao fornecimento dos serviços de saúde, também há uma enorme variedade de arranjos, que variam de país para país. Mesmo quando o sistema de saúde das unidades administrativas de cada país (cidades, municípios, estados ou federação) é confiado aos operadores privados, esta atividade é fortemente regulada, seja pelo estabelecimento das tarifas médicas, das formas de remuneração, ou das condições do exercício da medicina e dos serviços de saúde. O setor hospitalar, por seu turno, compreende hospitais públicos e privados (estes em sua maior parte sem fins lucrativos). Em todos os países, inclusive no Brasil, a atividade hospitalar é também estritamente enquadrada por numerosas regulamentações (normas de qualidade de prestação de serviços médicos, procedimentos de certificação, dispositivos de adoção de novos equipamentos técnicos etc.).

No que diz respeito ao fornecimento de bens e serviços utilizados como insumos no sistema de saúde (medicamentos, equipamentos médicos hospitalares, tecnologias e inovações), observa-se também uma

---

[2] O Programa Fármácia Pupular do Brasil foi criado pela Lei nº 10.858 de 2004 e regulamentado pelo Decreto nº 5.090 do mesmo ano.

[3] Na verdade este programa é uma expansão do Programa Farmácia Popular do Brasil que se propunha a ter unidades próprias de dispensação, ou seja, farmácias populares. Esta expansão foi feita através do credenciamento das farmácias e drogarias privadas permitido pela Portaria nº 491/2006 do Ministério da Saúde (MS). Em 2012, uma nova Portaria do MS, nº 971, atualizou a regulamentação do programa agora expandido.

grande variedade de arranjos entre países, variedade essa que é mais marcante entre os países desenvolvidos e em desenvolvimento. O sistema de produção e inovação de insumos nos países em desenvolvimento, como o Brasil, ainda está em construção, apresentando características de baixa diversificação das atividades produtivas e suportes de infraestrutura e institucional para as atividades de inovação ainda muito precárias (Albuquerque e Cassiolato, 2002). Não consegue ser autossuficiente em relação aos mesmos sistemas localizados nos países desenvolvidos. Em geral, é dependente de geração de inovações e de importações de princípios ativos para a produção de medicamentos e até mesmo de medicamentos acabados e de equipamentos médico-hospitalares. Em 2012, o déficit da balança comercial de saúde atingiu o patamar de US$ 10,2 bilhões, sendo 27% de medicamentos, 22% de equipamentos médicos e 23% de fármacos, entre outros (Gadelha, 2013).

O setor produtivo e de inovação é composto por empresas principalmente privadas com fins lucrativos, mas também produtores públicos e institutos de pesquisa e desenvolvimento públicos. Em todos os países as atividades de produção e inovação do setor farmacêutico são submetidas a regulamentações sobre a pesquisa, produção, distribuição, armazenamento, importação, registro e comercialização de novos produtos. No Brasil, a Agência Nacional de Vigilância Sanitária (Anvisa) é a responsável por estas regulamentações, e possui instância federal e estadual.

Tanto nos sistemas de serviços de saúde quanto no de produção e inovação de insumos, uma característica marcante é que a informação é profundamente assimétrica, no sentido em que é detida de forma desigual pelos diferentes indivíduos participantes dos dois sistemas. Com efeito, a relação entre um paciente e um médico repousa, sobretudo, na demanda de uma informação: um paciente apresenta alguns sintomas que não consegue interpretar sozinho e que o saber médico e a prática clínica permitem converter em um diagnóstico. Este diagnóstico pode, em seguida, traduzir-se em intervenções terapêuticas, adaptadas ao diagnóstico estabelecido e em função dos insumos médico-hospitalares disponíveis. O custo dessas intervenções é, pelo menos em parte, assumido por uma terceira parte: o organismo de seguridade. Todavia, este não dispõe de informação que lhe permita avaliar a pertinência da prescrição (nem *a fortiori*, aquela do diagnóstico). Desta forma, o organismo segurador que cobre as despesas de cuidados médicos de uma pessoa só conhece de forma imperfeita o estado de saúde desta pessoa. Isto é verdadeiro tanto no momento em que os serviços médicos estão sendo prestados quanto antes disso.

A literatura econômica, por outro lado, constata que o sistema de produção e inovação de insumos — medicamentos e produtos médico-hospitalares — funciona como um oligopólio, não seguindo, portanto, os padrões da concorrência perfeita. As hipóteses que garantiriam um funcionamento perfeito deste mercado, fazendo-o convergir para o ótimo social, seriam homogeneidade dos produtos, atomicidade dos produtores, mobilidade dos compradores e dos produtores, livre entrada e livre saída e transparência das informações. Todas estas hipóteses, como desenvolvido na seção a seguir, não são observadas no sistema de produção e inovação de insumos.

Mercado, instituições e atores: os sistemas de saúde e de produção e inovação de insumos

Os principais atores em cada um dos sistemas são: no sistema de saúde, o paciente, o médico ou profissional de saúde, e a seguradora ou o financiador da despesa; já no sistema de produção e inovação de insumos, a tríade é mais complexa. Ela é representada pelo paciente (consumidor) intermediado pelo médico ou pelos profissionais de saúde, pelo produtor dos insumos, intermediado pelos atacadista e varejista (farmácias) e pelo segurador ou financiador das despesas.

Mesmo se o serviço é fornecido diretamente pelo profissional de saúde ao paciente, no primeiro sistema, ou pelo produtor de medicamentos ao consumidor no segundo sistema, ele aciona múltiplas relações entre os três atores e seus intermediários. Cada uma dessas informações é caracterizada por uma informação potencialmente assimétrica, responsável por gerar desigualdades entre o comprador e o vendedor de cada um dos sistemas. A falta de transparência das informações é uma característica intrínseca de ambos os sistemas.

No sistema de produção e inovação de insumos, que é diretamente relacionado ao sistema de saúde, as questões que se apresentam são muito mais de ordem do funcionamento microeconômico desse sistema. Pelo lado da produção e distribuição dos insumos, observa-se que, em geral, o sistema de produção pode ser classificado como um oligopólio diferenciado, onde a principal fonte de competitividade é a inovação. Já o sistema de distribuição é mais caracterizado por um sistema competitivo, ainda que os atacadistas sejam um setor mais concentrado do que o setor varejista (farmácias). Pelo lado da produção de inovação, este sistema também é bastante concentrado, pois somente as empresas líderes e maiores são responsáveis pela produção da inovação. Esses três aspectos geram igualmente assimetrias entre os produtores e entre estes e os distribuidores. A relação com os consumidores, por sua vez, é mediada pelos médicos e pelos profissionais médicos, que também são influenciados pelo marketing dos laboratórios farmacêuticos, gerando também assimetrias.

Os sistemas de saúde e de produção e inovação de insumos, devido às fortes assimetrias que permeiam todas as suas inter-relações, demandam uma forte intervenção do Estado, seja através de uma atuação direta no fornecimento de serviços de saúde ou de bens que servem de insumos para estes serviços, seja através de uma atuação indireta financiando a maior parte dos serviços de saúde, seja através de uma regulamentação dos diferentes operadores privados, produtores de serviços de saúde e fornecedores de insumos e inovações ou ainda dos organismos de seguros.

O modo de organização desses dois sistemas entre os países, entretanto, apresenta uma grande diversidade. Na subseção a seguir, algumas destas questões serão estudadas a partir de um estudo de caso que é o CES/ERJ. Especificamente, o foco recairá sobre algumas particularidades institucionais do estado do Rio de Janeiro que acabam por influenciar o desenho das suas políticas de saúde e industrial e tecnológica, e até mesmo, como será apresentado na próxima seção, constranger seus resultados em prol do desenvolvimento do estado.

Aspectos institucionais da política no CES/ERJ

Durante muitos anos, o estado do Rio de Janeiro acostumou-se a ser o protagonista da política no país em todos os níveis por ter sido, até 1960, a capital do Brasil. Assim, de certa forma, abriu mão de uma atuação mais voltada para o desenvolvimento local (Lessa, 2001), e não foi diferente na política de saúde ou industrial e tecnológica estadual (Paranhos e Hasenclever, 2013).

Esta situação foi agravada, na política de saúde, pela própria forma como foi operacionalizada a regulamentação do SUS no Brasil. De fato, segundo Gerschman e Castanheira (2013), a primeira década de existência do SUS foi marcada pela transferência de recursos e atividades até então desempenhada pelo governo federal para os municípios, ficando os estados em segundo plano. O resultado foi que, em 1998, 83,5% dos municípios brasileiros já estavam habilitados em Gestão Plena da Atenção Básica e 8,2% na condição de Gestão Plena do Sistema Municipal, enquanto nenhum estado havia conseguido finalizar seu processo de habilitação. Esse resultado enfraqueceu a capacidade do estado do Rio de Janeiro de formular sua política estadual de saúde, prevalecendo uma relação direta entre a esfera municipal e a federal. O reflexo desse atraso será ilustrado na seção 4, comparando-se a eficiência das compras públicas entre o município e o estado do Rio de Janeiro.

Na política industrial e tecnológica, o quadro se repete. O resultado é que o estado do Rio de Janeiro, que já foi protagonista da industrialização brasileira, tem apresentado um desempenho muito mais tímido do que o restante do Brasil.

O estado só retomou a definição de política industrial e tecnológica voltada para a indústria farmacêutica a partir de 2008, ainda que o marco federal — Política Industrial de Tecnologia e Comércio Exterior (PITCE) — tenha sido lançado em 2003 e tenha elegido a indústria farmacêutica, entre outros setores, como um dos principais desafios a serem enfrentados, tanto para incrementar seu conteúdo de inovação quanto para aumentar sua competitividade internacional (Hasenclever et al., 2012).

O foco de ação do governo do estado do Rio de Janeiro antes de 2008, apesar da existência de uma política industrial e tecnológica a nível federal, foi a implantação de incentivos fiscais às atividades de produção e comercialização do setor farmacêutico com o intuito de manter as empresas instaladas e atrair novas empresas. De fato, em 1998, foi estabelecido o Programa Rio Fármacos, disposto no Decreto nº 24.857/98. Anos depois, em 2004, um novo decreto com incentivos à redução do imposto sobre circulação de mercadorias e serviços (ICMS) foi implantado através do Decreto nº 36.450/04 que oferece redução de 4% de crédito presumido sobre o valor da nota fiscal e redução da base de cálculo do ICMS para 12%, ficando assim a carga tributária reduzida em 8% para empresas da cadeia farmacêutica. No caso da importação, se o desembaraço aduaneiro ocorrer nos portos ou aeroportos fluminenses, o decreto também dispõe sobre o diferimento do ICMS referente a esta ou à aquisição interna de insumos e bens para o ativo fixo. Entretanto, estas políticas não foram capazes de reverter o quadro de perdas dos setores farmacoquímico e farmacêutico local, que apresentou uma queda absoluta de 46% do número de estabelecimentos e 36% no número de empregos entre 1995 e 2010 (Paranhos e Hasenclever, 2013).

Como já informado, as primeiras iniciativas reais de políticas industriais e tecnológicas a nível estadual iniciaram-se em 2008: Lei de Inovação Estadual nº 5.361/08 e o Decreto nº 42.302/10, que a regulamenta. A lei tem como objetivo incentivar a inovação e a pesquisa científica e tecnológica nos setores produtivos do estado do Rio de Janeiro. É possível observar ainda que, com base nessa lei, o governo pretendesse priorizar em suas compras a aquisição de novos produtos desenvolvidos. Outra forma de estímulo estadual tem sido o financiamento a projetos através das agências de fomento estaduais: a Fundação Carlos Chagas Filho de Amparo à Pesquisa do Estado do Rio de Janeiro (Faperj) e a Fundação de Apoio à Escola Técnica (Faetec). Estas agências, através do lançamento de editais, incentivam atividades científicas, tecnológicas e de inovação, apoiando instituições de ensino e/ou pesquisa, assim como projetos à inovação tecnológica de empresas sediadas no estado (Paranhos e Hasenclever, 2013).

A partir de 2010, a Secretaria Estadual de Desenvolvimento Econômico, Energia, Indústria e Serviços (Sedeis), com o objetivo de mudar o rumo do setor farmacêutico no estado e fazer com que este voltasse a apresentar números positivos de crescimento, realizou uma série de seminários e debates,[4] a fim de obter um diagnóstico do setor com um conjunto importante de atores do setor farmacêutico no estado,[5] que culmina com a criação do Grupo Executivo do Complexo Industrial em Ciências da Vida do Rio de Janeiro (Geciv-RJ). A finalidade do Geciv-RJ é elaborar e desenvolver as diretrizes das políticas estaduais de fortalecimento do complexo produtivo e de inovação em ciências da vida (Decreto Estadual nº 43.315/11), com foco maior na área de biotecnologia da saúde.

Durante seus primeiros anos de formação, o Geciv-RJ buscou reunir e articular os atores estaduais, através de seminários e reuniões; criou quatro subgrupos para atuação em áreas específicas: financiamento, regulação, recursos humanos e negócios; e participou de importantes encontros nacionais e internacionais, como o Congresso Brasileiro de Biotecnologia e a *BioConvention*, para divulgar as estratégias estaduais, atrair novas empresas e buscar parcerias internacionais.

Em 2013, sai pela Faperj o primeiro edital pensado, discutido e elaborado no âmbito do Geciv-RJ para apoio aos projetos de pesquisa, desenvolvimento e inovação biotecnológica em saúde humana no estado do Rio de Janeiro, voltado ao financiamento de projetos que objetivassem a realização de testes pré-clínicos, ou clínicos, em suas diversas fases. Durante o ano de 2014, estão ainda em fase de formulação três projetos no âmbito do Geciv-RJ, que, desde 2012 (Decreto Estadual nº 43.984/12), está alocado no âmbito da Secretaria Estadual de Ciência e Tecnologia: programa de ignição para empresas *start ups* de biotecnologia, programa de pós-graduação em biotecnologia e empreendedorismo e núcleo de referência de inteligência em regulação.

---

[4] "Diretrizes para uma Política de Desenvolvimento do Setor Químico-Farmacêutico do Estado do Rio de Janeiro", em 19/3/2010; "Diretrizes para uma Política de Desenvolvimento dos Setores de Biotecnologia e Químico-Farmacêutico do Estado do Rio de Janeiro", em 12/4/2011; e "Workshop Investe Rio: o que falta para o estado do Rio tornar-se o *locus* da biotecnologia?", em 17/10/2011.

[5] Grupo de Economia da Inovação da Universidade Federal do Rio de Janeiro, Investe Rio, Instituto Vital Brazil, BioRio, Rede de Tecnologia do Rio de Janeiro, Universidade Estadual do Rio de Janeiro, Associação Brasileira de Química Fina, entre outros.

A perda ou o atraso da oportunidade de estimular o desenvolvimento do estado através do uso do seu poder de compra, de seu papel regulador e definidor de política industrial e tecnológica, como melhor desenvolvido na seção seguinte através dos exemplos que envolvem o CES/ERJ, traz sérias consequências para o desenvolvimento local e o desenvolvimento da área de saúde, prejudicando o bem-estar social. De fato, indicadores sociais de desenvolvimento local do estado do Rio de Janeiro, comparados com outros estados líderes, principalmente em relação à saúde, são lastimáveis e fornecem uma pista destas consequências. A tabela 1 apresenta os resultados gerais do Índice Firjan de Desenvolvimento Municipal (IFDM)[6] para as seis unidades da federação mais bem-classificadas em 2000, e comparados com os de 2010.

TABELA 1

IFDM global e seus componentes (emprego e renda, educação e saúde) para estados brasileiros líderes (2000 e 2010)

UF	IFDM			Emprego e renda			Educação			Saúde		
	2000	2010	Var. (%)	2000	2010	Var. (%)	2000	2010	Var. (%)	2000	2010	Var. (%)
SP	0,73	0,89	23	0,59	0,88	49	0,8	0,91	15	0,78	0,88	13
PR	0,65	0,84	29	0,48	0,84	76	0,69	0,8	16	0,8	0,89	12
SC	0,64	0,83	29	0,49	0,78	60	0,69	0,84	20	0,73	0,86	17
RJ	**0,66**	**0,82**	**24**	**0,56**	**0,87**	**56**	**0,66**	**0,77**	**16**	**0,77**	**0,83**	**7**
MG	0,63	0,82	30	0,52	0,83	58	0,66	0,81	22	0,71	0,83	16
RS	0,65	0,82	26	0,53	0,83	58	0,64	0,75	18	0,78	0,87	11
Média Br.	0,60	0,79	33	0,49	0,79	62	0,59	0,77	31	0,71	0,81	14
Mediana Br.	0,55	0,72	30	0,48	0,61	27	0,5	0,73	44	0,64	0,78	21

Fonte: Hasenclever et al. (2013), com base no IFDM/Firjan (2008-2012).

---

[6] Para um detalhamento da metodologia do IFDM, consultar Firjan (2012).

O estado do Rio de Janeiro teve um aumento de 24% de seu IFDM entre 2000 e 2010, mas seu crescimento relativo foi inferior ao de outros estados brasileiros, fazendo com que se deslocasse da terceira posição no ranking brasileiro para a quarta, ainda que seu desempenho em 2010 seja superior à média e à mediana do Brasil. Liderando o ranking se encontram São Paulo, Paraná e Santa Catarina, nesta ordem. De forma comparada, ainda a partir da tabela 1, percebe-se que, sem dúvida, houve uma melhora da situação de saúde no estado do Rio de Janeiro (0,77 para 0,83) entre 2000 e 2010, mas seu desempenho melhorou apenas em 7%, muito inferior ao da média brasileira (14%) e ainda mais à mediana (21%).

Estes resultados podem ser reflexos das questões de governança identificadas no sistema estadual de saúde que ainda carecem de solução. De fato, segundo Munoz (2011), um estudo de 2007 do Banco Mundial identificou a pouca possibilidade de ação gerencial e o pouco controle orçamentário por parte dos gestores. Para o autor, no caso do estado do Rio de Janeiro, a falta de articulação entre as três esferas de poder, dado também que o estado reagiu tardiamente à mudança de modelo de gestão do SUS, comprometeu os resultados de saúde da população. Também não há, segundo o autor, previsão de instância político-institucional com poder deliberativo para fazer planejamento regional e para a coordenação intermunicipal no Estado, reforçando as conclusões de Gerschman e Castanheira (2013) acima apontadas. Adicionalmente, estes resultados podem estar expressando também o atraso na definição de políticas industrial e tecnológica estaduais voltadas para o setor farmacêutico, conforme explicitado anteriormente.

Os exemplos estudados

Os dois exemplos estudados ilustram dois momentos da estratégia de compras públicas no âmbito do estado do Rio de Janeiro com vistas ao acesso a medicamentos e ao desenvolvimento local. São exemplos de inter-relação entre as compras públicas de medicamentos (uma política de saúde) e o sistema de produção e inovação de insumos, no caso medicamentos. Pode-se dizer que, entre 1988, ano da constituição cidadã e da criação do SUS, e 2005, período em que entra em vigor a obrigatoriedade do Trade Related Intelectual Property Rights Agreement (Trips), a principal estratégia da política de saúde era comprar pelo menor preço, sem uma preocupação com o desenvolvimento local, seguindo as recomendações da lei de compras públicas (Lei nº 8.666/90).

O próximo subtítulo ilustra este primeiro período. O exemplo refere-se a uma comparação entre a eficiência das compras públicas do estado e do município do Rio de Janeiro com a federal no período de 2000 a 2012. A seguir, descrevem-se esta política estadual de compras públicas, os resultados alcançados, e os que poderiam ser atingidos caso o estado do Rio de Janeiro tivesse atuado em prol do desenvolvimento local para o atendimento da demanda a um preço adequado às demandas presentes e que estimulassem a provisão de medicamentos garantindo a sustentabilidade da demanda futura.

O ano de 2005 inicia uma nova fase nas estratégias nacionais de saúde para sustentar o SUS. Esta nova fase é caracterizada por um maior cuidado em relacionar as escolhas de compras públicas com o fortalecimento de alternativas de suprimento local ou importado, através das PDPs, para que a sustentabilidade do SUS não fique comprometida. Os principais eventos desta fase, e que serão comentados posteriormente, ainda são muito recentes. Por este motivo optou-se por apenas enunciá-los e levantar seus principais desafios sem tecer considerações sobre seu acerto ou não.

Os determinantes de compras de medicamentos do CES/ERJ

As políticas de assistência farmacêutica norteiam as ações das principais gerências em saúde, sobretudo no que tange a aquisição, logística de distribuição e dispensação de medicamentos. Os determinantes da gestão de compras dos medicamentos são influenciados, segundo Zaire e colaboradores (2013), pela legislação vigente, modalidade de compra praticada, mas principalmente pela organização de cada ente comprador. Da mesma forma que a assistência farmacêutica lida com o acesso, a questão dos preços de custo dos medicamentos interfere neste acesso, uma vez que, quanto menores os preços, maior a disponibilidade desses medicamentos, no sentido de que o fator econômico não será um entrave para a distribuição e o atendimento da população alvo.

A compra de medicamentos no SUS para a atenção básica ocorre de forma descentralizada no âmbito dos estados e municípios. Ao ser acionada, faz interagir, de um lado, os fornecedores — atacadistas e varejistas, já que as empresas farmacêuticas não vendem diretamente, limitando-se a fazer marketing de seus produtos junto aos compradores —, e, do outro, instituições de saúde compradoras, tipicamente o SUS. Cabe aos fornecedores cumprir os prazos e os quantitativos acordados, enquanto ao comprador compete pagar os valores previstos nos prazos fixados.

No Brasil, não existe uma legislação específica que defina os termos sob os quais deve ser realizada a compra de medicamentos no âmbito público. São utilizadas duas normas gerais para aquisição de bens, sendo uma lei (nº 8.666/93) e um decreto (nº 3.555/00, que foi convertido na Lei nº 10.520/02), e outras três portarias do Ministério da Saúde (nº 1.818/97; nº 2.814/98; nº 3.765/98) que se referem especificamente a medicamentos. A Lei nº 8.666/93 regulamenta o art. 37, inciso XXI, da Constituição Federal, instituindo as normas para licitações e contratos da administração pública. A recente Lei nº 12.401/11 atualizou a Lei Orgânica da Saúde (nº 8.080) e trata sobre a assistência terapêutica e a incorporação de tecnologia em saúde e influencia na constituição da lista de medicamentos que serão distribuídos pelo SUS[7] (Zaire et al., 2013).[8]

Zaire e colaboradores (2013) compararam os valores de aquisição das compras de medicamentos dos programas de hipertensão, diabetes e asma e rinite do estado e do município do Rio de Janeiro com aque-

---

[7] Este arcabouço legal restrito está sendo objeto de melhorias no Congresso Nacional e na Câmara de Deputados através do Projeto de Lei nº 3.536/04, do deputado Walter Feldman.

[8] Em 2010, é também atualizada a lei de compras públicas através da Lei nº 12.349, que estabelece margem de preferência de até 25% para produtos manufaturados e para serviços nacionais que tenham efeitos sobre a geração de emprego e renda, na arrecadação de tributos federais, estaduais e municipais, no desenvolvimento e inovação tecnológica realizados no país, e no custo adicional dos produtos e serviços. Entretanto, os autores Zaire e colaboradores (2013) não analisam os efeitos desta atualização.

las da federação. Os resultados registraram que o estado do Rio compra medicamentos a um preço unitário mais alto do que aqueles praticados pelo município e pelo Banco de Preços em Saúde. O município do Rio de Janeiro tem realizado as compras de medicamentos por licitações na modalidade concorrência e pregão com registro de preços. Esta forma possibilitou a aquisição de medicamentos a preços inferiores aos outros entes pesquisados. Ainda, segundo os autores, a aquisição de medicamentos para a atenção básica pode ser bastante onerosa quando não existe a programação adequada, como foi o caso constatado na Secretaria Estadual de Saúde devido às compras emergenciais realizadas e ao baixo poder de barganha do estado devido a sua fama de mau pagador.

Outro aspecto interessante observado pelos autores, e que denota uma clara falta de coordenação entre as políticas de saúde e industrial e tecnológica, foi que a participação dos laboratórios oficiais localizados no estado do Rio de Janeiro, tanto os relacionados à esfera estadual (Instituto Vital Brazil) quanto os relacionados à esfera federal (Farmanguinhos e Laboratório da Marinha) tiveram uma participação reduzida no suprimento da demanda do sistema. Seja porque seus preços eram superiores aos dos demais fornecedores, seja por incapacidade de garantir a produção, acarretando o desabastecimento, seja por dificuldades de operacionalização das entregas. Estes problemas de falta de coordenação entre o lado da oferta, mesmo da oferta pública, e a demanda do SUS evidenciam a perda de uma oportunidade para o aumento do desenvolvimento do estado.

Quanto às empresas privadas fornecedoras, observou-se no estudo de Zaire e colaboradores (2013) que as principais ganhadoras das concorrências pertenciam ao segmento de atacadistas, ainda que algumas farmácias tenham também fornecido principalmente para o município do Rio de Janeiro. Como era de se esperar, o volume das compras de medicamentos não parece influenciar a variação dos preços. Ou seja, ainda que as compras de medicamentos, distribuídos pelo SUS, sejam feitas através de licitação e concorrência, como a regra nestes mercados não é a concorrência perfeita, mas o oligopólio com uma série de limitações à concorrência, na prática os resultados das compras públicas deixam a desejar na obtenção dos melhores preços, dificultando o acesso aos medicamentos.

132 | UMA AGENDA PARA O RIO DE JANEIRO

As diferenças observadas nos resultados das compras realizadas pelo município e pelo estado devem-se também à capacidade organizacional de cada subsistema de gerência descentralizada do SUS, segundo Zaire e colaboradores (2013). Como explicado anteriormente, o sistema estadual atrasou-se na implantação do novo modelo do SUS, enquanto o sistema municipal estava bem mais organizado no período da comparação. Ainda que esta seja uma forma de se lidar com as assimetrias, presentes em ambos os sistemas, elas deixam a desejar também em termos de estímulo à produção local de medicamentos.

Os determinantes da oferta de produção e de inovação de medicamentos no CES/ERJ

Nesta subseção será visto como a nova fase da política brasileira para provisão de medicamentos está sendo instrumentada e de que maneira os principais atores têm atuado no desenvolvimento local da oferta de medicamentos inovadores. Esta política parece mais acertada do que a simples compra pública a partir de licitações por permitir maior relacionamento entre a política de saúde e o desenvolvimento local a partir de demandas para os produtores locais que irão estimular o desenvolvimento. Ainda que esta política tenha sido articulada em nível federal, ela tem, entre seus principais atores, empresas públicas e privadas localizadas no estado do Rio de Janeiro, e, a partir da criação do Geciv-RJ, também será utilizada pelo estado em prol do desenvolvimento local, como desenvolvido a seguir.

Farmanguinhos já em 2008 é o principal ator da instrumentação desta política que se desdobra, a partir de 2010, com as PDPs. Este laboratório pertence à Fiocruz, importante instituição federal de pesquisa e desenvolvimento (P&D) na área de saúde, também localizada no estado. O primeiro adquiriu, em 2004, as instalações da Glaxo, antes de ela se fundir com a SmithKline. Apesar de a parte administrativa do laboratório ter iniciado o seu funcionamento no segundo semestre do mesmo ano, somente a partir de 2007 foram inauguradas as novas áreas de expansão da antiga fábrica localizada em Manguinhos, onde funciona uma unidade de antirretrovirais.

O protagonismo de Farmanguinhos nas PDPs se deve à introdução de várias inovações de gestão nos contratos de transferência de tecnologia. Um exemplo é o estabelecimento do contrato de prestação de serviços para processos de fabricação de princípios ativos, celebrado entre empresas privadas nacionais e o laboratório. Em vez de a unidade de antirretrovirais de Farmanguinhos apenas licitar os princípios ativos, o que teria favorecido apenas o duopólio indiano e chinês, através dos *brokers* — intermediários entre os produtores indianos e chineses —, estimulou a capacidade ociosa de produção privada nacional através desse contrato de prestação de serviços, garantindo ainda a qualidade dos serviços contratados por meio do acompanhamento dos procedimentos de fabricação das empresas contratadas. Este acompanhamento, no caso de fabricantes estrangeiros, é mais dispendioso e de difícil adoção na vigência da legislação de compras públicas, pois vence aquele que ofertar o menor preço, e não existia, até 2009[9], obrigatoriedade de estes produtores apresentarem certificado de boas práticas de manufaturas. Isto muitas vezes mostrou-se inadequado do ponto de vista da qualidade dos insumos adquiridos, acarretando sérios prejuízos para os laboratórios públicos.

Dois outros atores muito importantes para o funcionamento da sinergia entre as políticas de saúde e industrial e tecnológica em nível federal são o Ministério do Desenvolvimento, Indústria e Comércio e o Ministério da Saúde, principais responsáveis pela governança entre estas duas políticas. Em 2003, foi criado o Fórum de Competitividade da Cadeia Produtiva Farmacêutica, envolvendo os setores governamentais, a academia e o setor privado. Recentemente, o Ministério da Saúde unificou seus departamentos de assistência farmacêutica com a Secretaria de Ciência e Tecnologia e Insumos Estratégicos como um dos resultados das discussões travadas no fórum sobre as políticas de governo para a indústria farmacêutica, sem deixar de levar em conta a importância da ampliação do acesso da população aos medicamentos, criando o Departamento de Economia. Este departamento está fazendo um esforço para coordenar as

---

[9] Quando foi estabelecida a resolução da diretoria colegiada da Anvisa 57/2009, que tornou obrigatória a certificação para o registro dos insumos farmacêuticos importados estabelecendo isonomia regulatória sanitária entre os fornecedores nacionais e estrangeiros.

ações dos diversos laboratórios públicos através da criação de uma Rede de Laboratórios Públicos. Em 2008, é criado, também a nível federal, o Grupo Executivo do Complexo Industrial da Saúde (Gecis) para gerir a articulação das ações das políticas de saúde e industrial e tecnológica. Esforços têm sido feitos para coordenar os editais de investimentos em P&D com as principais demandas da política de saúde, a exemplo dos editais do CT-Saúde[10] que destinam recursos para a capacitação tecnológica nas áreas de interesse da saúde pública (farmacoquímicos, biotecnologia e medicamentos), do Profarma[11] que financia a modernização, reestruturação e expansão de empresas do complexo industrial da saúde, além de seu alinhamento aos aspectos regulatórios, e os editais de Subvenção Econômica,[12] que destinam recursos não reembolsáveis para custeio de atividades de P&D nas empresas nas áreas de fármacos, saúde e biotecnologia.

Além disso, o governo federal, através do Ministério da Saúde, declarou de interesse público o Efavirenz,[13] valendo-se da prerrogativa do Trips de licença compulsória, para uso não comercial do medicamento que é distribuído gratuitamente através das unidades do SUS.[14] Rompeu-se, portanto, um velho tabu dos países em desenvolvimento que, com

---

[10]   Fundo Setorial voltado para a Saúde, criado em 2001 através da Lei nº 10.332 e regulamentado pelo Decreto nº 4.132 de 2002. Coordenado pela Finep — Inovação e Pesquisa, desde 2003 tem aplicado cerca de 40 milhões em média por ano em tecnologia de interesse da área de saúde.

[11]   Programa do Banco Nacional de Desenvolvimento Econômico e Social (BNDES) de apoio ao desenvolvimento do complexo industrial da saúde, criado em 2004, e dividido nos subprogramas de biotecnologia, inovação e produção. Entre 2004 e 2011, o programa financiou R$ 1,85 bilhão, alavancando projetos de R$ 3,5 bilhões, correspondentes a 113 operações (Palmeira Filho et al., 2012).

[12]   Criado em 2006, no âmbito da Finep — Inovação e Pesquisa, viabilizado pela Lei de Inovação. Até 2009, haviam sido financiados 80 projetos na área de biotecnologia e 98 na área de saúde (Finep, 2011). Até agosto de 2011, foram contratados 113 projetos da área de saúde de 86 empresas no montante de R$ 190.835.723,75 em valores contratados (Mota, 2013).

[13]   A medida foi publicada no Diário Oficial em 25 de abril de 2007, através da Portaria MS, nº 866.

[14]   A licença compulsória foi oficializada através do Decreto nº 6.107 de 4 de maio de 2007.

raras exceções, como a Tailândia, não haviam ainda ousado usar este dispositivo institucional.[15]

Para que esta decisão fosse tomada foi fundamental a parceria entre Farmanguinhos e o setor privado. De fato, a disponibilidade de princípios ativos em quantidades industriais é básica para fabricação dos lotes experimentais e registro dos produtos, fase final do desenvolvimento de um produto. Como os laboratórios públicos só fabricam os produtos finais, a parceria com o setor privado, detentor de capacidade produtiva na produção de fármacos, é essencial para viabilizar essa fase da pesquisa de novos produtos ainda não produzidos no país. A partir deste caso, iniciou-se o estabelecimento de PDPs com objetivo de fortalecer os laboratórios públicos e o encadeamento com o setor farmacoquímico privado local.

Esta estratégia procura articular de forma mais direta a política de saúde e a política industrial e tecnológica. As PDPs procuram estimular a oferta pública e a privada, no fornecimento de medicamentos para o SUS, como também incentivam a criação de inovações, ainda que apenas para o mercado local. Outro aspecto a destacar é que estas inovações são dependentes da transferência de tecnologia das empresas multinacionais. No caso em foco, esta transferência foi garantida por uma licença compulsória da Merck, mas nos demais casos elas resultam de licenças voluntárias.

Esta política, desde a criação do Geciv-RJ, tem sido utilizada também pelo estado do Rio de Janeiro como propulsora da indústria farmacêutica local, atraindo novas empresas (localização da Bionovis), estimulando a criação de novas empresas de biotecnologia na incubadora da Universidade Federal Fluminense (UFF) e no polo Bio Rio, mas principalmente articulando novas PDPs no âmbito do estado, através da liderança do laboratório estadual IVB.

Em 2014, o IVB já conta com 12 PDPs assinadas para quatro medicamentos oncológicos, três antirreumáticos, e também para mal de Alzheimer e transplante de órgãos, entre outras classes terapêuticas. Dois

---

[15] Diferentemente dos países desenvolvidos, que têm utilizado com frequência este dispositivo. Ver Chien (2003) para exemplos aplicados aos Estados Unidos e ao Canadá.

medicamentos já foram entregues ao SUS, o primeiro foi a rivastigmina (mal de Alzheimer), em 2012, e o imatinibe (oncológico), em 2014. Importante notar que todas as parcerias, exceto uma, incluem empresas privadas do estado do Rio de Janeiro: são elas uma empresa incubada de biotecnologia, uma farmacêutica, uma farmacoquímica, ou uma nova empresa de biotecnologia que se instalará no estado.

Por estar no âmbito estadual, o IVB possui importância maior na articulação das políticas, mas o estado do Rio de Janeiro possui ainda quatro outros laboratórios públicos,[16] beneficiando-se também das PDPs assinadas por estes. Desta forma é o estado com maior participação nas PDPs (30%),[17] e o segundo com o maior número de empresas privadas locais (nove),[18] o que representa cerca de 20% das empresas participantes das PDPs que já estão instaladas no país ou já decidiram onde vão se instalar.

O fortalecimento do IVB passa ainda pela liderança na criação do Parque Tecnológico da Vida (PTV), também articulado no âmbito do Geciv-RJ, em conjunto com a UFF, a Empresa de Pesquisa Agropecuária do Estado do Rio de Janeiro (Pesagro) e a Secretaria de Ciência e Tecnologia de Niterói, para sediar empreendimentos de P&D de micro e pequenas empresas de base tecnológica, unidades de pesquisa, desenvolvimento e inovação de empresas, unidades de produção, facilidades compartilhadas e centros de capacitação de pessoas. O PTV é dividido entre o *campus* Vital Brazil, em Niterói, e o *campus* Resende, na região Sul Fluminense.

As novas iniciativas de articulação das compras públicas com as PDPs permitem maior sinergia entre as políticas de saúde e industrial e tecnológica, na medida em que as parcerias irão preencher áreas em que o sistema de produção e inovação local não atende às necessidades do sistema de saúde. Aqui o instrumento de compras públicas funciona também como um estimulador da oferta local de princípios ativos e medicamen-

---

[16] Biomanguinhos e Farmanguinhos, ambos da Fiocruz, Laboratório Farmacêutico da Marinha, Laboratório Químico Farmacêutico do Exército. Os dois primeiros estão subordinados ao governo federal, o terceiro à Marinha e o quarto ao Exército.

[17] Seguido de Goiás com três laboratórios púbicos (15%), de acordo com as informações das PDPs divulgadas pelo Ministério (MS, 2014).

[18] O estado com o maior número de empresas privadas é São Paulo, com 32, representando sozinho quase 70%.

tos. Mais do que isso, a ampliação da oferta local implica também em geração de inovação na região, uma vez que se dará a partir de transferência de tecnologia tanto para o produtor privado do princípio ativo quanto para o produtor público do produto acabado.

Verifica-se, portanto, a promoção do desenvolvimento local, através de uma política de saúde capaz de ampliar a oferta pública e privada em substituição às importações, mas que ao mesmo tempo pretende transferir tecnologia das multinacionais para as empresas locais públicas e privadas, garantindo, em caso de sucesso desta política, a sustentabilidade futura da provisão de medicamentos para o SUS.

Além disso, em um mercado internacionalmente oligopolizado, como é o mercado farmacêutico, a PDP funciona também como um regulador da oferta internacional, que nos últimos anos, por exemplo, no caso dos medicamentos antirretrovirais, mostrou-se incapaz de permitir reduções de preços significativas, como as apresentadas até 2004. Hasenclever e colaboradores (2013) mostraram que a garantia de produção local é muito importante após a implementação definitiva do Trips, em 2005, devido à redução da oferta internacional dos genéricos e a necessidade de regular os preços dos medicamentos através dela.

Enfim, observa-se que a reunião do instrumento de compras públicas com a produção local, permitida pelas PDPs, pode representar uma melhor sinergia entre as políticas de saúde e industrial e tecnológica, emprestando-lhe um caráter estruturante no sentido de alterar as condições atuais do mercado: aumenta a verticalização da produção de medicamentos, estimula a transferência de tecnologia e um melhor planejamento dos laboratórios públicos para a provisão do SUS e regulação dos preços. É importante destacar que, ainda que as políticas de saúde, industrial e tecnológica sejam capitaneadas pelo governo federal, os governos estaduais podem se aproveitar dela, como ficou claro no caso do CES/ERJ.

Finalmente, mas não menos importante, deve-se assinalar, como dito no início desta seção, que ainda é cedo para avaliar o sucesso das PDPs. As maiores garantias para a consolidação dessa política serão, do lado da indústria, o cumprimento dos cronogramas de transferência de tecnologia, e, do lado do governo, o cancelamento das PDPs que não estiverem cumprindo as metas acordadas. Para isso, é preciso avaliar permanentemente as parcerias.

Considerações finais

O CES/RJ é um subespaço importante de inovação e acumulação de capital, podendo se constituir em oportunidades de investimento, renda e emprego para o estado ampliar seu desenvolvimento, da mesma forma que este estado tem um importante papel para compensar as forças de geração de assimetrias e desigualdades associadas à operação dos sistemas de saúde e de produção e inovação de insumos devido as suas características intrínsecas apresentadas no início deste capítulo.

Ainda que muitas vezes a formulação e a implementação de políticas de saúde e industrial e tecnológica estaduais estejam atreladas ao nível federal, o estadual pode e deve influenciar o federal em busca de maior consenso para o desenvolvimento local, conforme ilustrado pelo estímulo às PDPs locais, pela criação do PTV e pela atração de novas grandes empresas para o estado do Rio de Janeiro. Realmente o CES/ERJ se apresenta como uma real oportunidade para o desenvolvimento do estado e a melhoria de seus indicadores de emprego, renda e saúde, que pioraram sua posição relativa entre 2000 e 2010.

A busca dessas sinergias é cada vez mais relevante para o sucesso da política de saúde por duas razões principais. A primeira delas é consequência de uma mudança estrutural que está ocorrendo na área de saúde e que pode ser percebida a partir do surgimento cada vez mais acelerado de novas doenças que, por sua vez, são dependentes de inovações para o seu tratamento. Vencer a dependência do sistema de produção e inovação de insumos em relação ao exterior parece ser um objetivo estratégico para o desenvolvimento local, principalmente após 2005, ano de início do funcionamento das regras do Trips nos países em desenvolvimento.

A segunda razão é a constatação de que, entre os principais agentes responsáveis pelas políticas de saúde e industrial e tecnológica, o modelo brasileiro de compras públicas por licitação é inadequado como principal forma de redução de preços, conforme já discutido no exemplo apresentado das compras públicas do município e do estado do Rio de Janeiro. De fato, em um mercado onde a principal regra é a assimetria de informação entre compradores e vendedores, os preços praticados mesmo com licitação acabam sendo superiores aos preços médios praticados no Brasil. O exemplo destaca também que o sucesso do uso do poder das compras públicas pode ser mais efetivo quando a gestão destas compras é mais bem-planejada e a produção local é estimulada.

Este último tipo de atuação é mais eficiente porque atua diretamente sobre as assimetrias estruturais dos sistemas de saúde e de produção e inovação de insumos, aumentando a oferta de produtores locais e reduzindo a possibilidade de aprisionamento das compras públicas à oferta internacional fortemente cartelizada por produtores indianos e chineses e seus intermediários, os *brokers*. Mais do que isso, gera maior ocupação da capacidade ociosa da oferta pública, bem como demanda para os produtores privados, e, em decorrência, estimula o crescimento da renda e dos empregos locais.

Um desafio que fica ainda por ser analisado é quais PDPs alcançarão o sucesso desejado de realmente transferir tecnologia e ao mesmo tempo melhorar a eficiência do suprimento do SUS, garantindo sua sustentabilidade futura. Ou seja, ainda que as escolhas realizadas na área de saúde possam estimular o sistema de produção e inovação de medicamentos e, consequentemente, o desenvolvimento local, ainda está em aberto o sucesso desta política para a melhoria do suprimento do SUS e para a real transferência de tecnologia.

Bibliografia

ALBUQUERQUE, E.; CASSIOLATO, J. E. As especificidades do Sistema de Inovação do Setor de Saúde. *Revista de Economia Política*, v. 22, n. 4 (88), pp. 134-151, out.-dez., 2002.

ABDI. Agência Brasileira de Desenvolvimento Industrial. Nichos Estratégicos para a Indústria de Base Química e Biotecnológica em Saúde no Brasil. *Relatório de Acompanhamento Setorial*. Brasília: ABDI, junho de 2013, 59 p.

ANS. Agência Nacional de Saúde. *Caderno de Informações da Saúde Suplementar de 2013*. Disponível em: www.ans.gov.br. Acesso em: 29 de abril de 2014.

ARROW, K. J. Uncertainty and the Welfare Economics of Medical Care. *American Economic Review*, vol. 53, n. 5, dezembro 1963.

DELGADO, I. G. Saúde e indústria farmacêutica: apontamentos para uma análise comparativa entre Brasil, Argentina e Grã-Bretanha. In: COHN, A. (Org.) *Saúde, cidadania e desenvolvimento*. Rio de Janeiro: Editora E-papers: Centro Internacional Celso Furtado, 2013. pp. 35-64.

FINEP. Financiadora de Estudos e Projetos. *Perfil das empresas apoiadas pelo programa de Subvenção Econômica 2006 a 2009*. Rio de Janeiro: Finep, 2011.

FIRJAN. Federação das Indústrias do Estado do Rio de Janeiro. *Índice FIRJAN de desenvolvimento municipal: ano-base 2010*. Rio de Janeiro: Firjan, 2012.

GADELHA, C. A. G. O complexo industrial da saúde e a necessidade de um enfoque dinâmico na economia da saúde. *Ciência & Saúde Coletiva*, 8 (2), pp. 521-536, 2003.

_____. Inovação e complexo industrial da saúde. *7º Enifarmed- Encontro Nacional de Inovação em Fármacos e Medicamentos*. São Paulo, 20-21 ago. 2013.

_____; VARGAS, M. A.; MALDONADO, J. M.S.; BARBOSA, P. R. O complexo econômico industrial da saúde no Brasil. *Revista Brasileira de Inovação*, 12(2), jul/dez 2013, pp. 251-282.

GERCSHMAN, S., CASTANHEIRA, D. Formulação e implementação da política de saúde no estado do Rio de Janeiro. *Cadernos de Desenvolvimento Fluminense*, n. 3, pp. 86-117, nov. 2013.

HASENCLEVER, L.; PARANHOS, J.; TORRES, R. Desempenho Econômico do Rio de Janeiro: trajetórias passadas e perspectivas futuras. *Dados*, v. 55, n. 3, pp. 681-712, 2012.

_____; CAVALIERI, H.; TORRES, R.; MENDES, H. *Especialização produtiva e desenvolvimento sustentável*: potenciais e desafios para o estado do Rio de Janeiro. In: ALTEC, 2013, Portugal.

_____; PARANHOS, J.; MELO, L. M.; CORIAT, B. Diffusion and incorporation of technology into the health care system: problems and inequities. In: PYKA, A. E FONSECA, M.G.D. *Catching up, Spill-overs and Innovation Networks in a Schumpterian Perspective*. Heidelberg, Alemanha: Springer, 2011. pp. 235-256.

_____; PARANHOS, J.; KLEIN, H.; CORIAT, B. Reflexos das políticas industriais e tecnológicas da saúde brasileiras na produção e no fornecimento de antirretrovirais genéricos pós-2005. In: POSSAS, C.; LAROUZÉ, B. *Propriedade intelectual e política públicas para o acesso aos antirretrovirais nos países do Sul*. Rio de Janeiro: Editora E-papers, 2013. pp. 127-142.

IBGE. Instituto Brasileiro de Geografia e Estatística. *Conta-satélite de saúde — Brasil 2005-2007. Contas Nacionais n. 29. Rio de Janeiro: IBGE, 2009.*

_____. *Conta-satélite de saúde — Brasil 2007-2009.* Contas Nacionais n. 37. Rio de Janeiro: IBGE, 2012.

LESSA, C. *O Rio de todos os Brasis.* Rio de Janeiro: Record, 2001.

MS. Ministério da Saúde. *Parcerias para o desenvolvimento produtivo —* PDP. Brasília: MS, 2014 (mimeo).

MOTA, F. *Ensaios em economia política da saúde.* Rio de Janeiro: Instituto de Economia/ UFRJ, 2013. (Tese de Doutorado)

MUNOZ, F. P. A saúde no Rio de Janeiro: o velho compromisso pendente. In: URANI, A.; GIAMBIAGI, F. (Orgs.). *Rio:* a hora da virada. Rio de Janeiro: Elsevier, 2011.

NEWHOUSE, J. Reimbursing Health Plans and Health Providers: Efficiency in Production versus Selection, *Journal of Economic Literature*, 34, (3), pp. 1236-1263, 1996.

ORSI, F.; D'ALMEIDA, C.; HASENCLEVER, L. et al. Trips post-2005 and access to new antiretroviral treatments in southern countries: issues and challenges. *AIDS*, 21, pp. 1997-2003, 2007.

_____; HASENCLEVER, L.; FIALHO, B. et al. Intellectual Property Rights, Anti-Aids Policy and Generic Drugs: Lesson from the Brazilian Public Health Program in Economics of AIDS and Access to HIV Care in Developing Countries. In: MOATTI, J.P.; CORIAT, B; SOUTEYRAND, Y. et al. (Eds.) *Economics of AIDS and Access to HIV Care in Developing Countries: Issues and Challenges.* Paris: ANRS Editions, 2003. pp. 109-135.

PALMEIRA FILHO, P.; PIERONI, J. P.; ANTUNES, A.; BOMTEMPO, J. V. O desafio do financiamento à inovação farmacêutica no Brasil: a experiência do BNDES Profarma. *Revista BNDES 37*, pp. 67-90, jun. 2012.

PARANHOS, J.; HASENCLEVER, L. O sistema farmacêutico de inovação e o relacionamento empresa-universidade no setor farmacêutico do estado do Rio de Janeiro. *Cadernos de Desenvolvimento Fluminense*, n. 3, pp. 81-103, nov. 2013.

SHADLEN, C. K.; MASSARD DA FONSECA, E. Health policy as industrial policy: Brazil in comparative perspective. *Politics & Society*, 41 (4), pp. 561-587, 2013.

SRINIVAS, S. Industrial Development and Innovation: some lessons from vaccine procurement. *Worl Development*, v. 34, n. 10, pp. 1742-1764, 2006.

ZAIRE, C. E., MENDES DA SILVA, R., HASENCLEVER, L. Aquisições no âmbito do Sistema Único de Saúde no Rio de Janeiro: o caso dos programas de atenção básica. *Cadernos de Desenvolvimento Fluminense*, n. 3, pp. 62-85, nov. 2013.

Especialização e dinamismo inovativo da indústria fluminense:
desafios e potencialidades para o desenvolvimento regional

Jorge Britto
José Eduardo Cassiolato
Israel Sanches Marcellino

NA ÚLTIMA DÉCADA, a trajetória da indústria fluminense evidencia um processo de especialização e crescimento proporcionado por investimentos de grande porte, particularmente vinculados ao setor de petróleo, que resultaram em importantes mudanças para o conjunto da estrutura produtiva. Neste contexto, é importante avaliar quais os riscos e desafios relacionados a esta trajetória em termos da disseminação de efeitos dinâmicos sobre o conjunto da economia fluminense. Uma questão fundamental a se considerar nesse debate refere-se ao papel da inovação e da disseminação de ganhos de produtividade para o fortalecimento de uma trajetória sustentável de desenvolvimento regional. Esses aspectos encontram-se fortemente vinculados aos encadeamentos da indústria com o conjunto da estrutura produtiva, seus padrões de especialização e diversificação, bem como às trajetórias tecnológicas de seus principais setores, em termos do seu dinamismo inovativo, da sua capacidade de gerar transbordamentos para o conjunto da economia e da sua articulação com a infraestrutura científico-tecnológica regional.

As evidências disponíveis apontam para uma relativa dinamização da indústria fluminense na última década, sustentada num processo de especialização na direção de setores "intensivos em recursos naturais" com expressivas escalas de produção, intensivos em capital e com níveis de produtividade elevados, comparativamente ao conjunto da indústria. A pergunta colocada é se esta revitalização e o padrão de especialização que lhe dá sustentação constituem uma base sólida para o estabelecimento de alicerces capazes de conduzir a economia do estado a um processo endógeno de desenvolvimento regional.

Em um cenário de perspectivas positivas, ocasionadas por um volume elevado de investimentos e desafios a serem superados para a dinamização da economia fluminense, entendemos que a inovação regional tem um papel importante a cumprir. No entanto, também compreendemos que a reflexão em torno do tema ainda é incipiente e carece de um volume significativo de análises que aprofundem o debate. Desta maneira, procuramos trazer uma contribuição ao debate em torno da dinâmica inovativa fluminense, apontando para a relevância de uma reflexão em torno da formação de uma agenda de desenvolvimento para o Rio de Janeiro que contemple a política científico-tecnológica regional e seu potencial de catalisar a inovação enquanto vetores indutores da ampliação da competitividade e do desenvolvimento econômico.

A partir dessa perspectiva, o artigo se estrutura em três seções, além desta introdução. A primeira seção discute aspectos relacionados ao desempenho inovativo recente da indústria fluminense, apresentando informações extraídas da Pesquisa de Inovação Tecnológica (Pintec-IBGE), que possibilitam identificar tendências relativas à orientação, intensidade e distribuição setorial dos esforços inovativos realizados pelo setor empresarial no estado, qualificando-os em relação ao conjunto do país. Nesta seção procura-se também avaliar as articulações estabelecidas entre o setor produtivo e o conjunto de organizações e instituições voltadas à geração de conhecimento científico e tecnológico. A segunda seção discute a relevância das competências da infraestrutura científico-tecnológica fluminense no contexto do padrão atual de especialização da indústria, a partir de uma perspectiva de análise sustentada analiticamente no conceito de "sistema regional de inovação" (SRI). Por fim, uma última seção desenvolve considerações sobre os principais desafios para o fortalecimento da capacitação produtiva e inovativa da indústria fluminense como fator de dinamização do desenvolvimento regional.

Dinamismo inovativo da indústria fluminense: uma análise a partir da Pintec-IBGE

A última década foi marcada por transformações importantes na estrutura industrial fluminense. Após um longo período de perda de importância relativa, se comparado ao restante do país, que remonta à perda da capital federal nos anos 1960 e se estende por mais de quatro décadas, consolida-se um processo de retomada do ritmo de crescimento da indústria a partir da década de 2000, induzido, entre outros fatores, pelo comportamento positivo da indústria extrativa no estado, particularmente vinculada ao setor de petróleo. Este processo intensifica-se a partir dos impactos de grandes projetos e da forte aceleração de investimentos no período recente, que têm desdobramentos importantes sobre a configuração setorial e territorial da indústria fluminense. Este padrão de crescimento é, porém, bastante heterogêneo, com forte concentração em setores específicos, vinculados à indústria do petróleo (Sobral, 2013).

Esta seção busca discutir o padrão de organização das atividades inovativas nessa indústria, considerando informações levantadas pela Pesquisa de Inovação do IBGE (Pintec-IBGE) com um recorte regional. Em particular, procura-se considerar aspectos como o tipo de inovação predominante e seus impactos sobre as vendas, a orientação e a intensidade dos esforços inovativos, a sua distribuição setorial e as características do ambiente no interior do qual eles são realizados. A análise da Pintec tem como referência temporal diferentes intervalos de tempo em relação aos quais os esforços inovativos das firmas foram avaliados, a saber, 1998-2000, 2001-2003, 2003-2005, 2006-2008,

2009-2011. A análise elaborada procura também qualificar esse padrão em relação às tendências observadas para o conjunto do Brasil e para os estados mais industrializados. Adicionalmente, procura-se também considerar outros aspectos, como o padrão de financiamento daquelas atividades, o suporte oferecido pelas políticas públicas e a relevância das articulações estabelecidas entre o setor industrial e o conjunto de organizações e instituições voltadas à geração de conhecimento científico e tecnológico.

A tabela 1 apresenta a evolução da participação do Rio de Janeiro para alguns dos principais indicadores básicos considerados (número total de empresas, empresas inovadoras e empresas com P&D[1]), bem como a evolução do percentual de empresas inovadoras, percentual de empresas com P&D e percentual de empresas com P&D em relação ao total. Com relação ao número total de empresas, a participação do Rio de Janeiro frente ao total do país era de 4,7% em 2011, com uma queda expressiva sendo observada entre 2000-2011. Com referência ao total de empresas inovadoras, a participação do estado em relação ao total do país era de 3,9% em 2011, também com uma queda expressiva observada entre 2000-2011. O mesmo ocorria com o número total de empresas com P&D, cuja participação do Rio de Janeiro no total do país atingia 5,5% em 2011, também com queda em relação ao início da série, apesar dessa participação ter se elevado em 2008. De qualquer modo, a participação do Rio de Janeiro com relação àqueles indicadores apresenta-se inferior à participação no total das empresas captadas pela Pesquisa Industrial Anual, a PIA-IBGE,[2] sugerindo que, quando se trata de firmas envolvidas com ati-

---

[1] Abreviação usual para Pesquisa e Desenvolvimento, considerada a principal atividade vinculada aos esforços inovativos das firmas. Cabe ressaltar, porém, que, de acordo com metodologia da Pintec, o conjunto de atividades inovativas inclui outras atividades, além da P&D. Além disso, do mesmo modo que nem todas as atividades inovativas se resumem a P&D, nem todas as empresas inovativas são empresas que realizam atividades de P&D.

[2] A Pesquisa Industrial Anual (PIA) realizada pelo IBGE constitui o principal instrumento disponível para uma aferição detalhada do desempenho do setor industrial — contemplando empresas com mais de 10 empregados — em termos de aspectos como número de empregados, salários e ordenados, receita de vendas, valor adicionado, custos e

vidades inovativas, o Rio de Janeiro perde relevância comparativamente à sua participação no total da indústria. Esse percentual apresentava-se também inferior aos percentuais dos demais estados industrializados das regiões Sudeste e Sul, sinalizando na direção de um menor peso relativo do Rio de Janeiro em termos do quantitativo geral de empresas inovativas no país.

Quando a análise é referida ao percentual de empresas inovadoras, ao percentual de empresas com P&D e ao percentual de empresas com P&D em relação ao total de empresas inovadoras, a situação do Rio de Janeiro também denota menor densidade de empresas inovadoras. De fato, no tocante ao percentual de empresas inovadoras, o índice atingia 29,6% para o Rio de Janeiro contra um valor geral para o conjunto do país de 35,6% em 2011, apesar da tendência observada de elevação daquele indicador para o estado entre 2000 e 2011. No tocante ao indicador dado pelo percentual de empresas com P&D, o índice atingia 5,9% para o Rio de Janeiro em 2011 contra um valor geral para o conjunto do país de 5%, mantendo-se relativamente estável entre 2000 e 2011. Já no que se refere ao indicador dado pelo percentual de empresas com P&D em relação ao total de empresas inovadoras, a situação aponta para um maior valor do indicador no Rio de Janeiro em 2011 (19,8%) comparativamente ao conjunto do país (14,2%). O maior valor desse indicador também em relação a outros estados indica que, apesar do percentual de empresas inovadoras não diferir consideravelmente entre o Rio de Janeiro e o Brasil, o percentual de empresas inovadoras com P&D é mais elevado, sugerindo que as empresas fluminenses tendem a privilegiar a realização de atividades de P&D entre os esforços inovativos.

---

investimentos. O tratamento dessas informações permite também a geração de indicadores derivados, como medidas de produtividade, captadas pelo valor adicionado por trabalhador.

TABELA 1

Participação no número total de empresas, empresas inovadoras e empresas com P&D, e relação entre empresas inovadoras em relação ao total, empresas com P&D em relação ao total e empresas com P&D em relação a empresas inovadoras — Rio de Janeiro, estados e regiões e total do Brasil (2000, 2003, 2005, 2008 e 2011)

	Número de empresas					Número de empresas inovadoras					Número de empresas com P&D				
	2011	2008	2005	2003	2000	2011	2008	2005	2003	2000	2011	2008	2005	2003	2000
Brasil	116.632	100.496	91.055	84.262	72.005	41.470	38.299	30.377	28.036	22.698	5.876	4.268	5.046	4.941	7.412
Norte	3,1%	3,4%	3,2%	3,0%	2,7%	2,9%	3,2%	3,1%	3,1%	2,6%	3,5%	2,0%	1,6%	2,0%	1,5%
Nordeste	11,7%	10,6%	10,0%	9,7%	9,4%	11,9%	9,4%	9,6%	9,5%	9,3%	6,6%	6,5%	6,1%	5,2%	6,8%
Sudeste	52,5%	54,1%	55,0%	55,7%	57,6%	50,9%	52,9%	52,8%	52,5%	55,7%	56,0%	58,2%	63,0%	59,6%	60,6%
Minas Gerais	12,4%	12,5%	11,9%	11,9%	11,5%	14,1%	13,6%	10,5%	12,5%	10,1%	11,8%	8,8%	6,8%	8,3%	7,7%
Rio de Janeiro	4,7%	5,2%	5,8%	6,5%	6,5%	3,9%	4,5%	4,5%	4,9%	5,3%	5,5%	7,0%	4,9%	5,5%	6,7%
São Paulo	33,5%	33,8%	35,1%	35,2%	36,9%	31,3%	32,3%	35,3%	32,8%	38,2%	38,3%	42,2%	50,9%	44,8%	45,5%
Sul	27,0%	26,0%	26,6%	26,4%	25,7%	28,0%	28,4%	29,7%	29,9%	28,0%	30,5%	27,9%	27,7%	31,8%	28,6%
Paraná	8,8%	8,5%	8,6%	8,4%	8,4%	8,3%	9,5%	10,4%	9,3%	8,3%	7,5%	7,9%	9,6%	7,2%	7,1%
Santa Catarina	8,8%	8,4%	8,3%	8,2%	7,3%	8,6%	8,4%	8,7%	8,8%	9,0%	8,5%	9,5%	7,0%	9,7%	8,8%
Rio Grande do Sul	9,4%	9,1%	9,7%	9,8%	10,0%	11,2%	10,5%	10,6%	11,8%	10,6%	14,5%	10,4%	11,1%	14,9%	12,6%
Centro-Oeste	5,7%	5,8%	5,2%	5,2%	4,5%	6,3%	6,0%	4,8%	5,0%	4,4%	3,4%	5,5%	1,6%	1,5%	2,4%

(cont.)

	% Número de empresas inovadoras					% Número de empresas com P&D					Empresas com P&D/ empresas inovadoras				
	2011	2008	2005	2003	2000	2011	2008	2005	2003	2000	2011	2008	2005	2003	2000
Brasil	35,6%	38,1%	33,4%	33,3%	31,5%	5,0%	4,2%	5,5%	5,9%	10,3%	14,2%	11,1%	16,6%	17,6%	32,7%
Norte	33,2%	35,8%	32,3%	34,9%	29,9%	5,7%	2,5%	2,8%	3,9%	5,6%	17,3%	6,9%	8,7%	11,1%	18,9%
Nordeste	36,3%	33,8%	32,0%	32,4%	31,2%	2,8%	2,6%	3,4%	3,1%	7,5%	7,8%	7,7%	10,5%	9,6%	24,0%
Sudeste	34,4%	37,2%	32,0%	31,4%	30,5%	5,4%	4,6%	6,3%	6,3%	10,8%	15,6%	12,3%	19,8%	20,0%	35,5%
Minas Gerais	40,5%	41,4%	29,5%	34,9%	27,8%	4,8%	3,0%	3,2%	4,1%	6,9%	11,8%	7,2%	10,7%	11,7%	24,7%
Rio de Janeiro	29,6%	32,9%	25,7%	25,0%	26,0%	5,9%	5,7%	4,7%	5,0%	10,6%	19,8%	17,4%	18,1%	20,0%	40,7%
São Paulo	33,3%	36,4%	33,6%	31,1%	32,6%	5,8%	5,3%	8,0%	7,5%	12,7%	17,3%	14,5%	23,9%	24,0%	38,9%
Sul	36,9%	41,6%	37,3%	37,7%	34,3%	5,7%	4,5%	5,8%	7,1%	11,5%	15,4%	10,9%	15,5%	18,7%	33,4%
Paraná	33,5%	42,7%	40,5%	36,9%	31,3%	4,3%	3,9%	6,2%	5,0%	8,8%	12,9%	9,2%	15,4%	13,6%	28,0%
Santa Catarina	34,6%	37,9%	34,9%	35,9%	38,8%	4,8%	4,8%	4,7%	6,9%	12,4%	14,0%	12,7%	13,4%	19,4%	32,0%
Rio Grande do Sul	42,2%	44,1%	36,5%	39,9%	33,5%	7,8%	4,9%	6,3%	8,9%	13,0%	18,4%	11,1%	17,4%	22,3%	38,8%
Centro-Oeste	39,4%	39,9%	30,8%	31,7%	30,7%	3,0%	4,0%	1,7%	1,7%	5,6%	7,7%	10,1%	5,5%	5,3%	18,1%

Fonte: Elaboração própria a partir de dados da Pintec (IBGE), vários anos.

Essa evidência é compatível com a já mencionada especialização produtiva da economia fluminense. Como as atividades relacionadas à extração e ao beneficiamento de petróleo e gás natural representam uma significativa parcela da base industrial estadual, pode-se supor que essa especificidade colabora para a ênfase relativamente maior em P&D no conjunto das empresas inovadoras no Rio de Janeiro. A relevância das atividades de P&D para o setor se justifica pela extensão e complexidade dos desafios tecnológicos relacionados à extração *offshore*, em especial na bacia de Santos, que, além de envolver desafios logísticos (por estar a 300 km da costa), também envolve desafios relativos à exploração da camada pré-sal e à grande profundidade dos poços de petróleo.[3] É essencial ressaltar, no entanto, que o setor das atividades ligadas à extração de petróleo e gás natural não é o único a impactar os resultados regionalizados da Pintec, devendo-se considerar outros setores que também fazem parte da amostra da pesquisa.

Outro aspecto a ser considerado refere-se ao tipo de inovação introduzida e a seu impacto em relação às vendas realizadas pelas empresas. Análises elaboradas a partir de *innovation surveys*[4] como a Pintec costumam ressaltar a "qualidade" superior da inovação de produto (que envolve mudanças nas características e na performance de bens e serviços gerados) em comparação com a inovação de processo (que resulta em mudanças nas caraterísticas dos processos produtivos) para diferenciar empresas inovadoras. Nesse sentido, a tabela 2 apresenta informações sobre o percentual de empresas que introduziram inovações de produto e, entre essas, aquelas que introduziram inovações que representam uma novidade "para a empresa" ou "para o mercado". No tocante à taxa geral de inovação de produto, o valor para o Rio de Janeiro em 2011 (8,2%) era expressivamente inferior à média geral do país (17,3%) e ao valor observado em outros estados, além de se observar uma queda expressiva dessa

---

[3] Em função dos desafios tecnológicos enfrentados pela Petrobras, observa-se um crescimento consistente dos seus gastos em P&D, que se localizaram na média de US$ 1,3 bilhão ao ano entre 2011-2013, posicionando a empresa como uma daquelas que mais investe em P&D no setor de P&G.

[4] *Surveys* são pesquisas realizadas com base em questionários aplicados a empresas ou a indivíduos cujas respostas são autodeclaradas pelos entrevistados. Outro exemplo de *survey* é a Pnad-IBGE.

taxa no estado entre 2008 e 2011. No tocante à inovação de produto "para a empresa", esse valor era particularmente baixo em 2011 (5,4%) e inferior à média geral do país (14,4%) e ao valor observado em outros estados, enquanto o valor em termos de inovação de produto "para o mercado" se aproximava da média do país, mas ainda era inferior ao observado em outros estados do Sudeste e do Sul. À medida que se considera a intensidade de inovação "para a empresa" como uma evidência dos processos de difusão e da atualização tecnológica da indústria, constata-se que esse aspecto se encontra menos disseminado pelo tecido industrial no caso do Rio de Janeiro, comparativamente a outros estados, o que é preocupante.

TABELA 2

Percentual de empresas que introduziram inovações de produto (geral, produto novo "para a empresa" e produto novo "para o mercado") — Rio de Janeiro, estados e regiões e total do Brasil (2003, 2005, 2008 e 2011)

	Taxa geral de inovação				Taxa de inovação de produto			
	2011	2008	2005	2003	2011	2008	2005	2003
Brasil	35,6%	38,1%	33,4%	33,3%	17,3%	22,9%	19,5%	20,3%
Norte	33,2%	35,8%	32,3%	34,9%	18,1%	18,4%	19,0%	21,5%
Nordeste	36,3%	33,8%	32,0%	32,4%	11,9%	20,5%	16,8%	19,2%
Sudeste	34,4%	37,2%	32,0%	31,4%	16,8%	22,3%	19,1%	19,5%
Minas Gerais	40,5%	41,4%	29,5%	34,9%	18,3%	23,9%	15,8%	22,4%
Rio de Janeiro	29,6%	32,9%	25,7%	25,0%	8,2%	18,1%	18,3%	15,8%
São Paulo	33,3%	36,4%	33,6%	31,1%	17,7%	23,2%	20,4%	18,8%
Sul	36,9%	41,6%	37,3%	37,7%	19,6%	25,0%	22,4%	22,6%
Paraná	33,5%	42,7%	40,5%	36,9%	18,2%	26,2%	24,6%	21,7%
Santa Catarina	34,6%	37,9%	34,9%	35,9%	16,6%	21,5%	18,0%	21,8%
Rio Grande do Sul	42,2%	44,1%	36,5%	39,9%	23,8%	27,0%	24,2%	24,2%
Centro-Oeste	39,4%	39,9%	30,8%	31,7%	21,0%	25,1%	15,2%	19,5%

(cont.)

	Taxa de inovação — produto novo para empresa				Taxa de inovação — produto novo para mercado			
	2011	2008	2005	2003	2011	2008	2005	2003
Brasil	14,4%	19,9%	16,7%	18,1%	3,7%	4,1%	3,2%	2,7%
Norte	16,5%	17,4%	17,0%	19,1%	1,9%	1,4%	2,3%	2,9%
Nordeste	10,4%	19,5%	15,2%	18,4%	1,8%	2,2%	1,6%	1,0%
Sudeste	13,5%	18,8%	15,8%	17,2%	3,7%	5,0%	3,9%	2,8%
Minas Gerais	14,6%	21,5%	14,5%	20,8%	4,0%	4,4%	1,5%	1,7%
Rio de Janeiro	5,5%	16,1%	14,5%	14,4%	3,0%	2,5%	4,3%	1,7%
São Paulo	14,7%	18,7%	16,3%	16,0%	3,5%	5,9%	4,7%	3,4%
Sul	16,7%	22,2%	19,6%	19,7%	4,5%	3,6%	3,1%	3,6%
Paraná	15,9%	23,0%	22,2%	18,9%	3,2%	4,0%	2,5%	3,0%
Santa Catarina	13,3%	19,6%	15,7%	18,9%	4,7%	2,6%	2,6%	3,5%
Rio Grande do Sul	20,7%	23,9%	20,5%	21,0%	5,5%	4,2%	4,0%	4,3%
Centro-Oeste	18,4%	22,2%	14,1%	18,8%	4,0%	2,9%	1,2%	0,8%

Fonte: Elaboração própria a partir de dados da Pintec (IBGE), vários anos.

Outro aspecto importante se refere à análise comparativa dos esforços inovativos realizados por empresas industriais fluminenses, em relação ao conjunto do país. Visando captar este aspecto, a tabela 3 apresenta informações sobre a distribuição da receita total, dos gastos com inovação e dos gastos em P&D para as diferentes regiões e estados. Adicionalmente, são apresentadas também informações sobre receita por empresa, gastos com inovação por empresa inovadora e gastos com P&D por empresa com gasto em P&D.

No caso do total das receitas, o Rio de Janeiro era responsável, em 2011, por 16,9% do total da receita contabilizada pela Pintec, apresentando, ao longo das várias rodadas da pesquisa, uma tendência à elevação dessa participação. Entre os estados considerados, esse percentual localiza-se abaixo apenas de São Paulo. No tocante aos gastos com inovação, esse percentual atingia 12,1% em 2011, também com tendência crescente ao longo das várias rodadas da Pintec. Já no que se refere aos gastos com P&D, a participação do Rio de Janeiro era ainda maior, e também crescente, atingindo 27,1% em 2011, o que coloca o estado com um papel de destaque no montante total de gastos em P&D realizados no país. É interessante notar que, enquanto a proporção dos gastos com inovação no total nacional (12,1%) está abaixo da razão entre o total de receitas das firmas fluminenses e do total das firmas brasileiras (16,9%), a proporção dos gastos em P&D (27,1%) está bem acima da referida proporção da receita total, indicando, novamente, uma ênfase em atividades de P&D relativamente mais significativa no estado.

Em função da participação relativamente menos expressiva do Rio de Janeiro no número total de empresas contabilizadas pela Pintec, e de sua participação mais expressiva no total de gastos inovativos, quando se consideram indicadores da receita por empresa, gastos com inovação por empresa inovadora e gastos com P&D por empresa com gasto em P&D verificam-se valores expressivamente mais elevados para o estado, comparativamente ao total do Brasil e aos valores observados para outros estados e regiões. De fato, em termos da receita por empresa, esta atingia R$ 66,3 milhões no estado contra R$ 18,4 milhões para o total do Brasil. Já em termos dos gastos com inovação por empresa inovadora, estes valores atingiam R$ 3,8 milhões no estado contra R$ 1,2 milhões para o total do Brasil. Por fim, em termos dos Gastos com P&D por empresa com gasto em P&D, estes atingiam R$ 13,1 milhões no estado, contra R$ 2,6 milhões para o conjunto do país.

TABELA 3

Distribuição da receita total, dos gastos com inovação e dos gastos em P&D, receita por empresa, gastos com inovação por empresa inovadora e gastos com P&D por empresa com gasto em P&D — Rio de Janeiro, estados e regiões e total do Brasil (2000, 2003, 2005, 2008 e 2011)

	Receita (R$ mil)				
	2011	2008	2005	2003	2000
Brasil	2.149.773.927	1.718.740.676	1.240.553.107	953.705.414	582.406.146
Norte	4,4%	4,4%	4,8%	4,4%	4,0%
Nordeste	6,3%	5,8%	6,0%	6,1%	5,7%
Sudeste	69,1%	70,4%	70,0%	69,8%	71,2%
Minas Gerais	8,8%	8,7%	7,9%	7,4%	7,2%
Rio de Janeiro	16,9%	16,5%	15,0%	14,7%	14,6%
São Paulo	42,3%	43,3%	45,1%	45,5%	47,6%
Sul	17,3%	17,2%	17,3%	17,6%	17,0%
Paraná	5,6%	5,1%	5,1%	4,8%	5,1%
Santa Catarina	5,5%	5,1%	5,2%	5,3%	4,5%
Rio Grande do Sul	6,2%	6,9%	7,1%	7,4%	7,4%
Centro-Oeste	3,0%	2,2%	1,9%	2,1%	2,1%
	Receita por empresas (R$ mil)				
	2011	2008	2005	2003	2000
Brasil	18.432	17.103	13.624	11.318	8.088
Norte	26.000	21.873	20.190	16.671	11.745
Nordeste	9.867	9.397	8.240	7.096	4.913
Sudeste	24.230	22.233	17.330	14.195	9.988
Minas Gerais	13.156	11.863	9.021	6.995	5.069
Rio de Janeiro	66.302	54.351	35.110	25.613	18.199
São Paulo	23.313	21.925	17.502	14.634	10.417
Sul	11.799	11.296	8.883	7.535	5.358
Paraná	11.667	10.310	8.061	6.496	4.925
Santa Catarina	11.599	10.394	8.462	7.345	5.010
Rio Grande do Sul	12.110	13.055	9.968	8.581	5.976
Centro-Oeste	9.787	6.465	4.899	4.594	3.787

Fonte: Elaboração própria a partir de dados da Pintec (IBGE), vários anos.

Gastos com inovação (R$ mil)					Gastos com P&D (R$ mil)				
2011	2008	2005	2003	2000	2011	2008	2005	2003	2000
50.893.385	43.727.462	34.405.980	23.419.227	22.343.759	15.156.815	10.708.601	7.112.928	5.098.811	3.741.572
4,4%	4,1%	4,9%	4,7%	4,0%	1,7%	2,3%	3,7%	4,1%	4,9%
4,2%	4,8%	4,1%	7,1%	4,4%	3,4%	2,7%	2,3%	2,0%	2,4%
70,3%	73,2%	75,2%	68,3%	71,7%	79,9%	83,7%	81,2%	80,5%	77,3%
12,7%	13,2%	9,0%	7,2%	8,6%	8,7%	11,2%	6,5%	4,8%	4,3%
12,1%	9,3%	8,6%	7,9%	9,0%	27,7%	18,2%	16,3%	14,0%	15,4%
44,8%	50,2%	55,6%	51,8%	52,0%	43,1%	53,8%	57,8%	60,8%	56,7%
16,3%	14,5%	14,2%	18,5%	18,6%	14,1%	10,3%	12,4%	13,0%	14,6%
4,9%	4,9%	4,5%	7,4%	6,9%	4,1%	3,6%	3,1%	4,2%	4,0%
5,8%	3,4%	4,0%	4,5%	4,1%	4,8%	2,4%	4,4%	3,2%	4,0%
5,6%	6,2%	5,6%	6,7%	7,5%	5,2%	4,3%	5,0%	5,6%	6,6%
4,7%	3,4%	1,7%	1,4%	1,4%	0,9%	1,0%	0,4%	0,4%	0,8%

Gastos com Inovação por empresa inovadora (R$ mil)					Gastos com P&D por empresa com gasto em P&D (R$ mil)				
2011	2008	2005	2003	2000	2011	2008	2005	2003	2000
1.227	1.142	1.133	835	984	2.579	2.509	1.410	1.032	505
1.873	1.440	1.775	1.254	1.515	1.268	2.896	3.190	2.188	1.637
435	575	483	631	467	1.324	1.039	534	407	178
1.697	1.581	1.612	1.086	1.266	3.681	3.611	1.817	1.393	644
1.103	1.106	966	484	835	1.919	3.184	1.343	595	286
3.792	2.381	2.162	1.361	1.658	13.069	6.533	4.697	2.622	1.171
1.756	1.772	1.784	1.317	1.340	2.902	3.201	1.600	1.403	629
714	583	540	517	654	1.193	930	632	421	258
721	584	494	663	815	1.407	1.150	451	610	280
827	468	524	422	452	1.452	624	883	337	231
621	674	597	474	698	931	1.043	630	385	264
922	648	408	233	304	662	441	314	261	162

Outras medidas tradicionalmente utilizadas na avaliação dos esforços inovativos do setor empresarial referem-se à intensidade desses esforços, captada através de indicadores específicos. Um primeiro indicador refere-se à relação entre gastos com inovação e receita. No caso do Rio de Janeiro, a tabela 4 mostra que esse indicador atingiu 1,7% em 2011, valor inferior ao observado para o conjunto do país (2,4%) e ao observado em outros estados e regiões, com exceção do Nordeste, e com tendência à estabilidade ao longo das diversas rodadas da Pintec. Já no que se refere ao indicador dado pela relação entre gastos com P&D e receita, o mesmo atingia 1,2% em 2011, valor expressivamente mais elevado que o observado para o total do país (0,6%) e também superior ao observado nos demais estados e regiões. Além disso, essa medida apresenta um crescimento significativo no caso do Rio de Janeiro ao longo das diversas rodadas da Pintec. Essa característica evidencia o elevado peso dos gastos com P&D no total dos gastos inovativos no Rio de Janeiro. De fato, ao longo das várias rodadas da Pintec, essa participação se elevou de 28,7% em 2000 para 68,3% em 2011, enquanto para o total do Brasil esse crescimento foi bem menos expressivo, evoluindo de 16,7% em 2000 para 29,8% em 2011.

TABELA 4
Intensidade de gastos inovativos — Relação entre gastos com inovação e receita; gastos com P&D e receita e gastos em P&D em relação aos gastos com inovação — Rio de Janeiro, estados e regiões e total do Brasil (2000, 2003, 2005, 2008 e 2011)

	Gastos com inovação/receita					Gastos com P&D/receita				
	2011	2008	2005	2003	2000	2011	2008	2005	2003	2000
Brasil	2,4%	2,5%	2,8%	2,5%	3,8%	0,7%	0,6%	0,6%	0,5%	0,6%
Norte	2,4%	2,4%	2,8%	2,6%	3,9%	0,3%	0,3%	0,4%	0,5%	0,8%
Nordeste	1,6%	2,1%	1,9%	2,9%	3,0%	0,4%	0,3%	0,2%	0,2%	0,3%
Sudeste	2,4%	2,6%	3,0%	2,4%	3,9%	0,8%	0,7%	0,7%	0,6%	0,7%
Minas Gerais	3,4%	3,9%	3,2%	2,4%	4,6%	0,7%	0,8%	0,5%	0,3%	0,4%
Rio de Janeiro	1,7%	1,4%	1,6%	1,3%	2,4%	1,2%	0,7%	0,6%	0,5%	0,7%
São Paulo	2,5%	2,9%	3,4%	2,8%	4,2%	0,7%	0,8%	0,7%	0,7%	0,8%
Sul	2,2%	2,1%	2,3%	2,6%	4,2%	0,6%	0,4%	0,4%	0,4%	0,6%
Paraná	2,1%	2,4%	2,5%	3,8%	5,2%	0,5%	0,4%	0,3%	0,5%	0,5%
Santa Catarina	2,5%	1,7%	2,2%	2,1%	3,5%	0,6%	0,3%	0,5%	0,3%	0,6%
Rio Grande do Sul	2,2%	2,3%	2,2%	2,2%	3,9%	0,6%	0,4%	0,4%	0,4%	0,6%
Centro-Oeste	3,7%	4,0%	2,6%	1,6%	2,5%	0,2%	0,3%	0,1%	0,1%	0,2%

(cont.)

	Gastos com P&D/Gastos com Inovação					Outros Gastos não P&D/Gastos com Inovação				
	2011	2008	2005	2003	2000	2011	2008	2005	2003	2000
Brasil	**29,8%**	**24,5%**	**20,7%**	**21,8%**	**16,7%**	**70,2%**	**75,5%**	**79,3%**	**78,2%**	**83,3%**
Norte	11,7%	13,9%	15,6%	19,3%	20,4%	88,3%	86,1%	84,4%	80,7%	**79,6%**
Nordeste	23,6%	13,8%	11,6%	6,2%	9,1%	76,4%	86,2%	88,4%	93,8%	**90,9%**
Sudeste	33,8%	28,0%	22,3%	25,7%	18,1%	66,2%	72,0%	77,7%	74,3%	**81,9%**
Minas Gerais	20,6%	20,8%	14,9%	14,4%	8,4%	79,4%	79,2%	85,1%	85,6%	**91,6%**
Rio de Janeiro	68,3%	47,7%	39,3%	38,5%	28,7%	31,7%	52,3%	60,7%	61,5%	71,3%
São Paulo	28,7%	26,3%	21,5%	25,6%	18,3%	71,3%	73,7%	78,5%	74,4%	81,7%
Sul	**25,8%**	**17,4%**	**18,1%**	**15,2%**	**13,2%**	**74,2%**	**82,6%**	**81,9%**	**84,8%**	**86,8%**
Paraná	25,1%	18,2%	14,0%	12,5%	9,6%	74,9%	81,8%	86,0%	87,5%	90,4%
Santa Catarina	24,5%	16,9%	22,5%	15,5%	16,3%	75,5%	83,1%	77,5%	84,5%	83,7%
Rio Grande do Sul	27,6%	17,1%	18,3%	18,1%	14,7%	72,4%	82,9%	81,7%	81,9%	85,3%
Centro-Oeste	**5,5%**	**6,9%**	**4,2%**	**5,9%**	**9,6%**	**94,5%**	**93,1%**	**95,8%**	**94,1%**	**90,4%**

Fonte: Elaboração própria a partir de dados da Pintec (IBGE), vários anos.

Essas evidências indicam que o padrão de realização de esforços inovativos pelas empresas industriais fluminenses reflete a presença de grandes empresas com sede no estado (como a Petrobras), que realizam dispêndios absolutos elevados em atividades de P&D. No tocante ao indicador dado pelo percentual de empresas com gastos em P&D em relação ao total de empresas investigadas pela Pintec, a posição do estado melhorou sensivelmente na última rodada da pesquisa, referente ao período 2009-2011, sugerindo que houve algum transbordamento dos esforços realizados por empresas de maior porte para o conjunto do tecido industrial.

Por outro lado, apesar da posição favorável do estado no tocante aos esforços inovativos consubstanciados em atividades de P&D, o mesmo não ocorre quando se considera o total de gastos inovativos. Admitindo-se que boa parte da base de empresas inovadoras não realiza gastos formais em P&D, e sim outros tipos de gastos inovativos, as evidências sugerem que estes esforços se encontram relativamente pouco difundidos entre as empresas que conformam a estrutura produtiva do estado do Rio de Janeiro, o que reforça a hipótese de que há dificuldades para se acelerar o processo de capacitação tecnológica do conjunto da indústria fluminense.

Outro indicador tradicionalmente utilizado para avaliar a intensidade de esforços inovativos refere-se ao pessoal envolvido com estas atividades. Neste sentido, a tabela 5 apresenta informações sobre o total de pessoas ocupadas, o total de pessoas ocupadas em P&D e o total de pessoas ocupadas em P&D com dedicação exclusiva e com dedicação parcial contabilizada na última edição da Pintec (2011). A partir dessas informações, observa-se que o Rio de Janeiro era responsável por 6,6% do total de pessoas ocupadas contabilizadas pela Pintec, mas que esse percentual se elevava a 8,3% no caso de pessoal ocupado em P&D, que totalizava 5.949 pessoas no estado em 2011. Quando se considera o total de pessoas ocupadas em P&D como percentual do pessoal total ocupado, esse percentual atingia 1,15% no Rio de Janeiro, valor superior ao observado para o conjunto do país (0,92%). Entre os estados considerados, esse percentual só era inferior ao observado no Rio Grande do Sul. Cabe destacar também a elevada participação de pessoal ocupado em P&D com dedicação exclusiva em relação ao total. Essa característica parece estar associada à presença de empresas de grande porte envolvidas com atividades de P&D no estado do Rio de Janeiro, com destaque para a Petrobras, nas quais é mais comum a mobilização de pessoal com dedicação exclusiva para a realização de atividades de P&D.

TABELA 5

Total de pessoas ocupadas, total de pessoas ocupadas em P&D e total de pessoas ocupadas em P&D com dedicação exclusiva e com dedicação parcial — Rio de Janeiro, estados e regiões e total do Brasil (2011)

	Total de pessoas ocupadas	Total de pessoas ocupadas em P&D	Total de pessoas ocupadas	Total de pessoas ocupadas em P&D	Total de pessoas ocupadas em P&D (% de total)	Com dedicação exclusiva (% de total)	Com dedicação parcial (% de total)
Brasil	7.785.174	71.351	100,0%	100,0%	0,92%	0,78%	0,42%
Norte	270.629	1.963	3,5%	2,8%	0,73%	0,60%	0,28%
Nordeste	963.358	3.382	12,4%	4,7%	0,35%	0,32%	0,13%
Sudeste	4.394.945	47.111	56,5%	66,0%	1,07%	0,93%	0,42%
Minas Gerais	740.838	7.942	9,5%	11,1%	1,07%	0,89%	0,61%

(cont.)

	Total de pessoas ocupadas	Total de pessoas ocupadas em P&D	Total de pessoas ocupadas	Total de pessoas ocupadas em P&D	Total de pessoas ocupadas em P&D (% de total)	Com dedicação exclusiva (% de total)	Com dedicação parcial (% de total)
Rio de Janeiro	515.575	5.949	6,6%	8,3%	1,15%	1,01%	0,34%
São Paulo	3.025.764	32.909	38,9%	46,1%	1,09%	0,95%	0,41%
Sul	**1.867.243**	**18.053**	**24,0%**	**25,3%**	**0,97%**	**0,78%**	**0,60%**
Paraná	569.996	4.718	7,3%	6,6%	0,83%	0,68%	0,48%
Santa Catarina	654.852	5.128	8,4%	7,2%	0,78%	0,63%	0,50%
Rio Grande do Sul	642.395	8.208	8,3%	11,5%	1,28%	1,01%	0,82%
Centro--Oeste	**288.999**	**842**	**3,7%**	**1,2%**	**0,29%**	**0,26%**	**0,25%**

Fonte: Elaboração própria a partir de dados da Pintec (IBGE), vários anos.

As evidências levantadas sugerem que existe maior concentração dos esforços inovativos em grandes empresas no estado do Rio de Janeiro. De maneira a confirmar essa evidência, é possível considerar informações sobre a distribuição setorial de empresas que implementaram inovações e do montante de gastos inovativos realizados pelas mesmas para o ano de 2011, apresentadas na tabela 6. Essa tabela identifica, para os principais estados do país, o peso dos dois principais setores em termos do montante de gastos em P&D discriminados pela Pintec no levantamento de informações segundo um recorte regionalizado. No caso do Rio de Janeiro, os dois principais setores em termos de gastos em P&D estão vinculados ao setor de petróleo, contemplando, em primeiro lugar, a atividade de refino de petróleo (na qual é contabilizada a Petrobras) e, em segundo, a extrativa mineral, na qual se incluem diversas empresas que atuam no setor de petróleo. Cabe destacar que, no caso dos demais estados, quando se consideram os dois principais estados em termos do montante de gastos em P&D, verifica-se uma maior variação entre os setores, a saber: em São Paulo, automotiva e química; em Minas Gerais, automotiva e siderúrgica; no Rio Grande do Sul, máquinas e equipamentos e produtos alimentares; no Paraná, automotiva e produtos alimentares; em Santa Catarina, máquinas, aparelhos e materiais elétricos e produtos alimentares.

TABELA 6

Participação dos dois principais setores em termos do montante de gastos em P&D levantados pela Pintec no total da receita e no total de esforços inovativos – RJ, SP, MG, RS, PR e SC (2011)

	Empresas								
	2009-2011					2011			
	Que implementaram (1)				Receita líquida de vendas (R$ mil) (2)	Dispêndios realizados pelas empresas inovadoras nas atividades inovativas (3)			
						Total		Atividades internas de Pesquisa e Desenvolvimento	
	Total	Inovação de produto e/ou processo	Apenas projetos incompletos e/ou abandonados	Apenas inovações organizacionais e/ou de marketing		Número de empresas	Valor (R$ mil)	Número de empresas	Valor (R$ mil)
Rio de Janeiro Indústria	**5.480**	**1.623**	**115**	**2.316**	**363.310.918**	**1.403**	**6.153.774**	**322**	**4.205.355**
Principal (refino)	9	8	-	1	185.947.538	8	3.391.610	1	2.400.000
% da atividade principal	0,17%	0,51%	0,00%	0,04%	51,18%	0,59%	55,11%	0,31%	57,07%
Dois principais ramos (refino e extrativa mineral)	217	24	-	175	263.014.135	21	3.818.270	7	2.767.614
% das duas principais atividades	3,96%	1,46%	0,00%	7,56%	72,39%	1,52%	62,05%	2,17%	65,81%
São Paulo Indústria	**39.049**	**12.984**	**937**	**12482**	**910.346.103**	**10.477**	**22.798.694**	**2.251**	**6.533.760**
Principal (automotiva)	14	12	-	2	108.409.862	11	3.268.577	10	1.598.544
% da atividade principal	0,04%	0,09%	0,00%	0,02%	11,91%	0,10%	14,34%	0,43%	24,47%
Dois principais ramos (automotiva e química)	1.607	901	23	320	221.553.112	811	5.912.753	438	2.515.013
% das duas principais atividades	4,12%	6,94%	2,41%	2,57%	24,34%	7,74%	25,93%	19,45%	38,49%

Minas Gerais Indústria	14.433	5.841	411	4.997	189.883.707	4.582	6.444.977	691	1.325.820
Principal (automotiva)	3	3	-	-	27.065.748	3	1.171.216	3	473.856
% da atividade principal	0,02%	0,05%	0,00%	0,00%	14,25%	0,07%	18,17%	0,43%	35,74%
Dois principais ramos (automotiva e siderúrgica)	120	55	17	32	72.179.922	55	3.049.420	12	672.507
%	0,83%	0,93%	4,23%	0,64%	38,01%	1,19%	47,31%	1,71%	50,72%
Rio Grande do Sul Indústria	**10.955**	**4.627**	**499**	**3.738**	**132.672.906**	**3.831**	**2.874.903**	**853**	**794.779**
Principal (máquinas e equipamentos)	828	681	12	115	17.636.510	591	470.202	396	197.794
% da atividade principal	7,56%	14,71%	2,41%	3,06%	13,29%	15,42%	16,36%	46,36%	24,89%
Dois principais ramos (máq. e eq. e prod. aliment.)	2.884	1.206	19	1.040	27.339.728	1.032	732.424	438	233.482
% das duas principais atividades	26,32%	26,06%	3,80%	27,83%	20,61%	26,94%	25,48%	51,32%	29,38%
Paraná Indústria	**10.238**	**3.432**	**236**	**3.931**	**119.451.694**	**2.863**	**2.475.522**	**442**	**621.110**
Principal (automotiva)	4	3	-	-	18.320.285	3	111.744	2	91.574
% da atividade principal	0,04%	0,09%	0,00%	0,00%	15,34%	0,10%	4,51%	0,45%	14,74%
Dois principais ramos (automotiva e p. alimentares	1.159	657	10	350	46.965.958	530	428.471	23	132.201
% das duas principais atividades	11,32%	19,13%	4,33%	8,90%	39,32%	18,51%	17,31%	5,16%	21,28%
Santa Catarina Indústria	**10.275**	**3.555**	**126**	**4.032**	**119.178.760**	**2.732**	**2.941.675**	**497**	**722.092**
Principal (máquinas, aparelhos e materiais elétricos)	149	89	2	21	6.279.423	76	453.036	41	302.578
% da atividade principal	1,45%	2,52%	1,32%	0,52%	5,27%	2,77%	15,40%	8,16%	41,90%
Dois principais ramos (máquinas, aparelhos e materiais elétricos e produtos alimentares)	1.207	642	4	414	64.420.325	518	1.409.228	64	461.965
% das duas principais atividades	11,75%	18,06%	3,35%	10,26%	54,05%	18,96%	47,91%	12,92%	63,98%

Fonte: Elaboração própria a partir de dados da Pintec (IBGE), vários anos.

Quando se considera a concentração setorial das empresas que implementaram inovações e do montante de gastos inovativos realizados pelas mesmas para o ano de 2011, verifica-se que essa concentração é particularmente elevada no caso do Rio de Janeiro. De fato, enquanto as duas principais atividades consideradas eram responsáveis por 3,96% das empresas, por 1,46% das empresas inovadoras, por 1,52% das empresas com dispêndios inovativos e por 2,17% das empresas com gastos em P&D contabilizadas pela Pintec no estado, em 2011, as mesmas eram responsáveis por 72,3% do total da receita, por 62,1% dos gastos inovativos e por 65,8% dos gastos em P&D contabilizados naquele ano. Apenas a atividade principal, a de refino de petróleo, com destaque para a Petrobras, era responsável por 51,2% do total da receita, por 55,1% dos gastos inovativos e por 57,1% dos gastos em P&D em 2011. Cabe ressaltar que essa concentração setorial não encontra correspondência nos demais estados, evidenciando a relevância do setor de petróleo no conjunto das atividades inovativas realizadas pela indústria fluminense, o que reforça seu papel como núcleo central da "base produtiva" de um "sistema de inovação" estruturado em escala regional, conforme proposto por Marcellino, Avanci e Britto (2013).

Também de modo a ressaltar a concentração setorial dos esforços inovativos no caso do Rio de Janeiro, é possível considerar informações sobre a distribuição setorial do pessoal envolvido nestes esforços. A tabela 7 apresenta informações sobre o número de pessoas ocupadas e sobre o número de pessoas ocupadas em pesquisa e desenvolvimento, com e sem dedicação exclusiva, para os dois principais setores em termos do montante de gastos em P&D discriminados pela Pintec. Neste caso, a concentração setorial é menor do que a observada para a distribuição da receita e dos dispêndios inovativos, em função da presença de empresas de porte elevado e intensivas em capital, que empregam uma proporção relativamente menor de trabalhadores em comparação com a receita gerada.

Assim, no caso do Rio de Janeiro, as atividades de refino de petróleo e de extrativa mineral concentravam 27,1% do pessoal ocupado, 35,5% do pessoal ocupado em P&D e 40,3% do pessoal em P&D com dedicação exclusiva. Apenas para a atividade principal de refino de petróleo, estes percentuais eram, respectivamente, de 11,3%, 29,5% e 33,6%. Comparativamente a outros estados, quanto à distribuição setorial do pessoal ocupado, a concentração observada nas duas principais atividades no Rio de Janeiro era inferior à observada nos casos do Rio Grande do Sul (que leva em conta os setores de máquinas e equipamentos e de produtos alimentares) e de Santa Catarina (nos setores de máquinas, aparelhos e materiais elétricos e produtos alimentares). Cabe, porém, ressaltar que, nesses estados, o número de empresas presentes nessas atividades é expressivamente superior ao observado no Rio de Janeiro (1.032 empresas que realizaram esforços inovativos naqueles setores no Rio Grande do Sul e 518 em Santa Catarina, contra apenas 21 empresas no Rio de Janeiro).

TABELA 7
Número de pessoas ocupadas e número de pessoas ocupadas em pesquisa e desenvolvimento nos principais setores em termos do montante de gastos em P&D levantados pela Pintec — RJ, SP, MG, RS, PR e SC (2011)

		Empresas			
			Que realizaram dispêndios nas atividades internasde Pesquisa e Desenvolvimento		
		Número de pessoas ocupadas em 31.12 (1)		Número de pessoas ocupadas em Pesquisa e Desenvolvimento	
	Total		Total	Total (2)	Com dedicação exclusiva	Com dedicação parcial
Rio de Janeiro Indústria	**5480**	**515577**	**322**	**5949**	**5216**	**1746**
Principal (refino)	9	58457	1	1755	1755	-
% da atividade principal	0,17%	11,34%	0,31%	29,50%	33,64%	0,00%
Dois principais ramos (refino e extrativa mineral)	217	139816	7	2110	2103	30
% das duas principais atividades	3,96%	27,12%	2,17%	35,47%	40,32%	1,71%
São Paulo Indústria	**39049**	**3025764**	**2251**	**32909**	**28786**	**12262**
Principal (automotiva)	14	91455	10	5093	4440	1601
% da atividade principal	0,04%	3,02%	0,43%	15,48%	15,42%	13,05%
Dois principais ramos (automotiva e química)	1607	255410	438	9841	8729	2887
% das duas principais atividades	4,12%	8,44%	19,45%	29,90%	30,32%	23,54%

(cont.)

	Empresas					
		Número de pessoas ocupadas em 31.12 (1)	Que realizaram dispêndios nas atividades internasde Pesquisa e Desenvolvimento			
				Número de pessoas ocupadas em Pesquisa e Desenvolvimento		
	Total		Total	Total (2)	Com dedicação exclusiva	Com dedicação parcial
Minas Gerais Indústria	**14433**	**740838**	**691**	**7942**	**6626**	**4552**
Principal (automotiva)	3	19434	3	1598	1547	891
% da atividade principal	0,02%	2,62%	0,43%	20,11%	23,34%	19,57%
Dois principais ramos (automotiva e siderúrgica)	120	72670	12	2296	2186	1124
%	0,83%	9,81%	1,71%	28,91%	33,00%	24,70%
Rio Grande do Sul Indústria	**10955**	**642396**	**853**	**8208**	**6513**	**5246**
Principal (máquinas e equipamentos)	828	68935	396	2791	2031	2748
% da atividade principal	7,56%	10,73%	46,36%	34,00%	31,18%	52,38%
Dois principais ramos (máquinas e equipamentos e produtos alimentares)	2884	196872	438	3574	2785	3072
% das duas principais atividades	26,32%	30,65%	51,32%	43,54%	42,75%	58,56%
Paraná Indústria	**10238**	**569994**	**442**	**4718**	**3891**	**2711**
Principal (automotiva)	4	11125	2	792	764	93
% da atividade principal	0,04%	1,95%	0,45%	16,79%	19,64%	3,43%
Dois principais ramos (automotiva e produtos alimentares)	1159	150554	23	1124	996	453
% das duas principais atividades	11,32%	26,41%	5,16%	23,82%	25,61%	16,72%
Santa Catarina Indústria	**10275**	**654855**	**497**	**5128**	**4119**	**3298**
Principal (máquinas, aparelhos e materiais elétricos)	149	31248	41	1190	1026	624
% da atividade principal	1,45%	4,77%	8,16%	23,21%	24,91%	18,93%
Dois principais ramos (máquinas, aparelhos e materiais elétricos e produtos alimentares)	1207	219838	64	1898	1537	1071
% das duas principais atividades	11,75%	33,57%	12,92%	37,02%	37,32%	32,49%

Fonte: Elaboração própria a partir de dados da Pintec (IBGE), vários anos.

Outro aspecto a ser considerado na caracterização do padrão de realização de atividades inovativas no Rio de Janeiro, que assume particular importância quando se adota uma perspectiva "sistêmica" de análise, refere-se à intensidade e extensão de relacionamentos cooperativos entre empresas inovadoras e outros agentes. A partir desses relacionamentos, as empresas inovadoras podem tanto ter acesso a informações e competências complementares, quanto gerar "transbordamentos" a partir de seus próprios esforços, originando fluxos de transmissão de conhecimentos e tecnologias que possibilitam o fortalecimento do "sistema de inovação" em escala regional. As informações disponibilizadas pela Pintec abordam esse aspecto, quando se referem às empresas inovadoras envolvidas em relacionamentos cooperativos segundo o tipo de parceiro, a sua localização e o objeto da cooperação.

Quanto a esse aspecto, a tabela 8 aponta para uma tendência para o aumento da "taxa" de cooperação medida pela relação entre o número de firmas inovadoras envolvidas em relações cooperativas e o total de firmas inovadoras, tanto para o Brasil quanto para o Rio de Janeiro.[5] Comparando a taxa observada para o Rio de Janeiro, com o total do Brasil, observa-se que a do Rio apresentava-se superior em 2005 (12,2% contra 7,2%), evoluindo para um patamar inferior em 2008 (7,0% contra 10,1%) e revertendo para uma taxa expressivamente superior em 2011 (30,1% contra 15,9%). Neste sentido, é possível argumentar que, pelo menos no período mais recente, o padrão de realização de esforços inovativos comandado por grandes empresas, observado no caso do Rio de Janeiro, com destaque para o setor de petróleo, pode estar tendo desdobramentos em termos de uma maior intensidade dos esforços inovativos em cooperação.

---

[5] O valor mais elevado dessa taxa no ano inicial da pesquisa (2000) parece estar mais associado a imperfeições na definição do aspecto na coleta de informações do que a uma diferença efetiva em relação aos anos subsequentes.

TABELA 8

Empresas inovadoras em cooperação — Rio de Janeiro e Brasil (2000, 2003, 2005, 2008 e 2011)

Ano	Brasil			Rio de Janeiro		
	Empresas inovadoras	Inovadoras em cooperação	% cooperação	Empresas inovadoras	Inovadoras em cooperação	% cooperação
2000	22.698	2.505	11,0%	1.212	98	8,1%
2003	28.036	1.053	3,8%	1.367	48	3,5%
2005	30.377	2.194	7,2%	1.362	166	12,2%
2008	38.299	3.865	10,1%	1.713	119	7,0%
2011	41.470	6.599	15,9%	1.623	489	30,1%

Fonte: Elaboração própria a partir de dados da Pintec (IBGE), vários anos.

A tabela 9 apresenta, para o Rio de Janeiro, outros estados, regiões e para o total do país, informações sobre empresas inovadoras envolvidas em relacionamentos cooperativos segundo o tipo de parceiro no país para o ano de 2011. No tocante à taxa geral de cooperação, observa-se que o valor relativamente mais elevado da mesma observada no Rio de Janeiro (30,1%) não encontra correspondência em outros estados e regiões. No entanto, também é importante notar que, apesar do valor elevado dessa taxa, no Rio, o número absoluto de empresas inovadoras cooperativas não é mais alto que o verificado para Santa Catarina, Paraná e Minas Gerais. Assim, o que "impulsiona" a taxa para cima parece ser o número baixo de empresas inovadoras no Rio de Janeiro (1.623), que é muito inferior ao de outros estados do Sul e do Sudeste. Quanto ao tipo de parceiro, as evidências apontam que as "taxas" de cooperação no Rio são particularmente mais elevadas no caso dos relacionamentos com fornecedores (26,8% contra 12,5% para o total do país), clientes ou consumidores (21,2% contra 10,2%), concorrentes (14,1% contra 5,3%), empresas de consultoria (20,5% contra 6,3%), universidades e institutos de pesquisa (16,0% contra 6,4%), centros de capacitação profissional e assistência técnica (18,3% contra 7,8%) e instituições de testes, ensaios e certificações. É possível supor que essas taxas mais elevadas refletem a capacidade de empresas de maior porte, que comandam os esforços inovativos no caso do Rio de Janeiro, estabelecerem vínculos cooperativos com uma maior variedade de agentes.

TABELA 9

Empresas inovadoras em cooperação por tipo de parceiro no país — Rio de Janeiro, estados e regiões e total do Brasil (2011)

	Total de empresas	Total de empresas com cooperação	Empresas com cooperação como % de empresas inovadoras	Clientes ou consumidores	Fornecedores	Concorrentes	Outra empresa do grupo	Empresas de consultoria	Universidades e institutos de pesquisa	Centros de capacitação profissional e assistência técnica	Instituições de testes, ensaios e certificações
Brasil	41.470	6.599	15,9%	10,2%	12,5%	5,3%	0,9%	6,3%	6,4%	7,8%	2,0%
Norte	1.203	451	37,5%	20,4%	21,2%	6,1%	1,3%	15,3%	22,9%	23,1%	1,5%
Nordeste	4.955	601	12,1%	6,3%	11,0%	2,4%	0,8%	3,6%	5,9%	5,3%	1,6%
Sudeste	21.089	3.323	15,8%	10,6%	11,2%	4,8%	1,0%	6,8%	6,0%	7,0%	2,3%
Minas Gerais	5.841	525	9,0%	5,7%	5,9%	2,2%	0,9%	2,2%	2,6%	4,7%	0,8%
Rio de Janeiro	1.623	489	30,1%	21,2%	26,8%	14,1%	0,6%	20,5%	16,0%	18,3%	5,7%
São Paulo	12.984	2.207	17,0%	11,4%	11,8%	5,1%	1,1%	7,4%	6,4%	6,8%	2,6%
Sul	11.614	1.845	15,9%	11,1%	15,0%	6,9%	0,6%	6,0%	5,9%	8,4%	2,0%
Paraná	3.432	698	20,3%	9,8%	18,0%	6,2%	0,9%	5,9%	3,1%	5,5%	3,6%
Santa Catarina	3.555	719	20,2%	15,9%	17,6%	13,3%	0,4%	5,5%	9,5%	12,3%	0,9%
Rio Gr. do Sul	4.627	428	9,3%	8,5%	10,7%	2,5%	0,6%	6,4%	5,3%	7,6%	1,7%
Centro-Oeste	2.608	378	14,5%	5,0%	10,4%	6,8%	0,6%	5,0%	5,1%	9,1%	1,2%

Fonte: Elaboração própria a partir de dados da Pintec (IBGE), 2011.

É importante considerar também os padrões de financiamento das atividades inovativas no Rio de Janeiro e o suporte que diversos programas públicos de fomento e incentivo oferecem às mesmas. No tocante ao primeiro aspecto, a tabela 10 detalha as fontes de financiamento das atividades internas de pesquisa e desenvolvimento e das demais atividades inovativas (inclusive aquisição externa de P&D) no ano de 2011. Cabe destacar, em especial, a elevada participação das fontes próprias de financiamento no caso das empresas fluminenses, seja no caso de atividades internas de pesquisa e desenvolvimento (99,05%) e das demais atividades inovativas (86,56%), cuja relevância é expressivamente maior que a média do país e não encontra correspondência em outros estados e regiões do país. Cabe destacar também a baixa participação de recursos públicos no financiamento daquelas atividades no caso fluminense. Provavelmente essas características podem, em parte, ser explicadas pela tendência à concentração de esforços inovativos em empresas de maior porte no caso fluminense,[6] com maior capacidade de autofinanciamento e, consequentemente, menos dependentes de recursos de terceiros, inclusive recursos públicos. Por outro lado, a baixa cobertura do apoio público ao financiamento a atividades inovativas é preocupante, principalmente se considerarmos a baixa densidade de firmas inovadoras observada no caso fluminense.

---

[6] Cabe mencionar que uma parcela desses investimentos busca atender exigências legais, como no caso do setor de petróleo em relação a exigências da Agência Nacional de Petróleo (ANP).

TABELA 10
Fontes de financiamento das atividades internas de pesquisa
e desenvolvimento e das demais atividades inovativas
— Rio de Janeiro, estados e regiões e total do Brasil (2011)

Grandes regiões e unidades da federação selecionadas	Fontes de financiamento (%)								
	Das atividades internas de pesquisa e desenvolvimento					Das demais atividades (inclusive aquisição externa de P&D)			
	Próprias	De terceiros				Próprias	De terceiros		
		Total	Outras empresas brasileiras	Público	Exterior		Total	Privado	Público
Brasil	85,64	14,36	0,25	11,90	2,20	76,04	23,96	4,22	19,74
Norte	72,78	27,22	-	7,67	19,55	72,75	27,25	22,85	4,40
Nordeste	77,76	22,24	0,04	22,15	0,05	71,90	28,10	10,06	18,04
Sudeste	89,18	10,82	0,29	8,40	2,14	79,81	20,19	1,98	18,22
Minas Gerais	96,77	3,23	0,81	2,30	0,12	79,35	20,65	1,32	19,33
Rio de Janeiro	99,05	0,95	0,10	0,84	-	86,56	13,44	3,44	10,00
São Paulo	81,25	18,75	0,30	14,54	3,91	79,36	20,64	1,92	18,72
Sul	70,05	29,95	0,12	28,78	1,05	67,71	32,29	6,19	26,10
Paraná	71,80	28,20	0,25	24,64	3,31	72,61	27,39	4,40	22,99
Santa Catarina	63,54	36,46	0,03	36,24	0,18	73,51	26,49	4,56	21,93
Rio Grande do Sul	74,59	25,41	0,09	25,25	0,07	57,16	42,84	9,53	33,31
Centro-Oeste	69,84	30,16	0,81	29,35	-	65,30	34,70	1,62	33,08

Fonte: Elaboração própria a partir de dados da Pintec (IBGE), vários anos.

A tabela 11, por sua vez, apresenta um detalhamento da distribuição regional de empresas inovadoras que receberam apoio do governo, por tipo de programa, no período 2009-2011. De início, cabe destacar que apenas 527 empresas fluminenses se enquadram nessa situação, e elas equivaliam a 3,7% do total de empresas inovadoras que receberam apoio do governo no período considerado. Em relação ao total de empresas inovadoras, as empresas fluminenses beneficiadas por esse tipo de apoio equivaliam a 32,5%, valor inferior à média nacional (34,6%) e aos valores observados nos demais estados das regiões Sudeste e Sul, sendo superior apenas aos valores observados no Nordeste e Centro--Oeste.

Em termos de incentivos fiscais, observa-se que o percentual de empresas fluminenses com acesso a incentivos gerais localizava-se próximo da média nacional (2,2% contra 2,5%), mas que esse percentual era muito restrito no caso da Lei de Informática (0,1% contra 1,5%). Em relação à subvenção econômica, o percentual de empresas fluminenses beneficiadas, apesar de baixo (0,9%), localizava-se acima da maioria dos estados do Sudeste e do Sul. No caso do financiamento a projetos de pesquisa e desenvolvimento e inovação tecnológica, com ou sem parcerias com universidades, o percentual de firmas fluminenses beneficiadas não difere substancialmente do observado em outros estados e regiões. O mesmo ocorre com o apoio à compra de máquinas e equipamentos utilizados para inovar; nesse caso, porém, o percentual de empresas inovadoras beneficiadas é bem mais elevado, seja no estado ou no país. Por fim, em relação a outros programas de apoio, o percentual de empresas fluminenses beneficiadas (3,2%) localiza-se bem abaixo da média nacional (7,6%) e dos valores observados em outros estados.

Apesar de se poder admitir que esse quadro reflete, em parte, o peso de grandes empresas no total do esforço inovador da indústria fluminense, e elas seriam menos dependentes desse tipo de apoio, a situação é preocupante, pois aponta para uma baixa cobertura dos programas de fomento e incentivo no estado. Além disso, há de se considerar que o estado dispõe de uma infraestrutura científico-tecnológica razoável em comparação a outros estados, e pode contar com a presença de importantes agências de fomento (como Finep e BNDES), o que tenderia a favorecer o acesso àqueles programas, mas aparentemente não tem ocorrido no ritmo desejável.

TABELA 11

Empresas inovadoras que receberam apoio do governo, por tipo de programa, no período — Rio de Janeiro, estados e regiões e total do Brasil (2009-2011)

	Total de empresas inovadoras	Total	% em relação ao total	Total (% empresas inovadoras)	Incentivo fiscal			Financiamento			
					A pesquisa e desenvolvimento	Lei da informática	Subvenção econômica	Projetos de Pesquisa e Desenvolvimento e inovação tecnológica Sem parceria com universidades	Em parceria com universidades	À compra de máquinas e equipamentos utilizados para inovar	Outros programas de apoio
Brasil	**41.470**	**14.356**	**100,0%**	**34,6%**	**2,5%**	**1,5%**	**0,8%**	**1,2%**	**0,9%**	**27,4%**	**7,6%**
Norte	**1.203**	**.693**	**4,8%**	**57,6%**	**13,2%**	**15,3%**	**3,7%**	**1,0%**	**0,4%**	**20,7%**	**10,4%**
Nordeste	**4.955**	**1.284**	**8,9%**	**25,9%**	**1,1%**	**2,5%**	**0,2%**	**1,0%**	**0,3%**	**19,5%**	**8,9%**
Sudeste	**21.089**	**7.319**	**51,0%**	**34,7%**	**2,2%**	**1,0%**	**0,7%**	**1,0%**	**1,0%**	**28,8%**	**7,4%**
Minas Gerais	5.841	1.961	13,7%	33,6%	1,2%	0,9%	0,6%	0,6%	0,9%	28,2%	14,4%
Rio de Janeiro	1.623	527	3,7%	32,5%	2,2%	0,1%	0,9%	1,9%	0,8%	26,8%	3,2%
São Paulo	12.984	4.633	32,3%	35,7%	2,7%	1,2%	0,7%	0,9%	1,1%	29,6%	5,0%
Sul	**11.614**	**4.251**	**29,6%**	**36,6%**	**2,9%**	**0,9%**	**0,8%**	**1,8%**	**0,8%**	**28,8%**	**7,6%**
Paraná	3.432	1.272	8,9%	37,1%	1,9%	0,8%	0,4%	1,0%	1,0%	29,5%	8,7%
Santa Catarina	3.555	1.320	9,2%	37,1%	2,5%	1,1%	0,6%	1,1%	0,7%	28,0%	9,6%
Rio Gr. do Sul	4.627	1.659	11,6%	35,8%	4,0%	0,7%	1,3%	2,9%	0,8%	28,9%	5,3%
Centro-Oeste	**2.608**	**809**	**5,6%**	**31,0%**	**0,8%**	**0,1%**	**1,0%**	**0,3%**	**2,2%**	**27,2%**	**5,0%**

Fonte: Elaboração própria a partir de dados da Pintec (IBGE), vários anos.

Dinamismo da base científico-tecnológica e articulações com o setor produtivo no sistema regional de inovação fluminense

A possibilidade de dinamização das capacitações inovativas da indústria fluminense, de modo a impulsionar uma trajetória sustentada de desenvolvimento regional, encontra-se condicionada pelas características do ambiente no qual essas capacitações se inserem. Na caracterização desses condicionantes ambientais, destaca-se a possibilidade de utilização de um recorte analítico "sistêmico" que ressalte as múltiplas articulações entre agentes com competências complementares, em particular aqueles inseridos na esfera produtiva e na infraestrutura científico-tecnológica. Entendendo que o Rio de Janeiro possui um expressivo potencial no setor de C&T, ao lado de uma estrutura produtiva que apresenta sensíveis transformações no período recente, é possível refletir a respeito das relações entre a geração de conhecimento e a utilização deste pelo setor produtivo na região. Em particular, é possível assumir que a capacidade de a indústria fluminense competir de forma satisfatória em diferentes mercados e diferentes cenários econômicos depende fortemente da maneira como as instituições responsáveis pelo uso de conhecimento e as instituições geradoras deste se relacionam e proporcionam sinergias. Neste sentido o referencial teórico dos sistemas regionais de inovação (SRIs) fornece uma boa base para investigar a possibilidade de fortalecimento das capacitações inovativas.

O conceito de SRI dialoga tanto com a ciência regional quanto com outras abordagens de sistemas de inovação (Doloreux e Parto, 2004; Arancegui, 2009; Cooke, 2001). De forma sucinta, um SRI pode ser entendido como um conjunto de agentes públicos e privados, instituições formais e outras organizações que, interagindo entre si, funcionam de forma a conduzir a geração, o uso e a disseminação do conhecimento (Doloreux, 2004, Doloreux et al. 2004). Dessa maneira, o sistema não se limita somente às firmas privadas, mas também inclui órgãos de pesquisa, instituições de financiamento e de governança, institutos de educação técnica e superior, *policy makers* e também os padrões socioculturais relativos à atividade inovativa incorporados ao contexto regional.

Neste contexto, Arancegui (2009) argumenta que, num SRI dinâmico, um subsistema de geração de conhecimento interagiria intensamente com um subsistema de uso de conhecimento e produção, de modo que o primeiro transmitiria conhecimentos economicamente úteis ao segundo, enquanto o segundo participaria manifestando suas necessidades tecnológicas e imprimindo um direcionamento aos esforços realizados na esfera da geração de conhecimento. Além dessas formas básicas de interação, esse sistema compreende complexos fluxos de informação, recursos humanos e recursos financeiros, que viabilizam a amplificação das competências proporcionada pela transmissão do conhecimento. Agregado a esses dois subsistemas, haveria ainda um terceiro, formado basicamente por uma estrutura de governança, cumprindo a função de instância coordenadora e participando dos processos interativos de aprendizagem, seja induzindo-os, seja participando ativamente deles. O principal potencial desta abordagem está na sua capacidade de apontar relações analíticas entre as condições para a atividade inovativa prosperar em determinadas regiões, articulando seu desempenho inovativo ao seu desenvolvimento econômico.

A utilização do conceito de SRI como base analítica para se compreender a possibilidade de dinamização de atividades inovativas em determinado território pode ser referenciada à realidade fluminense. O atual quadro de um sistema científico e tecnológico regional do Rio de Janeiro mostra uma grande concentração de instituições geradoras de conhecimento e tecnologias, ao lado de uma base produtiva pouco competitiva em diversos setores, apesar da importância econômica do estado e da presença de importantes grupos econômicos (Britto Bittencourt e Cruz, 2011:109). Em especial, observa-se que o Rio de Janeiro abriga um expressivo conjunto de organizações e instituições voltadas à geração de conhecimento científico e tecnológico. Em parte, isso ocorre pelo seu passado de capital nacional e do legado materializado na presença de inúmeras instituições federais de peso, seja na esfera produtiva ou no campo da infraestrutura de C&T. Essa seção discute aspectos particulares do "sistema regional de inovação fluminense", alguns deles já abordados em estudo anterior (Marcellino, Avanci e Britto, 2013), que apontam para as possibilidades e os limites de uma articulação mais intensa e profícua entre a infraestrutura científico-tecnológica e o setor industrial.

Obviamente, todo o aparato de financiamento de atividades ligadas à ciência, tecnologia e inovação deve respaldar sua ação em uma base de competências capaz de receber esses recursos e processá-los de forma a gerar conhecimento. É conveniente também que esse conhecimento seja passível de assimilação pela estrutura produtiva da economia. Assim, o primeiro aspecto a ser considerado refere-se ao peso do estado do Rio de Janeiro no total de recursos distribuídos pelas principais agências de fomento à pesquisa científica no país, sua distribuição por área de conhecimento e o reflexo em termos da geração de núcleos de excelência que possam se articular ao setor produtivo. Neste sentido, as tabelas 12 e 13 demonstram que o Rio de Janeiro mantém uma participação expressiva no total de recursos disponibilizados pela Capes e pelo CNPq.[7] Quanto ao total de recursos disponibilizados pela Capes, a tabela 12 demonstra que o Rio de Janeiro apresenta uma participação estável na distribuição dos recursos da agência entre 2002-2012, em torno de 14-15% do total, mantendo-se, com certa folga, como o segundo estado mais beneficia-do com a distribuição desses recursos. No caso do CNPq, informações sobre a distribuição de recursos por grande área de conhecimento entre 2008-2013, apresentadas na tabela 13, apontam na mesma direção, com a participação do estado na distribuição de recursos localizando-se entre 16-17%. Em relação à distribuição desses recursos, observa-se maior participação das áreas de engenharias, ciências biológicas e ciências exatas e da Terra.

---

[7] Coordenação de Aperfeiçoamento de Pessoal de Nível Superior do Ministério da Educação (Capes-MEC) e Conselho Nacional de Desenvolvimento Científico e Tecnológico do Ministério da Ciência e Tecnologia (CNPq-MCTI). Ambas as instituições empregam recursos em bolsas de estudo e em fomento à pesquisa.

TABELA 12

Evolução da distribuição de recursos de fomento à pesquisa — Capes — principais unidades da federação (2002-2012)

Estado	TOTAL	São Paulo	Rio de Janeiro	Minas Gerais	Rio Grande do Sul	Paraná	Santa Catarina	Pernambuco	Bahia	Ceará	Outros	% RJ
2002	442.993	119.688	69.449	44.961	47.586	24.758	19.704	16.377	11.599	9.401	79.470	15,7%
2003	491.092	151.983	71.137	48.156	46.954	26.715	21.674	17.821	12.094	10.533	84.025	14,5%
2004	527.274	159.983	78.487	55.045	50.692	27.994	23.191	19.153	12.523	11.869	88.337	14,9%
2005	554.432	167.081	79.909	53.653	57.491	32.341	23.345	20.686	13.573	12.501	93.852	14,4%
2006	589.207	177.386	84.660	57.487	56.768	31.987	22.063	21.986	17.489	14.063	105.318	14,4%
2007	634.531	194.181	86.766	61.114	61.000	36.585	22.408	24.899	17.791	15.571	114.216	13,7%
2008	776.894	218.943	104.797	80.706	72.472	41.757	29.793	33.718	21.808	20.618	152.282	13,5%
2009	1.326.726	359.494	202.030	129.029	124.284	67.665	46.497	43.480	44.840	41.330	268.077	15,2%
2010	1.445.097	369.027	212.672	143.049	143.534	92.889	58.266	53.537	46.694	43.070	282.359	14,7%
2011	1.698.178	442.283	232.860	176.821	168.167	112.212	73.536	60.345	53.021	47.102	331.831	13,7%
2012	2.139.702	540.693	303.617	235.766	214.887	139.415	91.268	78.607	66.364	65.777	403.308	14,2%

Fonte: Portal Geocapes.

TABELA 13
Distribuição de recursos para fomento à pesquisa por grande área de conhecimento — Rio de Janeiro (2008-2013)

Grande área	2008	2009	2010	2011	2012	2013
Ciências agrárias	3,6%	3,8%	3,7%	3,9%	3,8%	3,6%
Ciências biológicas	19,6%	19,8%	19,7%	20,4%	20,9%	21,6%
Ciências da saúde	5,5%	6,0%	7,5%	7,1%	7,4%	7,5%
Ciências exatas e da terra	18,2%	17,5%	18,8%	18,9%	18,6%	19,9%
Ciências humanas	14,5%	14,3%	14,0%	13,0%	12,7%	11,9%
Ciências sociais aplicadas	6,6%	6,4%	6,2%	6,0%	6,0%	5,9%
Engenharias	26,4%	26,6%	24,7%	24,8%	24,4%	23,5%
Linguística, letras e artes	4,6%	4,5%	4,4%	4,1%	4,1%	3,9%
Outra	1,0%	1,0%	0,8%	1,5%	1,7%	1,7%
Não informado	0,0%	0,1%	0,2%	0,2%	0,4%	0,5%
Total geral	**69.537.831**	**70.260.300**	**88.231.078**	**103.771.514**	**93.662.858**	**94.682.828**
Participação do Rio de Janeiro no total do país (%)						
Ciências agrárias	4,6%	4,2%	3,9%	4,1%	4,3%	4,4%
Ciências biológicas	19,5%	18,9%	18,9%	19,8%	20,9%	21,9%
Ciências da saúde	11,3%	11,0%	12,7%	12,2%	12,8%	13,4%
Ciências exatas e da terra	18,6%	17,3%	18,0%	18,5%	18,5%	20,0%
Ciências humanas	21,2%	21,1%	20,7%	19,3%	19,7%	19,2%

(cont.)

Grande área	2008	2009	2010	2011	2012	2013
Ciências sociais aplicadas	21,4%	20,7%	20,3%	18,7%	15,0%	10,4%
Engenharias	23,0%	21,4%	20,1%	19,3%	19,1%	19,4%
Linguística, letras e artes	22,1%	21,9%	21,9%	21,0%	21,0%	21,0%
Outra	9,3%	12,1%	8,7%	15,3%	14,6%	13,5%
Não informado	0,5%	4,6%	5,4%	6,4%	13,2%	20,6%
Total geral	**17,2%**	**16,3%**	**16,0%**	**15,8%**	**16,0%**	**16,1%**

Fonte: CNPq.

A tabela 14 apresenta informações sobre grupos de pesquisa, pesquisadores e linhas de pesquisa contabilizadas pelo Censo do Diretório de Grupos de Pesquisa do CNPq para o Rio de Janeiro nos anos de 2000, 2006 e 2010.

Em termos da participação do Rio de Janeiro no total do Brasil, pesquisadores, linhas e grupos de pesquisa, observa-se um leve decréscimo ao longo dos anos considerados (2000, 2006 e 2010). Em 2010, o Censo do CNPq contabilizava um total de 3.313 grupos de pesquisa no Rio de Janeiro (equivalentes a 12% do total do país), envolvidos com 12.649 linhas de pesquisa (equivalentes a 11,9% do total do país) e mobilizando 23.964 pesquisadores (equivalentes a 11,7% do total do país). Verifica-se também que a participação do Rio de Janeiro se apresenta relativamente mais elevada no caso das áreas de engenharias, ciências biológicas e ciências exatas e da Terra. Isso também é evidenciado quando se considera a participação do estado no total de bolsas, docentes em programas de pós-graduação e programas de pós-graduação para o ano de 2012, disponibilizadas pela Capes através do portal Geocapes, apresentadas na tabela 15. Em particular, observa-se uma participação mais elevada no total do país da área de engenharia, responsável por 15,7% das bolsas, 15,4% dos docentes e 16,3% dos programas de pós-graduação em relação ao total do país.

TABELA 14
Grupos de pesquisa, pesquisadores e linhas de pesquisa ativos no Rio de Janeiro (2000, 2006 e 2010)

	Pesquisadores			Linhas de pesquisa			Grupos		
	2000	2006	2010	2000	2006	2010	2002	2006	2010
Distribuição percentual (%)									
Ciências agrárias	9,1%	6,1%	5,9%	7,7%	6,4%	6,0%	6,0%	4,9%	4,5%
Ciências biológicas	15,5%	15,6%	14,1%	18,4%	19,6%	17,9%	17,9%	16,8%	14,9%
Ciências exatas e da terra	18,0%	13,5%	12,1%	20,1%	16,5%	15,1%	17,8%	13,0%	12,1%
Ciências humanas	13,0%	15,2%	18,5%	11,4%	12,4%	15,0%	14,0%	16,0%	18,8%
Ciências sociais aplicadas	7,6%	9,9%	11,9%	7,7%	9,2%	10,7%	9,2%	11,5%	13,2%
Ciências da saúde	13,9%	17,9%	16,3%	11,1%	13,5%	13,7%	11,4%	14,4%	14,3%
Engenharias	19,8%	16,7%	14,8%	21,1%	18,7%	17,2%	18,9%	16,7%	15,2%
Linguística, letras e artes	3,1%	5,1%	6,4%	2,5%	3,7%	4,6%	4,7%	6,6%	7,1%
TOTAIS	**9.544**	**17.095**	**23.964**	**5.746**	**9.960**	**12.649**	**1.922**	**2.772**	**3.313**
Participação do Rio de Janeiro no total do país (%)									
Ciências agrárias	8,3%	6,0%	5,6%	7,8%	6,4%	5,5%	8,5%	6,7%	5,6%
Ciências biológicas	17,0%	15,9%	14,4%	18,5%	17,5%	15,5%	20,0%	17,8%	15,8%
Ciências exatas e da terra	19,1%	16,0%	14,7%	18,6%	15,7%	14,2%	18,9%	14,7%	13,7%
Ciências humanas	12,4%	10,7%	10,8%	15,3%	11,7%	11,3%	15,8%	12,1%	11,5%
Ciências sociais aplicadas	14,1%	11,3%	12,0%	17,9%	13,2%	13,0%	19,0%	12,8%	12,7%
Ciências da saúde	12,5%	12,6%	11,4%	10,6%	10,7%	10,3%	12,0%	11,0%	10,4%
Engenharias	18,6%	15,2%	14,0%	18,3%	15,5%	13,5%	19,9%	16,3%	14,1%
Linguística, letras e artes	10,9%	12,1%	12,6%	12,7%	12,0%	11,6%	15,6%	14,5%	12,7%
TOTAIS	**14,3%**	**12,4%**	**11,7%**	**15,1%**	**13,0%**	**11,9%**	**16,3%**	**13,2%**	**12,0%**

Fonte: Censo do Diretório de Grupos de Pesquisa do CNPq, vários anos.

TABELA 15

Distribuição de bolsas, docentes e programas de pós-graduação no Rio de Janeiro por grande área de conhecimento (2012)

	Bolsas		Docentes		Programas de pós	
	Dist.% em relação ao total do RJ	Parti. % do RJ em relação ao BR	Dist.% em relação ao total do RJ	Parti. % do RJ em relação ao BR	Dist.% em relação ao total do RJ	Parti. % do RJ em relação ao BR
Ciências agrárias	6,6%	5,5%	4,3%	5,9%	4,4%	4,9%
Ciências biológicas	13,1%	14,5%	11,9%	16,7%	8,6%	12,7%
Ciências da saúde	11,4%	10,3%	18,7%	14,4%	15,3%	11,6%
Ciências exatas e da terra	16,3%	13,5%	11,0%	13,7%	9,4%	12,8%
Ciências humanas	15,1%	13,8%	14,5%	14,1%	16,3%	14,0%
Ciências sociais aplicadas	8,1%	14,4%	10,8%	13,9%	13,3%	13,0%
Engenharias	14,1%	15,7%	11,8%	15,4%	14,6%	16,3%
Linguística, letras e artes	4,8%	11,1%	5,4%	13,2%	4,4%	10,1%
Multidisciplinar	6,2%	10,0%	11,6%	12,2%	13,6%	12,5%
Total geral	**9.406**	**12,1%**	**9.511**	**13,4%**	**405**	**12,1%**

Fonte: Portal Geocapes.

Os dados relativos à distribuição de programas de pós-graduação por área de conhecimento e conceitos atribuídos pela Capes também ajudam a ilustrar o processo de especialização em infraestrutura de C&T fluminense. Segundo a tabela 16, existiam em 2012 um total de 405 programas de pós-graduação no estado do Rio de Janeiro. A qualidade da pós-graduação fluminense se reflete no fato de a participação do Rio de Janeiro, em programas com conceitos 6 e 7, ser expressivamente superior à participação no total dos programas — 20,1% no caso de conceito 6, 20,5% para 7 e 12,1% na média geral. Isso evidencia a presença de núcleos de excelência no estado, com produção acadêmica de alto nível e que, teoricamente, têm acesso a conhecimentos científicos de fronteira. Cabe ressaltar que a maior participação fluminense em programas com conceitos elevados é particularmente expressiva na área de engenharias, que, em função da natureza dos conhecimentos gerados, apresenta maiores possibilidades de transferência e aplicação no setor industrial.

TABELA 16

Distribuição de programas de pós-graduação no Rio de Janeiro por grande área de conhecimento e conceito atribuído pela Capes (2012)

Número de cursos

Conceito Capes	3	4	5	6	7	Total
Ciências agrárias	4	9	4	1		18
Ciências biológicas	6	15	4	7	3	35
Ciências da saúde	19	21	16	5	1	62
Ciências exatas e da terra	7	12	9	5	5	38
Ciências humanas	20	19	16	3	8	66
Ciências sociais aplicadas	14	18	14	7	1	54
Engenharias	23	17	3	10	6	59
Linguística, letras e artes	2	4	10	2		18
Multidisciplinar	32	17	5	1		55
Total geral	**127**	**132**	**81**	**41**	**24**	**405**

Número de cursos — distribuição por área %

Conceito Capes	3	4	5	6	7	Total
Ciências agrárias	3,1%	6,8%	4,9%	2,4%	0,0%	4,4%
Ciências biológicas	4,7%	11,4%	4,9%	17,1%	12,5%	8,6%
Ciências da saúde	15,0%	15,9%	19,8%	12,2%	4,2%	15,3%
Ciências exatas e da terra	5,5%	9,1%	11,1%	12,2%	20,8%	9,4%
Ciências humanas	15,7%	14,4%	19,8%	7,3%	33,3%	16,3%
Ciências sociais aplicadas	11,0%	13,6%	17,3%	17,1%	4,2%	13,3%
Engenharias	18,1%	12,9%	3,7%	24,4%	25,0%	14,6%
Linguística, letras e artes	1,6%	3,0%	12,3%	4,9%	0,0%	4,4%
Multidisciplinar	25,2%	12,9%	6,2%	2,4%	0,0%	13,6%
Total geral	**100,0%**	**100,0%**	**100,0%**	**100,0%**	**100,0%**	**100,0%**

Número de cursos — participação no total do Brasil (%)

Conceito Capes	3	4	5	6	7	Total
Ciências agrárias	3,0%	7,6%	4,9%	5,0%	0,0%	4,9%
Ciências biológicas	7,6%	15,0%	7,8%	24,1%	17,6%	12,7%
Ciências da saúde	10,2%	11,9%	14,0%	11,9%	6,3%	11,6%
Ciências exatas e da terra	6,8%	12,0%	21,4%	18,5%	20,8%	12,8%
Ciências humanas	9,9%	13,4%	18,6%	13,0%	42,1%	14,0%
Ciências sociais aplicadas	7,1%	14,6%	20,6%	35,0%	20,0%	13,0%
Engenharias	13,7%	15,7%	6,8%	40,0%	35,3%	16,3%
Linguística, letras e artes	2,9%	7,3%	26,3%	18,2%	0,0%	10,1%
Multidisciplinar	12,0%	13,7%	11,6%	14,3%	20,5%	12,5%
Total geral	**9,0%**	**12,6%**	**14,3%**	**20,1%**	**20,5%**	**12,1%**

Número de cursos — distribuição por grau %

Conceito Capes	3	4	5	6	7	Total
Ciências agrárias	22,2%	50,0%	22,2%	5,6%	0,0%	100,0%
Ciências biológicas	17,1%	42,9%	11,4%	20,0%	8,6%	100,0%
Ciências da saúde	30,6%	33,9%	25,8%	8,1%	1,6%	100,0%
Ciências exatas e da terra	18,4%	31,6%	23,7%	13,2%	13,2%	100,0%
Ciências humanas	30,3%	28,8%	24,2%	4,5%	12,1%	100,0%
Ciências sociais aplicadas	25,9%	33,3%	25,9%	13,0%	1,9%	100,0%
Engenharias	39,0%	28,8%	5,1%	16,9%	10,2%	100,0%
Linguística, letras e artes	11,1%	22,2%	55,6%	11,1%	0,0%	100,0%
Multidisciplinar	58,2%	30,9%	9,1%	1,8%	0,0%	100,0%
Total geral	**31,4%**	**32,6%**	**20,0%**	**10,1%**	**5,9%**	**100,0%**

Fonte: Portal Geocapes.

Visando qualificar essa especialização, é possível avaliar a distribuição percentual dos doutores titulados no Rio, no Brasil e em outras unidades da federação entre 1996 e 2008 segundo as grandes áreas de conhecimento. A partir das informações apresentadas no gráfico 1, percebe-se a relevância de disciplinas ligadas às engenharias na formação da base de competências fluminense. Nesta área, é nítida a disparidade entre o Rio e as demais regiões brasileiras selecionadas, enquanto o quantitativo de doutores titulados nas instituições fluminenses representou 19,0%, a média nacional foi inferior aos 13,0% no período de 1996 a 2008. Uma hipótese para essa característica — a liderança do Rio na proporção de doutores na área de engenharias — é a presença de um significativo e crescente aparato de pesquisa ligado à indústria petrolífera. Além disso, observa-se também a maior importância relativa do Rio de Janeiro, com menor diferencial, nas áreas de ciências biológicas e ciências exatas e da Terra

GRÁFICO 1
Distribuição (%) do número de doutores titulados no Brasil, São Paulo, Rio de Janeiro, Minas Gerais e Rio Grande do Sul por unidade da federação e grande área de conhecimento (1996-2008)

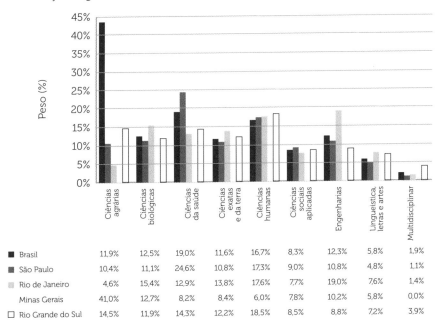

Fonte: Elaborado a partir de Viotti et al. (2010).

Dois comentários são pertinentes quanto ao desempenho fluminense na titulação de doutores em ciências exatas e da Terra e em ciências biológicas. No caso das ciências biológicas, este desempenho possivelmente está ligado à atuação da Fundação Oswaldo Cruz (Fiocruz) e à presença do Biorio, o Polo de Biotecnologia do Rio de Janeiro. O caso das ciências exatas e da Terra pode, em parte, ser relacionado ao setor de petróleo e gás. Obviamente que os recursos humanos formados nesta área, e na área de engenharias, não são integralmente direcionados àquele setor. No entanto, é interessante perceber a relação entre atividades da indústria petrolífera e parapetrolífera (que engloba as empresas prestadoras de serviço à extração de petróleo e gás) com especializações presentes nessa área de conhecimento como, por exemplo, as geociências, a física e a química. A presença de instituições como o Centro Brasileiro de Pesquisas Físicas (CBPF) e o Instituto Nacional de Matemática Pura e Aplicada (Impa) no estado também colaboram para esta situação.

De maneira a avaliar a intensidade da interação entre a infraestrutura científica tecnológica e o setor produtivo, é possível considerar informações disponibilizadas pelo Diretório de Grupos de Pesquisa do CNPq. A tabela 17 indica que, entre 2002 e 2010, o número de grupos interativos no Rio de Janeiro se elevou de 165 para 358, enquanto o número de empresas com as quais os grupos de pesquisa fluminenses estabeleciam vínculos cooperativos se elevou de 260 para 725 empresas no mesmo período. Observa-se claramente uma concentração de grupos interativos e de empresas envolvidas com estes na área de engenharias no Rio de Janeiro. De forma secundária, cabe mencionar a relevância da área de ciências exatas e da Terra. No entanto, verifica-se que o percentual de grupos interativos fluminenses no total do Brasil apresenta uma tendência ao decréscimo ao longo dos períodos considerados (2002, 2006 e 2010), enquanto a participação de empresas fluminenses no total de empresas envolvidas em relacionamentos com grupos de pesquisa no total do Brasil apresenta certa estabilidade ao longo do período considerado, em torno de 10%. Quanto ao número de empresas envolvidas em relacionamento por grupo interativo, esse indicador assume um valor mais elevado nas áreas de ciências humanas e engenharias, sendo que, no caso dessa última área, verifica-se um maior crescimento do índice ao longo do período considerado.

TABELA 17

Número de grupos de pesquisa com interações com o setor produtivo e número de empresas envolvidas nos relacionamentos no Rio de Janeiro e participação em relação ao total do Brasil (2002, 2006 e 2010)

	Grupos interativos			Empresas			% Grupos interativos RJ			Empresas por Grupos RJ		
	2002	2006	2010	2002	2006	2010	2002	2006	2010	2002	2006	2010
Ciências agrárias	19	19	36	33	28	53	16,5%	14,0%	24,0%	1,74	1,47	1,47
Ciências biológicas	13	30	37	17	41	59	3,8%	6,4%	7,5%	1,31	1,37	1,59
Ciências exatas e da terra	32	36	41	37	54	82	9,3%	10,0%	10,2%	1,16	1,50	2,00
Ciências humanas	3	13	20	6	32	55	1,1%	2,9%	3,2%	2,00	2,46	2,75
Ciências sociais aplicadas	9	16	37	14	20	79	5,1%	5,0%	8,5%	1,56	1,25	2,14
Ciências da saúde	11	29	46	12	44	69	5,0%	7,3%	9,7%	1,09	1,52	1,50
Engenharias	75	115	135	135	249	321	20,7%	24,8%	26,9%	1,80	2,17	2,38
Linguística, letras e artes	3	6	6	6	9	7	3,3%	3,3%	2,6%	2,00	1,50	1,17
Totais	**165**	**264**	**358**	**260**	**477**	**725**	**8,6%**	**9,5%**	**10,8%**	**1,58**	**1,81**	**2,03**

	Distribuição de grupos interativos por área (%)			Distribuição de empresas por área (%)			% de Grupos interativos fluminenses no Brasil			% de empresas fluminenses no Brasil s		
	2002	2006	2010	2002	2006	2010	2002	2006	2010	2002	2006	2010
Ciências agrárias	11,5%	7,2%	10,1%	12,7%	5,9%	7,3%	6,9%	3,9%	5,1%	6,4%	3,1%	3,7%
Ciências biológicas	7,9%	11,4%	10,3%	6,5%	8,6%	8,1%	10,9%	12,3%	10,5%	8,1%	10,0%	9,8%
Ciências exatas e da terra	19,4%	13,6%	11,5%	14,2%	11,3%	11,3%	19,8%	12,7%	12,0%	15,9%	12,4%	12,8%
Ciências humanas	1,8%	4,9%	5,6%	2,3%	6,7%	7,6%	5,1%	8,2%	8,5%	5,4%	9,9%	13,0%
Ciências sociais aplicadas	5,5%	6,1%	10,3%	5,4%	4,2%	10,9%	12,0%	8,7%	11,3%	12,8%	6,3%	13,8%
Ciências da saúde	6,7%	11,0%	12,8%	4,6%	9,2%	9,5%	9,5%	10,5%	10,7%	8,5%	12,1%	10,8%
Engenharias	45,5%	43,6%	37,7%	51,9%	52,2%	44,3%	16,3%	13,6%	12,6%	12,3%	14,2%	13,7%
Linguística, letras e artes	1,8%	2,3%	1,7%	2,3%	1,9%	1,0%	21,4%	21,4%	14,0%	31,6%	23,1%	12,5%
Totais	**100,0%**	**100,0%**	**100,0%**	**100,0%**	**100,0%**	**100,0%**	**12,9%**	**10,5%**	**10,2%**	**10,7%**	**10,5%**	**10,8%**

Fonte: Censo do Diretório de Grupos de Pesquisa do CNPq, vários anos.

Analisando os dados relativos às articulações entre grupos de pesquisa e o setor produtivo, evidencia-se um esforço de pesquisa na direção de certas áreas potencialmente estratégicas. Em particular, é possível identificar grandes áreas de pesquisa que apresentam maior potencial de dinamização das articulações com o setor empresarial. Neste sentido, cabe destacar as possibilidades de articulação entre grupos de pesquisa atuantes nas áreas de engenharias e ciências exatas e da Terra com o setor de petróleo e gás natural, cujas organizações mais importantes voltadas à geração de conhecimentos relevantes para o setor estão no Rio de Janeiro.[8] Esse tipo de articulação reflete-se diretamente nas atividades das principais instituições de ciência e tecnologia (ICTs) e nas áreas de conhecimento de maior peso no sistema científico-tecnológico fluminense. Com relação às instituições, podemos observar as 10 que mais recebem recursos do CNPq apresentadas na tabela 18. Conforme pode ser verificado, o peso das instituições federais é alto. Somente a UFRJ recebe cerca de 40% dos recursos alocados pelo CNPq em todo o estado do Rio de Janeiro. A participação da Fiocruz, outra instituição federal, que recebeu entre 8% e 12% do total dos recursos destinados pelo CNPq ao Rio de Janeiro no período 2006-2010, evidencia o peso que o setor de saúde tem no aparato de pesquisa do estado do Rio. Entre as demais instituições, destaca-se a presença das cinco principais universidades fluminenses (PUC-Rio, Uerj, UFF e UFRRJ, além da já mencionada UFRJ), entre as quais somente duas não são federais. Um dos fatores que colaboram para a posição de liderança alcançada pela UFRJ é a presença de instituições integrantes do aparato de pesquisa do setor de petróleo e gás natural no parque tecnológico dessa universidade. Essa posição é também explicada pelo peso das competências científicas em diversas áreas das ciências básicas e campos da área de engenharia daquela instituição.

---

[8] Como exemplos, temos a Petrobras, a Coppe/UFRJ (Coordenação de cursos de pós-graduação em engenharia da UFRJ), o Cenpes (Centro de P&D da Petrobras) e grandes empresas multinacionais que vêm investindo em laboratórios de P&D no Rio de Janeiro, como FMC, Halliburton e Schlumberger.

TABELA 18

Investimentos realizados, no Rio de Janeiro, em bolsas e no fomento à pesquisa segundo instituição (2006 a 2010)

	2006	2007	2008	2009	2010
Universidade Federal do Rio de Janeiro	44%	41%	42%	42%	39%
Fundação Oswaldo Cruz	8%	9%	9%	10%	12%
Pontifícia Universidade Católica do Rio de Janeiro	11%	10%	10%	10%	11%
Universidade do Estado do Rio de Janeiro	6%	5%	6%	6%	7%
Universidade Federal Fluminense	7%	7%	7%	6%	6%
Associação Instituto Nacional de Matemática Pura e Aplicada	3%	3%	4%	2%	4%
Universidade Federal Rural do Rio de Janeiro	2%	2%	2%	2%	2%
Centro Brasileiro de Pesquisas Físicas	2%	2%	2%	2%	2%
Instituto Nacional de Metrologia, Normalização e Qualidade Industrial-RJ	2%	2%	2%	2%	1%
Laboratório Nacional de Computação Científica	1%	1%	1%	2%	1%
Outras ICTs	15%	19%	15%	15%	15%

Fonte: CNPq.

Algumas evidências denotam a importância do setor de petróleo e gás, e em especial da Petrobras, para a dinamização do sistema regional de inovação no estado do Rio de Janeiro. O gráfico 2 ilustra a relevância da Petrobras na articulação com a infraestrutura de C&T fluminense, apresentando informações sobre a distribuição percentual do valor de contratos tecnológicos (P&D) estabelecidos pela empresa com ICTs, por unidade da federação, no período de 1992-2009. Percebe-se que o Rio de Janeiro concentrava 54,25% do valor desses contratos, valor muito acima dos demais estados da federação. A tabela 19, por sua vez, apresenta informações sobre a distribuição percentual do valor de contratos tecnológicos (P&D) estabelecidos pela Petrobras, por ICT, no período 1992-2009, destacando-se a importância da UFRJ e da PUC-Rio como as duas ICTs com maiores valores contratados pela companhia.

ESPECIALIZAÇÃO E DINAMISMO INOVATIVO DA INDÚSTRIA FLUMINENSE | 185

GRÁFICO 2
Distribuição (%) do valor de contratos tecnológicos (P&D) com ICT's, pela Petrobras, por unidade da federação (1992-2009)

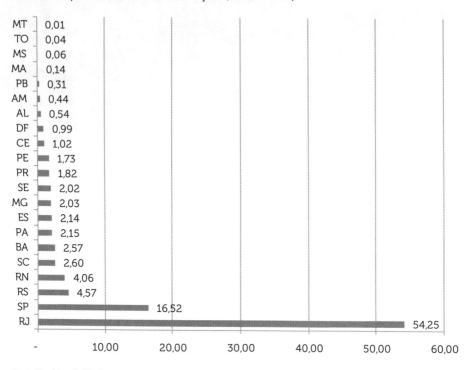

Fonte: Turchi et al. (2013).

TABELA 19
Distribuição (%) do valor de contratos tecnológicos (P&D) com ICT's, pela Petrobras, por ICT (1992-2009)

	ICT	Peso (%)	#	ICT	Peso (%)
1	UFRJ*	22,30%	18	Uerj*	1,20%
2	PUC-RIO*	12,50%	19	Ciaga*	0,90%
3	USP	3,90%	20	Unesp	0,90%
4	UNICAMP	3,70%	21	Inpe	0,90%
5	UFRN	3,20%	22	UFC	0,90%
6	IPT	2,80%	23	Coppetec*	0,90%
7	UFSC	2,40%	24	CTEX*	0,80%

(cont.)

#	ICT	Peso (%)	#	ICT	Peso (%)
8	UFRGS	2,40%	25	ON*	0,80%
9	UFF*	2,20%	26	UFPR	0,70%
10	Ufes	1,90%	27	LACTEC	0,60%
11	UFBA	1,90%	28	UFMG	0,60%
12	UFS	1,60%	29	CTDUT*	0,60%
13	INT*	1,60%	30	UNIFEI	0,60%
14	UFPE	1,50%	31	UNIFACS	0,60%
15	Ciaba	1,40%	32	UNB	0,60%
16	Ufscar	1,40%	33	SENAI-RN	0,60%
17	Uenf*	1,20%	-	(*) ICT's do ERJ	45,00%

Fonte: Turchi et al. (2013).

Neste sentido, cabe destacar a relevância do setor de petróleo fluminense na condição de núcleo central estruturante do SRI do estado do Rio de Janeiro. Esse papel justifica-se em função da relevância desse setor em termos econômicos e estratégicos e do aspecto emblemático representado pelos casos da Petrobras, através do Cenpes, e do Parque Tecnológico da UFRJ, na ilha do Fundão, bem como em função de suas articulações com instituições científico-tecnológicas (ICTs), como a Coppe. O setor de petróleo e gás natural exerce, assim, uma influência muito forte sobre o SRI fluminense. O Cenpes, por exemplo, é uma instituição que desempenha um papel vital nesse processo, atuando como núcleo de geração de conhecimentos, de criação de competências e instância de interação e transferência tecnológica, através de múltiplos mecanismos de cooperação tecnológica, além de ser peça-chave na organização de redes temáticas, definindo áreas prioritárias de pesquisa. No entanto, toda a estrutura e a base de conhecimento e competências que se desenvolvem em torno deste setor também têm a capacidade de transcendê-lo, podendo estabelecer uma série de vínculos e interações, sejam econômicas, sociais, políticas ou institucionais, no *locus* geográfico onde se concentra a maior parte de suas atividades.

Desse modo, considerando que os regimes tecnológicos são dinâmicos, a presença de tão significativa estrutura na região pode resultar em trajetórias com impacto inter-setorial bastante amplo. A diversificação da referida base de competências pode ser uma fonte de dinamização do SRI fluminense, uma vez que o conjunto das atividades econômicas com as quais esta estabelece vínculos seja ampliado. Ou seja, o aparato de pesquisa instalado pelo setor de petróleo e gás natural no território fluminense e a base de conhecimentos e competências a ele articulada têm potencial de rumar para aplicações diversas em setores afins, atenuando a baixa densidade de firmas inovativas ainda observada na estrutura industrial fluminense. No entanto, para que as competências acumuladas no campo científico possam efetivamente se converter em fontes de capacitação inovativa, é necessário que haja certa correspondência com o incremento das capacitações empresariais. Assim, a exploração efetiva do potencial da base de conhecimento que emerge da infraestrutura de C&T relativamente sofisticada, característica do SRI fluminense, requer, em simultâneo, uma intensificação dos esforços inovativos realizados pelo setor produtivo.

Considerações finais

A análise desenvolvida aponta para um processo de especialização e crescimento da indústria fluminense, proporcionado por investimentos de grande porte, particularmente vinculados ao setor de petróleo e que resultaram em importantes mudanças para o conjunto da estrutura produtiva. Neste contexto, as possibilidades de disseminação de efeitos dinâmicos sobre o conjunto da economia fluminense articulam-se para a intensificação de esforços inovativos que possibilitem a consolidação de uma trajetória sustentável de desenvolvimento regional. Esses aspectos encontram-se fortemente vinculados aos encadeamentos da indústria com o conjunto da estrutura produtiva, seus padrões de especialização e diversificação, bem como às trajetórias tecnológicas de seus principais setores, em termos de seu dinamismo inovativo, da sua capacidade de gerar transbordamentos para o conjunto da economia e da sua articulação com a infraestrutura científico-tecnológica regional.

No tocante ao padrão de realização de atividades inovativas, a participação do Rio de Janeiro com relação a indicadores referentes ao conjunto de empresas inovadoras apresenta-se inferior à participação do estado no total das empresas industriais captada pela PIA. Além disso, os indicadores relativos ao percentual (taxa) de empresas inovadoras, em relação ao total de empresas, também denotam menor densidade de empresas inovadoras no estado. Quando se considera a intensidade de inovação de produto "para a empresa", constata-se que essas inovações encontram-se menos disseminadas pelo tecido industrial no caso do Rio de Janeiro comparativamente a outros estados, o que é preocupante.

Em contraste, uma análise comparativa dos esforços inovativos realizados por empresas industriais fluminenses, em relação ao conjunto do país, aponta para o peso expressivo do estado, principalmente em termos dos gastos em P&D, refletindo o maior porte das empresas responsáveis por estes esforços no estado. Com relação à intensidade dos gastos totais com inovação em relação à receita total, percebe-se um indicador para o Rio de Janeiro abaixo do observado para o conjunto do país, mas essa tendência reverte-se quando se considera o indicador dado pela relação entre gastos com P&D e receita. Esse padrão reflete a presença de grandes empresas com sede no estado (como a Petrobras), que realizam dispêndios absolutos elevados em atividades de P&D e mobilizam um quantitativo elevado de pessoal em dedicação exclusiva nessas atividades. Tal tendência é reforçada quando se considera o peso dos principais setores em relação ao montante de gastos em P&D discriminados pela Pintec, que, no caso do Rio de Janeiro, estão vinculados ao setor de petróleo e concentravam quase dois terços dos gastos inovativos totais e dos gastos em P&D realizados pela indústria fluminense em 2011. Por outro lado, considerando que boa parte da base de empresas inovadoras não realiza gastos formais em P&D, e sim outros tipos de gastos inovativos, as evidências sugerem que estes esforços se encontram relativamente pouco difundidos entre as empresas que conformam a estrutura industrial do estado do Rio de Janeiro, o que reforça a hipótese de que há dificuldades para se acelerar o processo de capacitação tecnológica do conjunto da indústria fluminense. Configura-se assim, de forma um tanto paradoxal, uma estrutura industrial com elevados esforços em P&D (conduzidos principalmente por empresas de grande porte, com destaque para o setor de petróleo) e com uma baixa densidade em termos de firmas inovadoras.

No tocante à intensidade e extensão de relacionamentos cooperativos entre empresas inovadoras e outros agentes, verificam-se índices mais elevados para a indústria fluminense em 2011, comparativamente ao total do país, o que provavelmente pode ser explicado pelo padrão de especialização setorial dos esforços inovativos dessa indústria. Por outro lado, o número absoluto de empresas inovadoras envolvidas com relacionamentos cooperativos é limitado no estado, em relação a outras regiões industrializadas. Observa-se também uma elevada participação de fontes próprias no financiamento de esforços inovativos no caso das empresas fluminenses, assim como uma participação limitada do estado no total de empresas inovadoras que receberam apoio do governo, por tipo de programa, no período 2009-2011, evidenciando uma baixa cobertura dos programas de fomento e incentivo no estado.

Por fim, partindo de uma base analítica fundamentada no conceito de "sistema regional de inovação", procurou-se identificar competências disponíveis na base de C&T capazes de impulsionar o fortalecimento das capacitações inovativas da indústria fluminense. Nesse sentido, avaliou-se a evolução recente dos recursos direcionados para atividades de C&T no estado, distribuídos por diferentes áreas, ressaltando-se a presença de grupos de excelência e os impactos em relação à formação de doutores em diferentes áreas de conhecimento. A partir dessa análise, foi possível constatar que a construção de competências no Rio de Janeiro se destaca em algumas áreas de conhecimento aplicado, como no campo das engenharias, que apresentam potencial de intensificação das articulações com o setor produtivo. A indústria fluminense se beneficia desta situação, principalmente aquelas empresas cujas atividades são ligadas ao complexo de petróleo e gás natural. Outras áreas identificadas como especializações da base de competências no SRI fluminense estão ligadas às ciências biológicas e às ciências exatas e da natureza, cujos potenciais de complementaridade com outras áreas de conhecimento são também expressivos.

Deve-se ressaltar, porém, que o volume expressivo de investimentos privados e a significativa base de competências especializadas em áreas de conhecimento estratégicas não são, *per se*, capazes de garantir um ambiente favorável à inovação no Rio de Janeiro. Através da análise realizada, evidenciou-se que, apesar das empresas fluminenses apresentarem uma intensidade de gastos e de pessoal em P&D relativamente mais alto que a média nacional, o que se explica pela presença de grandes empresas com montantes absolutos elevados desses gastos, como a Petrobras, o mesmo não ocorre quando se considera a totalidade dos esforços inovativos, evidenciando uma menor disseminação desses esforços pelo conjunto da estrutura produtiva fluminense, o que também restringe a capacidade de absorção de conhecimentos gerados pela esfera científica fluminense.

O conjunto de dados e evidências analisados neste trabalho sugere que o SRI fluminense apresenta dificuldades para converter volumosos recursos, humanos e financeiros, em uma performance inovativa compatível. Desse cenário, é possível extrair a hipótese de que o SRI do Rio de Janeiro apresenta um elo fraco nas interações entre a infraestrutura de geração de conhecimento e o conjunto da infraestrutura produtiva, apesar de todo o aparato que sustenta essa interação no setor de petróleo e gás. Essa deficiência seria capaz de explicar a contradição constatada, que torna o processo inovativo mais árduo e menos efetivo para empresas atuantes em outros setores. Neste sentido, é importante que o aparato de pesquisa instalado pelo setor de petróleo e gás natural no território fluminense e a base de conhecimentos e competências que foi desenvolvida a partir dele evoluam no sentido de gerar aplicações para outros setores, atenuando a baixa densidade de firmas inovativas ainda observada na estrutura industrial fluminense.

Uma conclusão adicional é que a melhora do desempenho inovativo da indústria fluminense passa, possivelmente, pela maior inserção das instituições que atuam na região no financiamento à inovação e no estímulo à intensificação das interações e dos fluxos de transferência tecnológica. Nesse contexto, há de se considerar que o estado dispõe de uma infraestrutura científico-tecnológica razoável, em comparação com outros estados, e pode contar com a presença de importantes agências de fomento (como Finep e BNDES), o que tenderia a favorecer o acesso àqueles programas, mas aparentemente não tem ocorrido no ritmo desejável.

Além disso, é essencial reforçar a atuação do poder público no sentido de facilitar a formação de redes entre a academia e a indústria, visando à capacitação tecnológica e à inovação. Apesar de o esforço inovativo estar concentrado em empresas de grande porte, com estratégias e lógicas de atuação nacionais ou globais (i.e., Petrobras e demais operadoras petrolíferas instaladas no território fluminense), o governo do estado do Rio de Janeiro pode colaborar mais efetivamente para maior dinamização do SRI fluminense. Deste processo, podem participar também outras instituições correspondentes ao subsistema de políticas e governança, como organizações empresariais, sindicatos e prefeituras. Como possíveis medidas, temos: a) o apoio ao surgimento e à sobrevivência de micro e pequenas empresas de base tecnológica, especialmente nos setores de atividade ligados ao petróleo e às ditas ciências da vida, cuja competência é significativa na Fiocruz, através de mecanismos de fomento coordenados (via Faperj, Sedeis e demais órgãos do governo envolvidos com a inovação e o desenvolvimento); b) o estímulo à formação de redes de conhecimento entre a academia e o setor produtivo, visando à formação de rotinas de interação mais intensas e perenes entre essas esferas e a ocorrência de *spill-overs* de conhecimento entre setores; c) buscar maior interlocução com a classe empresarial de diversos setores, procurando compreender suas demandas e desafios tecnológicos e levá-los às ICTs de maneira a promover a interação e racionalizar o esforço de pesquisa na direção das necessidades do setor produtivo e da inovação; d) estimular a cooperação entre empresas e seus parceiros, fornecedores e concorrentes, no sentido de realizar esforços conjuntos para a inovação, reduzindo riscos; e) ampliar os investimentos nas ICTs estaduais, visando fortalecê-las e, assim, ampliar a capacidade do SRI fluminense de absorver, gerar e propagar conhecimento no contexto da estrutura produtiva regional; f) ampliar a massa crítica a respeito da inovação regional no Rio de Janeiro, junto à academia e aos demais segmentos da sociedade civil, com o objetivo de estender a discussão e o entendimento a respeito do tema, possibilitando a implementação de uma política científico-tecnológica adaptada à realidade fluminense.

Obviamente, estas ações devem ser precedidas de um diagnóstico mais profundo, bem como estar articuladas a um arcabouço de planejamento comprometido com um projeto de desenvolvimento mais amplo e inclusivo para a economia fluminense, que leve em conta suas especificidades e potencialidades, alargando possíveis transbordamentos a partir do núcleo atual de especialização produtiva e tecnológica da indústria e convertendo a inovação em elemento propulsor do desenvolvimento regional. A partir dessa perspectiva, vislumbra-se uma agenda de desenvolvimento que compreenda uma coordenação de esforços e políticas que estimulem a inovação. Esses esforços devem estar integrados a uma estratégia mais ampla e buscar inspiração no refinamento do debate e da reflexão a respeito do desenvolvimento científico-tecnológico regional.

Bibliografia

ARANCEGUI, M. N. Los sistemas regionales de innovación. Una revisión crítica. *Ekonomiaz*, a. 1, v. 70, 2009, País Basco, Espanha.

BRACZYK, H.; COOKE, P.; HEIDENREICH, M. (Eds.). *Regional Innovation Systems*. UCL Press: Londres, 1998.

BRITTO, J. N. P.; BITTENCOURT, P. F.; CRUZ, W. M. S. Interação infraestrutura de Ciência e Tecnologia (C&T) e setor produtivo no estado do Rio de Janeiro. In: Suzigan, W.; Albuquerque, E. M.; Cario, S. A. F. (Org.). *Em Busca da Inovação*: interação universidade-empresa no Brasil. Belo Horizonte: Autêntica Editora, 2011. p. 109-157.

COOKE, P. Regional innovation systems, clusters, and the knowledge economy. *Industrialand Corporate Change*, a. 10, v. 4:945-974, 2001.

_____; URANGA, M.; ETXEBARRIA, G. Regional Innovation Systems: Institutional and Organizational Dimensions. *Research Policy*, 26, 475–491, 1997.

_____. Regional innovation systems: competitive regulation in the new Europe. *GeoForum*, v. 23: 365-382, 1992.

DE NEGRI, J. A. et al. (Coord.) *Poder de compra da Petrobras*: impactos econômicos nos seus fornecedores. Brasília: Ipea/Petrobras, 2011.

DOLOREUX, D. Regional Innovation Systems in Canada: A Comparative Study. In: *Regional Studies*, vol. 38 (5), pp. 481-494, 2004.

_____; PARTO, S. *Regional Innovation Systems: A critical synthesis.* United Nations University, Institute for New Technologies, Discussion Paper Series 17, Ago., 2004.

_____; BITARD, P.; HOMMEN, L. *Identifying Regional Innovation Systems in a Globalising Economy:* A Plead for an Integrated View. II Globelics Conference, 2004. Pequim, China.

HASENCLEVER, L.; PARANHOS, J.; TORRES, R. Desempenho econômico do Rio de Janeiro: trajetórias passadas e perspectivas futuras. DADOS — Revista de Ciências Sociais, Rio de Janeiro, v. 55, n. 3, pp. 681 a 711, 2012.

MARCELLINO, I. S.; AVANCI, V. L.; BRITTO, J. "O Sistema Regional de Inovação Fluminense: características, desafios e potencialidades", *Cadernos do Desenvolvimento Fluminense*, nº 2, pp. 121-152, jul. 2013

MARKUSEN, A. Fuzzy Concepts, Scanty Evidence, Policy Distance: The Case for Rigour and Policy Relevance in Critical Regional Studies. *Regional Studies*, 33, 9: 869-884, 1999.

NATAL, J. L. Recuperação Econômica e Desenvolvimento Regional no Estado do Rio de Janeiro: a problemática inflexão econômica pós-1996 e sua ambiguidade espacial. *Nova Economia*. Belo Horizonte: CEDEPLAR/UFMG, v.14, n.3, 2004, p.71-90.

_____. Inflexão econômica positiva e dinâmica regional. In: Natal, J. L. (Org.) *O estado do Rio de Janeiro pós-1995*: dinâmica econômica. Rede urbana e questão social. Rio de Janeiro: Faperj-Pubblicati, 2005. p. 43-61.

_____; OLIVEIRA, A questão regional, estado e desenvolvimento no século XX: "olhares" fluminenses a partir dos "interesses do Rio. In: Natal, J. L. O *Rio discriminado?* (pelo governo federal). Rio de Janeiro: Armazém das Letras, 2007. p.13-50.

OLIVEIRA, F. J. G. *Reestruturação produtiva, território e poder no estado do Rio de Janeiro.* Rio de Janeiro: Editora Garamond, 2008.

OSORIO, M. Estado do Rio de Janeiro: trajetória e perspectivas. *Revista de Economia Fluminense*. Rio de Janeiro, Fundação CEPERJ, v. 7, 2007, p. 50-54.

_____. *Características e evolução recente do emprego e da economia carioca e metropolitana.* Coleção Estudos Cariocas. Rio de Janeiro, IPP, n. 2423, 2011.

SILVA, R. D. Estrutura industrial e desenvolvimento regional no estado do Rio de Janeiro (1990-2008). Tese de doutorado. Campinas: Instituto de Economia — UNICAMP, 2009.

SOBRAL, B. L. B. Limites ao desenvolvimento do estado do Rio de Janeiro: Aspectos estruturais de seu processo de industrialização no período recente. *Econômica*. UFF, v. 11, n. 2, 2009, p. 133-154.

_____. "A falácia da "inflexão econômica positiva": algumas características da desindustrialização fluminense e do "vazio produtivo" em sua periferia metropolitana", *Cadernos do Desenvolvimento Fluminense,* n. 1, pp. 53-85, fev. 2013.

TURCHI, L. DE NEGRI; F. DE NEGRI, J. A. *"Impactos tecnológicos das parcerias da Petrobras com universidades, centros de pesquisa e firmas brasileiras",* Ipea, Petrobras, 2013.

VIOTTI, E. B.; IBARRA, A.; OLIVEIRA, C. O.; VIOTTI, R. B.; DAHER, S.; VERMULM, R. O emprego dos doutores brasileiros. In: Viotti, Eduardo B. (Org.). *Brasil 2010*: Estudos da demografia da base técnico-científica brasileira. 1.ed. Brasília, Centro de Gestão e estudos estratégicos, CGEE, 2010, v. 1, p. 181-347.

Turismo e sustentabilidade:
contexto, obstáculos e potencialidades no estado do Rio de Janeiro

Renata Lèbre La Rovere
Marta de Azevedo Irving
Marcelo Augusto Gurgel de Lima

Contextualizando a problemática abordada

O TURISMO CONSTITUI um fenômeno contemporâneo complexo. Para que se possa interpretá-lo, em suas diversas nuances e consequências na esfera de planejamento, o primeiro passo deveria ser a desmistificação das certezas expressas no discurso simplista pela via do mercado. Esta afirmação se reveste de um sentido ainda mais significativo quando se reflete sobre o turismo no estado do Rio de Janeiro, pois este representa um ícone identitário para o turismo nacional e internacional, além de estar associado a um rico patrimônio natural, de reconhecimento global.

O estado simboliza a "vitrine" e o ideário do próprio país, que se materializa pela imagem da cidade do Rio de Janeiro como "Cidade Maravilhosa" e a do Cristo Redentor de braços abertos, conforme discutido por Irving e colaboradores (2011, 2012). Este imaginário coletivo se constrói e se reconstrói em sintonia com uma tendência, marcante na sociedade contemporânea, de busca pela natureza preservada e por experiências culturais inspiradas pelo sentido de alteridade. Esta afirmação adquire contornos ainda mais evidentes quando se trata de uma cidade cuja imagem se traduz em ícone do turismo nacional, o que se desdobra em efeitos consideráveis em todo o território do estado, como desdobramento natural de processo.

Nesse sentido, Irving e colaboradores (2011) demonstram, em pesquisa realizada com turistas nacionais e estrangeiros, que o patrimônio natural da cidade está diretamente relacionado à receptividade e ao modo de vida local. E a integração entre natureza e cultura representa a síntese do Rio de Janeiro para quem decide visitar a cidade ou ainda se aventurar pela diversidade natural e cultural do território fluminense. Mas, ao mesmo tempo, confirmando a perspectiva de Machado (2012), Irving e colaboradores (2011) identificaram, entre os turistas, uma recorrente apreensão com a insegurança e, ironicamente, surpresa pelo fato de não terem vivenciado qualquer situação de violência durante sua estadia. Ou seja, o sentido de acolhida calorosa e amigável do habitante do Rio de Janeiro se contrapõe às impressões de uma realidade não tão atraente, e até mesmo perigosa, o que representa uma das principais contradições a serem enfrentadas em planejamento turístico nos próximos anos.

Além disso, não se pode negligenciar o fato de que o Rio de Janeiro vem experimentando um crescimento contínuo do turismo de eventos, estando em 27º lugar no ranking internacional entre 365 cidades que mais atraem este tipo de atividade, segundo estudo elaborado pela *International Congress and Convention Association* (Brasil, 2013). Em 2013, no portal internacional online de viagens e turismo U City Guides, o Rio de Janeiro está classificado no ranking das 10 cidades mais bonitas do mundo a serem visitadas, ocupando a 5ª posição nesta classificação, o que amplia ainda mais a visibilidade da cidade e, por consequência, do estado do Rio de Janeiro no plano global. Este contexto faz com que o turismo (e todo o ciclo econômico a ele associado) se configure como segmento fundamental para a cidade e o estado pelas oportunidades que pode produzir, no que se refere à criação de empregos e geração de renda.

Vale também ressaltar que, segundo o *Boletim de Conjuntura do Turismo do Rio de Janeiro* (2013), o total de desembarques internacionais em 2013 no aeroporto Tom Jobim alcançou a marca de 2.161.093 passageiros, um valor significativo para o setor, em franca expansão. Além disso, o Rio de Janeiro, considerando-se o total de desembarques internacionais nos aeroportos brasileiros, representou 16% e 23% da movimentação total registrada no país, respectivamente, entre 2008 e 2013, o que ilustra a atratividade da cidade para o turismo internacional — e seu potencial de crescimento nos próximos anos em função dos megaeventos internacionais (Jogos Olímpicos e Paraolimpíadas, apenas para citar os mais importantes) e do próprio dinamismo econômico do estado.

No entanto, apesar das razões expostas e dos megaeventos já ocorridos e planejados para os próximos anos no estado (com destaque para a Copa do Mundo em 2014 e os Jogos Olímpicos em 2016), que tendem a amplificar ainda mais sua visibilidade no plano internacional, são raros os estudos e pesquisas que abordem o turismo não apenas pela via do mercado mas pela perspectiva socioambiental, principalmente segundo uma perspectiva aplicada, inovadora e em articulação com as questões de valorização da cultura[1] e de conservação da biodiversidade, no sentido de se buscar soluções efetivas e duráveis para os problemas de desenvolvimento.[2] Não se pode também negligenciar a tendência crescente de busca pela natureza preservada, motivada pelos imaginários de uma sociedade global cada vez mais urbanizada, que se distancia da denominada "Terra Pátria" (Morin e Kerin, 2000) e cada vez mais inspirada pelo desejo do "religare" de uma civilização em crise (Morin, 2011; Moscovici, 2007).

Nesta análise é importante resgatar o contexto socioeconômico pulsante do estado (após um período considerável de estagnação) e a pressão crescente exercida por este processo sobre a biodiversidade e o patrimônio cultural a ela associada. Embora represente uma das principais economias do país, sob forte pressão de crescimento, o estado abriga ainda um passivo social significativo a ser equacionado, ao mesmo tempo

---

[1] O Plano Nacional de Cultura 2010-2020 (Brasil, 2010) reafirma uma concepção ampliada de cultura, entendida como fenômeno social e humano de múltiplos sentidos. Ela deve ser considerada em toda a sua extensão antropológica, social, produtiva, econômica, simbólica e estética.

[2] Neste contexto não se pode negligenciar que a perda progressiva de biodiversidade, em um contexto de megadiversidade biológica do país (também associada à diversidade cultural), constitui um dos problemas estratégicos a serem enfrentados nos próximos anos como garantia do próprio modelo de desenvolvimento em curso.

em que é considerado ícone em diversidade biológica e cultural do país. Assim, é um estado dividido entre as pressões de crescimento e o reconhecimento da necessidade de preservação de seu patrimônio natural e cultural como garantia de um futuro promissor e sustentável.

Interpretar os desafios para o desenvolvimento do turismo no Rio de Janeiro pressupõe uma releitura deste tema, não mais a partir de uma lógica apenas centrada no mercado, que reduz o turismo a uma atividade rentável e/ou lucrativa a curto prazo, mas segundo sua compreensão como fenômeno complexo, no qual o lugar turístico representa um *locus* potencial para a transformação e inclusão social. Com base neste argumento, a questão da cultura é também estratégica, uma vez que não se pode interpretar natureza em dissociação de seus significados para os distintos grupos humanos. Além disso, o planejamento do turismo, por essa via, poderia contribuir para uma afirmação das identidades locais e para a melhoria de qualidade de vida, assegurando a reconexão entre natureza e cultura. É também importante mencionar que o planejamento representa um tema estratégico no plano da pesquisa e das demandas das políticas públicas, no caso do Rio de Janeiro por inúmeras razões, mas, principalmente, pelas tendências de ampliação do impacto do setor na economia regional, motivadas pelos megaeventos internacionais já realizados e planejados para o estado nos próximos anos.

Assim, o presente artigo, baseado em pesquisa bibliográfica e documental, objetiva contextualizar, preliminarmente, o turismo no Rio de Janeiro e discutir, com uma visão crítica, obstáculos e caminhos possíveis para o planejamento dirigido ao setor em bases sustentáveis. Para avançar no debate proposto, o artigo está dividido em cinco seções. Nesta introdução se busca contextualizar a problemática em foco. Na segunda seção se pretende balizar, sinteticamente, a origem da reflexão sobre sustentabilidade em desenvolvimento turístico. A terceira seção se dirige à contextualização de políticas públicas de turismo no estado. Para concretizar os argumentos apresentados, a quarta seção visa sistematizar alguns indicadores econômicos recentes vinculados ao setor. Na sequência do debate, na quinta seção, se busca identificar, com base em dados recentes, os municípios do estado em condições favoráveis para o desenvolvimento turístico. A sexta e última seção busca interpretar os riscos e delinear alguns caminhos para o desenvolvimento turístico do estado em bases sustentáveis.

O contexto global inspirador para se pensar o turismo em bases sustentáveis

Com base nos argumentos apresentados, para que se possa avançar no debate sobre o desafio de turismo no estado em bases sustentáveis, é fundamental contextualizar de que maneira esta perspectiva se constrói no plano de políticas públicas globais. É também importante reafirmar, conforme discutem Irving e Oliveira (2012), que o termo sustentabilidade "deriva, em sua origem, da discussão sobre "desenvolvimento sustentável", que, por sua vez, emerge da percepção da insustentabilidade do desenvolvimento...", debate este que teve como um dos marcos recentes a Conferência das Nações Unidas sobre o Meio Ambiente Humano, reconhecida como a Conferência de Estocolmo e realizada em 1972 na Suécia. Esta conferência, que resultou de um movimento internacional que colocou em xeque os padrões vigentes de desenvolvimento, pode ser interpretada como a origem, no âmbito das Nações Unidas, de uma inquietação global, que culminou com a Rio 92 (e todos os seus desdobramentos globais) e, mais recentemente, a Rio+20, em 2012. Assim, o debate sobre sustentabilidade e as dimensões ambientais e sociais associadas às políticas públicas de turismo tem também inspiração nos movimentos iniciados a partir das décadas de 1960 e 1970, com a eclosão do movimento hippie e seus efeitos, a difusão do documento "Os limites do crescimento", elaborado pelo Clube de Roma, e a Conferência de Estocolmo, que gerou uma síntese de 23 princípios para se pensar o desenvolvimento em novas bases, a partir de então. Mas a década de 1980 foi também central neste debate, em planejamento turístico, tendo como inspiração o relatório Brundtland.[3] Este impulsionou, mundialmente, a importância

---

[3] No início da década de 1980, a ONU retomou o debate das questões ambientais, tendo sido Gro Harlem Brundtland a coordenadora da Comissão Mundial sobre o Meio Ambiente e Desenvolvimento. A comissão, criada em 1983, 11 anos após a realização da

de se refletir e fomentar ações dirigidas ao denominado desenvolvimento sustentável,[4] o que, de certa forma, influenciou a World Tourism Organization (WTO) para que o turismo pudesse também ser orientado por novos valores e pela noção de "turismo sustentável", entendido como aquele "que leva à gestão de todos os recursos, de forma que as necessidades econômicas e sociais possam ser satisfeitas mantendo a integridade cultural, os processos ecológicos essenciais, a diversidade biológica e sistemas de suporte de vida" (WTO, 2003).

Mas foi com o alcance do debate ambiental potencializado em 1992, durante a Rio 92, que o setor de turismo passou também a ser mobilizado para o tema, e foi acordada a "Carta do Turismo Sustentável", ou "Declaração de Lanzarote", como resultado da I Conferência Mundial sobre o Turismo Sustentável, realizada em 1995, promovida pela Ecotourism Society. Assim, a integração das ações de planejamento turístico com as políticas de proteção da natureza se tornou, progressivamente, uma exigência global na gestão pública. E, desde a Rio 92, inúmeras tem sido as iniciativas do setor turístico para reafirmar este compromisso, como a publicação de códigos de conduta (WTO, 2003; Unep, 1995), a Agenda 21 do Turismo (WTTC, 1998), além de vários relatórios técnicos e iniciativas de pactos globais.[5] Através destas iniciativas, a dimensão local de planejamento passou também a inspirar o debate. E a noção de sustentabilidade turística passou a incorporar o compromisso de valorização do presente sem comprometimento do futuro e a questão social como fundamental em planejamento para o setor. Além disso, esta abordagem passou a considerar o compromisso, por parte do turista, de respeito e valorização das características de ambiente natural e cultural local, dimensões estas reafirmadas por Irving e colaboradores (2005), para os quais,

---

Conferência de Estocolmo, teve a missão de produzir um relatório em 1987, intitulado Relatório Brundtland, traduzido como "Nosso Futuro Comum", que chancela o termo e os pressupostos do "desenvolvimento sustentável".

[4] Reconhecido como "aquele que atende às necessidades do presente sem comprometer a possibilidade de as gerações futuras atenderem às suas necessidades" (Brundtland, 1991).

[5] Já em 1989, a Declaração de Tamanrasset, promovida pela WTO, recomendava práticas alternativas de turismo em oposição ao turismo de massa.

Promover e praticar turismo, de base sustentável, requer assim um novo olhar sobre os problemas sociais, a diversidade cultural, e a dinâmica ambiental dos destinos, diante de uma economia globalizada e sujeita a nuances de imprevisibilidade, ditadas por um mercado que transcende as peculiaridades locais e/ou as especificidades de um destino turístico (Irving et al., 2005:2).

Por esta via, o turismo sustentável (para alguns, ético e/ou responsável) passou a ser entendido como uma alternativa que privilegia a escolha personalizada e de baixo impacto, em contraste com estratégias dirigidas a grupos massificados (Joaquim, 1997). Da mesma forma, este se delineia a partir da valorização dos recursos locais, normalmente geridos pelas populações de acolhimento; privilegia o contato direto e autêntico entre os locais e os visitantes, valorizando o intercâmbio entre os atores envolvidos, a partir do pressuposto de que estes são parceiros, com expectativas distintas mas não opostas com relação ao processo (Davidson, 1992; Joaquim, 1997; Ruschmann, 1997). Por esta via de análise, a noção de sustentabilidade turística vem sendo progressivamente incorporada na reflexão por três eixos principais: o ecológico, o sociocultural e o econômico (WTO, 2003). Com este entendimento, a Carta do Turismo Sustentável defende que a prática turística deve se basear em critérios de sustentabilidade econômica, ecológica, ética e social, ou seja, deve integrar os ambientes natural, cultural e humano em uma perspectiva de respeito à diversidade.

E, para a Unesco (1997), uma estratégia fundamental para o desenvolvimento turístico deveria ser capaz de combinar a satisfação das populações locais, o êxito da experiência turística e as condições de salvaguarda do patrimônio cultural e ambiental. Assim, enquanto o turista tende a buscar maior qualidade e autenticidade na experiência, a cultura permanece viva e os recursos naturais são preservados. Por esta via, a população local tenderia a receber benefícios econômicos derivados do processo (WTO, 2003) e se fortaleceria como protagonista nas iniciativas propostas.

E muito embora um dos objetivos estratégicos associados ao desenvolvimento turístico seja a geração de emprego e renda, apenas esta garantia

TURISMO E SUSTENTABILIDADE | 203

não parece suficiente para que o setor possa se desenvolver, de forma sustentável. É importante também que a renda gerada seja distribuída e a biodiversidade conservada. Por esta razão, pensar o planejamento turístico, em bases sustentáveis, exige uma nova concepção na articulação entre natureza, cultura e sociedade.

Este é um debate que vem orientando também as agências internacionais e exigindo novos compromissos do setor. Assim, Christ e colaboradores coordenaram, em 2003, a elaboração de um documento, apoiado pela Unep (United Nations Environment Program), pela Conservação Internacional, intitulado "Tourism and biodiversity: mapping tourism`s global footprint", no qual são levantados os potenciais impactos e potencialidades do desenvolvimento turístico, em suas interfaces com os processos de conservação da biodiversidade. Em 2010, a Conferência das Partes da Convenção da Diversidade Biológica estabeleceu as Metas de Aichi, entre as quais está expressa a necessidade de sensibilização da sociedade sobre o valor da biodiversidade e de integração destes valores às demandas de desenvolvimento. Neste caso, o turismo emerge como uma via essencial para viabilizar esta articulação e novas formas de se pensar o desenvolvimento regional, segundo premissas éticas e sustentáveis.

Políticas públicas no estado do Rio de Janeiro para avançar em novas práticas em planejamento turístico

Este desafio que se expressa no plano global é também traduzido, no caso brasileiro, por inúmeros documentos de políticas públicas de proteção da natureza, de cultura e de turismo, principalmente no pós-Rio 92. E não se pode negligenciar, neste caso, que o Rio de Janeiro (principalmente a capital fluminense) vem se afirmando como o principal portal de entrada para o turismo no país, desde o século XIX, principalmente devido às suas características sociais, culturais[6] e ambientais e sua importância his-

---

[6] A rica história de quatro séculos do estado do Rio de Janeiro está associada a um patrimônio cultural de grande expressão. A diversidade das manifestações materiais e

tórica nos planos nacional e internacional (Lage e Milone, 1991). Além disso, o estado abriga inúmeras áreas protegidas, principalmente associadas à conservação da Mata Atlântica e aos sistemas costeiros, de elevado valor em biodiversidade. Mas nestes ambientes também ocorrem grupos humanos (alguns considerados tradicionais) que, da mesma forma que os ecossistemas locais, estão sob forte pressão das demandas do processo de desenvolvimento.

Assim, considerando a complexidade do debate proposto, para que seja possível interpretar os desafios dirigidos à integração de políticas públicas de turismo, proteção da natureza e cultura, é fundamental que se delineie uma breve retrospectiva da construção do arcabouço jurídico e institucional dirigido ao setor no estado.

Não se pode negligenciar nesta breve viagem retrospectiva que, no plano institucional, a década de 1960 (ou a fase anterior à Conferência de Estocolmo) parece ter representado um período marcante na origem do processo, com a criação de duas instituições públicas com este objetivo no estado: a Companhia de Turismo do Estado do Rio de Janeiro (Flumitur), em 12 de abril de 1960, através da Lei nº 4.221, e a Riotur S/A, pelo governo do então estado da Guanabara. E na mesma década, mais precisamente em 1966, foi criada a Embratur, também com sede na cidade do Rio de Janeiro (Fratucci, 2006). Mas, neste período, a questão do debate sobre desenvolvimento não constituía ainda prioridade do compromisso político, principalmente em função dos efeitos da ditadura militar que afastou a sociedade das instâncias da gestão pública e neutralizou qualquer possibilidade de discussão crítica sobre a realidade brasileira.

Sendo assim, foi apenas durante o governo de Chagas Freitas que se estabeleceu, para o quadriênio 1980-1983, o Plano de Desenvolvimento Econômico e Social para o Estado. Nele, foi instituída a divisão do estado em sete regiões turísticas: Metropolitana, Costa do Sol, Costa Verde, Norte, Serrana A, Serrana B e Serramar, delimitadas a partir das características e do interesse para o setor turístico, observando-se a com-

---

imateriais da cultura fluminense constitui, sem dúvida, uma das maiores riquezas do estado, pois expressa diversos ciclos históricos e econômicos (Sepdet, 2001).

plementaridade de ofertas, objetivando facilitar, sobretudo, o planejamento microrregional (Fratucci, 2000). Esse processo de regionalização do estado foi considerado o primeiro ato oficial, por parte do poder público, para a elaboração do atual modelo do turismo estadual. Neste momento, o planejamento para o setor passou a considerar o impacto potencial de atratividade turística também com base na qualidade dos recursos naturais.[7] Ainda assim, o planejamento turístico no estado sempre foi orientado, prioritariamente, pela lógica de um mercado em expansão, apesar de instituições públicas pouco ágeis e/ou adaptadas para esta demanda.

Além disso, desde então, o turismo estadual vem sendo planejado de forma descontínua e assistemática. E, como comenta Fratucci (2008), outros fatores, como a desmobilização da sede da Embratur (do Rio de Janeiro para Brasília), contribuíram também para agravar os problemas do setor turístico e constituíram um sério golpe para este processo. O histórico e recorrente afastamento político entre o estado e o governo federal (rompido apenas recentemente pelo alinhamento entre as três esferas de governo) tem gerado condições desfavoráveis para a consolidação do setor no Rio de Janeiro, ilustrado, entre outros exemplos, claramente pelo não engajamento do estado na execução do Programa Nacional de Municipalização do Turismo (PNMT),[8] considerado prioritário, no plano nacional na década de 1990.

É importante também mencionar que o texto da Constituição Estadual de 1989 estabeleceu que o "Estado definirá a política estadual de turismo buscando proporcionar as condições necessárias para o pleno

---

[7] Vale considerar que, à época, quatro importantes parques nacionais, ícones para o turismo de natureza no estado, já haviam sido criados: como Itatiaia (1937), Serra dos Órgãos (1939), Tijuca (1961) e Serra da Bocaina (1971).

[8] O PNMT foi um programa criado pelo governo federal, em 1992 (e instituído em 1994), que buscou estimular o desenvolvimento turístico nacional, a partir da descentralização das políticas públicas de turismo e do fortalecimento do planejamento turístico nos municípios. Criado em 1992, as atividades do PNMT só foram iniciadas efetivamente em 1995 e vigoraram até o final de 2001. De acordo com o documento oficial Embratur/Ministério do Esporte e Turismo, o objetivo geral do PNMT era: "fomentar o desenvolvimento turístico sustentável nos municípios, com base na sustentabilidade econômica, social, ambiental, cultural e política..." (Brasil, 1999:11).

desenvolvimento dessa atividade" e, para tal, deveria dispor do Plano Diretor de Turismo, o que só aconteceu muitos anos depois, em 1997 (Sepdet, 2001). Neste Plano Diretor de Turismo do Estado do Rio de Janeiro (1997-2001) foi estabelecido, em seu art. 227, que o estado deveria promover e incentivar o turismo como fator de desenvolvimento *econômico e social*, bem como divulgar, valorizar e preservar o *patrimônio cultural e natural*, zelando para que sejam respeitadas as peculiaridades locais, não permitindo efeitos nocivos sobre a vida das populações envolvidas e assegurando o respeito ao ambiente e à cultura das localidades onde o turismo viesse a ser explorado. Assim, o plano é claro ao explicitar o compromisso de salvaguardar o patrimônio natural e cultural. Apesar disso, o discurso dominante do documento esteve centrado em dois objetivos principais: a consolidação do turismo como um dos segmentos econômicos fundamentais do estado, visando à geração de renda, à valorização e à promoção da qualidade de vida das populações locais e ampliação da captação de recursos e ao levantamento e sistematização de dados e informações, com o objetivo de subsidiar o planejamento da política estadual de turismo, oferecendo também alternativas para o desenvolvimento do setor. Mas, embora bem-intencionado no discurso, segundo Fratucci (2008), o Plano Diretor não teve o êxito esperado no cumprimento de seus objetivos.

Apesar de não dispor, desde então, de políticas públicas de turismo consolidadas e contínuas, e sem uma parceria efetiva com o Ministério do Turismo, o estado do Rio de Janeiro vem se destacando, historicamente, como um dos principais destinos turísticos do país. Para se ter uma ideia do papel do setor no estado, segundo dados apresentados no documento intitulado "A política de turismo do estado do Rio de Janeiro diante dos grandes eventos" (Setur e TurisRio, 2012) — compilação do governo do Rio de Janeiro com a prefeitura da cidade do Rio de Janeiro —, o setor responde por cerca de 4% de seu PIB ou envolve o valor equivalente a R$ 13.283 bilhões. De acordo com a mesma fonte, o Rio de Janeiro é o estado com maior número de equipamentos turísticos cadastrados do país e tem sido palco de um importante crescimento, entre 2004 e 2009, no número de empregos diretos gerados pelo setor. No plano de seu potencial em diversidade biológica para uso turístico (fundamental como potencialidade para o desenvolvimento do ecoturismo), o Rio dispõe de 172 áreas protegidas de distintas categorias de manejo[9] e um elevado valor associado em biodiversidade, de importância global. No entanto, o enfoque de valorização do patrimônio natural tem sido sempre periférico no plano das políticas públicas de turismo no estado. Além disso, não parece haver uma estratégia clara para a integração de políticas públicas setoriais. E, sem o delineamento de estratégias de integração de políticas públicas econômicas, sociais e ambientais nas regiões turísticas, o planejamento dirigido ao setor vem se pautando pelos interesses e pelo ritmo da capital, muitas vezes com os equívocos de planejamento de curto prazo. Dessa maneira, o turismo no estado vem se consolidando muito lentamente, enquanto o setor, na cidade do Rio de Janeiro, vem evoluindo nos últimos anos de forma marcante, principalmente como resultado dos megaeventos ocorridos e projetados até 2016.

Assim, apesar de sua potencialidade para o desenvolvimento turístico, no plano de políticas públicas os esforços para a integração das ações em curso são ainda incipientes ou praticamente inexistentes e exigirão da gestão pública investimentos consideráveis em planejamento, segundo novas bases.

O contexto do turismo no Rio de Janeiro: para interpretar potencialidades e riscos

Como anteriormente discutido, a integração entre beleza natural de elevado impacto no imaginário coletivo e o modo de ser e receber dos cariocas vem transformando, cada vez mais, a cidade do Rio de Janeiro em um ícone de atratividade para o turismo nacional e internacional e um símbolo do estado e também do país.

A questão que se coloca é em que medida este setor contribui para a economia da cidade do Rio. Estudo recente do Sindicato de Hotéis, Ba-

---

[9] Cadastro Nacional de Unidades de Conservação (Acesso em: 20/abr./2013).

res e Restaurantes do Rio de Janeiro (SindRio) compilou dados da Relação Anual de Informações Sociais do Ministério de Trabalho e Emprego (Rais/MTE), adotando uma definição ampla de turismo que abrange os subsetores de alojamento, alimentação, agenciamento, transporte, aluguel de carros e entretenimento. Segundo este estudo, o setor de turismo na cidade em 2012 tinha 12.537 estabelecimentos, gerando 183.612 empregos. Em 2012, a participação do setor de turismo na geração total de empregos na cidade do Rio foi de 7,1%, bem superior à média nacional, de apenas 4,8%.

Mas a origem do turismo na cidade, para além do valor do patrimônio natural e cultural, se vincula à sua condição histórica de capital do Brasil até a década de 1960. De fato, ao longo da história brasileira, a cidade funciona como "porta de entrada" do país, e até os dias atuais o Rio é considerado o melhor destino turístico para quem vem ao Brasil pela primeira vez.[10] Da mesma forma, o site de viagem Trip Advisor recomenda aos turistas a visita à praia de Ipanema, um *locus* do espírito da cidade, mesmo considerando ter sido a célebre canção *Garota de Ipanema* composta há mais de 50 anos. Assim, a imagem do estado se constrói atrelada ao significado da cidade do Rio de Janeiro, embora sejam inúmeras as potencialidades a serem desenvolvidas no plano regional.

É importante enfatizar que, apesar de toda a atratividade da cidade do Rio de Janeiro, a imagem da cidade vem também sendo abalada pelas notícias recorrentes, veiculadas pela mídia, a respeito da violência urbana (Machado, 2012), o que de alguma forma afeta o imaginário coletivo e o significado do destino para os que se interessam em visitá-lo. Entretanto, a não ser em casos excepcionais, quem visita a cidade, embora dividido entre o entusiasmo e a apreensão, parece acreditar ser esta segura (Farias et al. 2011). E, sendo assim, a primeira imagem da cidade também ironicamente negativada e associada à insegurança parece ser, de fato, neutralizada após a vivência e a imersão neste contexto urbano pulsante (Machado, 2012; Irving et al., 2012; Irving, Corrêa e Moraes, 2011).

---

[10] http://www.tripadvisor.com/TravelersChoice-Destinations-cTop-g294280#5.

Assim, como se poderia esperar (e como ocorre em diversos estados da federação), o emprego no setor do turismo se concentra na capital e na região metropolitana do Rio de Janeiro, que apresenta uma das mais elevadas concentrações de emprego, em âmbito nacional. Para ilustrar tal afirmação, a tabela 1 sistematiza os dados da Relação Anual de Informações Sociais do Ministério de Trabalho e Emprego (Rais/MTE), compilados pelo Sindicato de Hotéis, Bares e Restaurantes do Rio de Janeiro (SindRio), que reafirmam esta tendência:

TABELA 1
Concentração dos empregos do setor de turismo do estado
em capitais e regiões metropolitanas em 2012 (%)

Região/Estado	Capital	Região Metropolitana
Bahia	41,8	52,0
Ceará	73,4	84,7
Espírito Santo	26,5	64,0
Minas Gerais	32,6	42,9
Paraná	37,0	48,5
Pernambuco	51,4	78,4
Rio Grande do Norte	64,4	75,5
Rio Grande do Sul	34,7	50,3
Rio de Janeiro	61,3	76,6
Santa Catarina	20,1	27,7
São Paulo	42,3	57,1

Fonte: Adaptado de SindRio (2013).

Entretanto, as possibilidades para o desenvolvimento do turismo fluminense transcendem as estatísticas levantadas para a cidade do Rio de Janeiro.[11] O estado do Rio de Janeiro (ERJ) possui uma diversidade considerável de atrativos turísticos (muitos ainda desconhecidos do *trade*

---

[11] As belezas de Copacabana, Ipanema e a conhecida Zona Sul da cidade não representam a potencialidade ainda inexplorada do estado.

ou de seus próprios habitantes), de grande relevância para alavancar a economia de diversos municípios. Neste caso, a questão que se coloca é: como integrar o conjunto de atrativos naturais e culturais do estado, tendo a cidade do Rio de Janeiro como portal de entrada, em bases sustentáveis e segundo um planejamento de médio e longo prazos? Responder a esta questão tende a ser fundamental no atual contexto de desenvolvimento do estado. Isto porque, como mencionado por Tribe (2003), o desenvolvimento turístico desordenado gera externalidades negativas que minam o seu próprio potencial.

É importante também resgatar que, no plano da economia do país, o estado do Rio de Janeiro, desde a sua fundação, tem mantido um importante papel e vem historicamente disputando, com São Paulo, a liderança no ranking nacional. No entanto, durante o século XX, foi perdendo, progressivamente, participação na economia nacional, à medida que São Paulo se desenvolvia articulando sua indústria ao mercado interno como discutido por Sobral (2013). Este processo de estagnação e/ou desaceleração econômica foi reforçado também pelas próprias limitações do estado em relação às suas possibilidades de expansão industrial. Como mostrado por Sobral (2013), a dependência do estado de insumos e alimentos, cadeias produtivas pouco densas, incapacidade de atrair investimentos de alto valor agregado, vulnerabilidade à concorrência de outros estados e pauta de exportações de baixo valor adicionado são alguns dos fatores que vêm colocando o estado em posição de desvantagem, no que se refere ao desenvolvimento da indústria. Além disso, a transferência da capital federal para Brasília, nos anos 1960, reforçou ainda mais o processo de esvaziamento econômico do território fluminense, que se estendeu até o final do mesmo século (Lessa, 2001; Osorio, 2005) com evidentes consequências sociais.

Na década de 1990, no entanto, a descoberta de extensos campos de petróleo na zona costeira passou a impulsionar, de maneira imprevista até então, a possibilidade de recuperação da economia do estado do Rio de Janeiro. Observa-se assim, por esta via, o crescimento dos investimentos na indústria de petróleo e gás e em indústrias associadas a esta atividade, tais como a siderurgia, a petroquímica e a naval (Hasenclever et al., 2012). Além disso, recentemente, o estado vem sendo foco de um importante crescimento de investimentos em infraestrutura originado, em parte, pelos megaeventos que a cidade do Rio de Janeiro sediou em 2014, como a Copa do Mundo, e irá sediar até 2016, como a Copa América em 2015 e as Olimpíadas em 2016, para citar os mais relevantes. Assim, esta revitalização da economia é em parte impulsionada pelas necessidades crescentes da indústria de petróleo e gás e setores associados no estado (e na consequente expansão de parques tecnológicos para atender ao setor de energia) e pelo efeito dos megaeventos, que ampliam ainda mais a visibilidade da cidade do Rio de Janeiro, no plano internacional. Porém, apesar de o estado ser o segundo mais importante na economia do Brasil, no que se refere à sua participação no valor agregado bruto nacional, ainda apresenta baixas taxas de crescimento. Dados sistematizados por Sobral (2013), no período 1995-2010 (que já abrange a expansão do setor de petróleo e gás), ilustram esta afirmação, mostrando que tanto o valor adicionado bruto da produção quanto a produção física industrial têm taxas de crescimento abaixo da média nacional. Hasenclever e colaboradores (2012) e Sobral (2013) questionam também a capacidade de o recente ciclo de investimentos reverter o reduzido e histórico dinamismo da economia fluminense até então e apontam para a necessidade de fortalecimento de instâncias de planejamento regional, que promovam uma política estratégica de desenvolvimento a médio e longo prazos. Neste contexto, do ponto de vista do desenvolvimento turístico, os investimentos atuais têm um duplo efeito. Por um lado, tendem a gerar melhoria na infraestrutura de transportes, abrindo novas possibilidades para a ampliação do setor e consolidação de destinos turísticos. Mas, por outro, o fortalecimento da indústria de petróleo e gás (e a ampliação de infraestrutura para o setor energético) tende a gerar inúmeros riscos sociais e ambientais, não apenas devido à possibilidade de vazamentos e contaminação das praias e recursos hídricos, como também em termos de externalidades negativas geradas por processos de rápida e crescente urbanização, o que é verificado, de maneira evidente, no Norte Fluminense (no caso exemplar do município de Macaé).

Com relação especificamente ao setor do turismo, o estudo do SindRio (2013), já mencionado anteriormente, aponta que, apesar de todos os problemas citados, o estado mantém a segunda colocação no ranking nacional no que se refere ao número absoluto de empregos envolvidos (total de 299.527 empregos) e de estabelecimentos no setor de turismo, entre 2000 e 2012. Porém, o quadro histórico de reduzido dinamismo parece se manter, nesse mesmo período, com relação ao setor turístico. Apesar de todos os argumentos anteriormente discutidos, neste intervalo, o setor de turismo na cidade do Rio de Janeiro cresceu menos que a média das capitais, tanto no que se refere ao número de empregos quanto ao número de estabelecimentos envolvidos, conforme ilustrado na tabela 2.

TABELA 2
Evolução do número de empregos e estabelecimentos
(total e no setor de turismo) na cidade do Rio de Janeiro
e nas principais capitais federais* (2000-2012)

Emprego total		Total de estabelecimentos		Emprego no setor turismo	Estabelecimentos no setor turismo
Cidade Rio de Janeiro	Principais capitais do país	Cidade Rio de Janeiro	Principais capitais do país	Cidade Rio de Janeiro	Principais capitais do país
48,4%	58,7%	23,9%	47,4%	42,2%	65,9%

Fonte: Adaptado de SindRio (2013).
* São Paulo (SP), Rio de Janeiro (RJ), Belo Horizonte (MG), Curitiba (PR), Salvador (BA), Porto Alegre (RS), Fortaleza (CE), Recife (PE), Natal (RN), Florianópolis (SC), Vitória (ES).

Os dados referentes à evolução de empregos e estabelecimentos na cidade, no período 2011/2012, entretanto, apresentam ligeira elevação com relação ao padrão anterior, com a cidade do Rio de Janeiro tendo um crescimento no número de empregos de 4,9% neste intervalo, um pouco superior ao crescimento das capitais (4,7%). Porém, o crescimento do número de estabelecimentos turísticos, no mesmo período (5,2%), foi inferior ao crescimento observado nas demais capitais (5,9%).

O mesmo estudo do SindRio ilustra a participação do setor turístico na geração total de empregos no estado. Nesta análise, após um período de queda em 2006, em 2012 este nível voltou ao padrão de 2000 (tabela 3).

TABELA 3
Participação (%) do setor turismo no total de empregos e de estabelecimentos (2000, 2006 e 2012)

Unidade de análise/ano	% Empregos do setor turismo no total de empregos		
	2000	2006	2012
Município do Rio de Janeiro	7,5%	6,9%	7,1%
Estado do Rio de Janeiro	6,8%	6,2%	6,7%
Região Sudeste	5,0%	4,9%	5,3%
Brasil	4,5%	4,4%	4,8%

Fonte: Adaptado de SindRio (2013).

Por esses dados é possível observar que, no município do Rio de Janeiro, a participação do setor turístico na geração de emprego, no período, caiu levemente, de 7,5%, em 2000, para 7,1%, em 2012. Cabe notar, porém, que a participação relativa desse setor no total de empregos gerados no estado cresceu e é superior à média nacional, que em 2012 foi 4,8%. A relativa importância do setor para a geração de empregos no estado e sua evidente vocação turística ilustrada nas seções anteriores apontam para a necessidade de se pensar políticas que garantam a manutenção do emprego, isto é, a geração constante de empregos de qualidade.

Porém, o diagnóstico do SindRio apresenta um perfil de emprego nada animador. Os dados deste documento mostram que o aumento da participação do setor na geração de empregos não alterou significativamente o perfil da mão de obra. De fato, no período entre 2000 e 2012 os empregos permaneceram concentrados na faixa entre um e dois salários mínimos.

TABELA 4
Distribuição percentual do emprego por faixa salarial no
setor de turismo no município do Rio de Janeiro (2000 e 2012)

Faixa	2000	2012
Até 1 salário	1,3	4,6
1 a 2 salários	51,0	63,8
2 a 3 salários	17,0	13,6
3 a 5 salários	12,5	7,9
5 a 10 salários	10,0	3,8
10 a 15 salários	3,4	1,0
15 a 20 salários	1,4	0,5
Mais de 20 salários	3,1	0,9
Ignorado	0,3	3,8

Fonte: Adaptado de SindRio (2013).

Cabe observar também que, enquanto as atividades econômicas no seu conjunto tiveram um aumento real de salário de 37,6% entre 2000 e 2012, no turismo o aumento se limitou a 19,1%, o segundo menor aumento entre as capitais estudadas. Poderíamos tentar explicar a diferença com o fato de a média salarial do Rio de Janeiro no setor de turismo ser a segunda maior entre as capitais estudadas. Mesmo assim, a concentração em faixas salariais de até três salários mínimos leva a uma concentração do emprego num nível de ensino médio (8 a 11 anos de estudo).

Com base no contexto analisado, parece possível afirmar que o desenvolvimento do turismo no estado do Rio de Janeiro enfrenta, assim, um duplo desafio. De um lado, reduzir a concentração de atividades na capital e diversificar a oferta turística nas demais regiões e, de outro, melhorar o perfil do emprego, de modo a favorecer a dinamização do setor e aprimorar seu desempenho. Para que melhor se possa contextualizar este desafio, é importante que se analisem, em um exercício de projeção de cenários, os municípios com maior potencial para o desenvolvimento turístico, resumidamente apresentados na próxima seção. Mas cabe enfatizar que a melhoria do perfil do emprego e o aprimoramento do setor requerem também ações coordenadas de políticas públicas, engajadas na valorização de patrimônio natural e cultural e na adoção de premissas de planejamento para a inclusão social, como discutido no corpo teórico deste artigo.

Municípios do estado do Rio de Janeiro em condições favoráveis para o desenvolvimento turístico

Estudo realizado por La Rovere e Paranhos (2011) mapeou as atividades econômicas em todo o estado do Rio de Janeiro, por município, com base nos dados de emprego e remuneração da Relação Anual de Informações Sociais do Ministério do Trabalho (Rais/MTE). A partir dos dados da Rais as autoras calcularam os quocientes locacionais (QL), os índices de relevância setorial (RS) e os índices de importância municipal (IM do ERJ). Estes índices são indicadores de concentrações geográficas, propostos originalmente por Britto (2004). Concentrações geográficas de atividades são indicadores da vocação de um município ou de uma região, porque explicam a importância relativa dos empregos e dos salários de determinado setor em determinado município.

QUADRO 1
Indicadores de concentrações geográficas[12]

Quociente locacional
QLe = (Emprego do setor i no município/ Total de emprego do município) / (Total de emprego do setor i no país/ Total do emprego no país) > 1
QLr = (Remunerações do setor i no município/ Total de remunerações do município) / (Total de remunerações do setor i no país/ Total de remunerações no país) > 1
Índice de Relevância Setorial
RSe = (Emprego do setor i no município)/ (Total de emprego do setor i no país) > 0,1%
RSr = (Remunerações do setor i no município)/ (Total de remunerações do setor i no país) > 0,1%
Índice de Importância Municipal
IMe = (Emprego do setor i no município/ Total de emprego do município) > 0,1%
IMr = (Remunerações do setor i no município/ Total de remunerações do município) > 0,1%

Fonte: La Rovere e Paranhos (2011), com base em Britto (2004).

---

[12] Definidos por Britto (2004).

Os dados da RAIS podem ser interpretados segundo diferentes níveis de desagregação. O estudo de La Rovere e Paranhos (2011) partiu de dados desagregados em cinco dígitos de classes industriais da Classificação Nacional de Atividades Econômicas do IBGE. Para analisar o setor de turismo, as autoras analisaram as três subclasses mais diretamente ligadas à atividade, a saber: hotéis e similares (classe CNAE 55108); outros tipos de alojamento/meios de hospedagem (classe CNAE 55906); e agências de viagens (classe 79112). O estudo mostrou que apenas 17 dos 92 municípios do estado apresentam algum tipo de especialização em atividades ligadas ao turismo segundo esta classificação. São eles: Rio de Janeiro; Angra dos Reis; Barra do Piraí; Itatiaia; Mangaratiba; Paraty; Valença; Bom Jardim; Nova Friburgo; Petrópolis; Teresópolis; Rio Bonito; Armação dos Búzios; Arraial do Cabo; São Pedro da Aldeia; Cabo Frio e Rio das Ostras. Destes 17 municípios, apenas três (Rio de Janeiro, Petrópolis e Armação dos Búzios) possuem especialização reconhecida nas três subclasses de atividades do setor. Estes dados confirmam a percepção de Sobral (2013), que define a estrutura produtiva do Rio de Janeiro como uma estrutura produtiva "oca". Assim, municípios com especialização em hotéis e outros tipos de meios de hospedagem, como, por exemplo, Teresópolis, não possuem especialização em agências de viagens, as quais são fundamentais para a definição de roteiros locais que visem explorar o patrimônio cultural e natural da cidade. Outros municípios, como é o caso de Rio Bonito, apresentam especialização apenas em agências de viagens, mas não dispõem das demais condições estruturais para desenvolvimento turístico.

No entanto, no caso dos 17 municípios identificados, são inúmeras as possibilidades de desenvolvimento turístico em bases sustentáveis, com ênfase no ecoturismo, no turismo cultural e no denominado "turismo de base comunitária", apenas para citar algumas das modalidades mais evidentes como potenciais nos próximos anos. Há, porém, diversos riscos associados ao processo que precisariam ser mais bem-considerados em planejamento.

Neste contexto é importante também que se mencione que, apesar de apenas 17 municípios serem identificados pelas autoras como efetivamente em condições de desenvolvimento turístico, o Plano Diretor de Turismo (Sepdet, 2001) estabeleceu a divisão do Estado, em termos de potencialidades futuras, desde 2001, nas denominadas "Áreas de Desenvolvimento Estratégico (ADEs)" a fim de orientar o planejamento de políticas públicas para o setor (Sepdet, 2001). E, segundo Lima (2004), as ADEs foram concebidas

> para criar facilidades relativas às ações de promoção e marketing, mas começam a ser pensadas também sob o ponto de vista do planejamento e da gestão. Reúnem, em um mesmo grupo, uma ou mais regiões turísticas, mas que, em virtude de sua finalidade original, separam-se por linhas flexíveis que permitem a existência de espaços comuns (Lima, 2004:47).

As ADEs foram assim originalmente propostas:
ADE I: Região da Costa Verde
ADE II: Região do Vale do Paraíba e Região das Agulhas Negras
ADE III: Região do Vale do Café
ADE IV: Região Metropolitana e Baixada Fluminense
ADE V: Região Serra Tropical e Região da Serra Norte
ADE VI: Região da Costa do Sol e Região da Baixada Litorânea
ADE VII: Região da Costa Doce e Região Noroeste das Águas

Após a edição deste Plano Diretor de Turismo, em 2001, uma nova estratégia de planejamento para o setor, no estado do Rio de Janeiro, passou a ser orientada pelo estabelecimento de 13 regiões turísticas. Essa atualização ocorreu, segundo Fratucci (2008), como resultado do processo de implantação do PNMT em todo o país. Com este movimento, os interlocutores municipais passaram a compreender a necessidade de uma nova organização para o planejamento do turismo no estado, para que pudessem ser otimizadas as oportunidades de acesso aos programas governamentais em desenvolvimento.[13]

---

[13] O mapeamento das regiões turísticas tem por objetivo a organização territorial e a gestão da atividade, constituindo estâncias intermediárias de articulação entre o estado e os municípios (Fratucci, 2008).

No entanto, essa nova organização gerou também a necessidade de criação do Fórum Estadual de Secretários de Turismo, palco de muitas discussões e controvérsias sobre o tema. Como resultado desse processo de debate, foi concebida uma nova divisão do território turístico estadual, ainda em 2001. A partir de então, foram acordadas para o desenvolvimento estratégico do estado 13 regiões turísticas.

Posteriormente, em 2005, uma nova revisão da regionalização turística foi realizada pelo Ministério do Turismo em todo o país e, deste modo, um novo mapa foi desenhado para o estado do Rio de Janeiro, tendo sido o mesmo referendado pelo Fórum Estadual de Secretários Municipais de Turismo. Atualmente o estado está dividido em 11 regiões turísticas (figura 1), a seguir representadas espacialmente:

FIGURA 1
Representação espacial da regionalização turística do estado do Rio de Janeiro

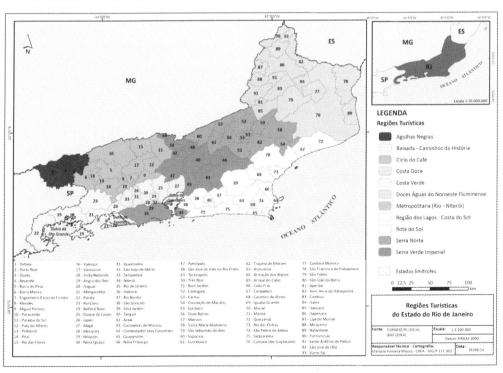

Fonte: Adaptado de Fratucci, 2008.

TURISMO E SUSTENTABILIDADE | 219

Tomando por base os 17 municípios identificados por La Rovere e Paranhos (2011) como aqueles mais bem-equipados para o desenvolvimento turístico (em particular os três municípios considerados "polos irradiadores" para o desenvolvimento do setor, a saber: Rio de Janeiro, Búzios e Petrópolis), parece claro que despontam como estratégicas e prioritárias em investimentos governamentais e ações de articulação de políticas públicas para o estado, nos próximos anos, três regiões segundo a proposta oficial de regionalização: a) Região Turística Metropolitana Rio-Niterói; b) Região Turística Região dos Lagos/ Costa do Sol e; c) Região Turística Serra Imperial.

Também para Gomes (2010), além da capital fluminense, 16 outros municípios são reconhecidos como de grande importância para o desenvolvimento do setor turístico, e o autor aponta, uma vez mais, para Niterói, Petrópolis e Armação dos Búzios como os principais destinos turísticos do estado. Segundo o autor, com base em diversas projeções, é evidente o potencial de crescimento e desenvolvimento do interior do estado, o que reafirma também a necessidade de investimentos públicos em infraestrutura que possa, efetivamente, contribuir para a expansão da oferta da atividade turística.

Além disso, não se pode descartar, como potencialidade para o desenvolvimento turístico orientado por ações do poder público, a médio e longo prazos, a Região Turística da Costa Verde e a Região Turística do Ciclo do Café, como anteriormente apontado por estudo de La Rovere e Paranhos (2011). Estes dados reafirmam, de alguma maneira, a noção de "destinos indutores"[14] de desenvolvimento turístico regional, de acordo com a perspectiva do Ministério do Turismo, para o qual o turismo no Rio de Janeiro se configura a partir de cinco destinos indutores: Rio de Janeiro, Armação de Búzios, Petrópolis, Angra dos Reis e Paraty.

---

[14] De acordo com o Ministério do Turismo, o Brasil possui 65 Destinos Indutores do Desenvolvimento Turístico Regional que envolvem diretamente 584 municípios. A região Sudeste conta com 11 dos 65 destinos turísticos indutores do desenvolvimento turístico regional (17% do total).

Pensando potencialidades e riscos em planejamento

Apesar das amplas potencialidades mapeadas, pelos argumentos anteriormente apresentados e por razões estruturais, as três regiões turísticas de maior importância em planejamento da ação pública nos próximos anos estão representadas pela Região Metropolitana, a Costa do Sol/Região dos Lagos e a Serra Verde Imperial, que precisariam ser mais bem-contextualizadas, segundo a dinâmica socioeconômica e ambiental, para a projeção de cenários futuros, em termos de riscos e ações governamentais.

Para orientar esta análise, o quadro 2 sistematiza as três regiões prioritárias, em termos de municípios envolvidos.

QUADRO 2
Regiões prioritárias para o turismo

Regionalização turística	Municípios do estado do Rio de Janeiro
Metropolitana	Municípios: Rio de Janeiro e Niterói
Costa do Sol — Região dos Lagos	Armação dos Búzios, Araruama, Arraial do Cabo, Cabo Frio, Carapebus, Casimiro de Abreu, Iguaba Grande, Macaé, Maricá, Quissamã, Rio das Ostras, São Pedro da Aldeia e Saquarema.
Serra Verde Imperial	Petrópolis, Areal, Cachoeiras de Macacu, Comendador Levy Gasparian, Guapimirim, Magé, Nova Friburgo, São José do Vale do Rio Preto, Teresópolis e Três Rios

Fonte: TurisRio/RJ (2014).

Nestas regiões, além da diversidade de atrativos, apenas sob a perspectiva de conservação da biodiversidade da Mata Atlântica e da Zona Costeira, situam-se dois parques nacionais e três parques estaduais de elevada importância global (três em áreas altamente urbanizadas) (quadro 3), o que reforça sua relevância em planejamento turístico mas também sua vulnerabilidade, em termos ambientais, com relação aos riscos crescentes de pressão antrópica sobre estes ecossistemas. Vale mencionar ainda que os parques nacionais da Tijuca e da Serra dos Órgãos são os mais visitados do estado e representam ícones para o ecoturismo nacional. Além disso, o Parque Estadual da Costa do Sol situa-se na região de maior atratividade turística do estado e também sob forte influência do pré-sal e da indústria do petróleo e toda a cadeia envolvida. Assim, o turismo tende a

TURISMO E SUSTENTABILIDADE | 221

se desenvolver em áreas de alta vulnerabilidade ambiental, mas também caracterizadas por elevados níveis de tensão social.

QUADRO 3
Quadro-síntese sobre os parques nas regiões turísticas prioritárias do estado do Rio de Janeiro

Parques*	Decreto	Municípios	Área (ha) do parque
Parque Nacional da Tijuca	Decreto nº 50.923 de 6/7/1961	Rio de Janeiro	3.958
Parque Estadual de Pedra Branca	Lei nº 2.377, de 28/6/1974	Rio de Janeiro	12.500
Parque Estadual da Serra da Tiririca	Lei nº 1.901, de 29/11/1991, e Decreto nº 18.598, de 19/4/1993	Niterói e Maricá	3.568
Parque Nacional da Serra dos Órgãos	Decreto Federal nº 1.822 de 30/11/1939; Decreto nº 90.023, de 20/9/1984; e Decreto s/nº de 13/9/2008	Guapimirim, Magé, Petrópolis e Teresópolis	20.020
Parque Estadual da Costa do Sol	Decreto nº 42.929, de 4/6/2011.	Araruama, Armação dos Búzios, Arraial do Cabo, Saquarema e São Pedro da Aldeia.	9.840,90

Fontes: IBGE Cidades. Atlas do Desenvolvimento Humano no Brasil (Pnud Brasil). Censo IBGE 2010. DATASUS (Agosto/2011). Fundação Ceperj (2010).
* Estes parques são os mais relevantes em termos de uso turístico, mas existem inúmeras outras áreas protegidas nestas regiões, entre as quais o Parque Nacional de Jurubatiba, ícone na conservação de restingas.

Tomando por base os principais municípios turísticos do estado em associação aos parques mencionados, o quadro 4 sistematiza resumidamente o perfil socioeconômico dos mesmos. É importante ressaltar que a maioria dos municípios se caracteriza por níveis relativamente elevados de IDH.[15] E, embora a população do Rio de Janeiro seja consideravelmente superior à dos demais municípios em análise, não se pode negligenciar o que parece ser reconhecida como uma tendência de expansão populacional na Costa do Sol nos próximos anos.

---

[15] Apenas considerado como médio o de Armação dos Búzios (0,791).

QUADRO 4
Síntese da dinâmica socioeconômica dos principais municípios indutores do turismo na área de inserção dos parques

Municípios/ parques	População residente	Área (km²) (2010)	IDH (2000)	PIB total (R$ mil) (2008)	PIB per capita (R$) (2008)	Est. hospedagem (2009)	ICMS verde (2010)	Principais atividades econômicas
Rio de Janeiro/ PARNA Tijuca e PE Pedra Branca	6.320.446	1.200,28	0,842	154.777.301	25.121,92	522	2.313.242,61	Comércio e serviços, turismo, indústria
Niterói/ PE Serra da Tiririca	487.562	133,916	0,886	1.179.690	19.317,72	54	2.471.206,72	Comércio e serviços, turismo
Petrópolis/ PARNA Serra dos Órgãos	295.917	795,798	0,804	5.432,594	17.369,52	86	2.151.732,87	Turismo, agricultura, comércio e indústria
Armação de Búzios/PE da Costa do Sol/ Armação dos Búzios	27.560	70,278	0,791	1.471.343	53.115,19	251	993.334,26	Comércio e serviços, turismo

Fontes: IBGE Cidades. Atlas do Desenvolvimento Humano no Brasil (Pnud Brasil). Censo IBGE 2010. Datasus (agosto/2011). Fundação Ceperj (2010).

Concluindo, vimos neste capítulo que a atividade turística no Rio de Janeiro, apesar de concentrada na capital por razões ligadas à história e à imagem da cidade, é também importante no estado, em particular nas regiões Serrana e Costa do Sol. A atividade apresenta ainda potencial de desenvolvimento nas regiões da Costa Verde e do Ciclo de Café.

Os dados apresentados neste capítulo reforçam a importância econômica do setor de turismo no estado, mas também tendem a alertar para os riscos do desenvolvimento turístico. O aumento do fluxo turístico e a ampliação de infraestrutura com este objetivo geram impactos sociais e ambientais marcantes em ecossistemas de grande vulnerabilidade, muitos ainda habitados por populações tradicionais e sujeitos a um importante passivo social e de conflitos, alguns dos quais motivados por políticas públicas fragmentadas e um sistema normativo ainda pouco eficiente diante das pressões e da velocidade do mercado.

Assim, para que seja possível o desenvolvimento turístico em bases sustentáveis no estado, parece fundamental que se invista em uma lógica de transversalidade em políticas públicas e estratégias de planejamento de longo prazo, capazes de avaliar não apenas os benefícios econômicos resultantes do processo mas também os riscos socioambientais e as potencialidades e/ou especificidades culturais das regiões envolvidas, ainda pouco conhecidas e/ou articuladas com este objetivo. Isto porque o diferencial do Rio de Janeiro no plano do turismo global não se materializa simplesmente pela natureza exuberante ou o lugar-comum de "sol e praia", mas pela composição singular e única de natureza, cultura e modo de ser, uma marca no imaginário coletivo e uma "impressão digital" sem precedentes da identidade local.

Bibliografia

ABRAMO, L. *Desafios do Trabalho Decente nos Grandes Eventos* (Escritório da Organização Internacional do Trabalho no Brasil). In: OFICINA DE PROMOÇÃO DE TRABALHO DECENTE NOS GRANDES EVENTOS — COPA DO MUNDO FIFA 2014 E JOGOS OLÍMPICOS DE 2016, Rio de Janeiro, 2014. Disponível em < http://www.oit.org.br/sites/default/files/topic/gender/doc/trabalho%20decente%20mega%20eventos-%20rio%20de%20janeiro%2030jan14_1125.pdf >. Acesso em: 24 maio 2014.

ATLAS DO DESENVOLVIMENTO HUMANO NO BRASIL (PNUD Brasil). Disponível em < http://www.pnud.org.br/IDH/Atlas2013.aspx?indiceAccordion=1&li=li_Atlas2013 >. Acesso em: 26 maio 2014.

BRASIL. *Diretrizes do Programa Nacional de Municipalização do Turismo*. Brasília, DF: EMBRATUR, 1999.

_____. *Plano Nacional de Cultura (PNC) 2010/2020*. Brasília: Ministério da Cultura, 2010.

_____. *Plano Nacional de Turismo (PNT) 2013/2016*. Brasília: Ministério do Turismo. 2013.

BRITTO, J. *Arranjos produtivos locais:* perfil das concentrações de atividades econômicas no estado do Rio de Janeiro. Rio de Janeiro: SEBRAE/RJ, 2004.

BRUNDTLAND, G. H. *Nosso futuro comum*. Rio de Janeiro: Editora FGV, 1991.

CEPERJ. *Fundação Centro Estadual de Estatísticas, Pesquisas e Formação de Servidores Públicos do Rio de Janeiro*. Disponível em < http://www.ceperj.rj.gov.br/ >. Acesso em: 20 maio 2014.

CHRIST, C. *et al*. *"Tourism and biodiversity: mapping tourism's global footprint"* (2003). Disponível em < http://www.unep.fr/shared/publications/pdf/WEBx0016xPA-TourismFootprint.pdf >. Acesso em: 20 maio 2014.

DATASUS (2011). *Portal da Saúde SUS*. Atualização das informações de Produção Ambulatorial de janeiro a agosto/2011. Disponível em < http://www2.datasus.gov.br/DATASUS/index.php?acao=11&id=26590 >. Acesso em: 24 maio 2014.

DAVIDSON, R. *Tourism in Europe*. Londres: Pitman Publishing, 1992.

FARIAS, S. A.; AGUIAR, E. C; KOVACS, M. H; ANDRADE, F. G. Imagen de los destinos turísticos en los portales gubernamentales Análisis de tres localidades brasileñas. *Estudios y Perspectivas en Turismo*, vol. 20 n. 6, 2011, p. 1-20.

FRATUCCI, Aguinaldo César. *O ordenamento territorial da atividade turística no estado do Rio de Janeiro:* processos de inserção dos lugares turísticos nas redes do turismo. 2000. 178 f. Dissertação (mestrado em geografia) — Instituto de Geociências, Universidade Federal Fluminense, Niterói-RJ. 2000.

_____. *A dimensão espacial nas políticas públicas brasileiras de turismo:* as possibilidades das redes regionais de turismo. 2008. 308f. Tese. (Doutorado em Geografia) — Universidade Federal Fluminense, Rio de Janeiro. 2008.

_____. *O processo de regionalização do turismo no estado do Rio de janeiro:* a formação da região turística das agulhas negras. 2006. 109f. Monografia (Especialização em Planejamento Turístico) — Centro Católica Virtual, Universidade Católica de Brasília, Brasília. 2006.

FUNDAÇÃO GETÚLIO VARGAS (FGV). *Boletim de Conjuntura do Turismo do Rio de Janeiro (2013)*. Disponível em < http://www.abeoc.org.br/2013/06/pesquisa-anual-de-conjuntura-economica-do-turismo-2013/ >. Acesso em: 26 maio 2014.

GOMES, J. C. (Org.). *Caderno de turismo do estado do Rio de Janeiro*: passaporte para o desenvolvimento do Estado. Rio de Janeiro: Fecomércio, 2010.

HASENCLEVER, L.; PARANHOS, J.; TORRES, R.; Desempenho Econômico do Rio de Janeiro: Trajetórias Passadas e Perspectivas Futuras. *DADOS — Revista de Ciências Sociais*, Rio de Janeiro, vol. 55, n. 3, 2012, p. 681 a 711.

JOAQUIM, G. Da Identidade à sustentabilidade ou a emergência do turismo Responsável. *Sociologia Problemas e Práticas*, n. 23, 1997.

IBGE. *Censo Demográfico 2010*. Disponível em: <http://www.censo2010.ibge.gov.br>. Acesso em: 27 maio 2014.

IRVING, M.A; OLIVEIRA, E. *Sustentabilidade e transformação social*. SENAC. Rio de Janeiro, 2012.

_____; _____; MORAES, E. A. Cidade maravilhosa? Interpretando a percepção do turista sobre o Rio de Janeiro. *Caderno Virtual de Turismo*. Rio de Janeiro, v. 11, n. 3, p.427-442, dez. 2011.

_____; BURSZTYN, I.; SANCHO, A. P.; MELO, M. G. Revisitando significados em sustentabilidade no planejamento turístico. *Caderno Virtual de Turismo*, v. 5, núm. 4, pp. 1-7. Universidade Federal do Rio de Janeiro Rio de Janeiro, Brasil, 2005.

_____; CORREA, F. V; CONTI, B. R; BOTELHO, E. S; PEIXOTO, S. Corcovado: reflexões sobre imaginários e impressões dos turistas no Parque Nacional da Tijuca (RJ) no contexto de valorização da cidade pela UNESCO. In: *Revista Brasileira de Ecoturismo*. São Paulo, v. 5, p. 464-481, 2012.

LAGE, B. H. C.; MILONE, P. C. *Economia do Turismo*. Campinas-SP: Papirus, 1991.

LA ROVERE, R.L.; PARANHOS, J. *Os Investimentos no estado do Rio de Janeiro e seus efeitos sobre as micro e pequenas empresas*. Rio de Janeiro: IETS/SEBRAE, 2011. Disponível em: http://arquivopdf.sebrae.com.br/uf/rio-de-janeiro/sebrae-no-rio-de-janeiro/estudos-e-pesquisas/estudo.pdf. Acesso em: 7 abr. 2014.

LESSA, C. *O Rio de todos os Brasis*. Rio de Janeiro: Record, 2001.

LIMA, V. M. S. *Turismo em Espaço Rural no estado do Rio de Janeiro: Olhares sobre a experiência da Região do Vale do Café*. Monografia (Pós-graduação lato sensu em Turismo: Planejamento, Gestão e Marketing). Universidade Católica de Brasília, Brasília, 2004.

MACHADO, M. B. T. Medo social e turismo no Rio de Janeiro. *TOURISM & MANAGEMENT STUDIES*, n. 8, p. 48-54, 2012.

MORIN, E. *La voie*: pour l'avenir de l'humanité. Paris: Fayard, 2011.

_____; KERN, A. B. *Terra-Pátria*. Porto Alegre: Sulina, 2000.

MOSCOVICI, S. *Natureza*: para pensar a ecologia. Rio de Janeiro: Mauad, 2007. (Coleção Eicos).

OSORIO, M. *Rio nacional, Rio local:* mitos e visões sobre a crise carioca e fluminense. Rio de Janeiro: SENAC, 2005.

SEPDET, Secretaria de Estado de Planejamento, Desenvolvimento Econômico e Turismo do Rio de Janeiro. *PLANTUR*: Plano Diretor de turismo do estado do Rio de Janeiro, 2001.

SETUR e TurisRio, Secretaria de Estado de Turismo e Companhia de Turismo do Estado do Rio de Janeiro. *A Política de Turismo do Estado do Rio de Janeiro diante dos grandes eventos, 2012*. 51 slides: color. Slides gerados a partir do software Power Point.

SINDRIO. Sindicato de Hotéis, Bares e Restaurantes do Rio de Janeiro. *Dados de Emprego, Estabelecimento e Renda do Setor Turismo (2000, 2006, 2011 e 2012)*. Rio de Janeiro: SINDRIO, novembro de 2013.

SOBRAL, B. L. B. *Metrópole do Rio e Projeto Nacional — Uma Estratégia de Desenvolvimento*. Rio de Janeiro: Garamond, 2013.

RUSCHMANN, D. V. de M. *Turismo e desenvolvimento sustentável*: A proteção do meio ambiente. Campinas, SP: Papirus, 1997. (Coleção Turismo)

TRIBE, J. *Economia do lazer e do turismo*. Rio de Janeiro: Manole, 2003.

UNESCO. *Decênio mundial para el desarrollo cultural*: 1988-1997. Disponível em: http://unesdoc.unesco.org/images/0008/000852/085291sb.pdf. Acesso em: jan. 2015.

UNITED NATIONS ENVIRONMENT PROGRAMME — UNEP. A Call to Action: Decisions and Ministerial Statement from the Second Meeting of the Conference of the Parties to the Convention on Biological Diversity. Jakarta, 1995.

WORLD TOURISM ORGANIZATION (WTO). *Sustainable tourism development*. 2003.

WTTC. *Agenda 21 for the Travel & Tourism Industry:* Towards Environmentally Sustainable Development Progress. Report n. 1. WTTC: Londres, 1998.

Esporte e lazer

Luiz Martins de Melo

O TÍTULO DO capítulo pode ser enganoso. Ao receber a denominação esporte e lazer, induz o leitor a imaginar que toda atividade relacionada ao lazer estará sendo analisada e relacionada ao esporte. Não é este o objetivo. O lazer em geral, como assistir à televisão, ir ao teatro, ao cinema, à praia, ao parque etc., está fora de seu escopo. Assim, será analisada apenas a atividade de lazer diretamente relacionada ao esporte.

As condições que levam a atividade física, o lazer esportivo, a se transformar em outra atividade distinta, o esporte, têm uma dupla face, o lazer do espectador do espetáculo esportivo e a atividade voltada para a competição, a produção e o lucro, que é o esporte. Este é o ponto central da análise que será desenvolvida.

O lazer é um conjunto de ações e atitudes que ultrapassa muito o esporte, a atividade feita nas horas de ócio. Portanto, também teremos que traçar uma linha demarcatória entre esporte e atividade física ou educação física.

A primeira diferença diz respeito à competição. Em geral o esporte pressupõe uma elevada intensidade de pressão competitiva por resultado. Este resultado é gerado pela valorização do atleta e da sua equipe no esporte coletivo. A tensão é permanente e o atleta profissional está sempre atuando no seu limite físico e psicológico (mental). É uma atividade voltada diretamente para a realização de lucro e para a atratividade de mercado e audiência. A competição esportiva é a ponta visível de uma imensa cadeia produtiva que envolve empresas fornecedoras de produtos esportivos e serviços para a realização do espetáculo esportivo.

Na atividade física ou no lazer relacionado a ela, o nível de competição é muito baixo ou inexistente. A valorização da atividade física, do lazer, não vem da intensidade da competição, mas da satisfação pessoal, do relacionamento social e do relaxamento psicológico. A cerveja depois da pelada do fim de semana é mais importante do que o evento da atividade física em si. Este se realiza pela cerveja e pelo papo de depois do evento. Mesmo que seja necessária uma extensa cadeia produtiva que envolve fornecedores e clientes, o resultado para o praticante da atividade física não é um ganho monetário sob qualquer forma. É uma recompensa pessoal, uma satisfação ou um reconhecimento social. Isto não quer dizer que a cadeia produtiva, em alguns casos, não seja profissional e voltada para o lucro e para o mercado.

A segunda diferença é a incorporação da atividade física na esfera dos direitos de cidadania como parte integrante da educação e da saúde pública. Portanto, deve ser elaborada explicitamente uma política pública para ela.

O artigo vai procurar analisar esses dois aspectos do esporte e do lazer; o público e o privado. Na primeira parte analisará o aspecto da atividade física como um direito do cidadão. Na segunda parte apresentará a configuração da cadeia esportiva do espetáculo esportivo voltado para o lucro. Por último, algumas conclusões são apresentadas como propostas de política para ambas as dimensões analisadas no artigo, a pública e a privada.

As concepções desenvolvidas ao longo do texto, mesmo quando não explicitamente referidas à situação concreta do estado e da cidade do Rio de Janeiro, visam apontar direções para o escopo da política pública nessa região.

Atividade física como um direito da cidadania[1]

Em todos os países do mundo a atividade física realizada por lazer é a ponta mais visível de uma grande cadeia de atividades sociais e econô-

---

[1] A análise dessa parte do artigo está baseada em Melo (2001).

micas. Essa cadeia de produção e reprodução contínua das suas bases econômicas e sociais começa com a paixão do ser humano por alguma atividade que o tire da rotina do dia a dia de trabalho e, ao mesmo tempo, lhe traga alguma recompensa pessoal em termos de prazer.

A recompensa pessoal advinda do lazer esportivo pode ser o reconhecimento da comunidade local pela sua destreza em alguma atividade física ou a capacidade de organizar a comunidade para essas atividades. É importante notar que nem todos têm a mesma capacidade física. Portanto, existe também um espaço a ser preenchido por aqueles que não se destacam na prática de atividades físicas: o espaço da organização dos eventos.

Esta forma de lazer, diferenciada da outra, é tão importante quanto a primeira. Seria possível a pelada de fim de semana sem alguém que recolhesse o dinheiro para comprar os uniformes, a bola e providenciasse o local e o horário da pelada?

O exemplo da pelada serve como indicação de que existe outra diferença entre as formas de lazer esportivo: o individual e o coletivo. No lazer individual basta a relação do cidadão com o meio ambiente para a realização do lazer. O surfe, o *windsurf*, o *bodyboarding*, a natação, a corrida e a caminhada só necessitam desta condição. O próprio ato em si do lazer já o organiza. É necessário somente que se tenha o equipamento adequado para a sua prática.

No lazer esportivo coletivo a existência do outro ou dos outros é a condição básica para a sua realização. Ninguém joga futebol, vôlei ou basquete sozinho. Da mesma forma que ninguém pratica artes marciais sozinho. É necessária a existência do adversário, individual ou coletivo.

Enquanto na prática esportiva coletiva o objetivo é a superação do adversário, na individual se trata de superar a natureza.

Não estamos querendo dizer com isso que praticar surfe ou *windsurf* solitariamente é melhor do que com vários outros praticantes ao seu lado. Estamos apenas ressaltando o lado social ou individual da natureza da atividade esportiva do lazer, e as distintas implicações que isso tem para a organização dessas atividades.

Se definirmos a atividade física como uma forma de conhecimento do mundo através do relacionamento do corpo com a realidade exterior,[2] ela se transforma em um forte vínculo entre o indivíduo e seu meio social. É um fator de civilidade extremamente importante. Ensina regras de convivência social e permite um claro reconhecimento dos limites individuais e sociais. Ensina a conhecer a si, o outro e os outros, no sentido de que a existência precede a essência, isto é, a consciência não é algo distinto do corpo (Sartre, 1987:5).

O lazer esportivo se enquadra perfeitamente neste conceito de auto-conhecimento e conhecimento dos outros. É interessante assinalar aqui a famosa imagem dos surfistas, divulgada em vários meios de comunicação, como pessoas de pouco vocabulário ou com uma forma especial de comunicação pouco acessível aos não iniciados na prática do surfe. Não viria essa forma especial de comunicação da própria natureza da atividade, em que, para praticá-la, é necessário ficar horas e horas no mar à espera da onda? Onde é mais importante prestar atenção no mar do que nas pessoas.

Isto não quer dizer que os surfistas sejam alienados ou não conheçam o ambiente no qual estão inseridos. Apenas quer dizer que sua forma de apreensão da realidade passa pela relação mais forte que eles têm com o mar e o surfe.

Se aprofundarmos um pouco mais esta análise, podemos notar que duas coisas, exteriores ao surfista, são fundamentais para a boa prática do lazer: as condições do mar e a prancha.

A produção do lazer surfista, do *bodyboarder* ou do windsurfista depende da natureza (o mar) e da produção industrial das pranchas. A primeira condição está fora de controle do homem. A segunda é perfeitamente controlável, pois como todo produto industrial dependerá do processo de produção e do *design* do produto. O primeiro garantirá a qualidade da prancha; o segundo, qual o tipo que tem de ser usado para as diferentes espécies de ondas — pequenas, médias, grandes e gigantes.

---

[2] Lembre-se do lema da Grécia Antiga: o cidadão para ser completo tinha que ter "a mente sã em um corpo são."

Estamos diante de uma cadeia produtiva que tem uma linha de montagem e produtos diferenciados de acordo com o tipo de prática que o surfista deseja realizar. Se avançarmos um pouco mais na cadeia produtiva, veremos que já se produzem pranchas personalizadas para o estilo do surfista.

O que estamos tentando mostrar é que existe uma continuidade entre as atividades com alta tolerância ao erro, isto é, em que o lazer e o divertimento predominam; e aquelas com baixa tolerância ao erro, em que a competição e a excelência da performance predominam. A primeira é lazer esportivo. A segunda, o esporte profissional.[3] E a cadeia produtiva serve aos dois: para o lazer e para o esporte profissional.

Essas condições de prática da atividade esportiva, seja por lazer, seja profissionalmente,[4] constituem o *locus* privilegiado da ação humana nessas atividades. Arrumar o campo de pelada significa definir o local e a hora do evento. Além disso, permite que uma série de serviços secundários ao serviço principal — local, hora, bola, uniforme e escalar os times — sejam organizados para a completa realização do lazer: o vendedor de refrigerante e cerveja, o pagode, o churrasquinho etc.

Podemos comparar essa precária prestação de serviços, com a sofisticada cadeia da produção do espetáculo esportivo:[5] treinamento, assistência médica, alimentação regulada, campo bem-tratado, concentração em hotéis, uniformes com materiais especiais, estádios com infraestrutura de alimentação, estacionamento, lugares marcados etc.

Estamos lidando em ambos os casos com a mesma cadeia de produção, variando apenas a sua complexidade e sofisticação. Isto não quer dizer que este seja um problema trivial.[6] A diferença entre o amadorismo e o profissionalismo é grande. O que os une é a paixão pela atividade

---

[3] O esporte é sempre profissional, pelo menos no desejo do atleta. A performance está sempre na dependência de treinamento intensivo e diário. Deixa de ser lazer para se transformar em trabalho.

[4] É importante lembrar que um dos fatores de bom desempenho dos atletas de alto nível é que eles não percam o prazer de praticar o esporte, em face das inúmeras pressões a que estão submetidos.

[5] O que se está chamando popularmente de "padrão Fifa".

[6] Este tema foi abordado no trabalho anterior do autor nesta pesquisa.

que está sendo realizada. Não existe esporte sem torcida apaixonada, da mesma forma que o lazer só se organiza pela paixão dos seus praticantes.

A questão que surge aqui é se o lazer esportivo é uma forma de cópia do esporte profissional, no qual os praticantes procuram imitar seus ídolos, ou se ele é uma forma espontânea de socialização.

A resposta a essa questão é bastante difícil. A observação empírica nos diz que, em primeiro lugar, os esportes mais populares são aqueles que a população mais pratica espontaneamente. Em segundo lugar, vêm os esportes que podem ser praticados em locais de mais fácil acesso. Antigamente, quando a urbanização não tinha avançado tanto, os campos de várzea dominavam a prática do futebol nas camadas mais populares da sociedade.[7] Hoje as praias estão substituindo os campos de várzea, pelo menos para boa parte da população das favelas da Zona Sul do Rio de Janeiro.

A praia, como um bem público livre, sem custo e de fácil acesso, passou a ser um palco de várias experiências de adaptação de movimentos de esportes profissionais para as condições locais. Mas para ganhar legitimidade e ampliar sua base de praticantes no início, os grandes ídolos esportivos foram seus principais divulgadores: Romário, Renato Gaúcho e Edmundo no futevôlei, Zico, Júnior e Edinho no futebol de praia e os jogadores e jogadoras da seleção masculina e feminina de voleibol nas duplas de vôlei de praia.

Portanto, existe um misto de criatividade e de necessidade de legitimação por parte da sociedade para que as atividades esportivas de lazer passem a subir na escala da valorização social das suas atividades.

A cadeia produtiva da atividade física e do esporte

O Brasil presenciou, nas últimas décadas, um fenômeno marcante e provavelmente irreversível: uma intensificação expressiva na mercantiliza-

---

[7] Alguns autores e cronistas esportivos na grande imprensa explicam uma boa parte da decadência técnica do futebol brasileiro por este motivo.

ção do universo esportivo. A prática e o consumo esportivos, de fato, ganharam uma grande importância social e econômica, mesmo nas regiões menos desenvolvidas do país. Ninguém ignora a expansão das academias de ginástica, musculação, natação e artes marciais, que se espalharam pelas principais cidades brasileiras. Da mesma forma, destaca-se o crescimento dos clubes associativos destinados às classes médias da população urbana, onde a prática esportiva é crescentemente difundida.

Por outro lado, o significativo crescimento das indústrias ligadas ao esporte (equipamentos, vestuário, calçados, complementos alimentares, entre outras) demonstra de forma inequívoca que a comercialização da atividade física e do esporte se enraizou na sociedade atual e constituiu uma rede de relações econômicas que se estabelecem em torno de uma atividade social. Essas relações se baseiam na produção e circulação de bens e serviços visando não apenas à satisfação de "necessidades sociais", mas principalmente a valorização de investimentos privados. Essa rede de interesses econômicos e de negócios que definimos na parte anterior deste trabalho, a interação de vários mercados e áreas de investimento e a sua integração em uma única direção, a valorização do espetáculo esportivo e do ídolo esportivo, fornece o impulso crucial para sua contínua reprodução: a expectativa de ascensão social para as populações mais carentes. O sonho de se tornar um ídolo os anima a investir em estratégias de sobrevivência que possam lhes dar um espaço de valorização social, mesmo que local, para que consigam reproduzir em seu universo algo da magia da vida dos seus grandes ídolos.

Analisar as dimensões econômicas dessas atividades significa explicitar os processos que têm levado à formação de um amplo complexo econômico em torno das cadeias produtivas das atividades físicas e do esporte, o que implica atuação integrada de vários mercados e oportunidades de investimento. Essa integração não é homogênea. Existem diferenças no potencial econômico dos diferentes esportes. Essas diferenças decorrem basicamente da capacidade de cada esporte transformar seu calendário de eventos em um espetáculo de massas presentes nas arenas ou assistentes pela mídia visual (televisão e internet). Esse processo de "espetacularização" define as potencialidades econômicas de cada esporte. Daí a importância dos megaeventos e dos esportes que fazem parte da sua programação e a permanente briga entre as federações esportivas específicas e, mais recentemente, entre as cidades para entrar na programação oficial e sediar esses eventos.

A comercialização da atividade física e do esporte tem impacto econômico e social no padrão de consumo dos diversos bens relacionados a essas cadeias produtivas, mas também na introdução de novas formas de lazer ligadas aos grandes eventos, de forma que cria uma nova área de prestação de serviços, desde a engenharia, passando pela alimentação, venda de ingressos e turismo.

Um exemplo bastante atual dessa cadeia de prestação de serviços pode ser visto na crescente presença de empresas na organização do espetáculo esportivo e na competição acirrada da mídia especializada pelo direito de reproduzir esses eventos. Essa disputa para aparecer na mídia aumenta a pressão por resultados. A pressão por resultados eleva o custo das equipes. Para cobrir os gastos com a folha de pagamentos a busca por novas fontes de receitas se intensifica. Para essa busca frenética de financiadores, surgiram várias empresas de consultoria de marketing e de gerenciamento de carreiras de atletas profissionais. A imagem dos clubes esportivos e dos atletas é o elemento básico do potencial futuro de sucesso. Esse processo acarretou uma enorme dependência do apoio financeiro dos patrocinadores e, em especial, das emissoras de televisão.

A perda do controle financeiro dos eventos esportivos pelas entidades, associações e clubes tem gerado um conflito entre o planejamento dos torneios e a programação dos jogos, que melhor atende às condições ideais para um bom rendimento esportivo e aos interesses de retorno financeiro das empresas que patrocinam os eventos. No limite, quando um dos lados é muito mais forte, esse conflito desgasta os atletas e a qualidade dos eventos e prejudica o próprio espetáculo, como é o caso atual do futebol no Brasil.

A modernização do esporte profissional no país, em especial do futebol, deve passar por uma completa reestruturação da cadeia produtiva do evento. Não basta ter modernas arenas, é preciso também profissionalizar a gestão dos clubes e das federações, as relações de trabalho e o modo como se comercializa o espetáculo. O monopólio atual de uma rede de televisão, na prática, transfere para essa empresa o calendário e a programação dos jogos em função da grade de programação, e não da atratividade do espetáculo para o público no estádio. Essa é uma das razões, entre outras, como a violência nos estádios, para a baixa presença de público e consequente perda de arrecadação dessa fonte, aumentando a dependência da venda dos direitos para a televisão.

Assim, um modelo de análise do complexo econômico-esportivo ou da economia do esporte deve trabalhar com três critérios fundamentais: profissionalização, estratégia de comercialização e exposição na mídia.

A profissionalização não se define apenas pela natureza do vínculo do atleta — amador ou profissional — com a prática. A profissionalização assume aqui uma dimensão mais ampla: refere-se ao funcionamento de toda a estrutura criada em torno da disputa de uma modalidade esportiva. O nível de profissionalização depende da capacidade de organizar um calendário anual e de comercializar seus principais eventos, e depende da forma como se estruturam as equipes ou os atletas em relação às condições de treinamento e preparação para as competições. Está associado ainda à natureza do financiamento necessário para realizar os torneios de âmbito regional e/ou nacional, e exige infraestrutura técnica e de instalações e recursos mínimos de apoio aos eventos.

Já a estratégia de comercialização implica considerar cada modalidade esportiva como potencialmente capaz de produzir espetáculos e auferir lucros com eles. Depende da dimensão e das características do público praticante (atividade física por lazer) e do fã consumidor desse esporte. Esse critério permite analisar as diferenças no processo de difusão da prática e de ampliação de mercados consumidores.

A exposição na mídia especializada (escrita, falada ou televisionada) ajuda a impulsionar ou a restringir o processo de profissionalização de uma modalidade esportiva e, ao mesmo tempo, condiciona sua estratégia de comercialização.

A presença de lógicas econômicas diferenciadas em cada esporte tem papel importante na caracterização do seu potencial econômico e na comparação desses potenciais.

Pode-se dizer que o potencial econômico de um esporte varia segundo a densidade de três parâmetros: o grau de profissionalização, o nível de exposição na mídia e as dimensões e características do público. Modalidades esportivas com alto grau de profissionalização têm maior potencial de comercialização: quanto maior a exposição na mídia, mais ampla a possibilidade de capitalização do esporte; quanto maior é o público que pratica ou acompanha as competições da modalidade, tanto mais forte é seu poder de atrair patrocínios e servir ao marketing esportivo.

Na avaliação do potencial econômico de um esporte, a presença de atletas tidos como acima da média e um alto nível de competitividade internacional podem ter um efeito positivo. Esses dois fatores despertam maior interesse do público esportivo e da mídia especializada, o que aumenta o grau de exposição da modalidade.

Os chamados megaeventos, como a Copa do Mundo de Futebol e os Jogos Olímpicos, são a forma moderna da valorização política, social e econômica do esporte. Para o país ou cidade que os sedia, essas grandes competições deixam legados: além dos impactos sociais, ambientais e esportivos, há o impacto econômico, com geração de empregos, construção de instalações esportivas (estádios e outras áreas especializadas) e diversas melhorias na infraestrutura pública (transporte, saneamento, segurança, moradia etc.).

A realização de um megaevento pode ser um catalisador de mudanças para uma região (cidade, estado ou país). Os investimentos públicos, ou feitos com benefícios fiscais, necessários a competições de grande porte devem retornar aos cidadãos. O legado social e ambiental inclui todos os impactos no espaço urbano, incluindo educação, saúde, emprego, transporte e construções sustentáveis.

Finalmente, cabe considerar que os esportes e a prática esportiva devem estar abertos à participação de todos. O esporte de alto rendimento e o alto nível de competitividade do país devem se originar da universalização da atividade esportiva. Para que isso seja possível, é necessário integrar, de modo sistemático, as escolas, os programas públicos e privados e as confederações, federações e associações.

238 | UMA AGENDA PARA O RIO DE JANEIRO

Uma proposta para análise da atividade física e do esporte

A presença de lógicas econômicas diferenciadas no interior de cada esporte tem um papel importante no seu potencial econômico específico.

O potencial de comercialização depende de três variáveis: profissionalização da cadeia produtiva, potencial de exposição na mídia e tamanho e características do público.

Quanto maior a profissionalização da cadeia produtiva de um esporte, maior o potencial de comercialização do seu evento e dos produtos relacionados e ele. Da mesma forma, quanto maior o grau de exposição na mídia, maior a possibilidade de auferir receitas e de se capitalizar de cada esporte. E quanto maior o público que praticar a atividade física básica desse esporte ou acompanhar suas competições, maior a capacidade de atrair patrocínios e projetos de marketing esportivo. A presença de atletas de alto nível internacional tem um impacto positivo sobre o potencial de comercialização do esporte, pelo aumento do número de praticantes e do grau de exposição da mídia.

Essas três variáveis estão interligadas. A capacidade de um esporte gerar receitas é diretamente proporcional ao estágio de desenvolvimento no tempo de cada uma dessas variáveis. Um exemplo dessa interligação foi o aumento de praticantes de tênis no Brasil durante o auge da atuação do Gustavo Kuerten (Guga). Porém, a ausência de uma estrutura profissional na direção desse esporte no Brasil levou a que esse potencial não se realizasse.

Os distintos potenciais de comercialização e de estratégias de marketing podem se diferenciar inclusive no interior de cada esporte. Como em todo esforço de classificação, os critérios utilizados não esgotam as possibilidades de análise do potencial econômico de cada esporte. Deve-se estar sempre aberto para outras variáveis que poderão ser agregadas à análise sempre que estas a tornarem mais ricas.

A análise que está sendo desenvolvida procura incluir a atividade física e o lazer esportivo em um mesmo modelo interpretativo, um conjunto de processos e práticas sociais e econômicas associado ao espetáculo esportivo, a ponta mais visível da cadeia produtiva, e que, inclusive, também produz fenômenos culturais.

Não se tem a pretensão de analisar esse imenso universo social, econômico e cultural da atividade esportiva. O centro da análise aqui desenvolvida é a vinculação do processo de geração da atividade esportiva com a produção e o consumo capitalistas. A prioridade para o enfoque econômico e para a comercialização do espetáculo esportivo é o corte analítico adotado no trabalho.

A cadeia produtiva do esporte se organiza em torno desses processos, uma rede de relações econômicas que se estabelecem em torno de uma atividade econômica e social. Essas relações estão baseadas na produção e circulação de bens e serviços, que. em menor parte, satisfazem necessidades socialmente definidas (pelada de fim de semana, o *skate* na rua, a corrida ou a andada matinal), mas principalmente a busca de valorização para o capital investido em cada evento esportivo e em cada esporte.

As dimensões econômicas do esporte no Brasil e no Rio de Janeiro constituem várias cadeias esportivas interligadas em processo de valorização do investimento nos vários mercados que a constituem.

Assim, cada esporte deve ser considerado uma unidade relativamente autônoma e merecer uma análise em separado. Ainda que todas as modalidades estejam submetidas às determinações econômicas, culturais e sociais já referidas, cada esporte possui uma história própria e, portanto, uma forma peculiar de inserção na cadeia produtiva específica no processo geral de valorização dos capitais investidos. Essa autonomia é relativa, dado que o capital sempre vai em busca das melhores oportunidades de rentabilidade do capital investido.

Como cada esporte se insere em um processo de consumo de massas, é necessário analisar cada esporte no centro de uma cadeia produtiva e examinar as relações que se estabelecem na reprodução dessa cadeia. Isso implica ir além das dimensões econômicas (profissionalização, nível de organização empresarial, relações com os setores industriais, comerciais e com a mídia, investimentos em infraestrutura), mas também sociais (extensão do público, qualificação do público por sexo, idade, etnia, possibilidade de ascensão social) e culturais (aspectos educacionais, valores e hábitos associados a prestígio social, constituição de modelos etc.).

Além disso, ainda existe variável técnica de cada esporte que também constitui um elemento diferenciador, seja das possibilidades de comercialização ou do seu espetáculo. Na situação atual em que a mídia visual é a determinante da capacidade de difusão entre as massas de cada esporte, a adaptabilidade à mídia do espetáculo é decisiva para a sua popularização, atração de financiadores e aumento de público. Vários esportes, como voleibol e tênis, tiveram que alterar as regras de competição para melhor adaptação à televisão.

Por último, mas não menos importante, um esporte deve ser capaz de pagar seus custos através de todas as formas de captação disponíveis. Em particular o pagamento dos salários ou gratificações aos atletas, gastos com treinamento e hospedagem das equipes, organização de torneios, entre outros. No Brasil esse detalhe é crucial. No caso do futebol, vários clubes não geram receitas suficientes para sua sustentabilidade financeira. Não só atrasam salários como não pagam os impostos. Não se preocupam com a qualidade do espetáculo, cujo principal ator é o atleta. Como disse um famoso jogador em entrevista a um repórter sobre o atraso salarial: "eles fingem que me pagam e eu finjo que jogo".

Isso é o oposto do profissionalismo. A história recente de vários esportes no Brasil e no Rio de Janeiro reproduz um sistema de relações econômicas e sociais muito distante do moderno capitalismo gerencial. Nesta abordagem, os mecanismos de financiamento jogam um papel fundamental, e na passagem das formas mais tradicionais para as mais profissionais está incorporado um conjunto de interesses, muitas vezes contraditórios, que fazem com que o processo de modernização não seja linear nem homogêneo e mantenha a modernização em estágios diferenciados em cada caso.

Esporte, lazer e megaeventos

Uma das vertentes mais populares na área de políticas urbanas, especialmente a partir dos anos 1980, tem sido associar a realização de megaeventos com a modernização urbana. A ideia central por trás dessa abordagem é a competição entre as cidades e regiões por recursos que as diferenciem em um mundo cada vez mais globalizado. E, sendo vencedoras nessa competição, essas cidades ou regiões seriam beneficiadas com o legado desses megaeventos e um aumento das condições de sua sustentabilidade.

Legado seria o que esses megaeventos deixam ao país, à região e à região metropolitana que os sedia. Sustentabilidade diz respeito à permanência desse legado no tempo e como a integração dos diversos aspectos do legado forma um todo compatível e coerente com a urbanização da cidade.

Não existem condições para desenvolver a análise do legado dos megaeventos neste artigo. Em Melo (2014) essa análise é desenvolvida com base em três legados: o urbano, o econômico e o esportivo. Dado o escopo da análise realizada neste trabalho, o legado esportivo dos megaeventos será discutido.

Os equipamentos construídos por ocasião dos jogos, na maioria dos casos, formam uma infraestrutura cara e monumental para o evento, mas, assim que este acaba, dificilmente encontra-se um uso que justifique seu custo de construção e operação. Exemplo recente é o parque aquático dos jogos de Pequim, que foi transformado numa piscina pública. Os estádios muitas vezes continuam a ser usados, mas raramente ocupam a sua capacidade, tornando-se "elefantes brancos" com altos custos de manutenção em países com renda *per capita* inferior à dos desenvolvidos, para onde eles foram projetados. Apesar de se argumentar que a construção de equipamentos pode revitalizar áreas degradadas, isso precisa ser feito levando em conta a paisagem urbana e sua integração com as construções olímpicas. O Estádio Ninho do Pássaro, em Pequim, foi construído cercado por um grande parque e servido pela rede de metrô. Esse parque, hoje em dia, é pouquíssimo frequentado, assim como o estádio. Na África do Sul, estádios foram construídos em meio a vias expressas automotivas, longe de centros residenciais ou comerciais, tornando-se igualmente abandonados em seus entornos após os jogos.

A Federação Internacional de Futebol Associado (Fifa) e o Comitê Olímpico Internacional (COI) detêm o monopólio dos direitos de exploração das imagens e das receitas dos principais megaeventos esportivos mundiais. Esses eventos são suas principais fontes de receitas e formam a base para a formulação dos seus planos de marketing e a garantia para seus patrocinadores.[8]

Esse monopólio e as regras contratuais daí derivadas que os países e cidades que vão sediar esses eventos assinam são praticamente uma intervenção branca na legislação nacional. Todos os direitos que entram em conflito com as garantias legais assumidas pela Fifa e pelo COI com seus patrocinadores passam em substituição à legislação local. Os países e os governos regionais têm que alterar a sua legislação para adaptá-la aos requisitos legais do contrato assinado e assumir os possíveis riscos dos prejuízos futuros. A Fifa e o COI recebem os bilhões de dólares, principalmente das televisões, e não pagam pelas instalações esportivas, infraestrutura, segurança etc. dos eventos. A África do Sul recebeu US\$ 500 milhões como participação nas receitas da Copa do Mundo. A Fifa aproximadamente US\$ 3 bilhões.[9]

Tanto a Fifa quanto o COI são entidades autocráticas dominadas pelo eurocentrismo. Existe uma enorme concentração de poder e um número ilimitado de reeleições dos seus dirigentes máximos. Essa autocracia não convive bem com as democracias, como ficou demonstrado nas manifestações dos seus dirigentes com relação ao andamento das obras nos estádios brasileiros.

O eurocentrismo faz com que todas as especificações técnicas dos estádios, arenas e instalações esportivas tenham como parâmetros a realidade econômica e social dos países desenvolvidos. Esses países já contam com toda rede de infraestrutura de serviços públicos construída e, em

---

[8] A estimativa é de que aproximadamente 90% das receitas da Fifa e do COI dependem diretamente dos megaeventos.

[9] A estimativa da Fifa para o Mundial de 2014 para receita de direitos de transmissão, patrocínio e licenciamentos chega a cerca de R\$ 10 bilhões, 36% maior que o faturamento com a Copa do Mundo da África do Sul 2010 e 110% superior ao da Alemanha, em 2006. Os direitos de transmissão são a maior fonte de receita da Fifa, seguida pelo patrocínio. Para a Copa do Mundo 2014, a entidade conta com o apoio de 20 empresas para promover o evento. Disponível em: <http://esportes.r7.com/futebol/noticias/fifa-vai-ter-lucro-de-r-10-bilhoes-com-copa-do-mundo-20130327.html>. Acessado em: 25 jun. 2013, às 11:42.

muitos casos, de estádios e instalações esportivas, e apenas alguns ajustes precisariam ser feitos. A renda *per capita* também torna acessível para grande parte da população os ingressos para as competições esportivas, que de modo geral já são realizadas nesses países.

Um argumento frequentemente usado a favor da realização de megaeventos é o fato de que promovem uma maciça exposição midiática das suas sedes em um curto período, o que poderia fazer com que turistas e investidores fossem atraídos para dar sustentabilidade no longo prazo. Esse argumento, no entanto, é controverso. Em muitos casos, como Londres e Paris, a cidade já está no "mapa" internacional. Em outros, ela não teria como se beneficiar da exposição internacional por ter pouca vocação para o turismo, como no caso de Atlanta. O caso paradigmático é Barcelona. Mas teria o Rio de Janeiro condições políticas de reproduzir Barcelona?

Não cabe neste artigo aprofundar as relações entre a infraestrutura de transportes, modernamente denominada mobilidade urbana, e os eventos esportivos, porém, cumpre ressaltar os percalços para uma cidade com carência desses serviços, representados, por exemplo, pela necessidade de decretar feriado na cidade do Rio de Janeiro em jogos da Copa do Mundo, que nem eram do Brasil, para evitar congestionamentos gigantescos.[10]

A resposta a essa pergunta passa por vários temas interligados. Em primeiro lugar, a revolução das comunicações e da informática da virada do século XXI possibilita a transmissão em tempo real dos megaeventos para espectadores do mundo inteiro, gerando enormes receitas publicitárias para os comitês organizadores e patrocinadores, a despeito da renda diminuta dos países-sede. Em segundo, a proximidade entre os interesses da mídia, do esporte e das grandes empresas, materializando-se num pacote de monopólios, seria vantajosa em locais pouco desenvolvidos, ainda relativamente "virgens" dessa fase do capitalismo internacional.

---

[10] "Feriado: Errou a Prefeitura do Rio ao decretar feriado, a partir do meio-dia, quando o Maracanã abrigaria o jogo entre Espanha e Chile, às 16h. O *rush* dos trabalhadores se sobrepôs ao deslocamento dos torcedores. O metrô quase foi ao colapso". Blog da Flávia de Oliveira, *O Globo*, 21 jun. 2014.

Por fim, a própria avidez dos países por sediar esses eventos, oferecendo propostas grandiosas apesar da controvérsia em torno de seus benefícios.

Porém, a ambiguidade dos resultados dos estudos de impacto econômico[11] e das consequências de longo prazo dos megaeventos faz com que as razões políticas e de marketing, nem sempre baseadas em fatos concretos, sejam os determinantes para se entender a opção das cidades dos países em desenvolvimento para sediá-los. Assim, essa disposição adviria da crença de que esses megaeventos teriam a capacidade de "carimbá-los" como espaços globais e pertencentes ao mapa dos locais economicamente relevantes do globo. Além disso, haveria nesses eventos uma oportunidade de "marca mundial de qualidade" para os países e cidades-sede: o país ou a cidade e suas marcas seriam promovidas de forma ostensiva durante o evento, beneficiando seu parque industrial e turístico. Finalmente, haveria o intangível, uma melhora no humor e orgulho cívico da população decorrente da demonstração de ser capaz de receber o evento. As recentes manifestações nas principais cidades brasileiras mostraram que isso é mais desejo do que realidade.

Outro aspecto importante do legado de longo prazo dos megaeventos é a política pública para o desenvolvimento do esporte. A democratização do acesso à prática esportiva (educação física) é um direito fundamental da construção da cidadania.

Por último, porém não menos importante, cabe registrar a necessidade de uma política direcionada para o aproveitamento da infraestrutura esportiva construída, para evitar que eles se transformem em elefantes brancos. Em países de baixa ou média renda *per capita*, é difícil que se encontrem as condições de sustentabilidade econômica e financeira das arenas e estádios construídos para os Jogos Olímpicos e a Copa do Mundo. Estes são projetados para a realidade dos países desenvolvidos e incorporam em seus projetos de engenharia as condições econômicas e sociais desses países, o que encarece sobremaneira a sua manutenção em países mais pobres.

---

[11] Sobre o impacto dos megaeventos na economia nacional, consultar: Hagn and Maennig (2008, 2009); Humphreys e Zimbalist (2008); Jasmand e Maennig (2008); e Zimbalist (2010).

Até o momento não se conhece uma política pública estruturante para o esporte e a atividade física, nem para o uso após os megaeventos das instalações esportivas construídas.

Conclusão

O importante a reter da análise realizada é que existe uma clara diferença entre o que definimos como atividade física e esporte. A primeira deve ser o objeto por excelência da política pública. A segunda é negócio, faturamento, lucro, e, indevidamente, surge como "meio de inclusão social", como se todos não estivessem incluídos no capitalismo, formal e informalmente.

Elaborar uma política pública de atividade física passa necessariamente pelos problemas de mobilidade urbana que afetam a todos, mas têm maiores impactos negativos no deslocamento de crianças e adolescentes para a prática esportiva. O Rio de Janeiro já ultrapassou São Paulo em tempo médio de deslocamento. Isso restringe as possibilidades da prática esportiva. A infraestrutura social é decisiva para a disseminação dessa prática. Quanto mais distante da comercialização e da exposição na mídia, mais importante é a presença da política pública para a disseminação da atividade física, isto é, educação, saúde e cidadania.

O setor privado escolherá os esportes que mais lhe garantam retorno financeiro e de marketing. Essa escolha é restritiva por sua própria natureza. Essa é regra do jogo. A escolha, por esses critérios, se dará naqueles esportes com maior poder de comercialização e exposição na mídia, que oferecem maior potencial de rentabilidade.

A política pública tem que ir em direção à ampliação das possibilidades da prática esportiva, e formar a base da cidadania pela educação física. A escola é o local onde essa implantação da política pública de atividade física deve acontecer, e o esporte de alto nível não deve ser prioridade dessa política. A ação pública deve ser no sentido de criar as condições para o espetáculo esportivo, e não financiá-lo.

A política pública para a atividade física deve dotar as escolas públicas de equipamentos esportivos adequados. Nos Centros de Educação Integrados (Cieps) essas condições já existem. O que não existe é a escola em horário integral e a valorização.

Também seria importante nessa política que a atividade física pudesse ser realizada nos equipamentos públicos nas escolas nos fins de semana. Seria um fator de lazer e convívio social nas comunidades mais carentes e de valorização social dos participantes.

As competições entre as escolas públicas poderiam ser um fator de incentivo para a atividade física ser valorizada nessas escolas.

As políticas de atividade física, por sua transversalidade, devem estar necessariamente integradas com as demais políticas públicas, como saúde, transporte, meio ambiente etc.

Os megaeventos são vistos por países em desenvolvimento como uma oportunidade de melhorar as infraestruturas sociais, ambientais, entre outras. Estes melhoramentos se constituiriam nas principais características de seu legado. Essa infraestrutura de transporte público, saneamento e habitação, dadas as carências dos Brics, relativas aos países desenvolvidos, deveria ser o centro das políticas públicas centradas na realização dos megaeventos, por estarem relacionadas ao aproveitamento urbanístico integrador da cidade ou cidades em que estes se realizam. Para isso, seria fundamental que privilegiassem os sítios urbanos mais carentes e degradados e se voltassem para a construção de uma logística de transporte urbano baseada na integração dos diferentes modais e na construção de redes ligando esses sistemas.

Outro aspecto importante do legado de longo prazo dos megaeventos é a política pública para o desenvolvimento do esporte. A democratização do acesso da população à prática esportiva (educação física) é um direito fundamental da construção da cidadania.

Qual será o legado para o Rio de Janeiro em termos de política pública para a atividade física? Se existem grandes dúvidas sobre o legado da logística de serviços públicos, sobre a política pública para a atividade física não há nenhuma dúvida: ela não existe.

Cabe registrar a necessidade de uma política pública direcionada ao aproveitamento da infraestrutura esportiva construída, para evitar que as construções se transformem em elefantes brancos. Em países de baixa ou média renda *per capita*, como os Brics, é difícil que se encontrem as condições de sustentabilidade econômica e financeira das arenas e estádios construídos para os Jogos Olímpicos e a Copa do Mundo. Estes são projetados para a realidade dos países desenvolvidos e incorporam em seus projetos de engenharia as condições econômicas e sociais desses países, o que encarece sobremaneira a sua manutenção em países mais pobres.

Os megaeventos (Copa do Mundo de Futebol e Jogos Olímpicos) são a forma moderna da valorização política, social e econômica do esporte. O legado é o que esses eventos deixam ao país que os sedia: o impacto econômico, a geração de empregos, os estádios e toda a infraestrutura construída no país junto dos legados social, ambiental e esportivo. A realização de um megaevento pode ser um catalisador de mudanças para uma região (cidade, estado ou país). Os investimentos públicos ou feitos com benefícios fiscais devem retornar aos cidadãos. A prática esportiva e o esporte devem possibilitar a participação de todos. O esporte de alto rendimento deve ser fruto da universalização da atividade esportiva e, de forma sistêmica, integrar escola, programas e federações.

Se o processo for assim realizado, a prática esportiva, o esporte e o lazer podem ser elementos para uma política pública democrática. O problema para a realização desse objetivo é que o projeto e o planejamento da realização dos Jogos Olímpicos na cidade do Rio de Janeiro não tiveram como premissa básica incorporar o evento à cidade, e sim a cidade ao evento. As intervenções urbanas estão voltadas para resolver os gargalos para os Jogos Olímpicos, e não os da cidade. Essa é a ideia central da concepção neoliberal da "urbanização competitiva", da disputa entre as grandes cidades do mundo para a realização dos grandes eventos.

O resultado dessa estratégia vai ser o mesmo já ocorrido no Pan-Americano de 2007, no Rio de Janeiro, e na Copa do Mundo: um evento muito bem-sucedido esportivamente, porém com um pobre legado esportivo e urbano para a cidade e sua população.

Bibliografia

HAGN, F.; Maennig, W. "Employment Effects of the Football World Cup 1974 in Germany," *Labour Economics*, vol. 15, n. 5, pp. 1062–75, 2008.

_____. "Large Sport Events and Unemployment: The Case of the 2006 Soccer World Cup in Germany," *Applied Economics,* vol. 41, n. 25, pp. 3295–302, 2009.

HUMPHREYS, B.; Zimbalist, A. The Financing and Economic Impact of the Olympic Games. Humphreys, Brad; Howard, Dennis (Eds.). *The Business of Sports*, vol. 1. Connecticut: Praeger, 2008.

JASMAND, S.; Maennig, W. Regional Income and Employment Effects of the 1972, Munich Summer Olympic Games, *Regional Studies*, Vol. 42.7, pp. 991–1002, Ago., 2008.

MATHESON, V. *Economic Multipliers and Mega-Event Analysis, International Journal of Sport Finance,* vol. 4, n. 1, pp. 63–70, 2009.

MELO, L. M. *Esporte como um meio para o desenvolvimento econômico e social.* IE/UFRJ. Mimeo., 2001.

MELO, L. M. Qual o legado dos megaeventos? In: *Sustentabilidade, Governança e Megaeventos:* estudo de caso dos Jogos Olímpicos. Rio de Janeiro: Elsevier, 2014. p. 179-194.

SARTRE, J. P. *O existencialismo é um humanismo.* São Paulo: Nova Cultural, 1987.

ZIMBALIST, A. "Is It Worth It?" *Finance & Development*, pp. 9-1, Mar., 2010.

Internet

www.fifa.com.br
www.olympic.org
www. sportbusiness.com.br

Finanças públicas do estado e dos municípios do Rio de Janeiro

Paula Alexandra Nazareth
Marcos Ferreira da Silva
Nina Quintanilha Araújo

O PROPÓSITO DESTE capítulo é analisar a situação atual das finanças públicas do estado e dos municípios do Rio de Janeiro, buscando conhecer as principais fontes de financiamento com as quais contam, e em que áreas aplicam os recursos.

Na primeira parte, utilizando dados de receitas e despesas de 2012,[1] são analisadas as receitas próprias, com destaque para as tributárias, as transferências intergovernamentais e as demais receitas que compõem os respectivos orçamentos.

No que diz respeito à receita dos municípios, o trabalho propõe avançar no entendimento do sistema de repartição fiscal no Rio de Janeiro, apresentando-se em separado, em virtude do tamanho do seu orçamento e do elevado peso no conjunto, os dados da capital daqueles relativos aos 91 municípios do interior. Busca-se, com a análise proposta, contribuir para a avaliação da efetividade do sistema para a redução das desigualdades regionais, proporcionando condições equivalentes para que os muni-

---

[1] Ano mais recente para o qual estavam disponíveis informações de todos os entes no momento da elaboração deste artigo.

cípios possam executar as políticas públicas sob sua responsabilidade, em especial nas áreas sociais.

De fato, a tendência à concentração da arrecadação no nível central (superior) de governo[2] em federações como a brasileira, aliada à descentralização de encargos, torna necessária e fundamental a transferência de recursos para ajustar verticalmente a capacidade de gasto de cada nível de governo. Assim, a soma da receita tributária diretamente arrecadada com as transferências intergovernamentais constitui a totalidade de recursos que são recebidos de forma permanente (e discricionária) pelos entes federativos, aos quais se agregam ainda as demais receitas que integram os orçamentos,[3] como se detalhará adiante.

No caso brasileiro, em face da marcada heterogeneidade geográfica, econômica e social entre os entes e regiões do país — que se reflete em desigualdades nas bases tributárias municipais e nas estruturas administrativas e de gestão que determinam a capacidade de exploração dessas bases —, as transferências que possuem caráter redistributivo se tornam ainda mais necessárias para a desejada equalização de condições de financiamento das políticas.

Na segunda parte, procurou-se avançar no levantamento e análise da composição dos gastos estaduais e municipais de 2012, por categoria econômica e por função. Dentro da limitada autonomia de gastos, que decorre da excessiva rigidez orçamentária também caraterística do país, o propósito é tentar identificar as prioridades definidas pelos governos que orientam a alocação dos recursos e as ações governamentais no Rio de Janeiro.

Em suma, o trabalho propõe-se a contribuir com uma análise dos impactos da operação do complexo sistema de transferências intergo-

---

[2] A inadequação crescente, nos níveis subnacionais, entre encargos (que aumentam com a descentralização) e arrecadação própria de cada nível de governo (em face da concentração da arrecadação no nível central) tem raízes históricas no modelo do Estado Keynesiano, reforçada com a complexidade dos sistemas trazida pela globalização (Prado, 2001:3; 2003:46).

[3] Incluem, entre outras, as receitas de contribuições (patronais e de servidores para os regimes próprios de previdência dos servidores); patrimoniais (imobiliárias, de valores mobiliários, de concessões e permissões); outras receitas correntes (multas e juros, indenizações, dívida ativa), receitas de capital (operações de crédito, alienação de bens e amortização e empréstimos) e as receitas agropecuária, industrial e de serviços.

vernamentais, que teria como um dos principais objetivos garantir aos municípios brasileiros a equalização efetiva da capacidade de gasto orçamentário necessária para a execução das políticas públicas.

Como se concluirá, no entanto, no Rio de Janeiro, assim como no restante do país, o sistema fiscal tem sido incapaz de reduzir as disparidades horizontais características da federação. Daí resulta uma disponibilidade de recursos por habitante muito diferente entre os municípios fluminenses, com claros reflexos nas distintas capacidades locais de gasto e investimento e, em última análise, na desigual capacidade de oferta de bens e serviços de qualidade nas áreas sociais e na gestão urbana, hoje a cargo dos municípios.

Análise das receitas orçamentárias do Rio de Janeiro — (2012). Receitas do estado do Rio de Janeiro[4]

A receita arrecadada pelo governo do estado do Rio de Janeiro em 2012 alcançou R$ 60,6 bilhões com a composição resumida na tabela 1.

TABELA 1
Receitas do estado do Rio de Janeiro, principais grupos (2012)
(em milhões de reais correntes)

Receita (Principais grupos)	Valores (R$ milhões)	% na receita total
Receita tributária	35.142	58%
Receita do petróleo e gás natural (royalties)	8.236	14%
Receita de transferências	6.255	10%
Receita de operações de crédito	4.755	8%
Demais receitas	6.187	10%
Receita total	**60.575**	**100%**

Fonte: TCE-RJ.

---

[4] A análise das finanças estaduais se baseia no relatório do TCE-RJ na Prestação de Contas do Governo do Estado do Rio de Janeiro de 2012. Disponível em: <http://www.tce.rj.gov.br/web/guest/contas-de-governo>.

A receita tributária respondeu por 58% da arrecadação estadual de 2012, destacando-se o ICMS, principal fonte de receita do estado, que totalizou R$ 27 bilhões, valor equivalente a 76% das receitas tributárias e 44% da receita total. Não obstante, o poder de gasto do governo estadual se limitou a três quartos desse montante, tendo em vista que um quarto do imposto pertence aos municípios, sendo a eles devolvido de acordo com índices de participação calculados anualmente pela Secretaria de Estado de Fazenda.[5]

Se considerado também o adicional do ICMS destinado ao Fundo Estadual de Combate à Pobreza e às Desigualdades Sociais (Fecp),[6] que somou R$ 2,5 bilhões, a arrecadação do imposto passa a representar 83% da receita tributária e 48% da receita estadual total, respectivamente, evidenciando a importância preponderante da gestão desse imposto para as finanças estaduais.

Cumprindo com os objetivos de sua criação, os recursos arrecadados com o adicional do ICMS em 2012 foram aplicados quase que exclusivamente nas funções saúde, educação, transporte e, em menor medida, na assistência social, que consumiram juntas mais de 90% dos recursos. Cumpre destacar que o gasto com a saúde representou 30% da despesa estadual, evidenciando forte dependência desta fonte de recursos.

Com relação à arrecadação do ICMS no estado, observou-se forte dependência dos setores de comunicação, energia elétrica e petróleo, caracterizados por possuírem estruturas de mercado bastante concentradas e alíquotas mais elevadas do imposto — notadamente as de energia

---

[5] Art. 158 da Constituição federal.
[6] Criado pela Lei Estadual nº 4.056/02 para vigorar até 2010, teve vigência prorrogada até 2018 pela Lei Complementar Estadual nº 151/13. Para 2012, a Lei Complementar nº 139/10, então em vigor, estabeleceu que os recursos seriam, basicamente, "produto da arrecadação adicional de dois pontos percentuais da alíquota" do imposto, acrescido de dois pontos percentuais.

e comunicação.[7] Como decorrência, os 20 maiores contribuintes foram responsáveis por quase metade do ICMS arrecadado em 2012, sendo 78% deles contribuintes dos setores mencionados.

A análise por atividade econômica revelou que o comércio foi o principal responsável pela arrecadação de 2012: R$ 8,3 bilhões, ou 31% (quase a metade proveniente do comércio atacadista e um terço, do comércio varejista), seguido das indústrias de transformação, responsáveis por 29%, ou R$ 7,6 bilhões (cerca da metade cobrada nas indústrias dos produtos derivados do petróleo, fabricação de bebidas e de produtos químicos).

O fato de que, nestas indústrias, a arrecadação se dá, principalmente, através da substituição tributária em suas operações comerciais contribui para o desempenho observado, embora exista um risco potencial, em virtude da existência de propostas de mudança no regime do imposto, que incluem, entre outras, as que visam restringir sua utilização para as pequenas e microempresas.[8]

Destacaram-se ainda as atividades de informação e comunicação e de eletricidade e gás, responsáveis, respectivamente, por 16% e 15% da receita do imposto em 2012. Os demais tributos (IRRF, IPVA, ITDC e taxas), juntos, responderam por 16% da receita tributária, como demonstrado na tabela 2:

---

[7] A alíquota padrão do ICMS é de 18%. Nas operações com energia elétrica, quando o consumo for acima de 300 quilowatts/hora mensais, a alíquota incidente é de 25%, mesmo percentual da prestação de serviço de comunicação (art. 14, incisos VI e VIII, do Regulamento do ICMS, aprovado pelo Decreto Estadual nº 27.427/00).

[8] Como a Lei Complementar Federal nº 147/14 que alterou a LCF nº 123/06, que instituiu o Estatuto da Micro e Pequena Empresa e dispõe sobre o Simples Nacional. A substituição tributária consiste em centralizar a arrecadação e a fiscalização em contribuintes concentrados em pontos da cadeia produtiva onde haja uma menor quantidade de empresas envolvidas. Estas são responsáveis pelo pagamento dos impostos devidos em outras operações da cadeia (anteriores, posteriores ou concomitantes), com o objetivo de gerar maior eficiência na fiscalização, racionalizando-a e reduzindo seus custos, além de dificultar a sonegação.

TABELA 2
Receita tributária — estado do Rio de Janeiro (2012)
(em milhões de reais correntes)

Especificação	Valores (R$ milhões)	% na receita tributária	% na receita total
Receita tributária	35.142	100%	58%
Impostos	33.368	95%	55%
ICMS	26.662	76%	44%
FECP — Adicional do ICMS	2.545	7%	4%
IRRF	1.893	5%	3%
IPVA	1.744	5%	3%
ITDC	525	1%	1%
Taxas	1.774	5%	3%

Fonte: TCE-RJ.

As receitas provenientes da produção e exploração do petróleo e gás natural[9] somaram R$ 8,2 bilhões, constituindo-se na segunda maior fonte de arrecadação do estado (14% do total), atrás apenas do ICMS.[10] Desde 2006, estas receitas são repassadas ao Rioprevidência[11] depois de deduzidas as parcelas legalmente vinculadas — referentes à participação dos municípios (25% da receita de *royalties* até 5%), ao Fundo Estadual de Conservação Ambiental e Desenvolvimento Urbano (Fecam), ao Progra-

---

[9] Denominadas genericamente *royalties*, englobam as participações governamentais devidas pelas concessionárias ao estado e municípios pela exploração do petróleo e gás natural. No estado, incluem as parcelas de *royalties* até 5% e *royalties* excedentes, participações especiais, e as transferências do Fundo Especial do Petróleo (FEP). Nos municípios, incluem ainda a cota-parte municipal dos *royalties* até 5% recebidos pelo estado do Rio, distribuída mediante os mesmos critérios vigentes de repartição do ICMS (art. 9º da Lei Federal nº 7.990/89).

[10] Classificadas pelo governo do estado do Rio como receita patrimonial e não como transferências, contrariamente à orientação da Secretaria do Tesouro Nacional, adotada inclusive pelos governos municipais do Rio de Janeiro, em virtude do entendimento jurídico de que não são receita da União e sim receita originária dos entes enquanto produtores, pela exploração em seus territórios (acórdão de 19/12/03, STF-MS 24.312/DF).

[11] Decreto estadual nº 37.571/05, alterado pelo Decreto nº 38.162/05. Em 2012, depois de pagar à União R$ 1,4 bilhão e, após as deduções legais mencionadas (que somaram R$ 1,7 bilhão), o estado repassou ao Rioprevidência R$ 5,2 bilhões, ou 63% das receitas de *royalties* recebidas.

ma de Formação do Patrimônio do Servidor Público (Pasep) (1% das participações governamentais exclusive a cota-parte dos municípios) e ao pagamento do serviço da dívida (13% da receita líquida de *royalties* e participações especiais) —, bem como os pagamentos devidos à União a título de ressarcimento dos valores do contrato de cessão de direitos futuros dos *royalties,* firmado em 1999, no âmbito do processo de renegociação da dívida estadual.[12]

As transferências somaram R$ 6,3 bilhões em 2012 e foram responsáveis por 10% da arrecadação estadual, com a composição indicada na tabela 3, destacando-se as transferências do Fundeb e a participação nas receitas de impostos da União:

TABELA 3
Receita de transferências — estado do Rio de Janeiro (2012)
(em milhões de reais correntes)

Especificação	Valores (R$ milhões)	% na receita de transferências	% na receita total
Transferências	6.255	100%	10%
Fundeb	2.468	39%	4%
Participação nas receitas da União (FPE, IPI-Exportação, IOF e Cide)	1.765	28%	3%
SUS	598	10%	1%
FNDE	558	9%	1%
Demais transferências	202	3%	0%
Convênios da União	664	11%	1%

Fonte: TCE-RJ.

Do Fundo de Manutenção e Desenvolvimento da Educação Básica e de Valorização dos Profissionais da Educação (Fundeb), o governo estadual recebeu, proporcionalmente ao número de alunos matriculados em

---

[12] O contrato de cessão de créditos futuros refere-se à antecipação de participações governamentais do petróleo a que o estado teria direito e que assegurou as garantias necessárias para viabilizar a renegociação da dívida estadual, com base na Lei Federal nº 9.496/97.

sua rede, R$ 2,5 bilhões, destinados a garantir todas as etapas da educação básica pública — desde a creche ao ensino médio e à educação de jovens e adultos.[13] Considerando que o aporte do governo para compor a receita do fundo foi de R$ 4,7 bilhões, conclui-se que o estado contribuiu para a manutenção das redes municipais fluminenses com R$ 2,3 bilhões.

O estado recebeu, em 2012, R$ 598 milhões do SUS — uma queda de 7% em relação ao valor recebido em 2011 em função da contínua adesão dos municípios ao Pacto pela Saúde,[14] que ocasionou uma reestruturação na distribuição destes recursos aos municípios, que passaram a recebê-los diretamente da União, com a adoção da gestão plena de recursos repassados.

Do Fundo Nacional de Desenvolvimento da Educação, destacaram-se os repasses referentes ao Salário Educação, ao Programa Nacional de Alimentação Escolar e do Apoio à Educação de Jovens e Adultos — EJA (70%, 13% e 8% do total, respectivamente). Entre os recursos dos convênios, destacaram-se os destinados a despesas de capital, em especial a obras do PAC, que totalizaram R$ 327 milhões, metade do total transferido.

As operações de crédito também constituíram importante fonte de recursos para o estado em 2012, alcançando R$ 4,8 bilhões (pouco mais da metade, operações internas), valor equivalente a 8% da receita total.[15] Além da entrada de recursos para financiar projetos e programas de investimen-

---

[13] Criado pela Emenda Constitucional nº 53/06 e regulamentado pela Lei Federal nº 11.494/07 e pelo Decreto nº 6.253/07, é um fundo de natureza contábil, de âmbito estadual, formado por 20% da receita dos impostos e transferências dos estados, Distrito Federal e municípios, vinculados à educação (art. 212 da Constituição). A redistribuição dos recursos se dá na proporção do número de alunos matriculados nas respectivas redes de educação básica pública presencial, podendo a União complementar os recursos dos fundos estaduais para assegurar o valor mínimo nacional por aluno/ano. Independentemente da origem, todo o recurso é para aplicação exclusiva na educação básica.

[14] Conjunto de reformas institucionais pactuado entre as três esferas de gestão do Sistema Único de Saúde, com o objetivo de promover inovações nos processos e instrumentos de gestão. Sua implementação se dá por meio da adesão ao Termo de Compromisso de Gestão que, renovado anualmente, substitui os anteriores processos de habilitação e estabelece metas e compromissos. <http://portal.saude.gov.br/portal/saude/profissional/area.cfm?id_area=1021>.

[15] De 2011 para 2012, a receita com operações de crédito passou de 3% para 12% da receita corrente líquida do estado.

to já em execução, foram celebrados 13 novos contratos de financiamento, dos quais 11 tiveram liberação de recursos no ano (representando 84% dos recursos de operações de crédito recebidos), conforme indica a tabela 4.[16]

TABELA 4
Contratos de empréstimos celebrados pelo estado do Rio de Janeiro (2012) (em milhões de reais correntes)

Descrição — Novos contratos	Valor liberado (R$ milhões)	% do total
Programa de Melhorias da Infraestrutura Rodoviária, Urbana e Mobilidade das Cidades do ERJ — Procidades	1.451	36%
Programa de Mobilidade Urbana — PMU	814	20%
Programa de Desenvolvimento Econômico, Social e de Sustentabilidade do ERJ II — Prodesf II	632	16%
Programa de Apoio ao Investimento dos Estados e DF — Proinvest	469	12%
Programa de Melhorias e Implantação da Infraestrutura Viária do ERJ — Provias	181	5%
Elaboração de estudos e projetos relativos à linha 4 do metrô	135	3%
Reforma e adequação do Estádio Mario Filho — Maracanã — Procopa II	87	2%
Programa de Obras Emergenciais — POE	83	2%
Programa de Obras Complementares do Arco Metropolitano do RJ	79	2%
Programa Estadual de Transporte II — PET II Adicional	62	2%
Programa de Saneamento Ambiental dos Municípios do Entorno da Baía de Guanabara — PSAM	19	0%
TOTAL	4.011	100%

Fonte: TCE-RJ.

Os novos empréstimos, contratados para financiar principalmente os programas de Expansão e Consolidação das Linhas de Metrô, Somando

---

[16] O TCE-RJ apontou, na análise técnica das contas do governo, que 34% dos recursos provenientes de operações de crédito teriam sido aplicados na amortização de dívida contratual, em restituições de recursos de terceiros e, ainda, na concessão de financiamentos a empresas pelo Fremf, em desacordo com as leis autorizativas que vinculam a utilização dos recursos recebidos apenas aos projetos mencionados nas mesmas.

Forças (que executa ações de implantação de projetos de infraestrutura e apoio aos municípios), Copa do Mundo 2014 e Olimpíadas de 2016 e o Programa Estadual de Transportes (PET), somados ao reajustamento da dívida anterior, quase toda atualizada pelo IGP-DI, resultaram em crescimento da dívida pública estadual em 2012.

Com efeito, a dívida consolidada estadual apurada ao final do ano (pela metodologia da LRF) ultrapassou R$ 74 bilhões, apresentando um crescimento de 16%, em termos nominais em relação ao ano anterior. Esse crescimento foi decorrente, principalmente, do aumento da dívida contratual, responsável por 95% do total, que se deu em razão tanto do aumento da dívida contratual interna (9%) quanto da externa (74%).[17]

Por fim, as demais receitas destacadas na tabela 1, que somaram R$ 6,2 bilhões ou 10% da receita total, englobam as chamadas outras receitas correntes (R$ 2,8 bilhões, incluindo dívida ativa; multas e juros de mora; receitas próprias de órgãos independentes, de outros poderes ou da administração indireta do estado; entre outras); contribuições sociais cobradas dos servidores ativos e inativos civis e militares (R$ 1,3 bilhão); e demais receitas de capital (R$ 700 milhões).

Em suma, a análise efetuada com base nos dados de 2012 evidenciou a forte dependência que o orçamento estadual possui, hoje, do seu principal imposto, o ICMS. O fato de a arrecadação do imposto ocorrer em larga medida por meio de substituição tributária, como analisado, representa um risco potencial para as finanças estaduais em virtude da possibilidade de aprovação pelo Congresso de legislação que estabeleça limites à adoção, pelos estados, da substituição tributária do ICMS, a exemplo da Lei Complementar nº 147/14, que alterou a Lei Complementar nº 123/06, reduzindo consideravelmente os segmentos de empresas do Simples Nacional sujeitas à aplicação da substituição tributária.

Diante dessa perspectiva, identifica-se um risco de redução da receita tributária, com impactos indesejados na capacidade de financiamento de serviços e políticas públicas. Além dessa, mudanças no regime do imposto, como as que modificam as alíquotas nas transações interestaduais e envolvem o fim da concessão de incentivos, visando acabar com a cha-

---

[17] Contas do governo de 2012 <www.tce.rj.gov.br/web/guest/contas-de-governo>.

mada guerra fiscal, também representam riscos não desprezíveis para a gestão das finanças do estado.

Outras importantes fontes de financiamento do governo estadual, em especial as receitas da exploração do petróleo e do gás natural e as receitas de operações de crédito, também apresentam considerável incerteza no que tange às possibilidades de continuidade de recebimento nos mesmos montantes, no futuro próximo. Com efeito, são elevados os riscos fiscais, para o estado do Rio de Janeiro, associados às perspectivas de uma decisão do Supremo Tribunal Federal favorável às demandas dos estados não produtores em favor das mudanças na legislação que regula a distribuição dos *royalties* do petróleo e do gás natural já aprovadas no Congresso, que impactarão negativamente as receitas futuras esperadas dos entes do Rio de Janeiro.[18]

A capacidade de financiamento do estado via endividamento junto a credores externos e internos, inclusive com garantias da União, também encontra limitações dado o recente aumento da dívida consolidada, que reduz o espaço para endividamento, e as restrições legais em vigor.

Receitas dos municípios do Rio de Janeiro[19]

Em 2012, os 92 municípios do estado arrecadaram R$ 43,7 bilhões, como informa a tabela 5, que segrega os dados da capital dos demais 91 municípios,[20] apresentando nas colunas da direita as receitas agregadas dos 92 municípios e os percentuais de cada grupo no total arrecadado.

---

[18] Encontra-se no STF, aguardando julgamento, a ação direta de inconstitucionalidade (ADI 4917) proposta pelo governo do Rio de Janeiro contra a Lei nº 12.734/12 — que redistribui gradativamente até 2020 o montante repassado para os produtores, aumentando o repasse para os outros estados e municípios —, aprovada pelo Congresso Nacional (teve os efeitos suspensos por liminar concedida no STF em 2013).

[19] As fontes dos dados apresentados são o Tribunal de Contas do Estado do Rio de Janeiro (Prestação de Contas do Governo do Estado do Rio de Janeiro de 2012 e Sistema Integrado de Gestão Fiscal — Sigfis, para os municípios), a Secretaria do Tesouro Nacional (Relatório Finanças do Brasil — Dados Contábeis dos Municípios — Finbra), a Agência Nacional do Petróleo, Gás Natural e Biocombustíveis (ANP) e o Ministério da Saúde (Sistema de Informações sobre Orçamentos Públicos em Saúde — Siops/SUS).

[20] Os valores médios do conjunto (ou região) de municípios apresentados neste capítulo foram calculados somando as receitas ou despesas de todos os municípios que os integram e dividindo esse montante pelo total da população residente (no conjunto ou região).

TABELA 5

Receitas dos municípios do Rio de Janeiro (2012)
(em milhões de reais correntes)

Receitas (Principais Grupos)	Município do Rio (Capital)	% da receita total da capital	Municípios do interior	% da receita dos 91 municípios do interior	Municípios do Rio de Janeiro	% da receita total
Receitas tributárias	7.521	38%	4.165	17%	11.687	27%
Transferências do estado e da União	5.808	29%	11.590	48%	17.398	40%
Compensação financeira pela exploração do petróleo e gás natural (*royalties*)	221	1%	4.589	19%	4.810	11%
Demais receitas	6.140	31%	3.711	15%	9.851	23%
Receita total	19.689	100%	24.056	100%	43.745	100%

Fonte: TCE-RJ (Sigfis), STN (Relatórios Finbra) eMinistério da Saúde (Siops/SUS).

As receitas tributárias do conjunto dos municípios totalizaram R$ 11,7 bilhões (27% do total). Os dados segregados, no entanto, revelam que o peso dos tributos nas receitas do município do Rio é mais que o dobro do apurado nos outros 91 municípios: 38% contra 17%, indicando a diferença no comportamento da arrecadação tributária da capital.

As transferências intergovernamentais do estado e da União foram responsáveis por 40% do total arrecadado em 2012. Ao contrário do que se observou na receita tributária, a importância das transferências é maior para os municípios do interior — onde representaram 48% do total dos orçamentos — do que para o município da capital, onde a participação dessas fontes foi de 29%, tendo sempre as transferências do estado um peso maior que as da União, como se verá adiante.

A compensação financeira decorrente da exploração do petróleo e gás natural (aqui denominada *royalties*, como já se observou) alcançou R$

4,8 bilhões, equivalentes a 11% do total. Em função da importância destas receitas para os orçamentos do Rio de Janeiro,[21] e da mencionada controvérsia jurídica relacionada à classificação desses recursos (o governo estadual as classifica como receita própria), os valores são apresentados em separado das demais transferências. É possível constatar na tabela 5 que as receitas do petróleo e gás foram em 2012 significativamente mais relevantes para os municípios do interior (R$ 4,6 bilhões), com peso irrelevante para o município do Rio de Janeiro (R$ 221 milhões, apenas 1% da receita total).

As demais receitas — patrimonial, de contribuições e de capital — somaram R$ 9,9 bilhões, ou 23% do total, e foram mais significativas para o município do Rio, onde equivaleram a cerca de um terço do orçamento, mostrando a maior diversificação de suas fontes de recursos, em comparação com os demais 91 municípios, onde representaram 15% das receitas agregadas. As próximas seções analisam de forma mais detalhada os grupos de receitas mencionados.

Receitas tributárias

A tabela 6 detalha os valores das receitas tributárias municipais de 2012. Confirmando o peso elevado que o município do Rio de Janeiro possui no conjunto e justificando a segregação efetuada nesta análise, é possível verificar que a capital arrecadou R$ 7,5 bilhões dos R$ 11,7 bilhões arrecadados em tributos pelos 92 municípios, ou seja, 64% do total, enquanto a receita com tributos dos demais 91 municípios, juntos, correspondeu aos restantes 36%.

---

[21] Em 31 de dezembro de 2012, o estado do Rio de Janeiro concentrava 82% e 56%, respectivamente, das reservas provadas de petróleo e gás natural do Brasil e foi o principal produtor nacional de petróleo (581 milhões de barris equivalentes de petróleo, 74% do total produzido) e de gás natural (66 milhões de barris equivalentes de petróleo, 40% do total produzido no país). Dados da ANP, disponível em: <www.anp.gov.br/?id=368>.

TABELA 6
Receitas tributárias dos municípios do Rio de Janeiro (2012)
(em milhões de reais correntes)

Receitas tributárias	Município do Rio (capital)	% no conjunto	Municípios do interior	% no conjunto	Municípios do Rio de Janeiro	% na receita tributária	% na receita total
Receita tributária	**7.521**	**64%**	**4.165**	**36%**	**11.687**	**100%**	**27%**
Impostos	7.166	65%	3.889	35%	11.055	95%	25%
ISS	4.284	65%	2.275	35%	6.559	56%	15%
IPTU	1.625	66%	843	34%	2.468	21%	6%
ITBI	749	72%	297	28%	1.046	9%	2%
IRRF	508	52%	474	48%	982	8%	2%
ITR	-	0%	1	100%	1	0%	0%
Taxas	**355**	**57%**	**270**	**43%**	**625**	**5%**	**1%**
Contribuição de melhoria	-	0%	6	100%	6	0%	0%

Fontes: TCE-RJ (Sigfis), STN (Relatórios Finbra) e Ministério da Saúde (Siops/SUS).

Os impostos constituíram a maior fonte de recursos, com R$ 11,1 bilhões (25% do que foi arrecadado pelos municípios), com destaque para o ISS (imposto sobre serviços), principal imposto municipal, responsável por 56% da receita tributária, cuja arrecadação foi de R$ 6,6 bilhões (15% da receita total), sendo a maior parte desse valor arrecadada na capital (R$ 4,3 bilhões ou 65%).

Com o IPTU, imposto sobre a propriedade predial e territorial urbana, os municípios arrecadaram R$ 2,5 bilhões, 21% da receita tributária ou 6% da receita total arrecadada no ano. A maior parte também foi arrecadada no município do Rio, R$ 1,6 bilhão, contra R$ 846 milhões arrecadados pelos demais 91 municípios, indicando a maior capacidade de arrecadação na capital, onde o imposto pago por habitante foi de R$ 254, superior à média *per capita* apurada para o estado (R$ 152), ponto que será discutido adiante.

Os demais tributos renderam aos municípios cerca de R$ 2,7 bilhões, 23% da receita tributária ou 5% da receita total do conjunto dos municípios.

Um ponto que merece ser abordado refere-se ao fato de que os valores agregados do conjunto dos municípios não revelam as profundas disparidades dos respectivos desempenhos de arrecadação, que refletem, por sua vez, as disparidades territoriais, sociais e econômicas entre as diferentes regiões, como abordado anteriormente. Tais disparidades são evidenciadas, entre outros indicadores, nas receitas tributárias médias por habitante em cada município, que decorrem, como também mencionado, de diferenças nas respectivas bases tributárias, na capacidade de arrecadação e no esforço fiscal empreendido pelas administrações municipais.

Com o intuito de ilustrar como varia a arrecadação dos principais tributos, o gráfico 1 compara os valores médios, por habitante, do ISS, do IPTU e das taxas, arrecadados em 2012 nos municípios que integram as diferentes regiões do estado.[22]

GRÁFICO 1
Receitas médias *per capita* do ISS e IPTU (2012)

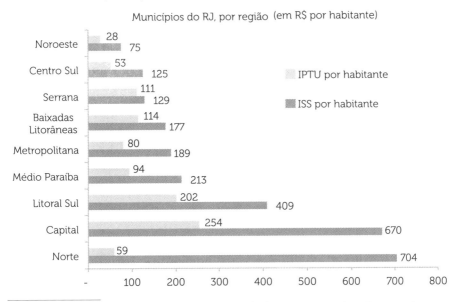

[22] A divisão regional foi adotada pela Lei Estadual nº 1.227/87, alterada posteriormente pelas leis complementares nºs 64/90, 97/01, 105/02, 130/09 e 133/09. Disponível em: <http://www.fesp.rj.gov.br/ceep/Anuario2012/pgComSubMenuTerritorio.html>.
A divisão adotada neste trabalho, no entanto, é a mesma adotada pela Secretaria de Estado de Fazenda para o cálculo do IPM de 2012, que considera a Região Litoral Sul Fluminense em lugar de Costa Verde, englobando Angra dos Reis, Mangaratiba e Paraty. (Decreto n.º 43.417 de 12 de janeiro de 2012, disponível em: http://www.fazenda.rj.gov.br/sefaz/faces/oracle/webcenter/portalapp/pages/navigation-renderer.jspx?_afrLoop=2630844890000&-datasource=UCMServer%23dDocName%3A2968002&_adf.ctrl-state=fdk1h1c0u_648, acesso em 21 de fevereiro de 2015).

O gráfico 1 expõe a maior importância relativa da receita média do ISS, por habitante, em todas as regiões do estado, relativamente à receita média do IPTU. A diferença entre a arrecadação média *per capita* dos dois principais tributos municipais é maior na região Norte Fluminense e na capital, onde a receita do ISS por habitante é mais elevada: R$ 704 e R$ 670, respectivamente.

Vale lembrar que a região Norte engloba a maioria dos municípios que mais recebem *royalties*, integrantes da zona de produção principal por serem confrontantes com a bacia de Campos, ou vizinhos a estes, onde estão concentradas as atividades ligadas ao petróleo e gás e/ou as empresas fornecedoras para essa indústria.

Ilustrando o contraste encontrado entre as regiões e municípios do estado, as menores arrecadações do imposto sobre serviços, por habitante, foram apuradas em Miracema e Varre-Sai, na região Noroeste, a mais pobre do estado, ambas com valores em torno de R$ 20. As receitas de ISS mais elevadas, por contraste, foram apuradas em Macaé, na região das baixadas litorâneas, com R$ 2.174 por residente, e Itaguaí, na região metropolitana, que arrecadou R$ 1.958.

As disparidades são também pronunciadas no caso do IPTU. De fato, apuraram-se valores médios de IPTU por habitante em 2012 que variaram muito entre os municípios, indo de um mínimo de R$ 4 por residente em Trajano de Morais e R$ 5 em Varre-Sai, nas regiões Serrana e Noroeste, respectivamente, a um máximo de mais de R$ 406 em Niterói, importante município litorâneo da Região Metropolitana, que foi capital do estado antes da fusão com o estado da Guanabara. Quando se compara o imposto apurado em Niterói com o IPTU médio arrecadado em Japeri, situado na mesma região metropolitana, que não chegou a R$ 8 por residente, resta evidente a heterogeneidade também entre municípios de uma mesma região.

A análise dos indicadores da receita tributária municipal *per capita* realizada com agregação dos municípios pelo tamanho da população (em vez de região) evidencia a correlação positiva entre a receita tributária por habitante e o tamanho do município. Com efeito, é possível confirmar tendência de aumento da arrecadação de impostos (médias por habitante) com o aumento do tamanho da população dos municípios. A exceção é na faixa daqueles considerados muito grandes (com mais de 300 mil habitantes), quase todos integrantes da região metropolitana, com população numerosa e de baixo poder aquisitivo, apresentando características de cidades-dormitório que resultam, de maneira geral, em limitada capacidade de arrecadação.[23]

Os resultados apurados para o ISS correspondem ao esperado: arrecadação mais relevante nos municípios que concentram mais atividades econômicas, que é o mesmo comportamento esperado da parcela do ICMS proporcional ao valor adicionado, ponto que será examinado adiante. A receita do IPTU, por outro lado, que deveria acompanhar o maior desenvolvimento econômico nos municípios, só foi maior do que a do ISS em sete municípios do estado.[24]

Em princípio, quanto maior e mais populoso o município, maior deveria ser a densidade econômica e, portanto, a base tributária para os dois principais impostos, o IPTU e o ISS — fato que não se confirma na prática, como se observa. A arrecadação do primeiro, imposto direto (o que implica maior resistência do contribuinte ao pagamento), envolve maior esforço da administração municipal na cobrança e fiscalização, exigindo a manutenção de cadastros e das plantas genéricas de valores atualizados.

A receita do ISS, entretanto, embora também dependa de cadastros atualizados e de fiscalização atuante para garantir uma arrecadação efetiva, aumenta com o maior nível de atividade e serviços nos municípios, e de-

---

[23] Ver Nazareth e Ferreira (2013) para uma comparação das arrecadações municipais de 2011, por faixa populacional. Em 2012, nos municípios pequenos do estado (até 20 mil hab.) foram arrecadados, em média, R$ 121 de ISS e R$ 20 de IPTU *per capita*, valores que alcançaram R$ 407 e R$ 104, respectivamente, nos municípios grandes (entre 100 mil e 300 mil hab.) e R$ 670 e R$ 254 na capital; nos municípios muito grandes (acima de 300 mil hab.), a arrecadação do IPTU e do ISS foi de R$ 144 e R$ 87 por residente, respectivamente.

[24] Em 2004, quase metade dos municípios do RJ arrecadavam mais IPTU do que ISS (Nazareth, 2007), evidenciando significativa mudança desde então, que merece ser oportunamente estudada.

pende, em grande medida, de iniciativa do próprio contribuinte, sendo um imposto indireto cujo ônus é repassado aos preços dos serviços, portanto não tão visível como o IPTU, implicando menor resistência ao pagamento.

As variações observadas entre as regiões podem ser explicadas pelas diferenças nas bases tributárias. Assim, registra-se maior arrecadação naquelas que apresentam níveis mais elevados de desenvolvimento e renda — como a capital, litoral sul, Médio Paraíba, norte e baixadas litorâneas —, em contraste com a menor arrecadação nas regiões mais pobres — regiões Noroeste, Serrana e Centro-sul. Os condicionantes do esforço fiscal ligados à capacidade institucional, por outro lado, teriam maior poder explicativo para justificar as diferenças nas arrecadações dos tributos entre municípios de uma mesma região, que possuiriam, em tese, capacidades tributárias semelhantes. Nesses casos, há indicações de que pode haver um potencial de arrecadação não explorado, revelando, possivelmente, espaço para aprimoramento das estruturas de arrecadação e fiscalização tributárias. Um maior esforço nesse sentido poderá resultar não apenas em incremento da arrecadação, mas também em maior justiça fiscal. A exceção, para a validade do argumento acerca das diferenças dentro da mesma região, se observa no caso dos municípios que mais recebem recursos do petróleo e gás natural, cuja desigualdade de riqueza não se explica pelo esforço fiscal, mas pelo critério geográfico das regras de rateio, como se procurou demonstrar.

Receitas de transferências

De acordo com a tabela 7, as transferências do governo estadual, previstas em leis ou na Constituição federal, representaram 24% dos recursos arrecadados pelo conjunto dos municípios em 2012, alcançando o valor de R$ 10,6 bilhões (ou R$ 10,8 bilhões, se incluídos também os convênios). O município do Rio de Janeiro recebeu cerca de um terço desse montante, um valor de R$ 3,7 bilhões, enquanto aos demais municípios foram transferidos quase R$ 7 bilhões.

TABELA 7

Receitas de transferências do estado do Rio e da União para os municípios do Rio de Janeiro (2012) (em milhões de reais correntes)

Receitas de transferências (Principais rubricas)	Município do Rio (capital)	% no conjunto	Municípios do interior	% no conjunto	Municipios do Rio de Janeiro	% nas transferências	% na receita total do conjunto
Transferências da União e do estado do Rio	**5.809**	**33%**	**11.591**	**67%**	**17.398**	**100%**	**40%**
Transferências do estado	**3.710**	**35%**	**6.916**	**65%**	**10.626**	**61%**	**24%**
Cota-parte municipal do ICMS	1.592	29%	3.978	71%	5.570	32%	13%
Parcela referente ao Valor Adicionado Fiscal (75% da cota-parte municipal do ICMS distribuída segundo o valor adicionado pelo município)	1.589	38%	2.588	62%	4.177	24%	10%
Parcela redistributiva (25% da cota-parte municipal do ICMS, distribuída segundo critérios da Lei estadual nº 2.664/96)	3	0%	1.389	100%	1.393	8%	3%
Cota-parte municipal do IPVA	428	55%	357	45%	785	5%	2%
Cota-parte municipal da Cide	4	29%	11	79%	14	0%	0%
Fundeb	1.686	40%	2.570	60%	4.257	24%	10%
Transferências da União	**1.940**	**31%**	**4.234**	**69%**	**6.172**	**35%**	**14%**
Cota-parte do ITR	0	0%	4	100%	4	0%	0%
Cota-parte do IPI-Exportação	43	29%	107	72%	149	1%	0%
Cota-parte da desoneração do ICMS Exportações (LC nº 87/96)	7	30%	16	70%	23	0%	0%
Cota-parte do FPM	184	11%	1.466	89%	1.650	9%	4%
SUS	1.309	39%	2.053	61%	3.361	19%	8%
FNDE	369	41%	525	59%	894	5%	2%
FNAS	28	31%	63	69%	91	1%	0%
Transferências de convênios	**159**	**27%**	**441**	**74%**	**600**	**3%**	**1%**
Convênios da União	154	38%	252	62%	406	2%	1%
Convênios do Estado	5	3%	189	97%	194	1%	0%

Fontes: TCE-RJ (Sigfis), STN (Relatórios Finbra) e Ministério da Saúde (Siops/SUS).

A principal receita transferida em 2012, que representou um terço de tudo o que os municípios receberam do estado, foi a cota-parte municipal do ICMS equivalente a 25% da arrecadação do imposto (R$ 5,6 bilhões). A tabela 7 apresenta a transferência desse que é o principal imposto estadual decomposta em suas duas parcelas, que possuem lógicas e critérios distintos de distribuição: a parcela que é proporcional ao valor adicionado fiscal de cada município (75% da cota-parte), regulada pela legislação federal do ICMS e que constitui devolução tributária, e a parcela regulada pelo próprio estado, que possui caráter redistributivo (correspondente a 25%).[25]

O rateio dessa parcela tem por objetivo reduzir as disparidades horizontais e ampliar a capacidade geral de gasto dos orçamentos municipais, sem qualquer relação de proporcionalidade com as bases tributárias de cada jurisdição, ao contrário da parcela de 75%, cuja distribuição refere-se à contribuição de cada município para a geração de valor, e consequentemente, do imposto. Com o auxílio da tabela 7, é possível constatar a importância dessa parcela para assegurar a redistribuição de recursos para os municípios do interior, conforme previsto na lei que estabeleceu os critérios de distribuição no estado, e, dessa forma, compensar a forte concentração do componente relativo ao valor adicionado fiscal nos municípios mais dinâmicos.

A segunda transferência mais relevante para os municípios, do âmbito estadual, foi a do Fundeb, que somou R$ 4,3 bilhões, equivalentes a um quarto do total transferido e a 10% da receita total do conjunto dos 92 municípios de 2012. Estes valores são distribuídos com base no número de alunos matriculados na educação infantil e ensino fundamental, de acordo com o último censo escolar, para serem aplicados exclusivamente em ações de manutenção e desenvolvimento da educação básica pública (sendo o mínimo de 60% destinado à remuneração dos profissionais do magistério em efetivo exercício). Resta evidente, portanto, o caráter seto-

---

[25] A parcela de 25% da cota-parte municipal (equivalente a 6,25% do ICMS total) é distribuída por critérios definidos na Lei Estadual nº 2.664/96, alterada pela Lei nº 5.100/07: população, área geográfica, receita própria, cota mínima, ajuste econômico e conservação ambiental.

rial dessa transferência, vinculada a finalidade específica que é o financiamento da educação no âmbito de responsabilidade dos municípios. Não constituem, portanto, recursos "livres" para utilização, em outras ações, pelas administrações locais.

Ainda como resultado da participação dos municípios na receita do estado, destacam-se as transferências do IPVA, relativas à cota-parte de 50% do imposto distribuída de acordo com os veículos licenciados em seus territórios (caracterizando, portanto, devolução tributária), cujo valor foi de R$ 785 milhões (2% da receita total) e um pequeno montante de R$ 14 milhões relativos a 25% da parcela da Cide recebida pelo estado (transferência de caráter compensatório), a serem aplicados no financiamento de programas de infraestrutura de transportes.[26]

Seguem-se, em importância, as transferências da União para o conjunto dos municípios do Rio de Janeiro, que, em 2012, totalizaram R$ 6,2 bilhões, correspondentes a 14% da receita municipal total (sem considerar os recursos dos convênios federais, que contribuíram com mais um ponto percentual). O exame da tabela 7 revela que 70% dessas transferências foram direcionados aos 91 municípios do interior totalizando R$ 4,2 bilhões, e um terço, R$ 1,9 bilhão, à capital.

Merecem ser destacadas, para fins de análise e posterior avaliação quanto à eficácia no atendimento dos objetivos que propõem alcançar, as naturezas diversas das transferências, dadas as diferentes lógicas e, por conseguinte, os critérios de rateio. Assim, é importante separar as que têm caráter de devolução tributária (como o ITR), daquelas que constituem transferências compensatórias da União para os estados, em função dos impactos negativos da desoneração de impostos sobre as exportações nas finanças estaduais (IPI-Exportação e desoneração do ICMS).[27]

---

[26] Lei Federal nº 10.336/01, alterada pela Lei Federal nº 10.866/04, sendo 50% distribuídos de acordo com os critérios previstos na regulamentação da distribuição do FPM e 50% proporcionalmente à população apurada pelo Instituto Brasileiro de Geografia e Estatística (IBGE).

[27] O IPI-Exportação é constituído por 10% da receita do IPI distribuída aos estados e DF proporcionalmente ao volume exportado. A compensação pela desoneração do ICMS consta da Lei Complementar nº 87/96; nos dois casos, a cota-parte municipal é distribuída de acordo com os mesmos coeficientes de repartição do ICMS.

As transferências do Sistema Único de Saúde (SUS), do Fundo Nacional de Desenvolvimento da Educação (FNDE) e do Fundo Nacional de Assistência Social (FNAS) são vinculadas, relacionadas a funções setoriais com objetivos bem-definidos. Por essa razão, não atuam diretamente sobre a capacidade geral de gasto dos orçamentos, mas interferem na alocação dos recursos públicos destinados à oferta de bens e prestação de serviços nas áreas da saúde, educação e assistência social, respectivamente. Como se pode observar na tabela 7, entre estas, as transferências do SUS são as mais relevantes, representando 8% da receita total.

Destacam-se também pela relevância as transferências do Fundo de Participação dos Municípios (FPM), formado por parcela dos recursos dos impostos federais sobre a renda e sobre produtos industrializados. Estas transferências, por outro lado, implicam capacidade livre de gasto para os municípios, respeitadas as vinculações constitucionais e legais à manutenção e desenvolvimento do ensino e às ações e serviços de saúde. Assim como no repasse dos recursos da cota-parte dos 25% do ICMS não proporcionais ao valor adicionado, as transferências do FPM possuem um caráter eminentemente redistributivo (proporcional à população, privilegiando as localidades menores e o interior), evidenciado na tabela 7: corresponderam a 4% das receitas do conjunto dos municípios, destinando-se quase 90% aos municípios do interior, onde representam expressivo reforço para os pequenos municípios, em especial da região Noroeste, sendo irrelevantes para a capital e as grandes cidades da região metropolitana.[28]

As transferências de convênios do estado e da União e suas entidades (discricionárias, sem previsão em lei) representaram 3% do valor transferido aos municípios, somando R$ 193 milhões, dos quais cerca de dois terços foram destinados ao atendimento de despesas de capital, em especial às obras do PAC.

Por fim, as receitas de *royalties* alcançaram R$ 4,8 bilhões, 11% do total das receitas, conforme evidenciado na tabela 5. Como o critério de rateio

---

[28] Em 2012, apenas em oito municípios as transferências do FPM médias *per capita* foram menores que a média apurada para o conjunto dos municípios (R$ 102); desses oito, todos têm mais de 300 mil habitantes e só um não integra a região metropolitana (Campos dos Goytacazes).

é predominantemente geográfico — baseado na confrontação geográfica com os campos e poços produtores —, a distribuição é significativamente concentrada nos municípios que integram as regiões litorâneas, sendo apenas 5% dos recursos transferidos à capital e 95% aos demais, embora de forma desigual entre estes. A contrapartida é uma elevada dependência que os orçamentos dos municípios mais beneficiados apresentam destes recursos, que chegam a representar mais de 60% da receita total.

Como resultado, os *royalties* contribuem para acentuar as desigualdades horizontais (entre os municípios) agravadas pela falta de instâncias de coordenação e de mecanismos que possibilitem a revisão e o acompanhamento dos impactos das diversas transferências, que possuem lógicas e critérios próprios, nos orçamentos dos governos locais, visando ao ajustamento dinâmico.

A análise das receitas municipais feita até aqui buscou evidenciar a contribuição das principais origens e rubricas para os orçamentos, enquanto os indicadores (receitas por habitante ou como porcentagem da receita total) revelaram significativas diferenças entre os municípios e regiões. Argumentou-se que as disparidades decorrem de diferenças nas bases tributárias, na capacidade de arrecadação e nos critérios de rateio das transferências; e que resultam em capacidades de gasto diversas, comprometendo a possibilidade de muitos governos locais financiarem as políticas sob sua responsabilidade e assegurarem bens e serviços públicos de qualidade a todos os cidadãos.

Com efeito, a análise das receitas dos municípios do Rio de Janeiro de 2012 ilustra o fracasso do sistema de repartição fiscal vigente em assegurar a equalização do poder de gasto orçamentário aos municípios. Ao contrário do que propõe, de sua operação resultam receitas por habitante que evidenciam a desigual capacidade de gasto dos municípios.

Com o intuito de mostrar essa realidade, o gráfico 2 compara, por região, as receitas tributárias diretamente arrecadadas, as receitas de *royalties* e as receitas totais médias por habitante dos municípios do Rio de 2012, evidenciando os seguintes aspectos discutidos anteriormente:

- como variam, entre regiões, as receitas tributárias médias diretamente arrecadadas pelos municípios;

- a desigual distribuição dos *royalties* do petróleo e do gás natural;
- as disparidades das receitas totais municipais médias, que incluem todas as demais receitas e transferências, que variam de R$ 1,5 mil a mais de R$ 6 mil por habitante.

GRÁFICO 2
Receitas tributárias, *royalties* e receitas totais médias *per capita* (2012)

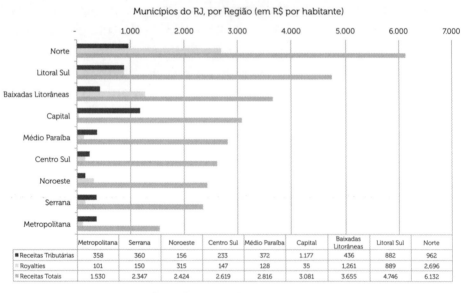

O gráfico 2 permite confirmar que as transferências intergovernamentais não atingem o objetivo de modificar a distribuição desigual da capacidade de gasto decorrente de bases tributárias tão heterogêneas, que fazem com que a receita tributária *per capita* varie de um mínimo de R$ 53 em Varre-Sai, pequeno município da região Noroeste, a R$ 2.681 em Macaé, grande município da região Norte, importante recebedor de *royalties*.

As transferências de caráter redistributivo, que deveriam promover a redução dessas desigualdades, apresentam no Rio de Janeiro desempenho similar ao observado no restante do país: beneficiam desproporcionalmente os municípios de menor porte, onde vive uma pequena parcela da população, em detrimento daqueles mais populosos. O resultado é a penalização das cidades metropolitanas, com impactos negativos em face da concentração das demandas sociais e de infraestrutura urbana em seus territórios.

Análise das despesas orçamentárias do Rio de Janeiro (2012) Despesas do estado do Rio de Janeiro[29]

Em 2012, o governo do estado do Rio de Janeiro gastou R$ 60,5 bilhões, valor equivalente a 95% do orçamento autorizado para o ano, tendo o Poder Executivo absorvido 92% dos recursos e o Poder Judiciário 5%, enquanto o Poder Legislativo, o Tribunal de Contas do Estado e o Ministério Público despenderam 1% cada. A tabela 8 detalha os principais grupos das despesas correntes, voltadas para a manutenção e funcionamento dos serviços públicos, e as despesas de capital, das quais resultam alterações do patrimônio público.

TABELA 8
Despesas por categoria econômica, estado do Rio de Janeiro (2012)
(em milhões de reais correntes)

Despesas liquidadas (principais grupos)	Valores (R$ milhões)	% na despesa total
Despesas correntes	**52.783**	**87%**
Pessoal e encargos sociais	14.389	24%
Juros e encargos da dívida	2.633	4%
Outras despesas correntes	35.761	59%
Despesas de capital	**7.692**	**13%**
Investimentos	5.261	9%
Inversões financeiras	205	0%
Amortização da dívida	2.226	4%
Despesa total	**60.475**	**100%**

Fonte: TCE-RJ.

---

[29] A análise das contas do governo do estado do Rio de Janeiro feita pelo TCE-RJ, na qual se baseia este trabalho, considera o conceito de despesa liquidada, em conformidade com as novas regras da contabilidade pública, que implica compromisso líquido e certo da administração estadual.

Com o pagamento de pessoal e encargos sociais, despesas de natureza remuneratória decorrentes do efetivo exercício de cargo, emprego ou função de confiança no setor público e consequentes encargos, além de parte das pensões e aposentadorias dos servidores inativos, a administração estadual gastou R$ 14,4 bilhões, representando 24% do total da despesa liquidada.[30] O gráfico 3 ilustra a distribuição das despesas de pessoal e encargos, por função de governo, onde fica clara a predominância desses pagamentos nas áreas da segurança, educação e judiciária:

GRÁFICO 3
Despesa com pessoal do estado do Rio de Janeiro, por função (2012)
(em milhares de reais correntes)

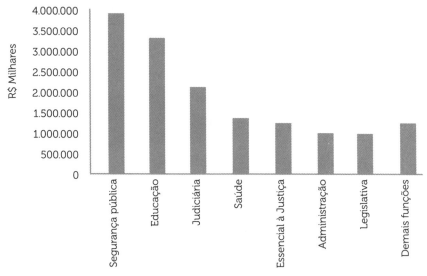

Fonte: TCE-RJ.

Ainda no que diz respeito ao custeio, sobressaem os gastos com as despesas classificadas no grupo das chamadas outras despesas correntes, com as quais o governo gastou R$ 36 bilhões, correspondentes a 59% do

---

[30] O restante dos pagamentos aos inativos e pensões está contabilizado no grupo Outras Despesas Correntes. As despesas com pessoal do estado, consideradas para avaliação do cumprimento dos limites previstos nos arts. 19 e 20 da LRF, totalizaram R$ 15,8 bilhões, equivalentes a 39% da Receita Corrente Líquida (RCL), restando comprovado o atendimento aos limites legais.

total do orçamento (como evidenciado na tabela 8). Grande parte das despesas que compõem este grupo tem destinação específica, a exemplo das classificadas como aposentadorias e pensões, encargos gerais do estado para transferências aos municípios e ao Fundeb, Pasep,[31] encargos com a União, além de outras despesas de caráter obrigatório, como as legalmente vinculadas à educação e à saúde e para pagamento de sentenças judiciais e tributos. Excluindo-se as despesas com transferências (por serem de natureza vinculada) e os pagamentos de aposentadorias, reformas, pensões e outros benefícios de responsabilidade do Rioprevidência, que representaram 70% do grupo, observou-se que 20% das despesas foram direcionados ao pagamento de outros serviços de terceiros — pessoa jurídica.[32]

Os pagamentos de juros — principalmente sobre a dívida contratual interna —, comissões e outros encargos de operações de crédito internas e externas, bem como da dívida pública mobiliária, consumiram 4% do orçamento, atingindo R$ 2,6 bilhões.

Os órgãos estaduais realizaram investimentos que somaram R$ 5,3 bilhões (9% do orçamento), destacando-se os direcionados às funções Transporte, Urbanismo, Desporto e Lazer e Gestão Ambiental, que concentraram 68% do total investido. O governo estadual gastou ainda R$ 205 milhões com inversões financeiras (sendo 71% com aquisição de bens móveis e imóveis e 18% com concessões de empréstimos e financiamentos) e R$ 2,2 bilhões com a amortização da dívida (dos quais 93% com pagamento do principal da dívida contratual interna).

Buscando conhecer em que áreas foram gastos os recursos arrecadados pelo governo estadual em 2012, analisados na primeira parte deste capítulo, a tabela 9 apresenta as despesas por função de governo,[33] revelando que

---

[31] Programa de Formação do Patrimônio do Servidor Público.

[32] Entre estes, os pagamentos relativos à Operacionalização das Unidades Próprias Hospitalares e Ambulatoriais; Operacionalização do Bilhete Único; Gestão Compartilhada Integral de Unidades Próprias; Operacionalização da Prestação Jurisdicional; Nutrição Escolar; Apoio aos Serviços Educacionais e Operacionalização das UPAs 24 horas Próprias.

[33] A função é o maior nível de agregação das áreas de despesa do setor público, revelando a prioridade na destinação dos recursos.

os gastos com as funções Previdência Social, educação, segurança pública e saúde representaram quase 50% da despesa liquidada em 2012.

TABELA 9
Despesas do governo do estado do Rio de Janeiro, principais funções (2012) (em milhões de reais correntes)

Função de governo	Despesa liquidada	% no total
Previdência Social	10.326	17%
Educação	7.611	13%
Segurança pública	5.591	9%
Saúde	4.163	7%
Judiciária (inclui essencial à Justiça)	4.670	8%
Transporte	2.431	4%
Administração	1.892	3%
Urbanismo	1.362	2%
Legislativa	1.035	2%
Demais funções	21.394	35%
Total	**60.475**	**100%**

Fonte: TCE-RJ.

A função que registrou maior volume de gastos, R$ 10,3 bilhões, foi a Previdência Social, dos quais R$ 7,8 bilhões (75%) com aposentadorias e reformas dos servidores e R$ 2,4 bilhões com pensões. Para fazer frente a tais despesas, o Rioprevidência contou com receitas previdenciárias que somaram R$ 9,5 bilhões, sendo R$ 5,2 bilhões de recursos do petróleo e gás natural, conforme analisado anteriormente, além de contribuições patronais e dos próprios servidores, incorrendo em 2012, em um déficit previdenciário da ordem de R$ 965 milhões. Como o governo estadual não fez novos aportes de recursos ao fundo, o déficit registrado implicou descapitalização do Rioprevidência, situação já observada em anos anteriores e que, a repetir-se nos próximos, pode trazer riscos para a saúde financeira do estado, ainda mais se considerada a já comentada possível mudança nas regras de distribuição dos *royalties* futuros.

Na função educação, destacaram-se os gastos com o ensino fundamental (R$ 3,2 bilhões) e o ensino médio (R$ 1,6 bilhões), responsáveis respectivamente por 42% e 21% da totalidade dos recursos empregados nessa área.

Na segurança, que custou R$ 5,6 bilhões aos cofres estaduais, quase 80% das despesas referiram-se ao pagamento de pessoal e encargos sociais e manutenção das atividades administrativas realizadas pelos órgãos responsáveis, especialmente a Polícia Militar (que consumiu 43% dos recursos da área) e a Polícia Civil e a Secretaria de Estado de Defesa Civil (com as quais foram gastos 30% do total despendido com a função).

Com a saúde, o estado do Rio gastou R$ 4,2 bilhões, 7% do orçamento, utilizados principalmente para financiar a assistência hospitalar ambulatorial (R$ 2,4 bilhões, equivalentes a 57% do total).[34]

Mereceram destaque ainda, pela relevância, as despesas com as seguintes funções: transporte (cujos programas Expansão e Consolidação das Linhas de Metrô, com R$ 794 milhões; Bilhete Único, com R$ 445 milhões; e Sistema Rodoviário Estadual, com R$ 402 milhões, receberam os maiores aportes) Urbanismo, sendo R$ 682 milhões (50% dos recursos) com o programa Somando Forças;[35] assistência social: com gastos de R$ 530 milhões, um aumento real de 89% em relação a 2011 devido à implantação dos programas "Renda Melhor" (que recebeu R$ 200 milhões) e "Morar Seguro" (R$ 81 milhões); desporto e lazer: com despesa liquidada de R$ 603 milhões (297% a mais que o gasto em 2011), o programa Copa do Mundo 2014 e Olimpíadas 2016 executou 80% das despesas da função, totalmente aplicados no projeto Reforma no Complexo do Maracanã; gestão ambiental: onde os projetos a cargo do Fecam soma-

---

[34] Como se observou na educação, apesar do governo estadual ter cumprido o limite constitucional e legal para aplicação em ações e serviços públicos de saúde (12% da receita de impostos vinculados), e de melhoras observadas no período recente, alguns indicadores, que refletem as respostas oferecidas pelos gestores do SUS no estado, ainda se mantém abaixo dos índices nacionais.

[35] Deixaram de ser gastos R$ 569 milhões, autorizados, pela não concretização de projetos relativos à implantação do Arco Metropolitano (R$ 207 milhões), Recuperação da Região Serrana (R$ 110 milhões) e Recuperação de Localidades Atingidas por Catástrofes (R$ 73 milhões).

ram R$ 166 milhões;[36] e saneamento: que consumiu R$ 282 milhões, dos quais 84% nos projetos Abastecimento de Água — PAC, Saneamento nas bacias da baía de Guanabara e Macrodenagem — PAC — Fecam.[37]

A comparação das receitas arrecadadas com as despesas liquidadas no exercício de 2012[38] revela que a execução orçamentária estadual foi superavitária em R$ 100 milhões, resultado que se converte em um déficit de R$ 257 milhões quando se comparam as receitas com as despesas empenhadas (que não necessariamente serão liquidadas e pagas). O saldo entre os valores empenhados e pagos em 2012 resultou em R$ 2,4 bilhões, classificados como restos a pagar.

Em suma, como se analisou nesta seção, os recursos arrecadados pela administração estadual foram utilizados para pagar pessoal ativo e inativo e respectivos encargos (especialmente nas áreas da segurança, educação e judiciária), serviços de terceiros (nas áreas da saúde, educação e segurança), investimentos (em transporte, urbanismo, desporto e lazer e gestão ambiental) e com o serviço da dívida (amortização, juros e encargos, quase tudo referente à dívida contratual interna).

Do ponto de vista das áreas de governo onde se alocaram os recursos, constatou-se que o perfil do gasto público estadual segue, em linhas gerais, as prioridades dos gastos consolidados do setor público brasileiro, exceto pelo fato de a previdência consumir mais recursos que a educação, contrariamente ao que se verifica na maior parte dos governos estaduais.[39] De fato, se excluídas as despesas financeiras com a dívida e com transferências ao Fundeb e aos municípios (englobadas na função encargos especiais), um quarto dos recursos foi direcionado à previdência pública, enquanto a educação aparece em segundo lugar. Juntas, educação e saúde absorveram

---

[36] Iguaçu — PAC, Lixo Zero, Infraestrutura Hidrográfica da Bacia Campista — PAC e Saneamento do Entorno da Baía de Guanabara. Aproximadamente 22% da despesa autorizada para esta função não foram realizadas (R$ 149 milhões), em vista da não realização de parte dos projetos Gestão de Bacias Hidrográficas (R$ 93 milhões) e Iguaçu — PAC (R$ 45 milhões).

[37] 69% da despesa autorizada para esta função não foram realizadas, no total de R$ 631 milhões.

[38] Os valores apresentados excluem os montantes referentes à Cedae, à Imprensa Oficial e à Agerio, por serem classificadas como empresas não dependentes, bem como as operações intraorçamentárias (entre órgãos) para evitar a dupla contagem dos valores.

[39] Ver Maciel (2013) para uma avaliação da função alocativa do setor público brasileiro.

mais um terço do total líquido não financeiro, destinando-se à segurança e ao Judiciário, em nível similar de gastos, 20% do total líquido. As funções ligadas à infraestrutura, como transporte, urbanismo e saneamento, receberam um volume pequeno de recursos comparativamente às demais, revelando um quadro preocupante, quando confrontado com as demandas sociais crescentes ligadas ao crescimento das cidades.

Despesas dos municípios do Rio de Janeiro

Em 2012, as despesas empenhadas do conjunto dos municípios do Rio de Janeiro totalizaram R$ 43,7 bilhões, dos quais 85% foram gastos em despesas correntes e 15% em despesas de capital, especialmente investimentos, como se pode observar na tabela 10.

TABELA 10
Despesas empenhadas dos municípios do Rio de Janeiro (2012)
(em milhões de reais correntes)

Despesas (principais grupos)	Município do Rio (Capital)	% da despesa total	Municípios do interior	% da despesa total	Municípios do Rio de Janeiro	% na despesa total
Despesas correntes	**17.077**	**82%**	**20.181**	**88%**	**37.258**	**85%**
Pessoal e encargos	9.407	45%	10.964	48%	20.371	47%
Juros e encargos da dívida	499	2%	66	0%	566	1%
Outras despesas correntes	7.172	34%	9.150	40%	16.321	37%
Despesas de capital	**3.773**	**18%**	**2.660**	**12%**	**6.433**	**15%**
Investimentos	3.322	16%	2.225	10%	5.547	13%
Inversões financeiras	171	1%	43	0%	214	0%
Amortização da dívida	280	1%	392	2%	672	2%
Despesa total	**20.851**	**100%**	**22.841**	**100%**	**43.691**	**100%**

Fontes: TCE-RJ (Sigfis), STN (Relatórios Finbra) e Ministério da Saúde (Siops/SUS).

O elevado peso das despesas com pessoal e encargos (47% do total) está em consonância com o fato de os municípios brasileiros serem hoje os principais responsáveis pela execução de grande parte das políticas públicas, em especial nas áreas sociais.[40] De fato, com o avanço do processo de descentralização, observou-se nos últimos anos um aumento das despesas com pessoal nos municípios — despesas que são rígidas, em virtude principalmente da estabilidade assegurada aos servidores públicos efetivos. Destacam-se, nesse contexto, a saúde e a educação, nas quais é significativo o peso dos pagamentos de salários e encargos sociais aos servidores.[41]

Os gastos com o pagamento de outros serviços de terceiros — pessoa jurídica (20%), material de consumo (11%) e transferências a instituições privadas sem fins lucrativos (10%) foram os mais representativos entre os classificados no grupo outras despesas correntes, que consumiu 37% dos orçamentos. Vale destacar que as crescentes restrições legais ao aumento das despesas com pessoal tendem a funcionar como incentivo à terceirização, podendo explicar, em parte, as elevadas despesas com serviços de terceiros nos municípios.

Nas despesas de capital, destacam-se os gastos com investimentos, a maior parte com obras e instalações, que consumiram 13% do conjunto dos orçamentos dos municípios, em que pese à significativa disparidade horizontal observada entre eles. Visando ilustrar as disparidades horizontais, a tabela 11 apresenta as despesas médias municipais por habitante, por região.

---

[40] Nazareth (2007); Afonso (2014).
[41] Tais como médicos, enfermeiros, professores e outros profissionais dessas áreas. Em vista do peso considerável dos dispêndios com pessoal nos gastos dos diversos níveis de governo, diversas leis estabeleceram limites máximos para esses gastos como percentual das receitas dos entes, destacando-se as leis complementares nº 82/95 e nº 96/99 (leis Camata I e II) e nº 101/00 (LRF).

TABELA 11

Despesas médias *per capita* em 2012 (principais naturezas),
municípios do Rio de Janeiro, por região
(em reais por habitante)

Região	Pessoal e encargos	Juros e encargos da dívida	Outras despesas correntes	Investimentos	Demais despesas de capital	Despesa total
Norte Fluminense	2.239,2	4,6	2.356,8	757,1	120,0	5.477,7
Litoral Sul Fluminense	2.189,6	17,4	1.563,7	193,4	60,2	4.024,4
Baixadas Litorâneas	1.583,7	4,8	1.353,8	547,2	46,4	3.535,8
Capital	1.472,0	78,1	1.122,3	519,8	70,6	3.262,9
Médio Paraíba	1.238,8	13,8	1.092,8	250,0	45,6	2.641,1
Centro Sul Fluminense	1.232,1	1,2	977,3	138,7	45,0	2.394,4
Noroeste	1.175,7	4,4	941,8	136,5	29,1	2.287,5
Serrana	1.209,2	1,5	816,4	132,4	34,8	2.194,3
Metropolitana	776,1	7,0	602,2	115,4	33,3	1.533,9
Total	**1.255,0**	**34,8**	**1.005,6**	**341,7**	**54,6**	**2.691,8**

Fontes: Elaboração própria; dados do TCE-RJ (Sigfis), STN (Relatórios Finbra) e Ministério da Saúde (Siops/SUS).

O detalhamento por região confirma a desigualdade apontada pelo gasto médio *per capita*, especialmente quando confrontados os gastos dos municípios da região metropolitana — mais baixos — com aqueles mais elevados dos municípios das regiões Norte e das Baixadas Litorâneas, maiores recebedores de *royalties* do petróleo e gás natural.

É possível constatar que, nos extremos, os municípios da região Norte gastaram, em média, quatro vezes mais por habitante com pessoal e encargos que os metropolitanos (R$ 2,2 mil contra R$ 776), realidade analisada anteriormente. Descendo ao nível dos municípios, a comparação revela que os gastos *per capita* com pessoal e encargos em Quissamã, no Norte Fluminense (R$ 4,4 mil, os mais elevados de todo o estado), foram 11 vezes maiores que os de Mesquita (R$ 400, os mais baixos).

Dentro de cada região também se encontram desigualdades acentuadas. De fato, a despesa *per capita* com pessoal e encargos de Itaguaí e Niterói (ambos integrantes da mesma região que Mesquita), chegou a R$ 2 mil e R$ 1,4 mil, respectivamente; na região Norte, o município de São Fidelis gastou apenas R$ 1 mil, por habitante, bem menos que os R$ 4,4 mil gastos em Quissamã.

O quadro de disparidades horizontais também fica explicitado quando se analisam os gastos nas demais naturezas. Com efeito, o valor médio dos investimentos por habitante chegou a ser sete vezes maior nos municípios da região Norte (R$ 757) relativamente aos da região metropolitana (R$ 115), possibilitado pelo maior ingresso de recursos livres de condicionalidades (*royalties*), enquanto os gastos com as chamadas outras despesas correntes, por habitante, variaram entre o máximo de R$ 2,4 mil e o mínimo de R$ 602, nas mesmas regiões, respectivamente.

Em todos os casos, a região metropolitana apresenta os indicadores mais baixos por habitante. Este fato corrobora o que já foi dito acerca da distribuição de recursos no Rio de Janeiro: que prejudica, em termos relativos, os municípios mais populosos, quase todos pertencentes a essa região, beneficiando os pequenos municípios, identificando-os como mais pobres. A desigualdade horizontal, como também já se observou, é acentuada pela distribuição dos *royalties*, cujos critérios de rateio são essencialmente determinados pelo critério geográfico — principalmente a proximidade com os campos e poços produtores da bacia de Campos, no Norte Fluminense.

TABELA 12

Despesas empenhadas por função de governo, municípios do Rio de Janeiro (2012) (em milhões de reais correntes)

Despesas (principais funções)	Município do Rio (Capital)	% da despesa total	Municípios do interior	% da despesa total	Municípios do Rio de Janeiro	% na despesa total
Saúde	3.621	19%	5.676	24%	9.297	22%
Educação	3.183	17%	5.443	23%	8.626	21%
Urbanismo	3.411	18%	2.648	11%	6.060	14%

(cont.)

Despesas (principais funções)	Município do Rio (Capital)	% da despesa total	Municípios do interior	% da despesa total	Municípios do Rio de Janeiro	% na despesa total
Administração	1.442	8%	4.308	19%	5.750	14%
Previdência Social	2.601	14%	1.203	5%	3.804	9%
Saneamento	620	3%	566	2%	1.187	3%
Legislativa	505	3%	579	2%	1.085	3%
Assistência Social	565	3%	472	2%	1.037	2%
Habitação	547	3%	147	1%	694	2%
Demais funções	2.207	12%	2.212		4.416	11%
Total da despesa por função	**18.702**	**100%**	**23.254**	**100%**	**41.956**	**100%**

Fontes: TCE-RJ (Sigfis), STN (Relatórios Finbra) e Ministério da Saúde (Siops/SUS).

As funções que mais absorveram recursos dos orçamentos municipais foram a saúde e a educação, nas quais se empenharam 22% e 21% da despesa total do conjunto, respectivamente, com peso maior nos municípios do interior (24% e 23%) do que na capital (19% e 17%).[42] Mais do que refletir prioridades localmente definidas, no entanto, esse perfil de gasto é decorrência das mudanças legais e constitucionais que acompanharam o processo de descentralização brasileiro, aumentando as transferências intergovernamentais aos governos municipais vinculadas a objetivos e programas das áreas sociais definidos, primordialmente, no nível federal.

Em ambas as funções, tanto a Constituição federal quanto a legislação infraconstitucional aprovada depois de 1988 estabeleceram percentuais mínimos de aplicação, aumentando recursos condicionados para os go-

---

[42] Na função saúde, mais de 90% dos valores foram empenhados na assistência hospitalar e ambulatorial e na atenção básica, enquanto na função educação, os recursos foram empenhados no ensino fundamental (cerca de 80%) e na educação infantil (10%). Se excluídos do total os valores gastos com a função encargos especiais (transferências e despesas financeiras, basicamente), os percentuais despendidos com a saúde e a educação passariam a representar 23% e 21%.

vernos locais. Embora reduzindo a autonomia decisória, logrou-se dessa forma, ao longo do tempo, orientar os gastos municipais na direção da provisão de bens e serviços considerados essenciais para a melhoria da qualidade de vida da população.[43]

Na sequência, correspondendo cada uma a 14% do total das despesas dos municípios, aparecem as funções urbanismo e administração, sendo que a primeira com peso maior na capital (18%) do que no interior (11%).[44] Somando-se à educação e saúde os dispêndios com urbanismo, é possível constatar que estas funções consumiram quase 60% do total da despesa, sugerindo a efetiva municipalização dos gastos sociais. Se considerada também a previdência social, corresponderam a 70% de tudo o que foi gasto pelos municípios fluminenses em 2012, um montante de quase R$ 30 bilhões. Observou-se, por outro lado, que funções consideradas relevantes não foram valorizadas nos orçamentos municipais, merecendo apenas 2% dos recursos: transporte, gestão ambiental, cultura, entre outras.

Conclusão

Este trabalho procurou contribuir com uma análise do perfil atual e da composição das receitas e despesas do estado e dos municípios do Rio de Janeiro, com base em dados de 2012. Em particular, buscou-se apontar riscos e desafios associados ao padrão atual de financiamento das políticas públicas no estado, avaliando impactos do modelo de gestão fiscal em vigor e estabelecendo comparações entre os municípios e regiões. Os resultados encontrados demonstram uma disponibilidade de recursos por habitante muito diferente entre os municípios, implicando distintas capacidades locais de gasto e investimento, que se refletem na desigual

---

[43] Em 2012, os entes municipais foram responsáveis por 47% dos gastos consolidados de todas as esferas com a função educação e 51% com a função saúde (Afonso, 2014).

[44] Nas despesas empenhadas pelos municípios do interior em 2012 na função urbanismo, cerca de 90% foram alocados em infraestrutura urbana (45%) e serviços urbanos (42%), enquanto na capital esses percentuais alcançaram 54% e 36%, respectivamente.

capacidade de oferta de bens e serviços de qualidade nas áreas sociais e na gestão urbana a cargo dos municípios.

A análise efetuada evidenciou a forte dependência que o orçamento estadual possui do seu principal imposto, o ICMS, especialmente se considerado também o adicional do imposto destinado ao Fecp. Mudanças no regime do imposto em discussão, como as destinadas a acabar com a chamada guerra fiscal e a que estabelece limites à adoção da substituição tributária do ICMS, representam riscos potenciais para a receita tributária, com impactos indesejados na capacidade de financiamento de serviços e políticas públicas.

Outras importantes fontes de financiamento do governo estadual, como as receitas provenientes da exploração do petróleo e do gás natural e de operações de crédito, também apresentam considerável incerteza no que tange às possibilidades de continuidade de recebimento nos mesmos montantes, no futuro próximo. De fato, são elevados os riscos fiscais associados às perspectivas de mudanças na legislação que regula a distribuição dos *royalties*, prejudicando os estados produtores, e à capacidade de financiamento do estado via endividamento, que também encontra limitações dados o recente aumento da dívida consolidada e as restrições legais em vigor.

Observou-se que os recursos arrecadados pelo governo estadual foram utilizados para pagar principalmente pessoal ativo e inativo e respectivos encargos (especialmente nas áreas da segurança, educação e judiciária), serviços de terceiros, investimentos (principalmente em transporte, urbanismo, desporto e lazer e gestão ambiental) e com o serviço da dívida contratual interna. Analisando as áreas onde se alocaram os recursos, constatou-se maiores gastos com a previdência (que consumiu um quarto dos recursos, se consideradas as despesas não financeiras, revelando a ocorrência de déficit previdenciário e alertando-se para os riscos de descapitalização do fundo de previdência do estado, na hipótese de novos déficits), a educação e a saúde (que absorveram mais um terço dos recursos), a segurança e o judiciário. As funções ligadas à infraestrutura (transporte, urbanismo e saneamento) receberam um volume pequeno de recursos comparativamente às demais, quadro insatisfatório quando se consideram as inúmeras demandas da população.

A análise das receitas municipais, por outro lado, buscou evidenciar a contribuição das principais origens e rubricas para os orçamentos, enquanto os indicadores (receitas por habitante ou como porcentagem da receita total) revelaram significativas diferenças entre os municípios e regiões. Argumentou-se que as disparidades decorrem de diferenças nas bases tributárias, na capacidade de arrecadação e nos critérios de rateio das transferências; e que resultam em capacidades de gasto diversas, comprometendo a possibilidade de muitos governos locais financiarem as políticas sob sua responsabilidade e assegurarem bens e serviços públicos de qualidade a todos os cidadãos.

Com efeito, a análise das receitas de 2012 ilustra o fracasso do sistema de repartição fiscal vigente em assegurar a equalização do poder de gasto orçamentário aos municípios. As transferências intergovernamentais não atingem o objetivo de modificar a distribuição desigual da capacidade de gasto decorrente de bases tributárias tão heterogêneas que fazem com que a receita tributária *per capita* varie de um mínimo de R$ 53 em Varre-Sai, pequeno município da região Noroeste, a R$ 2.681 em Macaé, grande município da região Norte, um dos principais beneficiários de *royalties*. Argumentou-se ainda que essas diferenças intrarregionais podem revelar a existência de um potencial de arrecadação não explorado e, portanto, espaço para aprimoramento das estruturas de arrecadação e fiscalização tributárias, que redundariam em maior arrecadação e justiça fiscal.

As transferências de caráter redistributivo que deveriam promover a redução das desigualdades (como o FPM e os 25% da cota-parte do ICMS) apresentam no Rio de Janeiro desempenho similar ao observado no restante do país: beneficiam desproporcionalmente os municípios de menor porte, onde vive uma pequena parcela da população (e que são, em muitos casos, beneficiários de *royalties*) em detrimento daqueles mais populosos, os metropolitanos, com impactos negativos em face da concentração das demandas sociais e de infraestrutura urbana em seus territórios.

As receitas de *royalties,* distribuídas de acordo com critério predominantemente geográfico, baseado na confrontação com os campos e poços produtores, concentram-se nos municípios que integram as regiões litorâneas e mesmo assim, de forma desigual entre estes, gerando uma eleva-da dependência destes recursos, que chegam a ultrapassar 60% da receita total dos beneficiários. Contribuem, portanto, para acentuar as desigual-dades horizontais de renda entre os municípios do estado, agravadas pela falta de instâncias de coordenação e de mecanismos que possibilitem a revisão e acompanhamento dos impactos das transferências, com suas diferentes lógicas e critérios, nos orçamentos dos governos locais, visan-do o ajustamento dinâmico.

Os recursos arrecadados pelos municípios foram direcionados, majo-ritariamente, para pagar pessoal e encargos (em consonância com o fato de serem os principais responsáveis pela execução das políticas públicas), com o pagamento de outros serviços de terceiros — pessoa jurídica (que tendem a aumentar com as restrições legais ao aumento das despesas com pessoal), e outras despesas de custeio, além dos investimentos em obras e instalações, que consumiram 13% dos orçamentos.

Por fim, constatou-se que os dispêndios municipais com educação, saúde, urbanismo e previdência social corresponderam a 70% do que foi gasto pelos municípios fluminenses em 2012, confirmando a efetiva mu-nicipalização dos gastos sociais, alertando-se, por outro lado, que funções relevantes como transporte, gestão ambiental e cultura, entre outras, não estão sendo valorizadas nos orçamentos municipais do Rio de Janeiro.

Bibliografia

AFONSO, J.R. *Saúde Pública no Brasil:* a questão fiscal e federativa — análise dos problemas e possíveis saídas. Apresentação no 1º Ciclo de Simpósios sobre Saúde Pública; Faculdade de Medicina da USP- São Paulo, 25/4/2014.

MACIEL, P.J. *Finanças Públicas no Brasil*: uma abordagem orientada para polí-ticas públicas. Ver. *Adm. Pública* — Rio de Janeiro 47(5): 1213-241, set./out. 2013.

NAZARETH, P. A. C. P. (2007) *Descentralização e Federalismo Fiscal:* Um Estu-do de Caso dos Municípios do Rio de Janeiro. Tese (Doutorado) — IE/UFRJ, ago. 2007.

_____; SILVA, M.F. Descentralização e Desenvolvimento Local: Uma análise das finanças públicas dos municípios do Rio de Janeiro. In: *XVIII*

Congreso Internacional del CLAD sobre la Reforma del Estado y de la Administración Pública, 29 de octubre a 1 de noviembre de 2013, Montevidéu, Uruguai: CLAD, 2013.

PRADO, S. *Transferências Fiscais e Financiamento Municipal no Brasil*. Trabalho elaborado para o projeto Descentralização Fiscal e Cooperação Financeira Intergovernamental. São Paulo: EBAP/K. Adenauer, jul. 2001, Disponível em: http://www.cepam.sp.gov.br/arquivos/artigos/TransferenciasFiscais&FinancMunicipal.pdf; Acesso em: 10 jul. 2013.

_____. Distribuição intergovernamental de recursos na Federação brasileira. In: REZENDE, F.; OLIVEIRA, F.A. (Orgs.). *Descentralização e federalismo fiscal no Brasil:* desafios da reforma tributária. Rio de Janeiro: Konrad-Adenauer-Stiftung, 2003.

Rio de Janeiro:
potencial para se tornar a plataforma logística do Brasil

Riley Rodrigues de Oliveira

COM POSIÇÃO GEOGRÁFICA privilegiada, o Rio de Janeiro concentra em um raio de 600 km de sua capital próximo de 50% do PIB brasileiro. Sua estratégica localização é complementada pelo estoque de infraestruturas, um dos maiores do Brasil. Sua localização e a oferta de infraestruturas, especialmente portuárias, fazem com que todos os estados (com exceção do Acre) utilizem o Rio para realizar parte de seu comércio exterior, segundo dados de 2013 do Ministério do Desenvolvimento, Indústria e Comércio Exterior (MDIC).

Impulsionado por estes fatores, o Rio de Janeiro recebe, no momento, grandes investimentos industriais — inclusive da chamada indústria de base, como siderúrgicas — que, distribuídos pelas diversas regiões fluminenses geram um maior equilíbrio no dinamismo econômico fluminense. Este processo, que vem se consolidando nos últimos anos, fortalece regiões que tradicionalmente contribuem pouco para o PIB estadual. Entretanto, este processo de interiorização, para ser intensificado, depende de investimentos constantes na melhoria da infraestrutura logística. Desta forma, para atingir seu pleno potencial econômico via estruturação logística, o Rio de Janeiro precisa realizar investimentos coordenados, em todas as regiões, de curto, médio e longo prazos.

Síntese das infraestruturas logísticas do Rio de Janeiro

Quando analisadas a densidade das malhas rodoviária e ferroviária e o número de portos e aeroportos com terminais de exportação e importação, verifica-se que o Rio de Janeiro possui um dos melhores estoques de infraestruturas logísticas do Brasil. Porém, destaca-se que possuir estoque de infraestrutura não significa possuir infraestrutura de qualidade. Neste quesito, as ferrovias e rodovias do estado do Rio de Janeiro apresentam graves gargalos, comprometendo a competitividade, em especial nas zonas urbanas e em referência às rodovias estaduais, que garantem as ligações interiores. Mesmo com suas deficiências, pela malha logística fluminense são movimentadas cargas de todas as unidades da federação, com exceção do Acre. Esta condição, resultante de uma favorável posição geoeconômica que garante fortes vantagens competitivas, confere ao Rio de Janeiro potencial para se tornar a grande plataforma logística brasileira. Outro dado interessante a ser considerado nas análises é que, apesar da reconhecida deficiência das principais rodovias fluminenses, o estado possui o segundo melhor índice de qualidade de rodovias pavimentadas no país, segundo a Pesquisa Rodoviária 2013 da Confederação Nacional do Transporte (CNT). Além disso, quando comparado o total de rodovias existentes (federais, estaduais e municipais, com o percentual considerado bom e ótimo, o Rio de Janeiro também está na segunda posição, atrás do Distrito Federal). Porém, os dados estatísticos são enganosos. Quando observamos o percentual de quilômetros considerados bom e ótimo em relação ao total de rodovias existentes, verificamos que em todo o país este índice não chega a 0,3%. Ou seja, 99,96% das rodovias brasileiras estão em condições que variam de regular a péssima, segundo dados do Dnit. No Rio de Janeiro, segundo estado em melhor condição no país, este índice é de 99,82% dos 24.875 km de rodovias que cortam o estado. Estes números revelam uma realidade dura, que ainda não é enfrentada e que normalmente é mascarada pela análise do estoque de rodovias pavimentadas por mil km² de território, ou seja, a densidade pavimentada. Em outras palavras, o principal modo logístico do Brasil, responsável pela movimentação de 62% de toda a carga transportada no país, não oferece condições minimamente adequadas para garantir a competitividade brasileira, prejudicando todos os setores econômicos.

Malha rodoviária

Conforme pode ser visto na tabela 1, a malha rodoviária fluminense (incluindo rodovias federais, estaduais e municipais) se aproxima de 25 mil km, dos quais 27,8% pavimentados (158,3 km por mil km^2 de território). Este número faz do Rio de Janeiro o estado com a maior densidade proporcional de rodovias pavimentadas do Brasil, à frente do Distrito Federal, que possui 143 km por mil km^2. Além disso, o Rio possui o terceiro maior percentual nacional de rodovias pavimentadas, atrás do Distrito Federal e de Sergipe. Em relação à qualidade das rodovias o estado possui 65% da malha pavimentada considerada boa e ótima, segundo a Pesquisa Rodoviária 2013 da Confederação Nacional dos Transportes, o segundo maior percentual nacional, atrás de São Paulo, com 82,2%.

A densidade rodoviária aliada à estratégica localização geoeconômica faz do Rio de Janeiro um dos estados com maior volume de cargas rodoviárias em circulação no país. Em 2010, o estado respondeu por 4,8% da movimentação nacional, embora sua malha represente apenas 1,5% do total nacional. Em 2013 este volume subiu para 6%, com um total de 300 milhões de toneladas. Se considerarmos que uma carreta cavalo trucado transporta (capacidade máxima) 45 toneladas, isso significa que, diariamente, 24 horas por dia, existe uma carreta transportando cargas a cada 1,4 km dos 24.875 km de rodovias federais, estaduais e municipais do estado do Rio de Janeiro, o que representa uma circulação diária de 18.265 carretas (impressionantes 6,7 milhões/ano) em um conjunto de estradas de 6,9 mil km pavimentados e 99,82% da malha total em condições de regulares a péssimas.

A quase totalidade deste tráfego se concentra nas rodovias federais (com destaque para as BRs 040, 101, 116, 393, 356 e 493), e em poucas estaduais (RJs 104, 106, 116 e 124). Estas rodovias fazem as ligações sen-

TABELA 1

Extensão e condição da malha rodoviária brasileira

ESTADO	Área UF (km²)	Extensão da malha (km)	Extensão pavimentada (km)	% pavimentado	Densidade pavimentada (km / mil km²)	% ótimo e bom das rodovias pavimentadas	kms ótimo e bom das rodovias totais	% ótimo e bom das rodovias totais	Kms regular a péssimo do total de rodovias	% regular a péssimo do total de rodovias
Acre	152,581	9,177	1,488	16.2	9.8	0	0	0	9,176.50	100
Pará	1,247,690	42,432	5,539	13.1	4.4	5.2	288	0.01	42,144.40	99.99
Amapá	142,815	7,234	474	6.5	3.3	17.5	82.9	0.01	7,151.50	99.99
Amazonas	1,570,746	14,369	2,166	15.1	1.4	10.4	225.2	0.02	14,143.80	99.98
Rondônia	237,576	27,147	2,709	10	11.4	15.9	430.7	0.02	26,716.60	99.98
Maranhão	331,983	57,651	6,796	11.8	20.5	15.2	1,033.00	0.02	56,617.70	99.98
Ceará	148,826	53,139	8,326	15.7	55.9	11.6	965.8	0.02	52,173.00	99.98
Mato Grosso	903,358	40,900	7,587	18.6	8.4	13.1	993.9	0.02	39,905.80	99.98
Bahia	564,693	139,500	14,190	10.2	25.1	25.8	3,661.10	0.03	135,839.20	99.97
Minas Gerais	586,528	272,802	23,138	8.5	39.4	31.8	7,357.80	0.03	265,443.70	99.97
Piauí	251,529	60,505	6,617	10.9	26.3	25.3	1,674.10	0.03	58,831.30	99.97
Tocantins	277,621	37,956	6,719	17.7	24.2	17.9	1,202.70	0.03	36,753.50	99.97
Goiás	340,087	94,032	11,155	11.9	32.8	27.6	3,078.80	0.03	90,953.30	99.97
Rio Grande do Sul	281,749	155,262	11,056	7.1	39.2	46.9	5,185.20	0.03	150,076.60	99.97
Santa Catarina	95,346	106,674	6,992	6.6	73.3	55.3	3,866.60	0.04	102,807.70	99.96
Paraíba	56,440	34,915	3,524	10.1	62.4	37.9	1,335.70	0.04	33,579.40	99.96
Mato Grosso do Sul	357,125	65,117	8,009	12.3	22.4	31.2	2,498.70	0.04	62,618.60	99.96
Roraima	224,299	8,342	1,461	17.5	6.5	22.6	330.2	0.04	8,012.10	99.96
Espírito Santo	46,078	31,294	3,479	11.1	75.5	36.8	1,280.20	0.04	30,013.30	99.96
Pernambuco	98,312	44,195	6,828	15.4	69.4	26.7	1,822.90	0.04	42,372.40	99.96
BRASIL	8,514,876	1,691,522	203,599	12	23.9	36.2	73,702.70	0.04	1,617,819.50	99.96
Rio Grande do Norte	52,797	27,682	4,377	15.8	82.9	42.4	1,855.60	0.07	25,826.00	99.93
Alagoas	27,768	15,036	2,451	16.3	88.3	47.1	1,154.40	0.08	13,881.50	99.92
Paraná	199,315	118,706	19,366	16.3	97.2	62.8	12,161.70	0.1	106,543.90	99.9
São Paulo	248,209	195,407	29,246	15	117.8	82.2	24,040.00	0.12	171,366.50	99.88
Sergipe	21,910	5,718	2,161	37.8	98.6	47.5	1,026.30	0.18	4,691.20	99.82
Rio de Janeiro	43,696	24,875	6,918	27.8	158.3	65	4,496.80	0.18	20,377.90	99.82
Distrito Federal	5,802	1,457	830	57	143	51.6	428.2	0.29	1,028.30	99.71

As últimas seis colunas compõem o bloco MALHA RODOVIÁRIA BRASILEIRA.

Fonte: Elaboração própria a partir de dados do Dnit/PNV Janeiro de 2014) e da Pesquisa Rodoviária 2013 - CNT

tido região metropolitana ou garantem a conexão com as rodovias que a acessam. Nas demais rodovias, federais e estaduais, a qualidade de tráfego é comprometida por deficiências de geometria, pavimentação (ou falta dela, como no caso da RJ-210, importante via intermunicipal no Noroeste Fluminense) e sinalização, o que prejudica o crescimento da interação intermunicipal fora dos eixos de ligação com a região metropolitana, sendo um limitador da capacidade de crescimento dos municípios, em especial nas regiões Serrana, Centro-Norte, Noroeste, Norte e Baixadas Litorâneas.

Um dado amplamente relevante é que 20% deste volume tem origem/destino na região metropolitana, formada por 21 municípios. Isso ocorre pelo fato de a região metropolitana do Rio de Janeiro ser a segunda principal concentração econômico-financeira do país e a segunda maior zona consumidora, por abrigar os dois principais portos do estado (entre os 10 principais em volume e valor movimentados no Brasil), o principal aeroporto de cargas (Aeroporto Internacional do Galeão — Antônio Carlos Jobim) do estado e um dos mais importantes do país. Este fato traz graves problemas: a superocupação das infraestruturas logísticas e de mobilidade da região metropolitana, que possui o terceiro pior trânsito do mundo, atrás de Moscou, na Rússia, e Istambul, na Turquia (São Paulo está na sétima posição);[1] e os investimentos em melhoria da qualidade das infraestruturas, notadamente rodoviárias, são direcionados para a região metropolitana ou seus acessos, negligenciando outras regiões, de menor dinâmica e fluxo.

Este imenso fluxo na região metropolitana faz com que, com a diferença de ritmo entre o crescimento do volume transportado e os investimentos realizados para melhorar a qualidade das rodovias, em especial fora dos eixos logísticos principais (BR 101, BR 040, BR 116, BR 393 e RJ 116), a situação da malha rodoviária tenda a se deteriorar cada vez mais rápido, forçando o custo do transporte a ficar cada vez mais elevado, a um ponto em que será economicamente mais viável desviar da rota, utilizando um caminho mais distante (inclusive com destino a outros estados, no caso de

---

[1] Tomtom Traffic Index.

cargas de exportação e importação), para reduzir o custo e o tempo gasto na circulação. Este *trade off* é chamado de dilema das distâncias física e econômica, na qual o custo do transporte (gasto de combustível, pedágio, salários, manutenção, substituição de peças, deterioração do veículo, seguros etc.) é uma variável mais importante que a análise simplista da menor distância geográfica entre os pontos de origem e destino.

A solução, óbvia, é investir na qualificação, adequação, pavimentação e duplicação das rodovias, em especial as estaduais e que garantem as ligações intermunicipais no interior, com o objetivo de dinamizar o desenvolvimento dos municípios via interação logística e econômica. Porém, os investimentos são elevados e os recursos escassos, o que faz com que os governos privilegiem a destinação de recursos para as vias troncais (quando públicas) e abandonem (ou não privilegiem) programas de melhorias da qualidade viária no interior. Esta decisão gera um círculo vicioso: quanto menos investe nas rodovias do interior, mais os municípios ficam logisticamente isolados, e, quanto menos se integram, menores as condições de crescimento econômico, que é impulsionado pelas trocas de mercadorias e serviços.

Como pode ser visto, em especial no dilema das distâncias, é inegável que os investimentos em infraestruturas têm influência direta sobre a economia devido a seus efeitos multiplicadores oriundos da mudança de acessibilidade a mercados produtores e consumidores. A acessibilidade revela o potencial das regiões em termos de capacidade de fluxo de mercadorias e pessoas, levando por isso a efeitos multiplicadores que afetam a todos os demais setores dinâmicos da economia (Araújo, 2006). Estes conceitos deveriam ser a guia mestra dos projetos de investimento em infraestrutura no estado e no país, observando o potencial e a necessidade das regiões, no caso do estado do Rio de Janeiro, de forma a se obter o máximo resultado no menor tempo e com o menor investimento exigido. Alinhado a esse pensamento é possível concluir que o investimento em infraestrutura, neste caso, rodoviária, é determinante para o desenvolvimento, embora não seja suficiente.

Estabelecido esse ponto, pensa-se na ação governamental. O governo deve agir de forma a impulsionar o desenvolvimento regional através de intervenções diretivas e, em situações extremas, impositivas, tomando para si a responsabilidade de garantir os investimentos (públicos ou privados, através de incentivos) para que as regiões tenham infraestruturas condizentes com suas necessidades, de forma a permitir que as externalidades positivas desses investimentos garantam um desenvolvimento mais equilibrado em nível regional, estadual e nacional.

FIGURA 1
Condicionantes para o desenvolvimento econômico

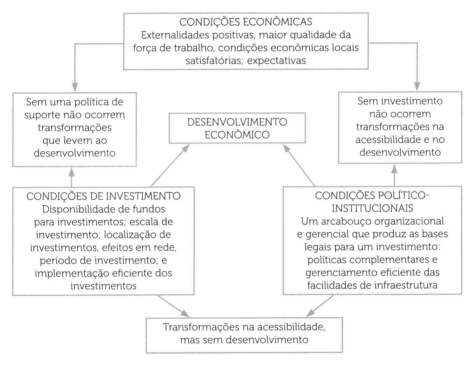

Fonte: Adaptado de Banister e Berechman (2001:210)

A análise de todos os fatores até aqui expostos nos encaminha para a conclusão de que a relação entre infraestrutura logística, no caso rodoviária, e desenvolvimento é inquestionável. Mas existe uma discussão sobre qual variável se estabelece primeiro na equação: se o desenvolvimento de uma região atrai investimentos em infraestruturas logísticas ou se são essas infraestruturas que contribuem para provocar o desenvolvimento. Uma linha de estudos, à qual este autor está filiado, afirma que existe uma relação óbvia entre transporte e atividade socioeconômica (Preston, 2001). Para que não haja dúvidas em relação ao fato de que não se está afirmando que o investimento em infraestrutura logística, por si só, gera desenvolvimento, atenta-se para a existência de uma relação de fatores que devem ocorrer para que o investimento seja uma das ferramentas de promoção do desenvolvimento regional: condições econômicas, de investimento e político-institucionais (Banister e Berechman, 2001).

Estabelecidas estas ponderações, salienta-se que, embora haja uma leitura de que o desenvolvimento dos transportes é revolucionário para regiões em desenvolvimento (Nações Unidas, 1963, apud Martins, 1991), estabelecendo uma relação direta entre infraestruturas logísticas e desenvolvimento, não se pode negar que os impactos são diferentes em se tratando de regiões com diferentes graus de desenvolvimento. Podemos ver esta situação quando observamos a disparidade do perfil das infraestruturas rodoviárias nas diversas regiões do estado do Rio de Janeiro:

- Metropolitana — as principais rodovias, em seus trechos com melhores condições, estão na conexão com os municípios metropolitanos, onde estão as infraestruturas logísticas mais importantes — portos, ferrovias e aeroportos;
- Norte — para fins de análise, considerando o perfil produtivo, incluindo Rio das Ostras, apenas uma rodovia principal, em fase de duplicação, dois aeroportos regionais, um porto especializado no setor de petróleo e dois grandes sistemas portuário-industriais em construção;
- Serrana — cortada longitudinalmente pela BR-040, única ligação direta com a região metropolitana — em fase de construção da nova pista na serra de Petrópolis, que pode não suportar o crescimento do fluxo no horizonte de duas décadas. A região é cortada na transversal pela BR-393 (que liga o Espírito Santo a São Paulo, com passagem por Minas Gerais) e possui bem-estruturada malha

ferroviária, da MRS e da FCA. Porém, possui a deficiência de não contar com aeroporto;

- Sul — apesar do dinamismo industrial, com destaque para o setor automotivo, não possui aeroporto e funciona adequadamente, possui malha ferroviária cortando o centro urbano, possui uma única rodovia com ligação com a região metropolitana, a BR-116, com um dos maiores gargalos do país, na serra das Araras, em fase de construção de nova pista, que pode ser insuficiente para atender a demanda em um horizonte de duas décadas;
- Centro-Norte e Noroeste — Estas duas regiões estão localizadas na região denominada pelo autor "vazio de infraestruturas". Possui infraestrutura rodoviária de baixa qualidade, vias inadequadas para atender à demanda atual e sem planos de ampliação significativa no futuro próximo, sem malha ferroviária ou aeroporto funcionando, apesar dos planos de ampliação/construção dos aeroportos de Itaperuna e Nova Friburgo.

Observando atentamente a análise sobre a qualificação das infraestruturas, pode-se observar que as regiões mais desenvolvidas do estado são aquelas com melhor estoque de infraestruturas logísticas, em especial rodoviária.

Malha ferroviária

A malha ferroviária fluminense de carga totaliza 1,2 mil km, equivalente a 4% da malha nacional, distribuídos da seguinte forma:

- **MRS** (Ferrovia Minas — Rio — São Paulo): com 424 km, liga o Rio de Janeiro à região de Belo Horizonte e a São Paulo;
- **FCA** (Ferrovia Centro Atlântica): com 775 km, liga o Rio de Janeiro ao Quadrilátero Ferrífero de Minas Gerais, a São Paulo e ao Espírito Santo, entretanto, este ramal está praticamente abandonado.

O estado do Rio de Janeiro, teoricamente, possui a maior densidade ferroviária do país, com 27,4 km por mil km^2 de território, conforme tabela 2. Porém, se analisarmos a malha economicamente utilizada, encontramos, na realidade, 9,7 km de ferrovia por mil km^2. Muito pouco para o estado onde nasceu o transporte ferroviário, introduzido por Irineu Evangelista de Souza (barão e visconde de Mauá), com o objetivo de criar eixos logísticos para transportar a produção industrial para o porto. Em 1854 a Companhia de Navegação a Vapor e Estrada de Ferro de Petrópolis foi inaugurada como parte de um projeto logístico integrado, uma visão holística envolvendo o melhor dos modos de transporte de cargas existentes na época, uma lição que foi abandonada pelo país. A ferrovia, como instrumento indutor do crescimento econômico e da ocupação territorial brasileira, se desenvolveu a partir deste marco, em especial nos estados do Rio de Janeiro, Minas Gerais e São Paulo, tendo se consolidado e se mantido mais fortemente em São Paulo e, posteriormente, nos estados da Região Sul. No século XX avançou para o Nordeste e o Centro-Oeste. As tentativas de avançar para o Norte foram fracassadas, até o período da mineração, quando a ferrovia se torna essencial para o escoamento no Pará e no Amapá. O caso do Tocantins é diferenciado, pois a infraestrutura estava construída antes de sua emancipação de Goiás.

Apesar dos programas de construção de novas malhas, não há avanços significativos nas últimas décadas, diferentemente do que se desenha para as próximas, pelos projetos já em andamento e pelos programas de expansão lançados pelo governo federal. Com o entendimento de que as ferrovias são os verdadeiros corredores de exportação, a realidade cruel da insipiente cobertura ferroviária brasileira tende a se alterar nas próximas décadas.

Voltando ao Rio de Janeiro, em 2013 a malha ferroviária ativa do estado movimentou mais de 140 milhões de toneladas, equivalente a 14% do volume nacional. Este volume garantiu às ferrovias fluminenses a média anual próxima de 330,2 mil toneladas por quilômetro, ou 904,6 toneladas/km/dia.

TABELA 2

Extensão da malha ferroviária brasileira

	MALHA FERROVIÁRIA			
ESTADO	Área (km²)	Extensão (km)	% da malha	Densidade (km/mil km²)
Rio de Janeiro	43.696	1.199	4,2	27,4
São Paulo	248.209	4.705	16,6	19
Santa Catarina	95.346	1.365	4,8	14,3
Alagoas	27.768	390	1,4	14
Sergipe	21.910	278	1	12,7
Paraíba	56.440	660	2,3	11,7
Paraná	199.315	2.287	8,1	11,5
Espírito Santo	46.078	522	1,8	11,3
Rio Grande do Sul	281.749	3,186	11,3	11,3
Pernambuco	98.312	925	3,3	9,4
Minas Gerais	586.528	5.311	18,8	9,1
Ceará	148.826	1.169	4,1	7,9
Distrito Federal	5.802	45	0,2	7,8
Rio Grande do Norte	52.797	364	1,3	6,9
Mato Grosso do Sul	357.125	1.607	5,7	4,5
Maranhão	331.983	1.342	4,7	4
BRASIL	8.514.877	28.316	100	3,3
Bahia	564.693	1.551	5,5	2,7
Goiás	340.087	637	2,2	1,9
Amapá	142.815	194	0,7	1,4
Piauí	251.529	240	0,8	1
Tocantins	277.621	205	0,7	0,7
Pará	1.247.690	224	0,8	0,2
Mato Grosso	903.358	104	0,4	0,1
Rondônia	237.576	0	0	0
Acre	152.581	0	0	0
Roraima	224.299	0	0	0
Amazonas	1.570.746	0	0	0

Fonte: ANTT/DNIT.

Em relação ao volume transportado, faz-se necessário uma importante observação: no Brasil as ferrovias têm como perfil principal servirem de vias de ligação entre as regiões produtoras de minérios e produtos siderúrgicos e os grandes portos. Como consequência, os estados que ocupam as primeiras colocações no ranking de volume transportado têm o setor concentrado na movimentação de minério de ferro (como origem ou destino das cargas), principalmente destinado à exportação pelos portos de Itaqui/MA, de Tubarão/ES e de Itaguaí/RJ.

Especificamente nas ferrovias do Rio de Janeiro, as principais cargas transportadas são minérios, escória, cinzas e coque com destino ao porto de Itaguaí. Em 2013, das quase 120 milhões de toneladas movimentadas no Rio de Janeiro, 75% foram referentes a esses produtos e, deste volume, mais de 95% teve como origem o quadrilátero ferrífero de Minas Gerais.

Destaca-se que a malha ferroviária fluminense é bastante concentrada em minério de ferro e seus derivados, situação que repete o que ocorre no Brasil, com exceção da região Sul, onde existe maior diversificação, devido ao perfil produtivo e exportador/importador. O Rio de Janeiro é a porta do comércio exterior de Minas Gerais, que tem no minério de ferro sua principal mercadoria. Este modelo de exploração ferroviária tende a se alterar, embora não radicalmente, nos próximos anos, em especial devido ao Marco Ferroviário, que estabeleceu metas de eficiência para os trechos ferroviários. O Marco Ferroviário, que determinou mudanças no setor, como o direito de passagem, o compartilhamento de ramais e a ocupação mínima dos trechos, incentiva a diversificação de usos. Desta forma, como há ociosidade nos trechos fluminenses (o trecho da FCA ligando o Rio de Janeiro a Campos dos Goytacazes e Vitória/ES será leiloado), a diversificação será a forma de manter a eficiência dos trechos sem comprometer a principal atividade, que é o transporte de minério e derivados. Esta diversificação será mais sentida especialmente na ligação entre Rio de Janeiro e São Paulo.

Destaca-se que este perfil das ferrovias fluminenses tende a registrar uma grande transformação nas próximas décadas, em especial devido a um fator:

- A licitação da EF 354, a ferrovia Transcontinental, que recuperará a ligação entre Rio de Janeiro (incluindo o Anel Ferroviário entre Ambaí, em Nova Iguaçu, e Visconde de Itaboraí, em Itaboraí) e Campos dos Goytacazes e Vitória, no Espírito Santo, atual malha da FCA, que se encontra, conforme dito, praticamente abandonada; e a ligação entre Campos dos Goytacazes e Uruaçu, em Goiás. O projeto prevê ainda a ligação entre Campos dos Goytacazes e o porto do Açu, em São João da Barra, e de Uruaçu a Boqueirão da Esperança, no Acre, passando pelas regiões produtoras de minério de Minas Gerais e Centro-Oeste, pela região do agronegócio do Centro-Oeste e da indústria agroflorestal do Norte brasileiro. Estas novas ferrovias impulsionarão a diversificação de cargas e serão o grande impulsionador do porto do Açu e da desconcentração do transporte de cargas, atualmente destinado à região metropolitana;

A recuperação destes trechos, que já estiveram entre os mais importantes do país, será uma grande alavanca para o desenvolvimento da economia regional, beneficiando regiões cuja dinâmica econômica poderá ser intensificada, no caso do Norte e Leste Fluminense, ou incentivada, no caso do Noroeste Fluminense. Cadeias ligadas a petróleo e gás, cana-de-açúcar, construção civil, papel e celulose, pedras ornamentais, cimento, alimentos e outros poderão passar a utilizar o transporte ferroviário, mais barato, mais intensivo e menos poluente. Este processo pode levar ainda ao surgimento de centros de distribuição, zonas logísticas, distritos industriais e similares ao longo do traçado da ferrovia, utilizado na construção da BR 101 entre Campos dos Goytacazes e Rio de Janeiro.

Sistema aeroviário

O sistema aeroviário do Rio de Janeiro é formado por 28 aeroportos homologados e/ou registrados. São 13 aeroportos civis públicos e 10 privados, além de cinco aeródromos militares. Também integram o sistema 85 helipontos. Neste grupo, seis unidades se destacam no sistema:

- **Internacional do Galeão — Tom Jobim:** com capacidade para 18 milhões de passageiros/ano, é o quarto aeroporto mais movimentado do Brasil. A Infraero prevê elevar a capacidade do aeroporto para 20 milhões de passageiros em 2015 e 40 milhões em 2025. Um dos aeroportos de carga mais importantes do país. Com sua privatização, a expectativa é de um grande aumento de investimentos para, inclusive, aumentar a atratividade de cargas aéreas para o estado;
- **Santos Dumont:** com capacidade para 3,5 milhões de passageiros/ano, respondendo por cerca de 5% do movimento doméstico brasileiro, com 7,8 milhões de passageiros. A principal atividade é a ligação da ponte aérea Rio–São Paulo, a terceira mais movimentada do mundo;
- **Jacarepaguá:** com capacidade para 75 mil passageiros/ano, o aeroporto movimenta cerca de 150 mil passageiros domésticos;
- **Bartolomeu Lysandro (Campos dos Goytacazes):** com capacidade para 60 mil passageiros/ano, tem um movimento próximo de 15 mil passageiros e 150 toneladas de cargas domésticas;
- **Macaé:** com capacidade para 135 mil passageiros/ano é a maior base de apoio aéreo para exploração de petróleo no Brasil e uma das maiores do mundo, com movimento de cerca de 500 mil passageiros domésticos e 300 toneladas de carga. 98% da movimentação do aeroporto é composta por viagens de helicópteros para as plataformas da bacia de Campos;
- **Cabo Frio:** único aeroporto internacional privado do Brasil é voltado à movimentação de carga. Em 2013 movimentou 230 mil passageiros e 15 mil toneladas de carga. O aeroporto tem características especiais: enquanto a movimentação de passageiros é prioritariamente doméstica, a totalidade da carga movimentada é internacional. O aeroporto está passando por obras de ampliação que dobrará sua capacidade. O movimento de passageiros transportados em helicópteros passará para 300 mil/ano.

O sistema aeroviário fluminense necessita de uma rápida expansão da capacidade e da qualidade dos aeroportos existentes (toda a infraestrutura de terra — pista, pátio, terminais, estacionamento; de ar — aerovias, equipamentos; e de pessoal, em especial controladores de voo e pessoal de apoio em terra), especialmente os internacionais (Galeão — Antônio Carlos Jobim e Cabo Frio). As unidades regionais precisam mais do que melhorar a qualidade dos serviços prestados: necessitam de investimento para a expansão de toda a infraestrutura, com ampliação de pistas, pátios, terminais e, especialmente, rotas.

Algumas unidades necessitam ainda serem redesenhadas para que possam explorar adequadamente seu potencial, como o aeroporto de Macaé, que demanda uma total reavaliação, incluindo de categoria (nacional para internacional), nos modelos de aeroportos como o de Stavanger (Noruega) e Aberdeen (Escócia). Principal base de apoio aéreo à exploração de petróleo e gás no Brasil, o aeroporto de Macaé precisa evoluir para o estágio que o setor demanda, em relação á capacidade de atender à movimentação de helicópteros e no que tange às conexões nacionais e internacionais exigidas pelo setor de petróleo e gás. Sem este redesenho de funções e qualificações o aeroporto não atingirá seu potencial.

Sistema portuário

O Rio de Janeiro é um estado-porto por natureza. Ao longo de seus 635 km de costa, possui oito portos: Rio de Janeiro, Itaguaí, Niterói, Angra dos Reis, Arraial do Cabo, Macaé e Santa Cruz (pertencente à Companhia Siderúrgica do Atlântico) e Açu, em São João da Barra. Este complexo está se expandindo, com a construção do porto do Sudeste em Itaguaí.

Além disso, o sistema portuário fluminense registrará um forte crescimento nos próximos anos, com a execução dos projetos do complexo de Barra do Furado, entre Campos e Quissamã; de Lago da Pedra em Itaguaí (Gerdau); do Polo Naval de Maricá; e da Base da Marinha, em Itaguaí (com um estaleiro onde serão construídos submarinos nucleares).

Com estes investimentos o Rio de Janeiro terá uma das maiores concentrações de infraestruturas marítimas do mundo, contando ainda com importantes terminais especializados: Torgua, na baía da Guanabara, e

Tebig, na ilha Grande (principal terminal para exportação de óleos brutos de petróleo do Brasil), ambos da Petrobras; e Terminal da ilha Guaíba, em Mangaratiba, para exportação de minérios. Essa configuração dotará o Rio de Janeiro de uma unidade portuária a cada 48 km, em média.

Este estoque invejável de infraestruturas portuárias do Rio de Janeiro, essencial para a estratégia de crescimento do estado, traz consigo um grande desafio: o conflito cidade-porto (o porto não conflita com a cidade, pois complementa sua morfologia e estrutura econômica, a cidade conflita com o porto em sua busca por mais espaço urbano em áreas nobres, onde normalmente os portos foram construídos, antes de estas áreas se enobrecerem. O porto torna as áreas nobres, mas o abandono de seu entorno leva à degradação urbana e à equivocada sensação de que o porto é ruim para a cidade.).

Uma análise mais ampla inclui a visão de que o aumento das atividades industriais, entre as quais a exploração de petróleo e gás (o Rio de Janeiro responde por 60% do mix), demanda o escoamento de produtos por eixos logísticos que incluem dutos, portos, rodovias e ferrovias no processo de extração/importação, e o inverso na exportação. Neste sentido, uma análise adequada considera localização e vocações dos portos e suas infraestruturas de acesso, o que determinará as configurações espaciais dos portos futuros e a estruturação dos existentes de forma a evitar o conflito cidade-porto.

Vejamos a seguir um detalhamento maior da infraestrutura portuária fluminense.

Itaguaí/Sepetiba

O porto de Itaguaí/Sepetiba começou a ser construído em 1976, sendo inaugurado em 1982. Está localizado na costa norte da baía de Sepetiba, ao sul, e a leste da ilha da Madeira. A área do porto é constituída por: a) instalações portuárias terrestres existentes na baía de Sepetiba, abrangendo todos os cais, docas, pontes e píeres de atracação e de acostagem, armazéns, edificações em geral e vias internas de circulação rodoviária e ferroviária, e os terrenos ao longo dessas áreas e em suas adjacências pertencentes à União; e b) pela infraestrutura de proteção e acessos aquaviários, compreendendo as áreas de fundeio, bacias de evolução, canal de acesso e áreas adjacentes a esse até as margens das instalações terrestres do porto organizado, existentes ou que venham a ser construídas.

Os acessos são realizados, por via rodoviária, por uma estrada de 8 km que se conecta à BR-101; por via ferroviária, por intermédio do ramal Japeri/Brisamar, operado pela MRS Logística S/A, ligando o porto à região Centro-Sul do estado do Rio de Janeiro e aos estados de São Paulo e Minas Gerais, através de bitola larga (1,60 m); e por via marítima, através da barra localizada entre a Ponta dos Castelhanos, na ilha Grande, e a Ponta Grossa da Restinga da Marambaia, com 12 km de largura e profundidade de 19 m. O canal de acesso, com cerca de 22 km, possui largura de 200 m e profundidade mínima de13,5 m. Para aumentar a competitividade do porto e avançar no processo de transformá-lo no *hub* do Atlântico Sul, o governo federal realiza obras de dragagem no porto, cuja profundidade passará dos atuais 17,5 m para 20 m.

Óbices e oportunidades

O principal acesso rodoviário é o Arco Metropolitano, uma rodovia de 175 km ligando Itaboraí a Itaguaí (ainda faltam 42 km para serem construídos pelo governo federal, com previsão de conclusão para 2017) e que movimentará 3 milhões de veículos equivalentes/ano, transportando carga de/para o porto. Porém, este acesso é insuficiente, considerando a estruturação do entorno do porto. Faz-se necessário construir uma rodovia ligando-o ao distrito industrial de Santa Cruz, no Rio de Janeiro, para capturar as cargas industriais sem a necessidade de que estas trafeguem pela BR-101, cortando a cidade de Itaguaí. Outra possibilidade é a construção de um acesso do distrito industrial diretamente ao Arco Metropolitano, contornando a cidade de Itaguaí. Em relação ao distrito industrial é necessário construir um viaduto de acesso a partir da BR-101, para garantir agilidade e reduzir os riscos de acidentes no local.

No acesso ferroviário, a construção do Anel Ferroviário de São Paulo permitirá que cargas da região de Campinas, do Centro-Oeste e Norte e de outros países da América do Sul sejam desviadas para o sistema portuário fluminense, ampliando o volume de cargas movimentadas em Itaguaí/Sepetiba, especialmente através de contêineres, estabelecendo o porto como o *hub* do Atlântico Sul. Com a recuperação do trecho fluminense da EF 354, o acesso ao mercado do Leste e Norte Fluminense, Espírito Santo e Nordeste estará garantido, uma vez que o perfil de Itaguaí não conflita integralmente com os portos localizados no traçado da ferrovia no estado do Rio, como Açu (em construção), Forno (Arraial do Cabo) e Rio de Janeiro.

No acesso aquaviário é preciso, além da dragagem de aprofundamento do canal, realizar o aprofundamento da bacia de evolução e duplicar o canal em toda a sua extensão. Caso estas obras não sejam realizadas, o porto baterá no limite de sua capacidade de recebimento de navios em 2017. Este gargalo afeta ainda os portos da CSA, do Sudeste, a base naval da Marinha e o futuro porto de Lagoa da Pedra, da Gerdau.

Rio de Janeiro

Localizado na costa oeste da baía de Guanabara, o porto do Rio de Janeiro tem como área de influência direta os estados do Rio de Janeiro, Minas Gerais, Espírito Santo, São Paulo, o sudoeste de Goiás e o sul da Bahia. Em menor intensidade, o porto do Rio tem participação no comércio exterior de outros 20 estados. A criação do porto organizado do Rio de Janeiro data da década de 1870, com a construção da doca da Alfândega, quando surgiram os primeiros projetos para o desenvolvimento do porto, que funcionava por meio de instalações dispersas, compreendendo os trapiches da Estrada de Ferro Central do Brasil, da ilha dos Ferreiros, da enseada de São Cristóvão, da praça Mauá e os cais Dom Pedro II, da Saúde, do Moinho Inglês e da Gamboa. Na década de 1890 as empresas The Rio de Janeiro Harbour and Docks e Empresa Industrial de Melhoramentos do Brasil foram autorizadas a construir um conjunto de cais acostáveis, armazéns e alpendres. A inauguração oficial do porto ocorreu em 20 de julho de 1910.

A área do porto organizado é constituída por: a) instalações portuárias existentes na margem da baía de Guanabara, desde a extremidade leste, no píer Mauá, até a extremidade norte, no cais do Caju, abrangendo todos os cais, ilhas, docas, pontes, píeres de atracação e de acostagem, armazém, silos, rampas *roll on–roll off*, pátios, edificações em geral, vias internas de circulação rodoviária e ferroviária e os terrenos ao longo dessas faixas marginais e em suas adjacências pertencentes à União, incluindo-se, também, a área ocupada pelo Instituto de Pesquisas Hidroviárias (INPH); e b) infraestrutura de proteção e acesso aquaviário, tais como áreas de fundeio, bacias de evolução, canal de acesso e áreas adjacentes a esse até as margens das instalações terrestres, existentes ou que venham a ser construídas.

Os acessos ao porto são realizados por via terrestre através das rodovias BR-040, BR-101 (avenida Brasil) e BR-116. Por via ferroviária o acesso é feito pela MRS Logística S.A. O acesso marítimo possui largura de 1,5 km e profundidade mínima de 12 m, é delimitado pelos faróis do morro do Pão de Açúcar e da fortaleza de Santa Cruz, na entrada da baía de Guanabara. O canal de acesso compreende 18,5 km de comprimento, 150 m de largura mínima e 17 m de profundidade.

Óbices e oportunidades

O principal óbice do porto do Rio de Janeiro não está dentro do porto, mas em sua relação com a cidade. Os acessos terrestres precisam ser otimizados, especialmente o rodoviário, que ocorre em vias públicas, havendo conflito entre o transporte de cargas e o sistema viário urbano. Por via ferroviária existe a necessidade de se construir o Arco Ferroviário do Rio de Janeiro, ampliando o alcance das cargas, no sistema que atenderá também ao porto de Itaguaí. Estão em fase de implantação ou planejamento o Arco Ferroviário do Rio de Janeiro e as avenidas Alternativa e Portuária, que desviarão o tráfego das vias urbanas para vias especialmente projetadas para cargas.

O porto do Rio não tem perfil para movimentar minérios, uma vez que os grandes navios exigem calados de até 22 metros, e não pode movimentar os maiores conteineiros, cujo calado está acima do máximo atingido pelo porto. Dessa forma o porto deve ser transformado para atender a cargas de alto valor agregado cujos navios não exijam calado superior a 16 metros. O porto também não estufa ou desestufa um navio (fornece ou retira toda a carga). Esse ponto precisa ser alterado para que sua eficiência e retorno sejam maximizados.

Niterói

O porto de Niterói teve sua construção autorizada pela União em 1925 e começou a operar um trecho de 100 m de cais e um armazém para carga geral. A área do porto é constituída: a) pelas instalações portuárias terrestres existentes na costa leste da baía de Guanabara, desde a extremidade sul da enseada de São Lourenço até o primeiro acesso da ponte Costa e Silva, abrangendo todos os cais, docas, pontes e píeres de atracação e de acostagem, armazéns, edificações em geral e vias internas de circulação rodoviária e ferroviária e ainda os terrenos ao longo dessas áreas e em suas adjacências pertencentes à União; e b) pela infraestrutura de proteção e acessos aquaviários, compreendendo as áreas de fundeio, bacias de evolução, canal de acesso e áreas adjacentes a esse até as margens das instalações terrestres existentes ou que venham a ser construídas.

O acesso rodoviário é realizado pelas RJ-104 e BR-101. O acesso ferroviário é realizado pela malha Centro-Leste, da Ferrovia Centro-Atlântica S/A, alcançando Niterói por uma das linhas da Companhia Brasileira de Trens Urbanos (CBTU), não se conectando diretamente com as instalações portuárias. O acesso marítimo é realizado pela baía de Guanabara, por entre o morro do Pão de Açúcar e a fortaleza de Santa Cruz, numa faixa com largura de 1,5 km e profundidade mínima de 12 m. O canal de acesso se estende por 14 km, com largura de 70 m e profundidade de 6 m.

Óbices e oportunidades

Focado em atividades *offshore*, o porto não sentirá os impactos da construção do Arco Metropolitano do Rio de Janeiro, que alterará o destino das cargas provenientes da BR-101 Norte, desviando-as para Itaguaí/Sepetiba. Mas o acesso rodoviário e ferroviário precisa ser melhorado para aumentar sua competitividade no setor *offshore*, por estar mais distante dos principais poços das bacias de Campos e Santos, em comparação com outros portos, como Angra dos Reis, Mangaratiba, Macaé e Barra do Furado.

Angra dos Reis

O porto de Angra dos Reis iniciou suas operações em 1932, tendo como principal atividade a importação de carvão e madeira. Com o passar dos anos alterou seu perfil e se tornou prioritariamente exportador de produtos da Companhia Siderúrgica Nacional e importador de trigo. Atualmente o porto desloca seu perfil para o setor *offshore*.

Localizado na baía da ilha Grande, o porto estende sua área de influência aos estados de Minas Gerais, São Paulo e Goiás. Sua área é constituída: a) pelas instalações portuárias terrestres existentes na baía da ilha Grande, entre a extremidade norte da enseada de São Bento e a extremidade sul da enseada de Santa Luzia, abrangendo todos os cais, docas, pontes e píeres de atracação e de acostagem, armazéns, edificações em geral e vias internas de circulação rodoviária e ferroviária e os terrenos ao longo dessas áreas e em suas adjacências pertencentes à União, incorporados ou não ao patrimônio do porto; e b) pela infraestrutura de proteção e acessos aquaviários, compreendendo as áreas de fundeio, bacias de evolução, canal de acesso e áreas adjacentes a esse até as margens das instalações terrestres do porto organizado, existentes ou que venham a ser construídas e mantidas pela administração do porto ou por outro órgão do poder público.

O acesso terrestre ao porto é realizado pela RJ-155, que conecta as BR-101 e BR-494, a 7 km do porto; e pelo ramal ferroviário Barra Mansa/Angra dos Reis, operado pela Ferrovia Centro-Atlântica S/A, ligando o porto à região Centro-Sul do estado do Rio de Janeiro, e aos estados de Minas Gerais, Goiás e Bahia, através de bitola métrica (1,00 m). Este ramal precisa ser recuperado para que seja adequadamente utilizado e possa aumentar a atratividade das operações portuárias de Angra dos Reis. O acesso marítimo possui duas barras de entrada, a leste e a oeste da ilha Grande, com larguras de 12 km e 17 km, respectivamente. A primeira tem profundidade de 25 m e a segunda, de 35 m. Existem dois canais de acesso: Sul, com comprimento de 8 km, largura de 160 m e profundidade de 12 m; e Norte, com 11 km de comprimento, largura de 150 m e profundidade de 12 m.

Óbices e oportunidades

Os acessos aquaviários precisam ser melhorados, com maior profundidade dos canais e baía de evolução, assim como dos terminais. Em relação ao acesso terrestre a duplicação das rodovias BR 101 e BR 494 são essenciais para ampliar a capacidade de movimentação de carga no porto. Uma grande oportunidade é a adaptação do porto para atender à demanda gerada pela exploração do pré-sal na bacia de Santos. O porto, mesmo com capacidade reduzida para a movimentação de *supply boats* de combustíveis, possui grande capacidade para movimentação de peças e tubos e para apoio à movimentação de pessoal, o que não cria conflitos com as limitações ambientais.

Forno (Arraial do Cabo)

Teve sua implantação autorizada em 1924 através de decreto que autorizou o empresário Miguel Couto Filho a construir e explorar o porto e uma linha férrea conectando-o às Salinas Perynas e à malha ferroviária do estado. Apesar disso, o porto só foi inaugurado em 1972, com a conclusão do molhe de abrigo e da pavimentação do pátio de estocagem. Desde 1999 é administrado pela Companhia Municipal de Administração Portuária (Comap).

A área do porto é constituída por: a) instalações portuárias terrestres, compreendidas entre o alinhamento do último prédio da rua Santa Cruz até o enraizamento do quebra-mar de abrigo do porto, abrangendo todos os cais, docas, pontes e píeres de atracação e de acostagem, armazéns, edificações em geral e vias internas de circulação rodoviária e ferroviária e os terrenos ao longo dessas áreas e em suas adjacências pertencentes à União; e b) infraestrutura de proteção e acessos aquaviários, compreendendo as áreas de fundeio, bacias de evolução, canal de acesso e áreas adjacentes a esse até as margens das instalações terrestres existentes ou que venham a ser construídas.

O acesso rodoviário ocorre pelas RJ-25, RJ-140 e BR-120, que se conectam com a RJ-106 em São Pedro da Aldeia e com a rodovia BR-101. Não possui acesso ferroviário, o que reduz sua competitividade e eficiência. O acesso marítimo está compreendido entre as ilhas de Cabo Frio e dos Porcos, com 1,3 km de largura e profundidade entre 3 0m e 50 m. O canal de acesso, com extensão de 1,6 km, possui largura mínima de 70 m e profundidade de 12 m.

As instalações do porto são constituídas por um cais comercial com 200 m de comprimento e um cais de 100 m, sobre 3 dolfins, para atracação de petroleiros, ambos com profundidade de 11 m, dois pátios de estocagem descobertos, com área total de 18.200 m^2, destinados a granéis sólidos.

Óbices e oportunidades

Com acesso terrestre exclusivo por rodovias, enfrenta as mesmas restrições do porto de Niterói, mas pode assumir as mesmas funções no setor *offshore*, pela posição estratégica. Pode ser utilizado como base de transbordo devido à falta de uma retroária que permita grandes investimentos industriais e pelo fraco mercado econômico, cujo principal setor é o turístico. Essa pode se constituir em uma segunda vocação, se tornando uma porta de entrada marítima para as Baixadas Litorâneas.

Imbetiba (Macaé)

O porto de Imbetiba foi construído em 1978 e possui 55 mil m^2. É formado por três píeres com seis berços de 90 m de comprimento, podendo operar com até seis embarcações de grande porte atracadas, e, dependendo da operação, ter mais três embarcações a contrabordo. Seu calado chega a 8 m. A principal operação do porto é a carga e descarga de material de convés, o carregamento de líquidos (água, diesel, fluidos de perfuração e completação) e o carregamento e descarregamento de cabos de ancoragem, amarras, âncoras, entre outros serviços, sendo considerado um dos maiores portos *offshore* do mundo.

A descoberta do pré-sal tornou o porto incapaz de atender à demanda da Petrobras e alavancou o projeto de construção do Complexo da Barra do Furado, uma parceria entre Campos e Quissamã. O acesso rodoviário ocorre pela RJ-106 e pela avenida dos Jesuítas. Não possui acesso ferroviário. A proposta de se ampliar o número de pontes de cais de atracação não avançou devido à concorrência com o porto do Açu, em São João da Barra, mais bem-estruturado e com maior retroárea, o que o torna mais atrativo.

Óbices e oportunidades

Embora defasado e com a forte concorrência do projeto Barra do Furado na exploração de serviços *offshore*, Imbetiba mantém forte atratividade como unidade de apoio logístico às atividades de prospecção e exploração de óleo e gás na bacia de Campos. Estando próximo da saturação e sem projetos de ampliação, a Petrobras, que gere o porto, busca otimizar as atividades. A principal estratégia é dar mais rapidez à carga e descarga de materiais. Para atingir tal intento a empresa decidiu retirar um dos prédios de escritórios construídos na área do porto para ampliar o retroporto.

CSA (Itaguaí)

Porto privativo da CSA, está localizado no município do Rio de Janeiro. Tem capacidade para receber 4 milhões de toneladas/ano de carvão metalúrgico e de exportar 5 milhões de toneladas/ano de placas de aço.

Óbices e oportunidades

Por se tratar de um porto exclusivo, o principal óbice do investimento é a dependência da capacidade e do comportamento produtivo da siderúrgica, assim como a necessidade de uma ligação com o Arco Metropolitano, para evitar a movimentação de cargas rodoviárias concentradas na BR-101, que corta a cidade de Itaguaí ou as zonas Oeste e Norte do Rio de Janeiro.

Açu (São João da Barra)

Localizado no município de São João da Barra, no Norte Fluminense, o porto do Açu é um dos maiores investimentos do Brasil em terminais marítimos privados. Próximo aos campos de petróleo *offshore* das bacias de Campos (entre Arraial do Cabo e Vitória), Santos (limites em Santa Catarina e Arraial do Cabo/RJ) do Espírito Santo e com fácil acesso às regiões produtoras de minério, tem capacidade para se transformar em um atrator de novos investimentos, especialmente no setor metalúrgico e *offshore*. Embora já possua autorização para o funcionamento de algumas unidades e terminais, o porto, em sua totalidade, ainda está em construção, não tendo iniciado seu funcionamento em escala econômica.

O projeto do Complexo Portuário do Açu prevê a construção de um terminal portuário, de uma usina de pelotização, píeres *offshore* com acesso por meio de um canal com 21 metros de profundidade e capacidade para receber navios de grande porte, com berços de atracação especializados e dedicados aos diferentes mixes de produtos.

O porto integra um projeto ainda mais ambicioso, o Sistema Minas-Rio, que prevê a construção de uma mina para extração de minério de ferro no município de Alvorada, em Minas Gerais, com capacidade de produção estimada em 26,5 milhões de toneladas/ano de finos de pelotização e de um mineroduto, de 525 km de extensão, para transportar polpa de minério de ferro até o terminal portuário. O Sistema Minas-Rio viabilizará um corredor de exportação das regiões Centro-Oeste e Sudeste, com forte impacto na economia do Rio de Janeiro.

O porto terá capacidade para movimentar 11,5 milhões de toneladas de carvão, atendendo à demanda de empresas siderúrgicas situadas em sua área de influência, assim como às necessidades de uma planta termoelétrica que integra o projeto do complexo. Contará ainda com um terminal de carga geral, com capacidade para movimentar contêineres, granito e produtos siderúrgicos, além de existir em seu projeto um terminal de granel líquido para atender as necessidades de movimentação de etanol, derivados de petróleo e gás natural liquefeito (GNL), com capacidade de 4 milhões de m³/ano. Na área de logística *offshore* estão previstos dois berços de atracação com capacidade para 1,2 mil atracações e movimentação de 90 mil toneladas/ano, além de área de armazenagem de fluido de perfuração.

O complexo terá uma retroárea de 6,9 mil hectares projetada para abrigar diferentes segmentos econômicos. Contemplado com a condição de Distrito Industrial, possui aspectos favoráveis para a instalação e desenvolvimento de indústrias, incluindo plantas de siderurgia, termelétrica, gaseificação, indústria automotiva, polo metalomecânico, refinaria (e cadeia petróleo e gás), armazenagem e logística.

Óbices e oportunidades

Por ser um projeto totalmente novo, demanda grandes investimentos em infraestrutura logística de apoio, como acessos rodoviário e ferroviário. Por se tratar de uma empresa-motriz, o porto provocará o desenvolvimento de todos os segmentos direta ou indiretamente relacionados à sua atividade, como a construção civil, comércio e diversos segmentos do setor de serviços.

Portos em construção

Sudeste (Itaguaí)

Integra o Complexo Portuário de Itaguaí. Seu projeto prevê a construção de um porto com profundidade de 18,50 metros para receber navios do tipo *cape size*, dedicado à exportação do minério de ferro, sendo acessado pela MRS Logística. Outra atividade prevista é a importação de granéis sólidos, principalmente carvão. O projeto prevê a construção de pátios para estocagem e manuseio de minério de ferro e de outros granéis sólidos. Sua área total terá 51,2 hectares com capacidade de armazenagem de 25 milhões de toneladas/ano de minério de ferro. O acesso terrestre e marítimo ocorrerá através dos sistemas que já atendem ao porto de Itaguaí. Sua primeira fase, com R$ 4,4 bilhões de investimentos, foi concluída no primeiro trimestre de 2015.

Óbices e oportunidades

Sua localização junto aos demais investimentos previstos para a baía de Sepetiba (portuários e industriais, especialmente indústria de base) e sua conexão com as regiões produtoras de minério de Minas Gerais por ferrovia e facilidade de acesso através do Arco Metropolitano Rodoviário ajudarão a transformar a estrutura socioeconômica da região. Em conjunto com os demais investimentos que estão sendo implementados, ou estão em estudo, exercerá uma forte atratividade sobre novos investimentos industriais, além de atrair investimentos nos setores de comércio e serviços.

Barra do Furado: Campos–Quissamã

O Complexo Logístico e Naval Farol — Barra do Furado, viabilizado pelas prefeituras de Campos e Quissamã, possui uma localização privilegiada, sendo o ponto mais próximo do centro de gravidade das plataformas da bacia de Campos. A expectativa é de que, com o porto de Imbetiba, em Macaé, já atuando no limite de sua capacidade e com as projeções da Agência Nacional de Petróleo de aumentar em 30% o volume de produção na região, Barra do Furado possa atrair o aumento do número de embarcações.

O projeto do complexo, localizado a 25 km do Complexo Portuário do Açu e a 100 km das principais plataformas da bacia de Campos, tem o objetivo de dotar a bacia de mais uma base de apoio *offshore*, com ligação direta com o aeroporto de São Tomé, em Campos dos Goytacazes. Existem estudos prevendo a integração do Complexo do Farol — Barra do Furado ao Complexo Portuário do Açu. Barra do Furado poderá ser utilizado para importação e exportação de cargas gerais, além de oferecer área para logística de apoio às atividades *offshore* da bacia de Campos e instalações especiais para exportar álcool e biodiesel.

Óbices e oportunidades

Necessidade de grandes investimentos nos acessos terrestres para os terminais de carga geral. Projetado para absorver o movimento de embarcações derivado da saturação de Imbetiba (Macaé) e pelo crescimento natural provocado pelos investimentos no pré-sal, pode se tornar um dos principais portos *offshore* do Brasil. Competirá com Angra dos Reis, Imbetiba, Niterói e Itaguaí no setor *offshore*, mas o mercado projetado para o pré-sal permite a convivência e a integração dos sistemas para o atendimento da demanda.

Portos em projeto

Lagoa da Pedra (Itaguaí)

Lagoa da Pedra é um porto privativo da Gerdau, cujos acessos terrestres serão realizados através da BR-101, pelo Arco Metropolitano do Rio de Janeiro e pela linha ferroviária da MRS Logística, que terá acesso direto à retroárea. Uma das grandes vantagens do projeto é a existência de carga própria para atender à demanda de capacidade do porto (minério de ferro, carvão e produtos siderúrgicos).

Óbices e oportunidades

Quando entrar em funcionamento o porto terá todas as facilidades de acesso rodoviário (BR-101 duplicada e Arco Metropolitano) e ferroviário, através da linha da MRS, que atenderá à retroárea. A preocupação é com a capacidade da MRS para atender ao projetado aumento do volume de carga para o sistema portuário da região.

Integração portos-ferrovia — cobertura, elos faltantes e possibilidades

Porto de Itaguaí

O acesso por via ferroviária ao Porto de Itaguaí ocorre por intermédio do ramal Japeri/Brisamar, operado pela MRS Logística S/A, com ligação com a região Centro-Sul do estado do Rio de Janeiro aos estados de São Paulo e Minas Gerais, através de bitola larga (1,60 m). Estendendo-se para Minas Gerais, a malha da MRS Logística possui duas linhas pela região central mineira. A primeira, a partir de Barra do Piraí, chega a Três Rios (RJ) e segue para Juiz de Fora (MG), de onde se interioriza para a região de Joaquim Murtinho, Ouro Branco e Miguel Burnier, existindo uma conexão com a segunda linha (Joaquim Murtinho-Jeceaba), que segue a partir de Barra Mansa, acessada pela bifurcação existente em Barra do Piraí. A segunda linha liga Barra Mansa a Jeceaba, chegando à Ibirité, Olhos D'água e Barreiros, na macrorregião de Belo Horizonte.

Considerando a ligação ferroviária única com a malha da MRS Logística S/A, a área de influência do porto de Itaguaí é restrita. A malha da MRS, sentido Sul, conecta Itaguaí com o porto de Santos, um forte concorrente na movimentação de contêineres e que será também um concorrente na movimentação de grãos quando Itaguaí construir seu terminal. A malha da MRS chega a Jundiaí, na Região da macrometrópole de São Paulo. A partir de Jundiaí se conecta com a malha da Ferrovia dos Bandeirantes (Ferroban), se prolongando a Campinas e se interiorizando em direção ao Centro-Oeste e alguns municípios de Minas Gerais na divisa com São Paulo. Para que o porto de Itaguaí possa se beneficiar de forma mais efetiva dessa conexão, é necessária a construção do Ferroanel de São Paulo, que faria a integração com a linha da MRS que se desloca para o Rio de Janeiro, retirando o tráfego da cidade de São Paulo.

No que tange à carga de grãos, especificamente soja oriunda da região Centro-Oeste (que produz 45% da soja nacional e exporta 27% da produção pelo porto de Santos), o porto de Itaguaí possui um custo logístico 7,6% inferior ao registrado no porto de Santos, com a existência do Ferroanel. Considerando o porto de Santos como destino e o ano de 2013, o custo do transporte de R$ 0,0640/t-km e o custo do produto oriundo do Alto Araguaia (MT) de R$ 46,96/t, chega-se a um custo logístico de exportação de R$ 132,16/t. Considerando o porto de Itaguaí como destino, obtém-se custo logístico de exportação de R$ 122,13, uma diferença de 1,6%, ou R$ 10,03 por tonelada.

Porto do Rio de Janeiro

O acesso ferroviário ao porto do Rio de Janeiro é realizado pela MRS Logística S.A., através da malha Sudeste. O primeiro gargalo de acesso ferroviário ao porto do Rio de Janeiro está na linha do Arará, que corta uma região densamente povoada da cidade do Rio de Janeiro, passando por "áreas de favela". O isolamento da linha através da construção de muros de contenção ao avanço demográfico mitigou o problema, mas não o eliminou. A partir desse ponto a MRS Logística segue em direção ao município de Japeri. A partir de Japeri os óbices ferroviários do porto do Rio de Janeiro na malha da MRS são os mesmos apontados para o porto de Itaguaí.

Outro problema logístico no acesso ferroviário ao porto do Rio de Janeiro é a inexistência de uma conexão direta com o eixo leste da região metropolitana, o que deixa o porto sem acesso direto ao Norte Fluminense e Espírito Santo. A solução para esse *gap* logístico é a construção do Arco Ferroviário do Rio de Janeiro, conectando a linha da FCA (integrante da Ferrovia Transcontinental, em processo de operacionalização da concessão) em Itaboraí aos ramais da MRS em São Bento (Duque de Caxias) e Ambaí (Nova Iguaçu), permitindo ao porto acessar a malha da Ferrovia Centro Atlântica no município de Niterói.

Porto do Açu (São João da Barra),

O acesso ferroviário será feito através de uma linha segregada que conectará o porto à malha da Ferrovia EF 354 em Campos dos Goytacazes, onde acontece uma distribuição da malha: sentido Sul para Rio de Janeiro, sentido Norte para o Espírito Santo e sentido longitudinal para o Quadrilátero Ferrífero de Minas Gerais, na macrorregião de Belo Horizonte, seguindo para o Centro-Oeste e o Norte até Boqueirão da Esperança, no Acre. Esse conjunto de obras é denominado Sistema Minas-Rio, que viabilizará um corredor de exportação nas regiões Centro-Oeste e Sudeste, com forte impacto na economia do Rio de Janeiro.

Porto do Sudeste (Itaguaí) e porto CSA (Rio de Janeiro)

O acesso ferroviário, através da malha Sudeste da MRS, utiliza o sistema de atendimento ao porto de Itaguaí, cabendo as mesmas análises.

Barra do Furado: Campos — Quissamã

O acesso ferroviário será feito através da EF 354 (Ferrovia Transcontinental). Para que o porto tenha acesso à malha será necessária a construção de uma linha segregada, uma flecha, a exemplo da linha de 40 km que será construída para acessar o porto do Açu.

Conclusão

Diante do exposto, podemos verificar que a infraestrutura logística fluminense oferece maiores oportunidades que desafios. Enquanto os programas governamentais se destinam a implantar novos grandes projetos (como a EF 354 e o lado leste do Arco Metropolitano) e os investimentos privados já em andamento se destinam a melhorar a qualidade do estoque já existente (como a duplicação da BR-101 Norte, a construção das novas pistas nas serras das Araras — BR-116 / Piraí e Petrópolis — BR-040), muitas medidas ainda demandam projetos e, principalmente, o estabelecimento de um cronograma de investimentos.

Existem oportunidades para a construção de flechas ferroviárias para acesso a novos portos e aeroportos, para centros de armazenagem e distribuição ao longo das rodovias e ferrovias; para ampliação e modernização de aeroportos, em especial em Macaé e Volta Redonda; para distritos industriais; para obras em rodovias federais que se tornarão importantes eixos de desenvolvimento, como as BRs 356 e 393 (coincidente com a RJ-186); para novos centros de apoio logístico aos portos e para manutenção, recuperação, qualificação, pavimentação e duplicação de 18 mil km de rodovias.

Considerando o custo médio das intervenções rodoviárias, isso significa que a necessidade de investimentos em rodovias é de R$ 82 bilhões, a maior parte em rodovias estaduais, a fim de garantir as ligações intermunicipais e suas conexões com as rodovias federais, que realizam a função troncal — as principais são exploradas pela iniciativa privada, via concessão. Em ferrovias, além da EF 354, que será licitada pelo governo, os investimentos em acessos e malhas complementares podem requerer R$ 8 bilhões. A recuperação e a ampliação de aeroportos, mesmo dentro do programa de recuperação de aeroportos regionais, mais a mudança de qualificação do aeroporto de Macaé, podem exigir investimentos da ordem de R$ 2,5 bilhões. A qualificação de novos terminais portuários e infraestruturas de apoio logístico podem requerer até R$ 4 bilhões. Em outras palavras, existe uma oportunidade de investimentos da ordem de R$ 96 bilhões no estado. São recursos que os governos federal, estadual e municipais não possuem para investir diretamente, uma vez que seus orçamentos para o setor de transporte precisam ser divididos entre todos os modos, com preferência para investimentos com foco em mobilidade urbana, em destaque na região metropolitana e regiões de grande conurbação e de grande conflito entre o transporte de longa distância e urbano. Devido a esta necessidade de investimentos e à baixa capacidade de destinar grandes montantes em pouco tempo para o setor de logística e transportes, abre-se a possibilidade da criação de pacotes de Parceria Público Privada (PPP), modalidade que ainda é pouco utilizada em investimentos de infraestrutura, em especial no Rio de Janeiro.

Conclui-se, então, que a infraestrutura logística fluminense (limitada nesta análise àquelas destinadas ao transporte de cargas de longa distância, sejam rodovias, ferrovias, portos ou aeroportos), apesar da excelente base, é deficiente em qualidade, o que compromete a competitividade do estado. Verifica-se que, pela falta de investimentos na manutenção da qualidade, especialmente viária, e pelo abandono dos modos ferroviário e marítimo (cabotagem), o Rio de Janeiro, apesar de teoricamente possuir características que o colocam como o estado com melhor estoque físico, não oferta a qualidade necessária para que este estoque seja explorado adequadamente, causando graves prejuízos para a economia, seja pelo elevado custo logístico (derivado da falta de ferrovias e baixa qualidade rodoviária), seja pela falta de integração entre as regiões (o que reduz o potencial de dinamizar novas áreas, notadamente no interior) ou pela perda de arrecadação, uma vez que a baixa qualidade das infraestruturas afasta investimentos e faz com que outros estados, que ofertam melhor qualidade das infraestruturas, em especial portuárias e aeroportuárias, tenham a preferência de importadores e exportadores, inclusive muitos localizados no próprio estado do Rio de Janeiro.

Bibliografia

AGÊNCIA NACIONAL DOS TRANSPORTES AQUAVIÁRIOS, *Portos do Brasil*. Disponível em: www.antaq.gov.br. Acesso em: 2 abr. 2014.

ARAÚJO, Maria P. Infraestrutura de transporte e desenvolvimento regional: uma abordagem de equilíbrio geral inter-regional, Tese de doutorado, Escola Superior de Agricultura Luiz de Queiróz, Piracicaba, SP, Brasil, 2006.

BANISTER, D.; BERECHMAN, Y. Transport investment and the promotion of economic growth, *Journal of Transport Geography*, v. 9, n. 3, p. 77-79, 2002.

CONFEDERAÇÃO NACIONAL DOS TRANSPORTES — CNT. *Pesquisa Rodoviária 2013*. Disponível em: www.cnt.org.br. Acesso em: 23 mar. 2014.

DEPARTAMENTO NACIONAL DE INFRAESTRUTURA DE TRANSPORTES. *Sistema Nacional de Viação 2013*. Disponível em: www.dnit.gov.br. Acesso em: 3 abr. 2014.

INSTITUTO BRASILEIRO DE GEOGRAFIA E ESTATÍSTICAS — IBGE, *Produto Interno Bruto dos Estados 2011*. Disponível em: www.ibge.gov.br. Acesso em: 16 mar. 2014.

INFRAERO — Empresa Brasileira de Infraestrutura Aeroportuária, *Aeroportos brasileiros 2013*, Disponível em: www.infraero.gov.br. Acesso em: 5 mar. 2014.

MINISTÉRIO DO DESENVOLVIMENTO, INDÚSTRIA E COMÉRCIO EXTERIOR, Secretaria de Comércio Exterior, *balança comercial brasileira*. Disponível em: www.mdic.gov.br. Acesso em: 27 fev. 2014.

PRESTON, J. Integrating transport with socio-economic activity: a research for the new millennium. *Journal of Transport Geography*. Pergamon, v. 9. n. 1, p. 13-24, 2001.

Sistema FIRJAN — *Índice Firjan de Desenvolvimento Municipal 2013*. Disponível em: http://www.firjan.org.br/ifdm/. Acesso em: 25 mar. 2014.

_____. *Índice Firjan de Gestão Fiscal 2013*. Disponível em: www.firjan.org.br/ifgf/, Acesso em: 25 mar. 2014.

Visão sistêmica para desenvolver a política de mobilidade urbana

Fernando Mac Dowell

> Os problemas não podem ser resolvidos no
> mesmo nível de pensamento que os criou.
> *Albert Einstein*

O TRANSPORTE PÚBLICO deve necessariamente ser norteado por uma política governamental sistêmica de transporte que atenda ao crescimento da demanda de forma inteligente, e não com aumento progressivo da taxa de ocupação no interior dos veículos, deixando irresponsavelmente chegar à superlotação e, por consequência, transformar em caos as plataformas das estações.

O único ente a ganhar com esse procedimento é o concessionário, seja ele privado ou estatal, devido ao aumento expressivo da taxa interna de retorno do acionista (TIR). Isso, portanto, desequilibra financeiramente o contrato de concessão a seu favor e ainda, paradoxalmente, gera custo social na rede pública de saúde a cargo do governo.

Por exemplo, a exposição dos passageiros no ambiente interno do veículo, onde a taxa de ocupação seja de quatro pass./m^2, numa viagem não deve perdurar mais que 25 min, que é o limite fisiológico a partir do qual afeta a saúde de alguns passageiros.

Se essa taxa atinge seis pass./m², o tempo é reduzido para apenas 2 min, que é a duração, por exemplo, da viagem entre uma ou até duas estações sequenciais de metrô. Entretanto, se a viagem durar 40 minutos ou mais, os passageiros deveriam ser transportados sentados.

No gráfico 1, são mostrados os tempos limites fisiológicos do homem em função da taxa de ocupação do espaço, de acordo com pesquisa realizada pelo Instituto Batelle[1] de Zurique.

Gráfico 1
Tempo de permanência e a taxa de ocupação limite (pass/m²) acima do qual afeta a saúde do passageiro

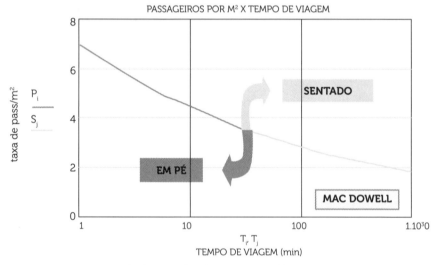

Como as autoridades até hoje não entenderam essa necessidade fisiológica, alguns passageiros da linha 2 do metrô da capital do Rio de Janeiro seguem viagem no sentido contrário ao seu destino, permanecendo mais tempo no interior do veículo, com o objetivo de ir sentado o tempo todo.

A solução lamentavelmente praticada pelas concessionárias para solucionar esse problema, aproveitando a complacência governamental, é a de reduzir o número de lugares sentados, retirando bancos e, com isso, ampliando a área disponível para transportar mais passageiros em pé e aproveitar esse novo espaço comum à alta taxa de ocupação.

---

[1] WRIGHT, H. Paul; ASHFORD, J., NORMAN, *Transportation engineering — planning and design,* fourth edition.

Na linha 1 do metrô, cuja operação é automatizada, a superlotação a partir de oito ou mais passageiros por metro quadrado afeta o desempenho dos trens, isto é: reduz a taxa de aceleração e amplia o tempo previamente programado no computador para atingir determinada velocidade no trecho. Por consequência, desregula o *headway* (intervalo entre trens consecutivos), reduzindo a capacidade de transporte do sistema.

Esse breve mas frequente desconforto na linha 1 ocorre por ela ser dotada de uma operação automatizada. Para o computador, a prioridade é a segurança entre trens na mesma linha e, por consequência, a garantia de segurança proporcionada aos passageiros, o que lamentavelmente não ocorre até hoje na linha 2.

A superlotação nos trens do metrô ainda traz outros problemas, como o apagão de subestação retificadora, que corta a energia no terceiro trilho e interrompe a alimentação de energia para o trem se locomover. Quando o trem se encontra na estação, já superlotado, não é incomum não partir porque as portas não fecham, devido à flexão na estrutura do carro entre os truques, face ao excesso de peso.

O transporte público como serviço de utilidade pública, que possibilita o deslocamento de pessoas contribuindo para a redução da poluição veicular, é parte essencial do planejamento de uma cidade. Um sistema de transporte fornecido com qualidade à população deve ser sistemicamente competente, abrangente, integrado de forma descentralizada com inteligência aos demais meios de transportes, mantendo o valor da tarifa para combater a exclusão social que gira hoje em torno de 38%. Portanto, tem a obrigação social de não operar como um indutor de custo social, como tem sido a prática, o que é pelo menos um contrassenso político.

É preciso entender que a demanda no transporte público passa necessariamente pelo nível de sensibilidade às características da oferta dos serviços prestados, como a velocidade, a frequência real, a regularidade do cumprimento do *headway* programado, garantindo adequado tempo de espera nas estações. A ocupação da plataforma não pode ultrapassar dois pass./m², para não fazer paradoxalmente do transporte público uma máquina indutora de custo social. E mais: saber usar e exercitar tecnicamente a compatibilidade adequada das tecnologias na garantia da continuidade da viagem do usuário passa também pela integração descentralizada entre os modais.

Não se trata de jogo de palavras, mas de solução adequada para os usuários.

Observe na figura 1 a clara perda de tempo imposta aos usuários do trem metropolitano, na Estação Pedro II (Rio/Central do Brasil) — que enfrentavam longas filas para continuar a viagem através do sistema inadequado de ônibus, quando não havia ainda entrado em operação o metrô.

FIGURA 1
Estação Pedro II

Essa extraordinária rede de trens metropolitanos (hoje Supervia), com pouco mais de 200 km e 102 estações, maior que a rede de São Paulo, atende à região metropolitana do Rio. Esse sistema, idealizado pelo autor, está integrado de forma descentralizada à rede metroviária em cinco estações, das quais quatro encontram-se em operação: Pavuna, Triagem, São Cristóvão (precariamente a da Supervia) e a Estação Pedro II com a estação Central do metrô.

No que tange à quinta, estação Maracanã, com o novo grupo que assumiu a concessionária Supervia, finalmente encontra-se em construção, após 30 anos de espera.

No gráfico 2 é demonstrada a demanda de passageiros nos trens metropolitanos e a crescente evolução com a entrada em operação do metrô com sua Estação Central. Na sequência, observa-se a triste "involução" da demanda de passageiros desse sistema de trem metropolitano até ser concedido à iniciativa privada.

Gráfico 2
Evolução da demanda diária nos trens metropolitanos do Rio de Janeiro

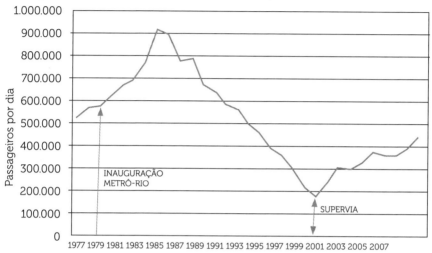

Esse mesmo fenômeno ocorreu também no sistema aquaviário (Barcas) na ligação entre Rio e Niterói, que já foi o maior do mundo, com média diária de 164 mil passageiros transportados e com pico diário de até 200 mil passageiros.

Observe a decadência imposta politicamente ao sistema aquaviário pela falta de solução sistêmica de continuidade da viagem até a sua concessão à iniciativa privada, que, em 2012, atingiu 58,6 mil passageiros por dia (gráfico 3).

Gráfico 3
Evolução do transporte aquaviário de passageiros entre Rio e Niterói

Parece que a lição não foi absorvida ainda pelas autoridades governamentais, pois, a partir do ano de 2014, chegarão os primeiros catamarãs adquiridos na China com capacidade de transporte para 2 mil passageiros por embarcação. Seguindo o projeto conceitual realizado em 1997, sob a coordenação do autor, estas embarcações permitem embarque e desembarque simultâneos nas estações Araribóia, em Niterói, e praça XV, no Rio.

Essa solução do Projeto Conceitual passa pela implantação do TRECHO PRIORITÁRIO da linha 2 do metrô, qual seja, Estácio-Carioca-Praça XV via avenida Chile, compatível com a integração física com os novos catamarãs de 2 mil lugares, já encomendados pelo governo do estado.

Na figura 2 vemos o novo catamarã em fabricação na China, encomendado pelo governo do estado.

O embarque e o desembarque são unidirecionais, minimizando dessa forma os conflitos que ocorrem com os atuais catamarãs sociais, que ficam até nove minutos ocupando o píer de acostagem.

Os sete novos catamarãs formam o montante já encomendado pelo atual governo do estado do Rio de Janeiro.

Figura 2

Algumas características técnicas desses catamarãs chineses (além do fato de permanecerem menos de um décimo do tempo dos atuais catamarãs sociais nas estações) são fornecidas a seguir.
- fabricante: Afai Shipyards China;
- design feito pela CoCo Yacht;
- modelo: Urban Sprinter 2000;
- casco em alumínio;
- número de embarcações: 7 (sendo seis a diesel e um com tecnologia diesel/GNV);
- comprimento: 78.5 m;
- largura: 14.8 m;
- velocidade máx.: 18 nós (33,4 km/h);
- capacidade de passageiros: 2 mil

Segundo o governo do estado, a capacidade atual da travessia Rio-Niterói é de 12.800 passageiros hora/sentido, e quando os sete catamarãs chineses estiverem em operação, a capacidade irá para 24 mil passageiros/hora/sentido. Evidentemente a estação Araribóia do monotrilho deverá ser dimensionada em cada um dos sentidos para 24 mil pass./hora.

Ainda de acordo com o governo estadual, o primeiro catamarã chegou em julho de 2014 e os outros seis chegarão gradativamente até meados de 2015.

Atualmente, na linha Rio-Niterói, operam quatro catamarãs de 1.300 lugares, que gastam nove minutos de permanência em cada píer contra 1,35 minutos do novo sistema de catamarã em cada píer. As barcas tradicionais de 2 mil lugares, por sua vez, ocupam o píer por 13,5 minutos, dos quais 3,5 minuto no desembarque e cerca de 10 minutos no embarque.

Outro detalhe importante é que o *headway* entre duas embarcações não deve ser abaixo de 6,85 min para não agravar a incidência de conflitos com a movimentação de entrada e saída dos navios que demandam ao porto do Rio, às plataformas da Petrobras e aos estaleiros em Niterói. Assim, está prevista a implantação do túnel subaquático do metrô, entre as estações Praça XV (Rio) e Arariboia (Niterói).

Por outro lado, a população deve ser claramente informada com honestidade técnico-política quanto à escolha de qual tecnologia será implantada. Até porque ninguém vai operar uma linha aérea entre Rio e Paris com um teco-teco, tampouco utilizará o 747 numa linha entre o Rio e Duque de Caxias, na Baixada Fluminense. Ou seja: escolher a tecnologia que melhor se adequa às características do corredor urbano para resolver o problema do transporte, sem induzir custo social.

Os sistemas de média capacidade, com as respectivas capacidades máximas em passageiros/hora/sentido, são apresentados entre parênteses e referenciados à taxa limite de 6 pass./m^2.

O Aeromóvel (até 26 mil passageiros/hora/sentido), o VLT-pre-metrô-Rio (até 26 mil), o monotrilho asiático ou bombardier 100 (até 26 mil), o HSST-trem urbano de levitação magnética, tecnologia japonesa (até 40 mil), o Novo monotrilho 300 da Bombardier em implantação na cidade de São Paulo (até 40 mil) e o VLT da prefeitura do Rio (até 9,8 mil passageiros/hora/sentido), enquanto originalmente o Metrô-Rio Linha 1, com trens de seis carros e *headway* de 90 segundos, pode levar até 68 mil passageiro/hora e por sentido e o Metrô-Rio Linha 2, com trens de oito carros com *headway* de 100 segundos, chega a 83 mil passageiros por hora e por sentido.

Se por um lado a abrangência social do sistema de transporte é tanto maior quanto:

- menor o valor da tarifa;
- menor o tempo de acessibilidade à estação;
- menor o tempo de viagem;
- menor o *headway* entre trens;
- melhor o nível de regularidade do *headway*;
- menor o tempo de espera na plataforma;
- melhor o nível de conforto na estação e no interior do trem.

Por outro, tanto maior serão as variáveis conflitantes, como:
- investimentos;
- custos operacionais;
- déficit da companhia.

O sistema de transporte, na prática, quando estatal, paradoxalmente dificulta as expansões de alcance social. É fundamental o atendimento simultâneo aos três grandes grupos de equilíbrio:
1. Equilibrio social, econômico, ambiental e urbanístico;
2. Equilíbrio técnico e operacional;
3. Equilíbrio financeiro.

Cabe ressaltar que, quanto maior a renda, maior o índice de mobilidade. À medida que a população tenha seu poder aquisitivo aumentado, maior será a quantidade de viagens geradas, independentemente do crescimento populacional, e tanto maior será a participação do transporte individual.

Por outro lado, a transparência do processo de modelagem a ser aplicada a cada caso é uma obrigação do poder concedente e da futura concessionária. O monitoramento capitaneado pelo modelo sistêmico de engenharia ginanceira computadorizado, que resulta na definição das participações do poder público, preferencialmente limitado ao período de tempo de implantação em conjunto com a iniciativa privada, gera a clara definição do valor da tarifa, permitindo, em qualquer época, a análise para qualquer modificação prévia e suas respectivas consequências.

Portanto, determinar o melhor desenho de modelagem de concessão nas diferentes modalidades de parceria público privada (PPP) é decorrente do valor mais adequado da tarifa.

Para se chegar ao melhor desenho da modelagem financeira, seja sob o regime de concessão 100%, ou nas diferentes modalidades de PPP, considerando nessa alternativa a concessão patrocinada e/ou concessão administrativa, é necessário passar pelo atendimento simultâneo a grandes grupos de equilíbrio: social, econômico, ambiental, técnico, operacional e financeiro, que afetam não apenas os usuários, a vizinhança da via, mas a própria sociedade.

Portanto, qualquer projeto deve, em seu desenvolvimento, satisfazer sistemicamente aos três grandes grupos de equilíbrio.

Grupo 1: Equilíbrio social

- Urbanístico
- Induzir a ocupação do solo com o objetivo de racionalizar o uso do sistema de transporte para ampliação do intercâmbio de viagens entre estações, visando reduzir a concentração da demanda no horário de pico no trecho mais carregado da linha;

No gráfico 4 é mostrado como pode se obter achatamento do horário de pico na estação Del Castilho, linha 2 do metrô do Rio, que passou de 20,9% para 8,9% com a implantação de Shopping Nova América.

Outra maneira de achatar o horário de pico é oferecer desconto uma hora antes e uma hora depois da hora de pico, induzindo a uma nova distribuição do volume de passageiros, com o uso inteligente do bilhete eletrônico.

- Econômico
- Propiciar e manter as reduções de custos operacionais e tempo de viagem dos usuários e nos demais meios de transporte durante todo o período da concessão.

GRÁFICO 4
Perfil horário de entradas de passageiros
dia útil outubro de 2006: Metrô Rio

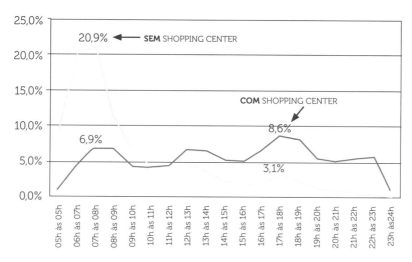

FIGURA 3
Ociosidade da faixa seletiva da av. Brasil

Como a faixa seletiva na avenida Brasil não apresenta pontos, estações ou sinais de trânsito, pode se dar ao luxo de ter momentos de ociosidade ao longo de seu percurso, mas quando se aproxima da avenida Presidente Vargas, o cenário muda completamente, conforme ilustra a foto a seguir.

FIGURA 4

Observando um quadro onde a demanda é coerente com a capacidade do sistema, como é o caso do BRT de Curitiba (foto abaixo), fica claro o absurdo.

FIGURA 5

- Social
- Percepção do valor da tarifa compatível com a capacidade de pagamento e ampliação do impacto distributivo para o grupo de baixa renda nas regiões servidas pela linha.

GRÁFICO 5
Evolução da demanda no Rio vis a vis o valor da tarifa
(a valor constante jan/08)

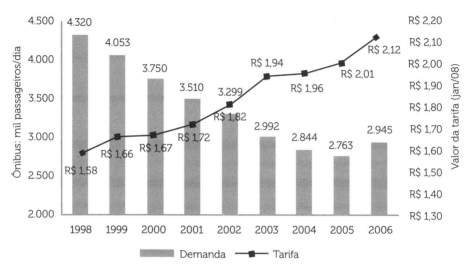

Observa-se no gráfico acima a evolução do valor real da tarifa praticada no Rio de Janeiro no sistema municipal de ônibus e a redução correspondente do número de passageiros transportados nesse modal.

FIGURA 6

- Ambiental
- O sistema de transporte deve garantir a redução dos índices de acidente, de poluentes, de emissão de ruído, obediência aos limites fisiológicos do homem e aumento do nível de segurança dos pedestres nas travessias.
- Congestionamento que não existia passou a existir após entrada em operação do BRT — Transoeste.

Um acidente entre um ônibus do BRT e uma carreta na saída do túnel da Grota Funda, sentido terminal Alvorada, zona oeste do Rio, deixou ao menos 30 feridos na manhã desta quinta-feira (27). Com a batida, o caminhão tombou na via, interditando a pista.

Segundo o Centro de Operações, por causa do acidente, o trânsito na região apresentava lentidão por volta das 9h.

Os bombeiros foram acionados para o local. Até as 9h40, não havia informações sobre o estado de saúde dos feridos.

Ainda de acordo com o Centro de Operações, por volta das 9h15, a pista do túnel, sentido Barra da Tijuca, zona oeste, havia sido parcialmente liberada. O desvio está sendo pela serra da Grota Funda.

(Portal R7, 27/3/2014, http://noticias.r7.com/rio-de-janeiro/
acidente-entre-onibus-do-brt-e-carreta-deixa-ao-menos-30-
feridos-e-complica-transito-na-zona-oeste-27032014)

Grupo 2: Equilíbrio técnico e operacional.

- Técnico
- Cronograma de investimento prospectivo em frota, sistemas e equipamentos vinculado tecnicamente e otimizado no tempo a valor presente. Devem ser considerados os índices de qualidade preestabelecidos para garantir o grupo de equilíbrio descrito no item anterior (ano a ano por todo o período da concessão).

O material rodante (trem) não deve apresentar "calo" nas rodas sob pena de destruir os dormentes assentes em concreto. No caso de via, e sobre lastro em viaduto, por exemplo, poderá ocorrer desnivelamento da via, e assim por diante.

Deve-se garantir a regularidade do *headway* programado, com o objetivo de minimizar o consumo de energia, tirando partido da lei da gravidade no perfil da linha. No traçado em planta, com trecho retilíneo, com raio infinito e curva de transição tipo clotóide, principalmente para entrada em curva de raio finito, é importante garantir o conforto para o usuário e, consequentemente, para a manutenção, obtendo um padrão semelhante ao utilizado no transporte aéreo.

Na sequência, o gráfico correspondente às distribuições probabilísticas com os dados obtidos no monitoramento da retirada da Perimetral, fornecidos pela concessionária Metrô-Rio, confirmam os estudos do autor a respeito da linha 1A do metrô.

Observa-se no gráfico 6 as irregularidades dos *headways* em cada linha (1 e 2) e o *headway* resultante maior do que o programado, levando a uma redução de capacidade do sistema de transporte e ainda a uma ampliação do nível de irregularidade dos *headways*, a seguir:

GRÁFICO 6
Distribuições prob. dos *headways*

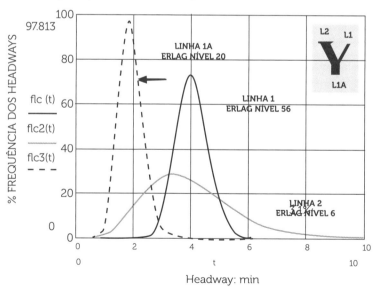

- Operacional
- Capacidade de escoamento de acordo com a demanda, evitar acúmulo de veículos nas estações de integração com sistema de ônibus, bem como a compatibilidade das capacidades de transporte dos sistemas que farão integração. Para tanto, a estrutura dos sistemas deve obedecer ao nível de ocupação no interior dos veículos de até quatro passageiros por metro quadrado para tempo de viagem não superior a 25 min, ou de seis passageiros por metro quadrado em trechos não superiores a dois min, como já dito anteriormente. Devido à eficiência do sistema de transporte de massa, o impacto na rede viária tende ao equilíbrio nos tempos de viagem de mesmo interesse, admitindo, é claro, que o valor praticado para a tarifa seja compatível à percepção do usuário.

Supondo, por absurdo, que, ao se implantar uma linha, por exemplo, de metrô, 99% da demanda potencial fossem desviados para esse sistema, a cidade ficaria notável para aquele 1% que não optou.

A foto da Union Internationale des Transports Publics (UITP) fornecida a seguir ilustra o quanto o transporte coletivo por ônibus e metrô poderia aliviar os corredores de tráfego na cidade em função de sua capacidade de transporte.

FIGURA 7

Evidentemente, na prática, a tendência natural é que parte daqueles 99% retorne às rotas alternativas e modalidades de transporte de antes, até que os tempos totais de viagem voltem a se equilibrar.

A complexidade dessa dinâmica de distribuição do tráfego nas rotas e modalidades de transportes alternativos é que, nas vias rodoviárias, ocorre a realidade física: quanto maior o fluxo horário de veículos, menor a velocidade deste fluxo e, portanto, maior o tempo de viagem e o impacto ambiental externo provocado pelas emissões de gases veiculares.

Em outras palavras, a escolha dessas ou daquela rota, desse ou daquele sistema de transporte entre a origem e o destino final pelo usuário tende ao mesmo tempo de viagem.

Grupo 3: Equilíbrio financeiro

- Zerar, além do déficit operacional, os investimentos prospectivos em sistemas e equipamentos vinculados à manutenção da qualidade do nível operacional, para a sociedade, através da transferência dos encargos à concessionária privada, mantendo, para tal, a taxa interna de retorno e o *payback* do acionista. Garantindo, assim, que as ações do item anterior satisfaçam simultaneamente o índice de cobertura anual no período do serviço da dívida, relativo aos empréstimos financeiros à concessionária, que são de sua exclusiva responsabilidade, sendo fundamental verificar se a solução para cada tecnologia apresenta exequibilidade financeira.

Se este equilíbrio não for atingido, os riscos podem ser de diversas naturezas:

- Risco político: mudanças na política pública afetando o projeto.
- Risco de frustração de receitas: principalmente a variação nas projeções de crescimento.
- Risco de incremento de custos: variações imprevistas nos custos dos insumos.
- Risco jurídico: impugnações e reivindicações de direitos adquiridos.
- Risco cambial: defasagens bruscas entre cotações de moedas vinculadas ao financiamento do projeto.

Tarifa e as variáveis envolvidas do grupo 3

Cabe registrar que, pela primeira vez, foi desenvolvido o modelo matemático sistêmico com auxílio do software *mathcad*, que permitiu, em função de conceitos operacionais e financeiros, obter o valor da tarifa e, por conseguinte, examinar a sensibilidade das variáveis incidentes, visando determinar a importância dos coeficientes de elasticidade correspondentes.

Mantendo todas as demais variáveis constantes e só variando uma por vez conforme indicada tem-se:

- Vinculada ao urbanismo
  A redução de 10% do pico horário da demanda na linha corresponde a uma redução no valor da tarifa de 6,9%.
- Aumento da demanda
  O aumento de 10% da demanda diária de passageiros corresponde a uma redução no valor da tarifa de 6,0%.
- Aumento da velocidade média
  O aumento de 10% da velocidade média na linha corresponde a uma redução no valor da tarifa de 5,3%.
- Aumento da capacidade de transportE
  O aumento de 10% da capacidade de transporte corresponde a uma redução no valor da tarifa de 4,0%.
- Extensão de linha
  O aumento de 10% na extensão da linha corresponde a um aumento no valor da tarifa de 5,6%.
- Valor do ônibus
  O aumento de 10% no valor do ônibus corresponde a um aumento no valor da tarifa de 2,1%.
- Taxa interna de retorno do projeto
  O aumento de 10% na TIR (Taxa interna de retorno) do projeto corresponde a um aumento no valor da tarifa de 1,6%.
- Vinculado a gratuidade
  O aumento de 10% na participação da gratuidade corresponde a um aumento no valor da tarifa de 4,0%.

Conclusão

Em sistemas de transportes urbanos, as soluções não podem ser pontuais, mas sistêmicas.

Nesse sentido, um dos atos mais inteligentes de aprimoramento da modalidade de concessão no Brasil foi sem dúvida a criação da PPP. O estabelecimento da PPP permite atingir o melhor desenho da modelagem sistêmica de engenharia financeira e manter o equilíbrio econômico-financeiro da concessão com um valor de tarifa mais adequado, e ainda garantir retorno, ao governo, em relação a sua aplicação inicial, a partir do quinto ou sétimo ano da concessão.

A modalidade da PPP que permite matematicamente essa modelagem é a concessão patrocinada. Esta passa necessariamente pelo atendimento simultâneo aos três grandes grupos de equilíbrio discutidos neste texto e que envolvem os equilíbrios social, econômico, ambiental, técnico, operacional e financeiro, afetando, assim, não apenas os usuários e a vizinhança da via em questão, mas a própria sociedade.

No entanto, hoje, no Rio de Janeiro, a organização e a operacionalização de todo o sistema de transporte público estão concedidas à iniciativa privada.

Nesse contexto, decerto não se pode pensar em uma agenda que não contemple, em seu quadro de prioridades, um eficiente projeto de mobilidade urbana. Tal projeto deve oferecer as bases para a implantação de uma política sistêmica de transporte público na região. Um projeto, portanto, que não pode ser elaborado com amadorismo: é essencial a realização de um planejamento técnico qualificado, que integre todas as complexas e intrínsecas variáveis que se procurou ressaltar neste texto.

Bibliografia

MAC DOWELL, Fernando. *Diagnóstico dos transportes* (estudo referente às ações da área de transporte público, visando à elaboração do dossiê e legado da candidatura do município do Rio de Janeiro para sediar os Jogos Olímpicos de 2016). Ministério das Cidade/Ministério do Esporte/FGV, v. 1, 2009.

_____. *Modelo sistêmico de engenharia financeira PPP de cada tecnologia de transporte:* BRT, Aeromovel, HSST (trem de levitação magnética), VLT (veículo leve sobre trilhos), e metrô. (estudo referente às ações da área de transporte público, visando à elaboração do dossiê e legado da candidatura do município do Rio de Janeiro para sediar os Jogos Olímpicos de 2016). Ministério das Cidade/Ministério do Esporte/FGV, v. 2, 2009.

_____. *Análise ambiental dos transportes de cada tecnologia* (estudo referente às ações da área de transporte público, visando à elaboração do dossiê e legado da candidatura do município do Rio de Janeiro para sediar os Jogos Olímpicos de 2016). Ministério das Cidade/Ministério do Esporte/FGV, v. 3, 2009.

_____. *Análise socioeconômica dos transportes 3* (estudo referente às ações da área de transporte público, visando à elaboração do dossiê e legado da candidatura do município do Rio de Janeiro para sediar os Jogos Olímpicos de 2016). Ministério das Cidade/Ministério do Esporte/FGV, v. 4, 2009.

_____. *Análise gerencial dos transportes e sistema de engenharia semafórica inteligente* (estudo referente às ações da área de transporte público, visando à elaboração do dossiê e legado da candidatura do município do Rio de Janeiro para sediar os Jogos Olímpicos de 2016). Ministério das Cidade/Ministério do Esporte/FGV, v. 5, 2009.

_____. Parecer técnico. *In*: ABCR — Associação Brasileira de Concessionárias de Rodovias. *Teoria e prática do equilíbrio econômico e financeiro dos contratos de concessão de rodovias* — o caso do anel de integração do Paraná. São Paulo: Quartier Latin, 2010. p. 279-392.

Violência e polícia:
o que aconteceu com o Rio de Janeiro

Silvia Ramos

DE 2009 A 2014, 87.333 pessoas deixaram de morrer por homicídios no estado do Rio de Janeiro,[1] tomando como marco a primeira experiência de implantação de uma Unidade de Polícia Pacificadora (UPP) na favela Santa Marta, em dezembro de 2008. A forte redução do número de mortes intencionais ocorreu no estado que foi, durante anos, recordista do ranking da violência no país. E isso num país que, com seus mais de 50 mil assassinatos por ano, tem o maior número absoluto de homicídios do mundo e se mantém entre as 10 nações mais violentas, com suas taxas anuais oscilando entre 20 e 29 assassinatos por 100 mil habitantes há duas décadas.

Neste capítulo pretendo discutir o que aconteceu com o Rio nos últimos 30 anos para que tivéssemos nos tornado os campeões de violência do Brasil e como começamos a alterar esse quadro. Tratarei das características específicas e únicas da violência fluminense, que tornaram o Rio um caso singular no Brasil e com raros paralelos no mundo contempo-

---

[1] O cálculo é feito tomando o parâmetro de 5.717 homicídios e 1.137 autos de resistência (mortes cometidas pela polícia) ocorridos em 2008, projetando esses números para os seis anos seguintes, contra os homicídios e autos de resistência efetivamente ocorridos em 2009 a 2014 (veja gráficos 2 e 3). Como veremos a seguir, a redução das mortes no Rio de Janeiro não decorreu exclusivamente das UPPs, mas das políticas de segurança implantadas a partir de 2009.

râneo. Pretendo demonstrar que a variável explicativa mais forte para entender as particularidades da criminalidade e da violência no Rio de Janeiro é a própria polícia e as políticas de segurança levadas a cabo ao longo dos governos desde antes do fim da ditadura. Essa característica central no caso carioca e fluminense, creio, será decisiva para vislumbrarmos o que poderá ocorrer no futuro próximo.

Homicídios no Rio de Janeiro nos últimos 30 anos

O número de homicídios ocorridos nas sociedades é parâmetro universal para indicar o grau de violência em países e cidades por duas razões principais. Primeiro porque são crimes com notificação obrigatória (diferente de outros crimes contra a pessoa e de crimes contra o patrimônio, que em geral são fortemente subnotificados) e na maioria dos países são recolhidos pelo setor de saúde e não apenas pela área de polícia e segurança pública. O principal ranking mundial de mortes violentas (homicídios, acidentes e suicídios) é baseado em dados da Organização Mundial de Saúde e não em dados das polícias. A segunda razão pela qual se fala de homicídios como uma variável aproximada para violência criminal é que, em sociedades onde as taxas de mortes intencionais são altas, os demais crimes também o são: onde se mata muito, se bate muito, se ameaça muito etc. Da mesma forma, onde se mata muito, circula muita arma, e onde as armas circulam, crimes violentos contra o patrimônio tendem a ser altos. Em resumo, homicídios são a ponta do iceberg das condições de insegurança das sociedades. Como é o crime mais grave, e é visível e mais fácil de contabilizar do que os demais crimes, é usado como indicador universal de violência, ainda que as generalizações devam ser feitas com cautela.

O Brasil mantém taxas anuais de mais de 10 homicídios por 100 mil habitantes desde que o Ministério da Saúde passou a medi-los e a divulgá-los em 1979[2] e chegou a 29 homicídios na taxa divulgada em 2014,

---

[2] Os dados publicados pelo Datasus, do Ministério da Saúde, referem-se ao SIM, Sistema de Informação de Mortalidade, que reúne informações sobre todas as mortes. A classificação desses eventos obedece a uma tabela internacional chamada Classificação Inter-

relativa a mortes ocorridas em 2012. A OMS considera que taxas maiores do que 10 são indicativas de sociedades muito violentas. Para termos padrões de comparação, as taxas de países da Europa ocidental situam-se entre 0,5 a 3 homicídios por 100 mil habitantes. Os EUA mantêm taxas em torno de quatro a cinco homicídios. Os países asiáticos e a maioria dos países orientais alcançam taxas de menos de um por 100 mil. Todos os países com altas taxas estão situados na América Latina e Caribe. O Brasil apresenta taxas acima de 20 por 100 mil há vários anos e mantém-se em 6º ou 7º lugar no ranking mundial (comparação com 95 países, segundo dados do Sistema de Informações Estatísticas da Organização Mundial de Saúde — WHOSIS) também há vários anos. Segundo a OMS, os países com taxas de homicídio maiores que as do Brasil são El Salvador, Guatemala, Trinidad e Tobago, Colômbia, Venezuela e Guadalupe (Wailsefisz, 2014).

Até a década de 1980, o estado do Rio de Janeiro mantinha suas taxas de homicídio próximas da média brasileira. Começou a se afastar a partir de 1983 e descreveu uma curva ascendente muito acentuada até 1995, apesar de altos e baixos. Em 1983 o Brasil ostentava uma taxa de 13,8 homicídios por 100 mil habitantes, enquanto a taxa do Rio de Janeiro era de 15,9, ou seja, 16% maior. Já no final do período, a taxa do estado pulou para 62, tendo aumentado 288,8%, o que levou o Rio de Janeiro a encabeçar, por vários anos, o ranking nacional da violência (Waiselfisz, 2012).

A partir de 1995 até 2006 há uma redução moderada do número de mortes, mas o estado se mantém com taxas em patamares ainda altíssimos (na casa de 50 e 40 por 100 mil). A partir de 2007 as taxas anuais começam a cair, com uma queda ainda mais acelerada a partir de 2008 (Waiselfisz, 2012). Em 2012, pela primeira vez em 32 anos, a taxa de homicídios do Rio de Janeiro encontrou-se abaixo da taxa média do Brasil (28 no Rio e 29 no Brasil). Isto porque a taxa do Rio de Janeiro manteve-se estável em relação ao ano anterior e a taxa média do país aumentou.

---

nacional de Doenças (CID). Desde 1996, o Brasil adota a 10ª versão dessa classificação (chamada CID-10).

GRÁFICO 1
Taxa de homicídios no Brasil e no Rio de Janeiro (1980-2012)

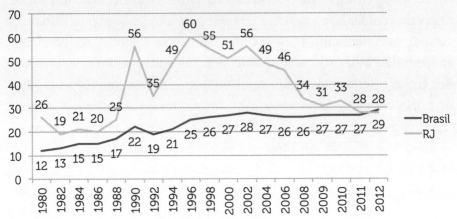

Fonte: Dados do SIM-Datasus/MS. Coletados por Waiselfisz (2012, 2013).

Uma das características constantes do Rio de Janeiro é que a explosão e posterior manutenção das taxas em patamares altos são puxadas pela capital e região metropolitana, sendo que o interior do Rio de Janeiro se mantém com taxas comparativamente baixas (Musumeci, 2002). Waiselfisz (2012) observa que a RMRJ funciona como motor-chefe da escalada de homicídios, tendo crescido 345,8% entre 1983 e 1995. Essa taxa fez com que a região metropolitana do Rio de Janeiro também liderasse o conjunto das RMs do país no período, tendo atingido, em 1995, 70,6 homicídios por 100 mil habitantes.

Outra característica muito particular da composição de mortes intencionais do Rio de Janeiro são os altos números de mortes pela polícia. Quando observamos os dados da Secretaria de Segurança, que desagrega as mortes intencionais entre homicídios dolosos e autos de resistência,[3] vemos que as mortes provocadas pela polícia chegaram a representar 17,8% das mortes no RJ em 2007, em que houve 1.330 autos de resistência. Quando as mortes começam a cair, a participação das mortes pela polícia cai muito mais acentuadamente, representando 10,5% do conjun-

---

[3] Desde 2013 a expressão "Auto de Resistência", indicativa de que a morte foi provocada por agentes policiais em serviço, foi substituída por "Homicídio Decorrente de Intervenção Policial", atendendo recomendação do Ministério da Justiça.

to das mortes intencionais no estado em 2014. Ou seja, de 2008 a 2014 os homicídios no estado caíram 14,7% e os autos de resistência caíram 49%. Em outras palavras, a redução de mortes provocadas pela polícia liderou a queda das mortes intencionais no Rio de Janeiro, mostrando que as dinâmicas de mortes por uso da força policial são extremamente sensíveis a comandos de polícia e a orientações das políticas de segurança.[4]

GRÁFICO 2
Homicídios dolosos no estado do Rio de Janeiro (2003-2014)

Fonte: ISP (Secretaria de Segurança do Estado do Rio de Janeiro).

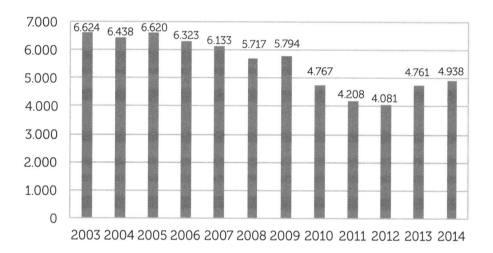

---

[4] Outro exemplo expressivo das respostas imediatas a determinações de comandos nas dinâmicas de mortes por intervenção policial ocorreu em São Paulo. Entre 2009 e 2012, Antonio Ferreira Pinto, oficial aposentado da PM e ex-procurador do Ministério Público, atuou como secretário da Segurança Pública e colocou a Rota na linha de frente da repressão ao PCC (Primeiro Comando da Capital). Em 2012, a estratégia deu início a uma guerra, em que o crime organizado matou pelo menos 26 PMs na Grande SP, enquanto a ação de policiais fardados e de grupos de extermínio provocou centenas de mortes na periferia. Num único mês (maio de 2013) da gestão do novo secretário de Segurança, Fernando Grella, as mortes por intervenção policial caíram 84% na capital. No total de um ano, comparando 2012 com 2013 em todo o estado de São Paulo, houve 39% de redução: em 2012, policiais militares mataram 546 pessoas em confrontos, no ano seguinte foram 335. (Ver <www.soudapaz.org>).

GRÁFICO 3
Autos de resistência no Estado do Rio de Janeiro (2003-2014)

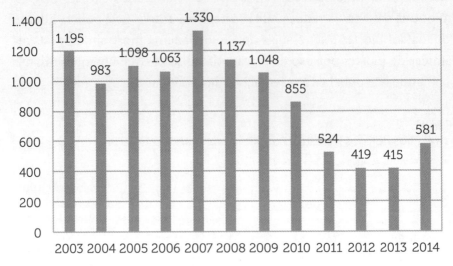

Fonte: ISP — Secretaria de Segurança do Estado do Rio de Janeiro.

Segundo dados do Anuário Estatístico do Fórum Brasileiro de Segurança Pública (2014), baseados em dados fornecidos pelas polícias das unidades da federação, seis pessoas são mortas pelas polícias do país a cada dia. Mesmo nesse cenário de polícias que fazem uso sistemático da força letal de forma excessiva, os padrões de mortes provocadas pela polícia no Rio de Janeiro desafiam as estatísticas nacionais e internacionais. Durante boa parte da década de 2000, a polícia do Rio de Janeiro matou quase quatro vezes mais que todas as polícias dos EUA, mesmo considerando a população norte-americana de 300 milhões de habitantes, contra 16 milhões da população fluminense, e sendo as polícias norte-americanas consideradas violentas para padrões mundiais. No último ano em análise, 2013, a polícia do Rio de Janeiro matou bem menos do que em anos anteriores. Ainda assim, 581 pessoas representam aproximadamente o mesmo número de pessoas mortas pelas polícias dos EUA num ano (os mortos pela polícia naquele país oscilam, de 2007 a 2012, entre 378 a 410 por ano).

Um dos indicadores de uso excessivo da força é a relação entre mortos, feridos e presos. Estudos de Cano (1997), no município do Rio entre janeiro de 1993 e julho de 1996, encontraram que, nesse período, para cada "opositor" ferido, a polícia carioca matou 2,7, e para cada "opositor" preso sem ferimentos, matou 3,3. Além de excessiva e frequentemente ilegal — com evidências, em diversos casos, de que as vítimas foram executadas à queima-roupa depois de rendidas, ou foram mortas pelas costas enquanto tentavam fugir —, a violência policial mostrou-se altamente seletiva: mais nas favelas do que no asfalto, proporcionalmente mais negros do que brancos, muito mais nos bairros pobres do que nos bairros ricos da cidade (Musumeci, 2002). Curiosamente, a revogação da "gratificação faroeste" — que vigorou na administração Marcello Alencar (1995-1999) e que previa que policiais que prendiam ou matavam criminosos passavam a incorporar um pecúlio nos seus salários — não se traduziu em queda dos autos de resistência. Pelo contrário, como veremos no próximo tópico, a prática foi incorporada como cultura na polícia fluminense, tendo atingido seu auge nos anos 2000 (nas administrações Anthony Garotinho e Rosinha Garotinho e nos dois primeiros anos da primeira administração Sergio Cabral, como mostra o gráfico 3).

As demais características da composição de mortes intencionais no Rio acompanham o quadro nacional: muito mais homens do que mulheres (mais de 90% das vítimas de homicídios são do sexo masculino), altamente concentrada entre jovens, especialmente na faixa de 15 a 24 anos, e entre os classificados como "pretos" e "pardos" (Musumeci, 2002; Waiselfisz, 2014). O perfil faz com que, no Rio de Janeiro, as características de sexo, idade e cor da morte intencional coincidam com as do Brasil. Isto é, altamente desigual. Já em relação à *geografia da morte*, os achados são contundentes: as taxas de homicídios segundo regiões do estado (divididos por áreas integradas de segurança pública) mostram que áreas da Zona Sul da cidade têm taxas próximas às norte-americanas e europeias e as taxas de áreas da Zona Oeste são próximas às venezuelanas. As diferenças são ainda mais acentuadas quando comparamos áreas do município do Rio com áreas da Baixada e São Gonçalo. E há ainda outra especificidade, as favelas. Em trabalhos de georreferenciamento dos homicídios na cidade do Rio de Janeiro, desenvolvidos por Patricia Rivero (2010), e Rute Imanishi e Patrícia Rivero (2012), ficou comprovada a intensa concentração das mortes intencionais nos territórios de favelas da cidade. Como procurei mostrar anteriormente (Ramos, 2007), a distribuição altamente desigual dos homicídios por idade, cor e geografia — atingindo seletivamente os mais pobres, os menos visíveis e com menor capital social — explica em grande medida o pequeno impacto que os números escandalosos de mortes violentas têm tido entre sucessivos governos federais, governos estaduais e mesmo entre organizações da sociedade, com algumas exceções. A surpreendente tolerância com que temos tratado, como nação, as mortes por assassinato, ano após ano, provavelmente são fortemente baseadas na distribuição desigual de suas principais vítimas.[5]

Como veremos na próxima seção, ainda que homicídios sejam um fenômeno multicausal e com comportamentos de tendências que muitas vezes tornam difícil estabelecer razões diretas e imediatas de causa e efeito, como mostram diversos estudos (ver entre outros Musumeci, 2002; Cano e Santos, 2001; Kahn, 2007; Manso, 2012; Risso, 2014), há forte correlação entre tendências nas políticas de segurança no Rio de Janeiro nas últimas três décadas e movimentos na curva das taxas de homicídios.

Polícia, violência e corrupção nas favelas cariocas

Em seu livro *Cidade partida*, Zuenir Ventura (1994) recupera por meio de pesquisa em jornais a trajetória do general Kruel. Ela é emblemática do que ocorreria no Rio de Janeiro nas décadas seguintes. Em 1958, quando era chefe de polícia do Distrito Federal e foi pressionado pela Associação Comercial do Rio de Janeiro, que afirmava que a cidade estava

---

[5] Surpreende que na administração Dilma Roussef (2011-2014) os poucos programas existentes em âmbito nacional voltados para a prevenção da violência (por exemplo, o Pronasci, criado no segundo mandato de Lula) tenham sido desativados e nenhum programa nacional de redução de homicídios tenha sido implementado. Quando, em junho de 2014, o Ministério da Saúde anunciou que 56 mil brasileiros foram assassinados em 2012, nenhuma palavra foi ouvida da Presidência da República. É algo que desafia a compreensão de que, no país com o maior número absoluto de mortes por agressão no mundo, predomina o silêncio de seus dirigentes máximos sobre o assunto.

"infestada de facínoras", Kruel criou o Serviço de Diligências Especiais (SDE), que tinha carta branca para tomar "medidas drásticas" contra o crime. Na ocasião, o general declarou que, se fosse preciso, autorizaria "o extermínio puro e simples dos malfeitores". Foi criado um grupo de elite dentro da polícia que tinha entre seus quadros egressos da Polícia do Estado Novo. O *Jornal do Brasil* dizia que "nenhuma restrição foi imposta a suas missões". O grupo do SDE, a quem foi dado o direito de matar se fosse preciso, ficou conhecido como Homens de Ouro, Turma da Pesada e Esquadrão da Morte. Esses homens tinham como missão subir morros, invadir barracos, desentocar assaltantes e "limpar a cidade" (Ventura, 2000:34-35).

O general Kruel, já famoso por ter criado o Esquadrão da Morte e ser o exterminador de bandidos e "duro contra o crime", foi descoberto em 1959 como principal beneficiário de caixinhas do bicho, lenocínio, hotéis, cartomantes, ferro-velho, economia popular, aborto, drogas e cassinos. O operador era seu filho, Nei Kruel. As denúncias foram feitas pelo jornalista Edmar Morel, que as sustentou diante de uma CPI e afirmou que o general inaugurava "a invasão do crime nos quadros do Departamento Federal de Segurança Pública" (Ventura, 2000:49). Amauri Kruel acabou demitido, mas recebeu a solidariedade de delegados, detetives e de seu substituto, o coronel Crisanto Figueiredo. À saída da secretaria, desceu as escadarias do prédio carregado nos ombros de comissários e investigadores.

Kruel voltaria à cena com o golpe de 1964, quando ocupava o poderoso comando do II Exército em São Paulo. Era amigo pessoal de Jango, foi seu chefe de gabinete e seu ministro da Guerra. Jango acreditava em sua lealdade, mas, na noite de 31 de março, Kruel aderiu ao golpe. Cecil Borer, antigo auxiliar de Kruel, tornou-se o homem forte no setor de segurança no governo Carlos Lacerda (Ventura, 1994:52).

Poucos meses depois do golpe, em agosto de 1964, um dos membros do grupo que formava o chamado Esquadrão da Morte, o detetive Milton Le Cocq, foi morto quando tentava matar o bandido Cara de Cavalo. Após esse episódio, a perseguição ao criminoso mobilizou 2 mil homens de todas as delegacias e divisões da Secretaria de Segurança. Na noite de

3 de outubro de 1964, quando Cara de Cavalo foi apanhado nos arredores de Cabo Frio, de bermudas, arrastando uma sandália, sem carro e sozinho, recebeu 100 tiros de metralhadora. Alguns dos policiais que estavam na tropa de fuzilaria eram Sivuca, Hélio Vígio, Luis Mariano e Euclides Nascimento (Ventura, 1994:46). Alguns reapareceram em postos importantes na segurança pública e na política do Rio de Janeiro nas décadas seguintes.

Zuenir Ventura sustenta a tese de que, no Rio de Janeiro dos anos 1950, na cidade bossa nova, nos *anos dourados*, foi inaugurada dentro da polícia uma mentalidade, uma cultura que de certa forma institucionalizou-se e cuja característica principal é a combinação de violência e corrupção. Luiz Eduardo Soares (2000, 2005, 2010) retomou esse tema em diversos trabalhos. Ventura tenta demonstrar que o que aconteceria na favela de Vigário Geral em agosto de 1993, 29 anos depois do assassinato de Cara de Cavalo pelos homens do Esquadrão da Morte, teve suas raízes nos anos 1950 e 1960. A chacina de Vigário Geral, em que policiais militares que participavam de um grupo intitulado Cavalos Corredores — a temida tropa de "duros contra o crime" do 9º Batalhão — entrou numa noite na favela e matou 21 pessoas, ocorreu precisamente pela dinâmica que combina licença para matar com práticas cotidianas, às vezes malsucedidas, de extorsão de traficantes.[6]

Elizabeth Leeds (2006) em seu texto clássico "Cocaína e poderes paralelos na periferia urbana brasileira", publicado originalmente em 1996, defende que a principal origem do surgimento de facções do crime no Rio, de forma relativamente organizada, foi a convivência de presos comuns com presos políticos iniciada no presídio da ilha Grande nos anos 1970. Ali tinha origem a Falange Vermelha, depois intitulada Comando Vermelho.

---

[6] Como se sabe, dois dias antes da chacina, quatro policiais do 9º BPM tinham sido emboscados e mortos na praça Catolé do Rocha, próxima à favela, por homens de Flávio Negão, o chefe do tráfico de Vigário Geral. Os policiais tinham ido à praça "mineirar" os traficantes, pois tinham a informação de que esses receberiam uma grande carga de cocaína. A informação era falsa e tinha sido propositalmente divulgada por Flávio Negão, que pretendia dar uma lição nos policiais. Dois dias depois, numa ação de vingança, um grupo de policiais do 9º Batalhão entrou na favela de Vigário Geral e matou 21 pessoas, nenhuma delas ligadas ao tráfico de drogas (Ventura, 1994:66-68).

Leeds (2006:239) argumenta que, no final dos anos 1970, o advento da cocaína como nova mercadoria altamente lucrativa modificou radicalmente as perspectivas para o crime. A chefia do comando viu no tráfico de cocaína um meio de manter altos lucros sem ter que pagar propina à polícia, geralmente exigida por assaltos a bancos. Também a repressão aos assaltos a bancos, especialmente em um período do governo Moreira Franco (no início de sua administração, em 1987 e 1988), estimulou ainda mais o negócio com a cocaína. Em fins dos anos 1980 surgiu um negócio suplementar, o sequestro, sendo o dinheiro dos resgates usado para comprar cocaína nos países produtores vizinhos. Mais uma vez, a polícia entrou no negócio dos sequestros.[7] Em 1994 os grupos de tráfico de drogas, já plenamente instalados nas favelas, entraram nos negócios dos armamentos sofisticados. Traficantes das favelas situadas nas proximidades do aeroporto e da zona portuária começaram a especializar-se na venda de armas aos traficantes de outras favelas que queriam proteger-se contra a polícia e os grupos rivais. As armas poderiam ser roubadas de arsenais militares ou importadas, em geral com a cumplicidade de funcionários da alfândega.

O fato é que no final dos anos 1970 e início dos anos 1980 os líderes da Falange Vermelha já se encontravam nas favelas. Os chefes viam as favelas como um reduto relativamente seguro, onde contavam com algum apoio comunitário. Willian da Silva Lima, fundador da Falange Vermelha, teria declarado: "começamos a nos instalar nas favelas por uma questão de segurança. Respeitávamos as comunidades e éramos bem recebidos" (Leeds, 2006:261). De fato, o tráfico de maconha já existia há décadas, sendo as *bocas de fumo* uma constante na vida das favelas. Mas o poder propiciado pelos ganhos financeiros obtidos com a cocaína conferiu aos traficantes uma importância sem precedentes (Leeds, 2006:239).

A autora afirma que, durante o período que pesquisou nas favelas cariocas, de 1988 a 1995, a presença do tráfico só aumentou. De fato, quase 20 anos depois, como sabemos, os grupos de tráfico continuaram aprofundando e universalizando seu controle nos territórios de favelas a tal

---

[7] É famosa a frase do delegado Hélio Luz, quando foi nomeado para chefiar a Delegacia Anti-Sequestros (DAS), no governo Marcello Alencar: "de hoje em diante, a Anti-Sequestro não sequestra mais", ao *Jornal do Brasil* em maio de 1995 (Caldeira, 1997).

ponto que na década de 2000 não só comandavam a venda de drogas em todas as favelas, conjuntos habitacionais e em diversos bairros da periferia da cidade do Rio de Janeiro, mas também a venda, o aluguel e a posse de armas; e dessa forma também assumiam o poder de mando sobre outros crimes nos territórios adjacentes, por exemplo, roubos de cargas e veículos. Além disso, em nível local, os grupos de tráfico tornaram-se, como regra, donos ou sócios de serviços que eles monopolizaram, como venda de botijão de gás, transporte por motos ou kombis, venda de sinal de televisão a cabo e internet, taxas de água e outros. Ao mesmo tempo, controlavam ou tentavam controlar as associações de moradores, organizações não governamentais, grupos comunitários e religiosos, e principalmente as atividades de cabos eleitorais em períodos de eleição (Zaluar, 1994; Silva, 2008).

Luiz Eduardo Soares, juntamente com MV Bill e Celso Athayde (2005) discutem como e por quais razões o tráfico de drogas, normalmente nômade, tornou-se sedentário no Rio de Janeiro. O fenômeno curioso, que teria grandes consequências, deu-se principalmente pela proximidade das favelas com bairros de classe média. Essa vizinhança possibilitou a venda de droga em polos fixos, as bocas. Sem que isso excluísse a circulação de "aviõezinhos", que servem os consumidores em domicílio ou em outros pontos da cidade — reproduzindo o modelo internacional típico de venda de drogas no varejo. O sedentarismo do comércio varejista implicou a valorização do território e passou a exigir investimento de segurança do ponto. O controle do ponto passou a ser patrimônio valioso e recurso estratégico na lógica do mercado. Isso requeria armas para dissuadir a tomada do território por falanges rivais e propina para a polícia. Em uma palavra, a organização sedentária do comércio varejista levou a que traficantes se estabelecessem como um poder sustentado no domínio territorial (Soares et al., 2005:249).

Os mesmos autores explicam como a presença das armas nas favelas, em quantidades e modelos muito superiores às necessidades, gerou um fenômeno de corrida armamentista, mas também um excedente de armas que passou a ser usado em crimes contra o patrimônio. Quando um relógio é subtraído na presença de uma arma poderosa ou um carro roubado com um fuzil, elevam-se ao máximo as ocorrências letais, inclusive as motivadas por acidentes, balas perdidas ou imperícia, de forma que o problema do tráfico de drogas converteu-se já desde o começo dos anos 1980, quando a curva de homicídios do Rio de Janeiro começa a afastar-se da curva média do Brasil, num problema menor diante do uso indiscriminado de armas de fogo, que não correspondiam a qualquer adequação funcional às práticas criminais ou às necessidades técnicas das cenas de crime.

As armas passaram a ser o cerne da barbárie do Rio. Sua presença espetacular nas favelas, a ostentação de fuzis de guerra por garotos de 14, 15 ou 16 anos, os tiroteios — tantas vezes apenas lúdicos ou para intimidar ou para advertir sobre o poderio bélico — que se tornaram trilha sonora da capital durante duas décadas passaram a ser a marca registrada da violência no Rio. Ou seja, um modelo de violência em que áreas urbanas passaram mais e mais a ser controladas militarmente por grupos armados, configurando um modelo único de desenvolvimento criminal no Brasil e raro em termos internacionais. Não estamos falando de zonas rurais ou de alguns conjuntos habitacionais, ou de áreas distantes nas bordas da cidade. Estamos falando de centenas de favelas em todos os pontos da metrópole, dos bairros mais ricos aos mais pobres, sob o domínio de grupos de traficantes, que passaram a impor leis, regular o funcionamento da vida coletiva e enfrentar a polícia e grupos rivais com poder altamente letal.

As polícias, conscientemente ou não, impuseram o ritmo da corrida armamentista e muitas vezes eram os agentes dessa dinâmica, vendendo armas e munições ou revendendo armamentos capturados em confronto com traficantes ou fazendo vista grossa para a entrada de fuzis, metralhadoras e munições nas favelas. É bom lembrar que a figura ligada ao Rio que primeiro ostentou uma metralhadora como símbolo de poder foi Tenório Cavalcanti, que circulava em Caxias e outras áreas da Baixada Fluminense com sua famosa "Lurdinha", que era exibida como acessório inseparável. Tenório era recordista de votos, prócer da UDN e dominou a região durante a década de 1950. Quando foi acusado do assassinato do delegado de Caxias Albino Imparato, em 1953, crime que ele teria executado pessoalmente, o Homem da Capa Preta refugiou-se em sua fortaleza. No momento em que a polícia tentou invadi-la, parlamentares da UDN se reuniram no seu interior em "vigília cívica". Adversário de Vargas, Tenório gozava de prestígio na UDN, justamente o partido que denunciava o "mar de lama" no país (Ventura, 1994:23).

Em livros de ficção sobre o tráfico no Rio de Janeiro e em entrevistas com jovens do tráfico ou com líderes comunitários, surgem muitas histórias sobre o amor, predileção ou obsessão de chefes do tráfico às armas de guerra. Alguns são "inseparáveis" de suas armas preferidas e muitos encomendam armas automáticas depois que as veem nas mãos de policiais de elite ou de delegados famosos. A presença das armas nas favelas tem também uma função simbólica de reforço de autoridade. Não por acaso, inúmeras letras de funks "proibidões" cantam em prosa e verso os nomes das armas que estão presentes em cada favela, inclusive armas que não são jamais usadas para seus fins, como fuzis para abater aviões.[8]

Como afirma Soares e colaboradores (2005), uma vez fixado o novo modelo do tráfico no Rio de Janeiro, cuja base é o domínio territorial, ele se desgarra de seus determinantes geográficos e se generaliza, tornando-se a forma por excelência da organização dos grupos de varejo de drogas, mesmo em áreas distantes do mercado consumidor. É isto que vemos a partir de 2012, quando grupos de traficantes da capital, afastados de seus territórios de origem pela chegada de UPPs, acabam por estabelecer novos padrões de criminalidade, com a presença ostensiva de armas de

---

[8] Alguns funks "proibidões" são expressivos do fascínio que as armas exercem entre alguns jovens e moradores das favelas: Sou da Penha sim/ Família CV/ falo pra você/ quem tá na boca até o dia amanhecer/ 762 nois tem/ AK nois tem/ G3 nois tem aqui/ é o bonde do Tota/ Então desce, desce, vai lá no Caveirão/ Então desce desce vai lá nos alemão. Ou: Morro do Dendê é ruim de invadir/ Nois, com os Alemão, vamo se diverti/ Porque no Dendê eu vô dizer como é que é/ Aqui não tem mole nem pra DRE/ Pra subir aqui no morro até a BOPE treme/ Não tem mole pro exército, civil nem pra PM/ (...) Vem um de AR15 e outro de 12 na mão/ Vem mais um de pistola e outro com tresoitão/ Um vai de URU na frente escoltando o camburão/ Tem mais dois na retaguarda, mas tão de Glock na mão/ Lá vem dois irmãozinho de 762/ É que eles são bandido ruim e ninguém trabalha/ De AK47 e na outra mão a metralha/ Quem é aqueles cara de M16/ Nas entradas da favela já tem ponto 50/ E se tu toma um pá, será que você grita/ Seja de ponto 50 ou então de ponto 30/ (...) Acabo com o safado dou-lhe um tiro de Pazã (...) E se não for de revólver eu quebro na porrada/ E finalizo o rap detonando de granada (letra de autoria desconhecida). (Silva, 2014).

fogo em territórios longínquos dos centros consumidores, às vezes em áreas quase rurais da região metropolitana. Beato e Zili (2014), mesmo reconhecendo diferenças importantes no formato do tráfico carioca, procuram identificar fases de estruturação comuns à organização social do crime em cidades brasileiras. Os elementos estruturantes da organização criminal teriam aspectos semelhantes em toda parte.

O papel específico da polícia do Rio de Janeiro no estabelecimento, aprofundamento e radicalização do modelo de criminalidade e nas dinâmicas de violência letal que se desenvolveram nas últimas três décadas tem sido discutido exaustivamente em abundantes trabalhos (Zaluar, 1994; Ventura, 1994; Rafael, 1998; Leeds, 2006; Misse, 1997; Soares 2000, 2005, 2006, 2010; Lemgruber, Musumeci e Cano, 2003; Rodrigues, 2014). Todos os observadores concordam num ponto: não há tráfico e domínio territorial do tráfico sem participação policial. Seja na forma de omissão, negociação de meios, informação ou proteção. De fato, as formas de participação da polícia no negócio do crime no Rio de Janeiro foram se sofisticando. No âmbito das operações em favelas, as mais frequentes são a prisão e sequestro de traficantes, para serem vendidos a facções inimigas ou à própria facção e a revenda a traficantes de armas capturadas em operações policiais. A mais universal é a propina semanal buscada na boca de fumo por policiais, que distribuem a semanada entre os colegas do batalhão, na tradição mais pura das antigas "caixinhas" do jogo bicho.[9]

As doses de violência e letalidade para sustentar os métodos foram aumentando ao longo dos anos. O gráfico com o crescimento dos autos de resistência (gráfico 3) é expressivo da escalada. O "arrego" e principalmente a "quebra de arrego" tem sido a causa principal de chacinas,

---

[9] Em um texto publicado no jornal on line *No Mínimo*, em maio de 2006, o jornalista Xico Vargas expõe em detalhes o sistema de linha direta de transferência de dinheiro arrecadado ilegalmente em delegacias do Rio para gabinetes da Assembleia Legislativa, dando conta do grau de institucionalização da corrupção nas polícias fluminenses. Mostra que o sistema já existia na gestão de Marcello Alencar, mas sofisticou-se nos dois mandatos do casal Garotinho (Vargas, Xico, O Caminho do Ouro, 01.05.2006, no mínimo). Soares, em *Meu casaco de general* (2000) já havia chamado as delegacias de capitanias hereditárias e mostrado que a titularidade de delegacias eram negociadas em gabinetes políticos e no próprio Palácio Guanabara.

banhos de sangue e excessos policiais que o Rio de Janeiro conheceu durante 30 anos (Soares et al., 2010). A dinâmica é simples, ainda que contraintuitiva. Os policiais "duros contra o crime", os mais intransigentes, as tropas mais violentas, aqueles que não têm dó nem piedade de criminosos, são esses precisamente os mais inclinados ao uso da força letal e, ao mesmo tempo, à eventual negociação desse direito de matar. Como numa guerra, o objetivo é matar os inimigos. Mas se posso matá-los... bem, posso negociar a vida dos menos importantes. Afinal, como dizem frequentemente muitos policiais *não adianta prendê-los, pois em pouco tempo estarão soltos*. Há uma lógica seletiva acionada por grupos de policiais violentos e corruptos: prender os criminosos importantes e negociar a vida dos peixes pequenos. Dar o máximo nas apreensões de grandes carregamentos de armas e drogas e negociar os pequenos carregamentos. São essas lógicas que regem os cálculos cotidianos de intervenção policial, que tantas vezes acabam em tragédias.

Naturalmente entre os autos de resistência existem efetivamente condições em que os policiais usaram da força letal em situações de legítima defesa ou quando não havia outra solução (por exemplo, ao serem obrigados a entrar em uma área dominada por grupos armados para resgatar um colega ferido ou uma guarnição encurralada). Mas há ali naqueles números situações híbridas de força excessiva, quando teria sido possível prender o opositor, ou desleixo em prestar assistência a um ferido, até atos inequívocos de execução. Há também erros, precipitações e balas perdidas. Os erros ocorrem quando policiais atiram e matam jovens pensando que eram traficantes. Ao descobrirem que cometeram um erro e perceber que mataram uma pessoa inocente (que era "estudante" ou "trabalhador" como se diz nas favelas), via de regra tentam fraudar a cena do crime e colocam uma arma na mão da vítima para caracterizar que o jovem os recebeu com tiros. Nesses momentos os moradores, que conhecem a vítima, se revoltam e saem da favela para protestar, muitas vezes ateando fogo em pneus, fechando ruas e queimando ônibus. O enredo, encenado no Rio centenas de vezes nos últimos 20 anos, em geral diz respeito a "inocentes" mortos pela polícia. Mas o fato é que os "culpados", isto é, os traficantes também não deveriam ser mortos pela policia. Pois é exatamente a licença tácita que os policiais do Rio de Janeiro sentem que têm para "matar traficantes" que gera a maior parte da violência excessiva. Olhando apenas para os últimos 10 anos, de 2005 a 2014, a polícia do Rio matou 8.470 pessoas. Esses números são da própria polícia — pessoas mortas em confronto por policiais em serviço — e não incluem execuções fora de serviço, desaparecimentos nem a atuação de grupos de extermínio.[10]

Os depoimentos de moradores de favelas sobre a polícia conseguiram ao longo de anos conquistar uma unanimidade. A polícia desrespeita, humilha, bate, fere e às vezes mata. Os traficantes também, mas em geral *quem não se mete com o tráfico, não é molestado* (Zaluar, 1994; Ramos, 2009). Leeds (2006) situa os problemas com o tráfico e a polícia nas favelas e bairros pobres como o dilema da democracia brasileira, já que a governança democrática local é fundamental para a democratização da sociedade organizada.

Resta ainda mencionar outro fenômeno específico do Rio de Janeiro, também uma variante dos problemas de violência e corrupção nas polícias fluminenses, que se estruturou no início dos anos 2000, as milícias. Em março de 2005 a jornalista Vera Araújo, do jornal *O Globo*, publicou uma reportagem intitulada *Policiais cariocas montam milícias e expulsam tráfico das favelas*, que dava conta da existência de 11 grupos atuando em 42 favelas da região da Barra e Jacarepaguá, seis deles chefiados por po-

---

[10] Os policiais do Rio de Janeiro também são vítimas de violência letal em proporções muito acima da média das polícias do mundo. Em 2011 foram mortos sete policiais da PM e cinco da PC (Polícia Civil). Em 2012 foram 14 PMs e quatro PCs; em 2013 foram 16 PMs e quatro PCs; e em 2014 foram 14 PMs. Apesar dos números parecerem pequenos, estudos de Souza e Minayo (2013) mostram que quando se pondera o número de policiais mortos pelo contingente da polícia, os policiais do Rio de Janeiro mantinham uma das maiores taxas de mortes em serviço do país: 85 no caso dos policiais civis e 137 dos policiais militares. Em 13 anos, isto é, de 2000 a 2012, no Brasil foram informados 901 óbitos de policiais. Os valores são extremamente altos para todos os padrões internacionais considerados. Além disso, não deve ser desprezado o fato de que algumas mortes de policiais envolvem dinâmicas que espalham insegurança, terror e finalmente ódio em toda a tropa, como nos casos de policiais baleados covardemente em atentados de surpresa quando se encontram parados em pontos fixos de patrulhamento. Esses atentados contribuem para reforçar na polícia e na sociedade a ideia de que "estamos em guerra". E numa guerra o importante é aniquilar o inimigo e sobreviver.

liciais militares. Vera os denominou "milícias", expressão que se tornou corrente nos anos seguintes. Em decorrência dessa matéria, a jornalista foi ameaçada, obrigada a deixar a cidade e viver um período de quarentena. Em 2008 um grupo de jornalistas do jornal *O Dia* foi torturado quando fazia uma reportagem sigilosa na favela do Batan, na Zona Oeste do Rio.

Os grupos de milicianos, formados em geral por policiais, ex-policiais, bombeiros, agentes penitenciários e outros, multiplicaram-se rapidamente pela cidade, dominando grandes áreas principalmente na Zona Oeste. Em alguns casos, os grupos retomaram áreas antes dominadas pelo tráfico, em outros simplesmente passaram a controlar áreas anteriormente livres de qualquer domínio. Mais recentemente, a partir da década de 2010, passaram a dominar conjuntos residenciais do programa *Minha Casa, Minha Vida*. Em geral, a milícia vende "segurança" por meio de cobrança de taxas a comerciantes e em algumas áreas a moradores, de casa em casa. Além disso, à medida que passam a ter o controle armado sobre o território, milicianos passam a explorar e a monopolizar outros negócios como transporte alternativo, água, gás, sinal de TV a cabo e internet e também transações imobiliárias (cobrando percentuais sobre vendas que ocorrem dentro da área controlada) e às vezes agiotagem. Cano (2008) observa que as milícias se estruturaram sobre cinco eixos comuns: domínio territorial; coação; empreendimento lucrativo; discurso de legitimação baseado na luta contra o tráfico, as drogas e a desordem; e presença de agentes armados do Estado em posições de comando. Além disso, outra característica de alguns desses grupos foi o investimento em controle de currais eleitorais, além da alta letalidade nas ações de manutenção do poder territorial.

Diversos analistas estão de acordo sobre o que motivou o surgimento e rápida proliferação desses grupos. Possivelmente a percepção, por parte de policiais que viviam de propina recebida de traficantes, de que eles mesmos poderiam fazer o mesmo e receber todo o dinheiro de determinado território e não uma parcela dos negócios de terceiros. Além disso, diferentemente do tráfico, poderiam desenvolver um discurso moralista com o objetivo de assegurar legitimidade e adquirir apoio comunitário. No início da década de 2000, vários grupos de milícias, especialmente na

Barra da Tijuca, receberam apoio de moradores e autoridades. O prefeito do Rio, Cesar Maia (2001-2009), denominou os grupos de Ligas de Autodefesa (Cano, 2014). Da mesma forma, o chefe de polícia nos governos Garotinho e Rosinha, Álvaro Lins, foi acusado de ter sido eleito em 2006 com grande apoio das milícias da Zona Oeste, bem como Marcelo Itagiba, secretário de Segurança de Garotinho, também eleito deputado federal em 2006.[11] Ambos, Lins e Itagiba, foram acusados na CPI das Milícias da Alerj, presidida pelo deputado Marcelo Freixo, em 2008, e Lins acabou entre os 218 indiciados pela CPI.

Com as repercussões do caso do jornal *O Dia*, as denúncias da CPI das Milícias e a condenação crescente sobre o fenômeno nos meios de comunicação, muitos líderes políticos abandonaram a ambiguidade e o primeiro governo Sergio Cabral (2007-2011) tomou medidas fortes, reunindo investigação, desarticulação e punições. Em pouco tempo centenas de membros das milícias, começando pelos que possuíam cargos eletivos, foram processados, presos e condenados. Cano avalia que desde 2008, quando os grandes grupos foram desarticulados, as milícias vêm demonstrando grande capacidade de adaptação. Atuam de forma mais discreta, menos ostensiva, em áreas menores, exercendo um controle de território que deixou de ser armado nas entradas e saídas, à moda do tráfico, mas nem por isso tornou-se menos violento. As áreas de milícias continuam com altos índices de mortes por agressão, além das evidências de que, sempre que possível, optam pelo sumiço dos corpos (Cano, 2014:330). O autor também observa que a modalidade "milícias" não deve deixar de chamar a atenção para a simultaneidade de outros fenômenos de grupos de policiais que unem violência e fins lucrativos, como é o caso dos grupos de extermínio e a chamada polícia mineira. Como se sabe, grupos de extermínio nunca deixaram de ser um fenômeno importante na Baixada Fluminense e parecem ter uma participação não desprezível na subida das taxas de homicídio que se observam naqueles municípios a partir de 2012, com a expansão das UPPs na capital.

---

[11] Álvaro Lins foi condenado por crime de corrupção e não assumiu seu mandato de deputado estadual na Alerj, tendo sido preso. Foi cassado em 2008.

Políticas de segurança: um pêndulo que não superou o binômio brutalidade e corrupção

Soares (2000) nomeia de movimento de pêndulo o que ocorreu com as políticas de segurança pública do Rio de Janeiro desde o fim da ditadura. O pêndulo diz respeito à alternância, ora na ênfase aos direitos humanos (dois governos Brizola e Nilo Batista e início de governo Garotinho), ora nas estratégias de guerra ao crime (Moreira Franco e Marcello Alencar) e posteriormente nos governos Garotinho e Rosinha onde houve ambiguidade de discurso sobre direitos com descontrole das polícias. Mas, como veremos, nunca o pêndulo ultrapassou o dilema da brutalidade e corrupção presente de forma intensa nas polícias fluminenses. Pois, como vimos, a equação "dureza contra o crime, mas com fins lucrativos" encontra raízes na polícia do Rio de Janeiro desde os anos 1950.

O primeiro governo de Leonel Brizola (1983-1987) procurou afastar-se das políticas autoritárias e dos "resquícios da ditadura" fazendo um discurso aberto contra a brutalidade policial em que as palavras "direitos" e "respeito aos favelados" foram muitas vezes pronunciadas. Brizola queria justamente afastar-se da política que desde Kruel priorizava "desentocar bandidos das favelas" e "limpar a cidade subindo os morros". Um dos gestos mais ousados de Brizola foi nomear, logo no início de seu governo, um comandante-geral da Polícia Militar que não era oriundo das Forças Armadas. Ao escândalo de não nomear um general para comandar a PM, como era tradição desde antes da ditadura, Brizola acrescentou ao fato um detalhe que chocou os militares e as elites. O coronel Carlo Magno de Nazareth Cerqueira não apenas era um simples coronel da PM como era negro. Leeds (2006) registra a frustração de Nazareth Cerqueira — um intelectual sofisticado que foi responsável pela introdução das primeiras experiências de policiamento comunitário no Brasil — por não ter conseguido mudar sua própria corporação. No Plano Diretor da PMERJ (1984-1987), o comandante Nazareth Cerqueira publicou o seguinte para a tropa:

A mudança de conduta do governo em relação à comunidade deve começar pelo respeito aos direitos humanos em todos os níveis, particularmente no que diz respeito à segurança do cidadão comum. É necessário criar junto à população a consciência do fim da arbitrariedade e da impunidade, no que diz respeito às autoridades estaduais. O cidadão não deve temer a polícia, que será acionada para protegê-lo, e não para reprimi-lo. Não haverá prisões sem flagrante delito e não se entra nas favelas arrombando portas de barracos, mas, ao contrário, a nova administração vem tentando atuar em colaboração com a comunidade. A manutenção da ordem pública se fará através do policiamento preventivo, do diálogo e da ação política, e o governo garante ao cidadão o direito de se manifestar livremente.

Anos depois das duas passagens pela administração Brizola, Nazareth Cerqueira reconheceu que subestimou as resistências dentro da polícia. De fato, o primeiro governo de Brizola, que começou com uma taxa de 19 homicídios por 100 mil, acabou com 30. O saldo também foi negativo em termos de crimes contra o patrimônio e, sobretudo, com a extrema insatisfação dentro das corporações policiais, que reclamavam por "não poderem trabalhar". A maior parte dos meios de comunicação ecoou fortemente as críticas das polícias.[12]

Não por acaso, Moreira Franco (1987-1991) elege-se prometendo "acabar com a violência e o tráfico de drogas em seis meses". Mas durante sua gestão, em 1990, o Rio de Janeiro atinge a taxa recorde até aquele momento e chega a 56 homicídios por 100 mil habitantes. Elizabeth Leeds (2006) conta que o governador, para cumprir a promessa da campanha, e às vésperas da eleição municipal de novembro de 1988, adotou um plano de caça e extermínio de criminosos com o objetivo de livrar as favelas de suas gangues de traficantes. Após um massacre na Rocinha, em que vários traficantes foram mortos, Moreira prometeu dar à favela serviços de saúde, assistência jurídica, banco de empregos e "todo o saneamento

---

[12] Ao final do primeiro governo Brizola, o delegado Hélio Vígio (um dos componentes do Esquadrão da Morte criado por Kruel), assim se referia à política de segurança pública de Brizola e Nazareth Cerqueira: "Bandido só respeita repressão. Querem fazer do policial um assistente social. Não podemos tocar nas favelas, são reduto dele. Temos coragem de falar porque temos moral. Já vivemos outros regimes políticos, mas nunca fomos tão desrespeitados". Citado na edição do *Jornal do Brasil* de 4 de novembro de 1986 (Silva, 2013:8).

básico que faltava há anos". Tudo não passou de promessa em véspera de eleições. Meses depois o tráfico voltou e no ano seguinte os assessores do governador estavam negociando com os novos traficantes a licença para que os candidatos de Moreira pudessem fazer campanha dentro da Rocinha (Leeds, 2006:254). Na administração Moreira, vários dos personagens que encontramos nos episódios do antigo Esquadrão da Morte reapareceram. Delegados subiam as favelas armados com metralhadoras e jornalistas dizem que nesse momento a corrida armamentista entre tráfico e polícia intensificou-se como nunca até então.[13]

O segundo governo Brizola (1991-1994) e de seu sucessor Nilo Batista (1994-1995) terminou com um episódio traumático na história do estado, a Operação Rio (outubro de 1994 a julho de 1995). A decisão, pelo governo federal, à revelia do governo estadual, de enviar tropas do Exército para ocupar favelas foi tomada às vésperas das eleições governamentais e presidenciais de 1994. O clima de tensão entre as duas esferas de governo chegou ao grau máximo, e os planos falavam mais uma vez em desarmar as favelas, livrá-las do tráfico, diminuir a criminalidade. Havia também um discurso, por parte do governo Fernando Henrique, sobre a necessidade de integrar as favelas ao resto da cidade. Mas a operação reuniu uma quantidade impressionante de arbitrariedades e desrespeitos e teve o efeito de ampliar o estigma e a criminalização das favelas (Leeds, 2006; Soares et al., 1996). Em 1993 o Rio estava chocado com a chacina da Candelária e meses depois a chacina de Vigário Geral. Nilo Batista, na condição de vice-governador e secretário de Polícia e Justiça, reconheceu nas primeiras horas da tragédia de Vigário que aquilo era coisa da polícia. Teria dito "a cultura de extermínio está viva nos porões da polícia e sai como uma fera à noite para matar" (Ventura, 1994:67). No mesmo ano, como parte de respostas da sociedade civil, o Viva Rio foi criado por iniciativa de intelectuais, líderes empresariais e comunitários. Duas grandes manifestações pela paz pararam uma parte da cidade. O clima de violência e indignação era irrespirável (Ventura, 1994). Nilo terminou

---

[13] Depoimento do jornalista Luarlindo Ernesto Silvia para a pesquisa Mídia e Violência (Ramos e Paiva, 2007).

o mandato de Brizola acuado, isolado e acusado de receber dinheiro da caixinha do jogo do bicho (acusação que posteriormente revelou-se inverídica). Durante o segundo governo Brizola, as taxas de homicídio do estado mantiveram-se em patamares alarmantes, de mais 40 por 100 mil, sendo que no último ano, em 1995, o estado do Rio de Janeiro apresentou taxa de 49 homicídios por 100 mil.

O governo Marcello Alencar (1995-1999) convocou de volta um general para comandar a segurança, o general Newton Cerqueira, que havia comandado a ação que resultou na morte de Lamarca na época da ditadura e nunca se desligou de suas relações com militares que participaram diretamente de repressão à esquerda armada. Além de ter criado a gratificação por bravura (ou gratificação faroeste anteriormente mencionada), o general Cerqueira assumiu o discurso da "guerra ao crime", incentivou os confrontos, ampliou os tiroteios nas favelas e liberou as operações com licença para matar. Assim que assumiu o comando da secretaria de Segurança, Newton Cerqueira declarou, sobre os programas de policiamento comunitário implantados pelo coronel Nazareth Cerqueira na segunda gestão Brizola:

> imagine um cara lá, conversa com a vovó, ajuda o outro a atravessar a rua, isso não resolve, tem que ter um carro com um monte de gente, com cara feia, com umas metralhadoras saindo pela janela, tipo a ROTA, em São Paulo, que é isso que vai diminuir o roubo de bancos e o sequestro (Silva, 2013:16).

Soares (2006) revela que nesse período o Bope deixou de aceitar rendição de bandidos. Quem se rendesse seria executado. Quando o novo procedimento foi introduzido, os criminosos mudaram de atitude e passaram a lutar até a morte; não lhes restava alternativa. O armamento passou a ser comprado e acumulado não apenas para combater quadrilhas rivais, mas, sobretudo, para enfrentar a polícia. O círculo vicioso fez com que as piores profecias se cumprissem: os bandidos tornaram-se mais violentos e passaram a antecipar-se, atacando antes; o que levou a polícia a atirar, preventivamente. Não é difícil entender que a supressão do direito ao devido processo legal, manifesto na recusa à rendição, acabou voltando-se, como um bumerangue, contra os próprios policiais e, indiretamente, contra a população. Esse momento produziu um ponto de inflexão na violência do Rio. O período do general Cerqueira legou uma explosão dos autos de resistência e levou o tráfico a investir pesado em armas. A política alucinada do confronto precipitou uma espiral de violência. Os efeitos do conjunto das medidas foram visíveis e o governo Marcello Alencar teve durante três anos o recorde de homicídios de todo o período dos 30 anos que estamos analisando, com taxas de 62 e 60 por 100 mil.

A despeito de Garotinho (1999-2002) ter sido eleito com um programa de segurança que preconizava a possibilidade de combinar respeito aos direitos humanos e eficiência policial — prometendo escapar do movimento de pêndulo das quatro administrações anteriores — mergulhou numa crise pouco mais de um ano após seu início. Luiz Eduardo Soares, intelectual e formulador de diversos programas implantados nos primeiros meses (Delegacia Legal, Ouvidoria, reformulação das áreas de segurança, Aisps, e estabelecimento de metas por áreas, Centros de Referência de Proteção de Minorias e outros) foi demitido de sua condição de subsecretário de Segurança e acusou Garotinho de ter-se rendido à "banda podre da polícia". A história desse período está detalhadamente analisada em *Meu casaco de general* (Soares, 2000) e é antecipatória sobre o que aconteceria no Rio de Janeiro durante os oito anos da gestão do casal Garotinho. De fato, no governo Garotinho e na administração subsequente, de Rosinha Garotinho (2003-2007), o estado isolou-se ao limite, sendo que os governantes romperam com o governo municipal, federal, sociedade civil e mesmo com diversos setores do empresariado. A segurança pública foi literalmente comandada por criminosos, como Álvaro Lins, que saiu preso da chefatura de polícia e foi o chefe nas duas administrações do casal. A corrupção tornou-se um padrão de gestão tanto na Polícia Civil como na PM. As taxas de homicídio que ficaram em torno de 50 por 100 mil até 2003 começaram a recuar para a faixa dos 40 a partir de então. Mas a corrupção profunda nas polícias fez com que os autos de resistência explodissem, passando sistematicamente a mais de mil por ano, indicando a estabilização de uma situação em que brutalidade e corrupção tornaram-se um modo de ser da polícia fluminense. Ao mesmo tempo, a forma espetacular, teatral, ruidosa, ousada e contínua de atuação do tráfico de drogas, com tiroteios em áreas nobres da cidade, ameaças ao espaço aéreo, ampliação do controle de território para fora das bordas das favelas e toques de recolher, revelava um quadro de deterioração da segurança pública que parecia não conhecer limites. A cada dia parecia piorar. O quadro ensejava matérias diárias na mídia nacional e internacional. O Rio tonou-se um caso único no Brasil e raro em termos mundiais. Tornou-se uma das poucas cidades de países ricos com extensas e múltiplas áreas controladas por grupos armados ilegais, convivendo simultaneamente com áreas onde predominava a prosperidade, a modernidade e a democracia. Não existiam casos similares ao Rio, com exceção de Bogotá e Medelin, que tinham apenas pontos de semelhança. Fora isso, os tiroteios diários com armas de guerra só eram comparados a regiões em conflito declarado. As taxas de homicídio não eram tão altas como na gestão Alencar, mas a segurança pública tornou-se um drama. A cidade e o país perdiam diariamente a batalha para quadrilhas de pequenos bandidos, jovens semianalfabetos, despreparados e cruéis, mas sem qualquer capacidade para comprar juízes ou ameaçar promotores, como a máfia e os cartéis, sem vínculos políticos e sem raízes comunitárias, como no caso das *maras* e *pandillas* da América Central ou o caso de conflitos religiosos ou étnicos, como o da Palestina ou Bósnia. Pura criminalidade comum comandada por bandos pouco articulados com o único objetivo de lucrar com a venda de drogas e os roubos. A luta era sistematicamente perdida não porque os traficantes do Rio fossem mais inteligentes ou preparados do que os demais traficantes do Brasil ou do mundo, mas porque as polícias mergulharam no negócio do crime numa escala sem precedentes. O Rio de Janeiro chegou ao fundo do poço em termos de perspectivas ao fim das duas gestões do casal Garotinho e dos dois mandatos municipais de Cesar Maia (2001-2009). Ainda que as taxas de homicídio no período dos dois governos da família Garotinho tenham apresentado uma ligeira queda (de 52 por 100 mil para 46 por 100 mil), isto provavelmente deve-se ao fato de que as taxas estavam extraordinariamente altas no governo Marcello Alencar pelas políticas de incentivo às mortes por policiais, e também possivelmente por modernizações na Polícia Civil (em especial o programa Delegacias Legais, que inclui informatização, reforma, novo sistema de gestão e fim das carceragens) e no sistema de controle e remodelação das Áreas Integradas de Segurança Pública, o que gerou maior controle também sobre a atuação da PM. Tanto as Delegacias Legais quanto as novas Aisps foram mudanças ocorridas no primeiro ano do primeiro governo Garotinho. Essas duas hipóteses para explicar a queda moderada no período de oito anos confirma a ideia de que as taxas de homicídio respondem imediatamente a mudanças nas políticas de segurança e na gestão das polícias, mesmo que pequenas.

Sergio Cabral (2007-2014) assume o governo com uma taxa de 46 por 100 mil e muito especialmente em um clima de desesperança e pessimismo em relação aos esforços anteriores de enfrentamento do tráfico e da criminalidade no estado. E, efetivamente, nos primeiros dois anos de sua administração, predominaram a política do confronto e as velhas práticas de entrar em favelas atirando. Em 2007, no primeiro ano de seu governo, os autos de resistência chegaram ao ápice de toda a série histórica, com 1.330 vítimas. O escândalo das milícias explodiu em 2008, enquanto as respostas dos comandos da PM e da Polícia Civil mantinham-se fracas em relação a denúncias cotidianas de corrupção. Além disso, algumas tragédias abalaram a sociedade. Entre elas a morte do menino João Hélio, arrastado por criminosos menores de idade que roubaram o carro de sua mãe no bairro de Oswaldo Cruz, em fevereiro de 2007, e o caso do menino de três anos João Roberto, morto por policiais que faziam uma perseguição a bandidos nas ruas da Tijuca, em julho de 2008. Este último fato revelou dinâmicas típicas de autos de resistência acidentais: os policiais atiraram em um carro, presumindo que ali havia traficantes, pois esta era a orientação dos comandos da PM, eliminar traficantes a qualquer custo. Depois da tragédia, o governador chamou os policiais de "débeis mentais", mas eles se justificaram dizendo que estavam apenas cumprindo seu dever. Em julho de 2007 a PM, juntamente com a PC, comandadas pela Secretaria de Segurança, fizeram uma megaoperação de "retomada" do Complexo do Alemão, com 1350 homens, que resultou na morte de 19 pessoas e 13 feridos. A operação, que reuniu evidências inequívocas de execução, chocou o país e foi questionada pela Secretaria Nacional de

Direitos Humanos do governo federal, pela OAB, por grupos de direitos civis e por parte da mídia. A Força Nacional manteve um cerco nas entradas das favelas do complexo depois da operação, mas uma semana depois da megaoperação os traficantes circulavam ostensivamente armados dentro do Alemão e seu poder e crueldade tinham se ampliado.[14]

Contudo, mudanças importantes foram percebidas mesmo durante os dois primeiros anos da administração Cabral. A primeira foi a sinalização de que não haveria interferências políticas na gestão das polícias. A negociação de titularidades de delegacias e comandos de batalhões por parte de vereadores, deputados e comerciantes era uma tradição no Rio de Janeiro. O mesmo em relação aos tenentes-coronéis indicados às vagas de coronel *full*, aos delegados de segunda para irem a delegados de primeira etc. (Soares, 2000; Vargas, 2006). Cabral estabeleceu que a partir de sua administração não haveria interferência político-partidária na vida interna das polícias. Esse ponto foi repetido como um mantra pelo governador e por seu secretário de Segurança e, até onde é possível observar, foi cumprido ao menos em parte e representou um ponto de inflexão na história das polícias fluminenses nas últimas décadas. Outra decisão importante foi estabelecer na área de segurança o mesmo que havia para outras secretarias: um programa de metas que deveria balizar a ação de todos os servidores, que teriam bônus caso cumprissem as metas. O programa de reforma gerencial parece ter tido impacto na redução de vários índices de criminalidade, inclusive na redução de autos de resistência, que foram incorporados entre os indicadores que deveriam cair em cada Aisp (Área Integrada de Segurança Pública), sob a responsabilidade de um comandante da PM e um ou mais delegados. Finalmente, outra mudança percebida logo no início da gestão Cabral foi o tom do discurso da área da segurança. Cauteloso, o secretário Mariano Beltrame reestabeleceu em poucos meses o diálogo que havia sido rompido há anos entre o setor de segurança e líderes comunitários, pesquisadores, empresários e mídia.

---

[14] Observações de pesquisa de campo cujos resultados encontram-se, entre outros textos, em Ramos (2007).

Em dezembro de 2008, isto é, no final do segundo ano da gestão Cabral, o secretário Beltrame compareceu pessoalmente ao morro Santa Marta em Botafogo e anunciou que a favela fora ocupada pelo Bope e que posteriormente à ocupação a comunidade receberia uma tropa fixa formada por policiais recém-ingressos na corporação e que eles ali permaneceriam e respeitariam os moradores. Um mês depois, esse projeto piloto recebeu o nome de Unidade de Polícia Pacificadora (UPP).

UPP: um programa para mudar a polícia

Em mais de uma ocasião, quando apresentei o caso particular da violência criminal no Rio de Janeiro em seminários fora do Brasil e expus o programa das UPPs para mostrar o que estava mudando na cidade, ouvi a pergunta: *mas por que vocês demoraram tanto?* De fato, o Rio de Janeiro levou 30 anos para implantar um programa simples, inspirado nos princípios de policiamento comunitário, para policiar favelas sem infligir às populações locais mais danos que os traficantes infligem. Talvez a resposta à pergunta sobre por que demoramos tanto, seja exatamente essa: porque o grande desafio do Rio de Janeiro não está em mudar o crime, mas foi sempre mudar a polícia. Isto é o que tentarei demonstrar a seguir.

Surpreendentemente, as UPPs não foram um novo projeto de segurança previamente elaborado, detalhadamente planejado e posteriormente implementado. Tiveram um formato muito particular de implantação, na medida em que foi se construindo com grande dose de experimentação, a partir de resultados práticos. São escassos os instrumentos de institucionalização e formalização do programa, tanto em sua criação quanto seis anos após.[15] A estrutura normativa reduzida, composta apenas por três

---

[15] As UPPs contam com poucos instrumentos de institucionalização: Decreto-Lei nº 41.650 de 21 de janeiro de 2009; Decreto-Lei nº 41.653 de 22 de janeiro de 2009; Decreto-Lei nº 42.787 de 6 de janeiro de 2011. Os dois decretos de 2009, promulgados pelo governador um mês após o início da experiência no Santa Marta, apenas criam as UPPs e preveem um pagamento de gratificação de R$ 500 para os policiais lotados nas UPPs. O decreto de 2011, dois anos após a primeira experiência e após a implantação de mais cinco UPPs, é o primeiro instrumento formal que estabelece de forma enxuta as linhas gerais do programa,

decretos governamentais, se por um lado valoriza as experiências práticas, por outro denota baixa institucionalidade do programa e o torna pendente de um processo de formalização e sistematização que consolide um modelo claro que possa ser mantido ou alterado no futuro (Rodrigues e Siqueira, 2012; Cano, 2012). Além disso, como há baixa padronização de procedimentos, ocorrem duas tendências problemáticas: a primeira é que cada comandante imprima seu próprio estilo nas ações em campo, fazendo com que as favelas dependam desproporcionalmente de sua personalidade, virtudes e defeitos. O segundo problema é a tendência quase inercial à deterioração da qualidade da prestação de serviços públicos dentro de favelas ao longo do tempo, que caracteriza todos os setores e mais fortemente o setor de segurança. O desvirtuamento é favorecido onde não há procedimentos previamente estabelecidos e padrões escritos a serem obrigatoriamente mantidos e onde não há avaliação sistemática de metas e de qualidade da prestação dos serviços.

Ainda assim, desde as primeiras experiências algumas características do projeto o tornaram um ponto de inflexão em anos de intervenção em favelas.[16] Além de seus dois únicos objetivos principais — recuperação por parte do estado de territórios dominados por grupos criminosos e o fim dos confrontos armados —, alguns aspectos fundamentais e dis-

---

suas fases, sua doutrina de policiamento de proximidade e seus objetivos (ver Cano, 2012). Em fevereiro de 2015 o governador Luis Fernando Pezão publicou um decreto (nº 45.146) que "dispõe sobre a institucionalização, planejamento e controle da política de pacificação". Entre outras providências, o instrumento prevê a articulação de secretarias para a realização de uma "ocupação social" nas favelas "pacificadas" e uma comissão de avaliação permanente para acompanhar cada área, coordenada pelo próprio governador.

[16] Não é possível comparar as UPPs ao Mutirão pela Paz, experimentado na favela Pereira da Silva em 1999, ou ao Grupamento de Policiamento em Áreas Especiais (GPAE), criado no morro do Cantagalo, Pavão, Pavãozinho em 2000 ou a outras inúmeras experiências tópicas de policiamento ou ocupação em favelas ou fora delas experimentadas no Rio de Janeiro ao longo das décadas anteriores. Isto inclui as duas gestões de Brizola no estado, com a implantação de experiências de policiamento comunitário lideradas pelo coronel Nazareth Cerqueira (ver Silva, 2013; Ribeiro, 2006). Embora todas sejam obviamente inspiradas na doutrina de policiamento comunitário, nenhuma teve nem remotamente a abrangência, a escala e o caráter de política de governo que teve as UPPs. Rodrigues (2014) refere a experiência das UPPs no Rio de Janeiro (com 40 unidades e previstos 12.500 policiais até o final de 2014) como uma experiência de policiamento de caráter comunitário sem nenhuma outra comparação no mundo.

tintivos do programa foram: 1. A ideia de que uma tropa fixa, inspirada na estratégia de policiamento comunitário, ou policiamento de proximidade, ou policiamento voltado para resolução de problemas, ocupa o território da favela anteriormente dominado por grupos armados e lá permanece; 2. A lógica de policiamento de saturação, em que a razão do número de policiais pelo número de moradores é, em média, quatro vezes maior do que a média da cidade e até oito vezes maior do que a média do estado; 3. A presença permanente de um oficial no campo: um capitão ou major é responsável pelos policiais na comunidade, tem razoável autonomia e serve não apenas como supervisor da tropa, mas como um elemento de contato com a população, facilitando inclusive o recebimento de reclamações de desvios de conduta de soldados, cabos e sargentos; 4. A determinação, nos primeiros cinco anos da experiência, de compor a tropa fixa com policiais predominantemente recém-formados (Musumeci et al., 2013) e *não viciados* em práticas antigas da PM nas favelas, como diversas vezes declarou o secretário de Segurança; 5. A tentativa de valorizar o policial das UPPs, com previsão de pagamento de gratificação; 6. Forte estratégia de mídia que acompanhou a instalação das UPPs nos primeiros anos, insistindo na ideia de que se tratava de um programa de governo e não apenas de um programa de polícia.

Vários analistas concordam que, talvez mais estratégicos e radicais do que os objetivos declarados das UPPs, sejam os objetivos que não fazem parte do programa: o fim do narcotráfico, a vitória na guerra contra os traficantes ou a salvação das favelas. Se a guerra contra o tráfico constituía o paradigma tradicional da política de segurança no Rio de Janeiro por quase 30 anos, com poucos períodos de exceção, dentro de um marco de tiroteios e mortes, a aceitação de que o tráfico não necessariamente será derrotado com as UPPs abre espaço para uma política em que a redução dos confrontos armados e a segurança da população da favela é a prioridade. E onde não há confrontos sistemáticos, não há licença para matar e, portanto, são reduzidas, ou ao menos mais controladas, as possibilidades de negociação com o crime, a venda de informações e as tentativas de extorsão de traficantes.

Nesse sentido, na medida em que limitam a violência e controlam a corrupção policial, as UPPs são antes de tudo um programa para mudar a polícia. São um programa cujo objetivo e mérito principal é conter a escalada de violência e corrupção que caracterizam policiais fluminenses por três décadas. Em outras palavras, as UPPs são em boa medida um programa de "pacificação da polícia" (Burgos et al., 2011).

Após os primeiros seis anos da experiência das UPPs, com aproximadamente 40 unidades instaladas, em mais de 250 favelas, envolvendo cerca de 10 mil policiais e beneficiando em torno de 1,5 milhão de pessoas,[17] o balanço é positivo, porém incerto. A redução das mortes nas favelas com UPPs, e não apenas nas favelas (Cano, 2012), foi muito substantiva nos primeiros cinco anos (tendo atingido seu ponto mais positivo em 2012) e impactou as taxas do estado do Rio de Janeiro. Depois de 30 anos, os homicídios passaram da casa dos 40 por 100 mil para a casa dos 20 por 100 mil. As pesquisas de opinião indicam que os moradores das áreas beneficiadas tinham, durante os primeiros anos, avaliação mais positiva do que negativa sobre o projeto (Rodrigues e Siqueira, 2012; Burgos et al., 2011; Cano, 2012). Mas a despeito da importância e da magnitude do projeto, maior do que qualquer esforço na área de segurança pública em décadas, alguns problemas tornaram o futuro da experiência incerto e preocupante.

Em primeiro lugar, uma das áreas mais frágeis do projeto é a relação entre a comunidade e os policiais. Não houve um esforço de institucionalizar a relação e tornar obrigatórios os encontros e dinâmicas de escuta e consulta às comunidades por parte da polícia.[18] Esse é um aspecto crucial da estratégia de policiamento comunitário, o que levaria gradativamente à substituição da força pela legitimidade. Em muitas UPPs, percebe-se

---

[17] Os dados são da Coordenadoria de Polícia Pacificadora, órgão da PMERJ. O cálculo de moradores beneficiados envolve uma contabilidade própria que soma moradores das favelas ocupadas a um número não especificado de moradores do entorno das favelas. Disponível em: <http://www.upprj.com/>. Acesso em: 28 jun. 2014.

[18] Apenas em 2 de setembro de 2014, quase seis anos após a primeira experiência na favela Santa Marta, foi inaugurado o primeiro Conselho de Gestão Comunitária de Segurança de UPP, na favela da Mangueira, que pretende funcionar nos moldes dos Conselhos Comunitários de Segurança existentes nas Áreas Integradas de Segurança Pública (Aisps), isto é, com reuniões obrigatórias mensais.

que o projeto ficou no estágio inicial: o território foi ocupado, policiais foram colocados, mas não se avançou na mudança das relações e no diálogo entre a polícia e a comunidade. Mesmo nos locais onde as UPPs são bem-sucedidas, isto é, onde as armas de guerra foram retiradas e não ocorrem disputas ou tiroteios constantes entre policiais e traficantes, moradores se ressentem de não serem ouvidos, consultados e respeitados como os interlocutores soberanos do local. Especialmente entre os policiais e os jovens, as tensões e hostilidades são grandes em toda parte. É surpreendente que após seis anos nenhum projeto voltado para a redução dos estigmas e preconceitos entre juventude e polícia tenha sido desenvolvido. É ainda menos compreensível que um programa voltado para a retirada das armas dos territórios, não tenha sido acompanhado de qualquer projeto governamental com os jovens que anteriormente participavam dos grupos armados (tipo desarmamento, reintegração ou reinserção), nem mesmo em caráter experimental.

Outro problema é a ausência de avaliação sistemática sobre o que está dando certo e o que não funciona em cada UPP (Rodrigues, 2014). As experiências locais são heterogêneas e às vezes cambiantes ao longo do tempo (Mourão, 2013). Daí ser ainda mais necessário um programa permanente de avaliação conjunta entre policiais e moradores dos resultados em cada favela. Seja como for, está claro que em geral nas comunidades menores as UPPs tendem a ter mais sucesso e o modelo parece ser adequado para a maioria das favelas pequenas ou das favelas isoladas. Mas nos grandes conjuntos de favelas e em favelas de grandes dimensões, como Rocinha, Complexo da Penha ou Complexo do Alemão, a experiência não vem tendo os mesmos resultados. Basicamente, essas áreas não foram desarmadas, o que tem levado a tiroteios sistemáticos, com diversos episódios de mortes de pessoas consideradas inocentes pelos moradores, balas perdidas, erros e excessos na atuação policial (com alguns casos emblemáticos e rumorosos, como o desparecimento do pedreiro Amarildo na Rocinha em 2013 e o assassinato do dançarino Douglas da Silva, da TV Globo, em 2014). Também tem havido casos traumáticos de mortes de policiais que são emboscados em serviço, quando caminham em torno da sede da unidade ou em confrontos nas vielas de comunidades. As respostas dos comandos a esses erros em geral têm sido lentas e hesitantes, o que tem contribuído para desgastar o projeto não apenas nessas áreas. Cada tragédia em área de UPP reacende imediatamente a memória traumática de toda população da cidade sobre a velha polícia que atira antes de perguntar, que é violenta, ou ineficiente, ou que procura fraudar as evidências para que o jovem morto pareça um traficante e assim por diante, em *scripts* conhecidos. Ou seja, as favelas em que a UPP não conseguiu desarmar os traficantes, retomar o território, e onde os confrontos são constantes, antecipam de forma simbólica o temido desvirtuamento de todo o programa, como se fosse uma profecia a se cumprir.

Outro aspecto problemático é a ausência de articulação entre o trabalho de prevenção e repressão e o trabalho de investigação. Uma tropa num terreno, mesmo com um efetivo numeroso, pode pouco se o trabalho de polícia se resumir a grupos parados em pontos estratégicos ou em patrulhas cegas pela favela. Por meio de rádios e celulares, os grupos armados se reorganizam facilmente nas costas dos policiais e passam a controlar pedaços do território, num processo já bem conhecido, em que o próximo passo é surpreender uma pequena guarnição policial e estabelecer um confronto num terreno que em geral os traficantes conhecem melhor do que os policiais. Ao longo de 2013 e, principalmente, a partir de 2014 houve vários episódios de ataques de traficantes a policiais, gerando também uma onda de revolta e indignação entre os policiais. Em algumas áreas, que são aproximadamente um terço do conjunto das UPPs em 2015, como Complexo do Alemão, Rocinha, Camarista Meier, Lins e outras, tiroteios tornaram-se diários e criaram situações mais problemáticas para a população do que antes. Depois de décadas, não deveria haver sombra de dúvida de que os grupos armados nas favelas têm que ser enfraquecidos, controlados e desmobilizados com investigação, inteligência e antecipação, e não com tiroteios e confrontos. Mas o trabalho de polícia investigativa parece estar sendo até aqui menos presente do que o necessário, quando não ausente.

A formação dos policiais não mudou substancialmente nos últimos anos. O modelo guerreiro da tropa de elite inspirado no Bope continua forte na polícia fluminense, e mesmo entre muitos policiais das UPPs (Musumeci et al., 2013; Mourão, 2013; Rodrigues, 2014). Ainda que envolvam quase 10 mil policiais, isto é, parte expressiva e jovem da tropa de pouco mais de 30 mil homens e mulheres da Polícia Militar do estado, as UPPs não se tornaram um modelo alternativo e concorrente de polícia, como se esperaria de um projeto que teve o apoio do governo, da mídia e da sociedade, como ocorreu nos cinco primeiros anos. Ainda que as resistências, dentro da polícia, às práticas de policiamento comunitário sejam previsíveis e universais (Skolnick e Bayley, 2002; Ribeiro, 2014; Rodrigues, 2014), um número não desprezível de policiais das UPPs parece continuar identificado com um ideal de polícia obsessivamente voltado para a derrota dos criminosos e, inclusive, pelo confronto armado. Comparados com o velho modelo de polícia, que continua atraindo os aspirantes, o policiamento das UPPs é considerado por muitos menor, um tipo de atividade que não poderia ser considerada policiamento verdadeiro. Nessa visão, o policial da UPP precisaria deixar de ser, em alguma medida, policial para desempenhar esse novo papel (Cano, 2012:143).

É preciso dizer que há muito trabalho de policiamento de proximidade sendo realizado nas UPPs, e muitas vezes de boa qualidade, inclusive experiências surpreendentes de policiais especializados em mediação de conflitos (Mourão, 2013:45-48), que mantinham presença e atuação na maioria das 39 UPPs, em julho de 2014. Também há em algumas UPPs presença expressiva de policiais femininas, que são percebidas por muitos como *naturalmente adequadas* ao trabalho de policiamento comunitário.[19] Contudo, se é possível fazer um balanço geral do efeito das UPPs dentro da própria polícia após seis anos, parece que até aqui não foi possível fazer com que a experiência mudasse decisivamente a própria polícia.

---

[19] Barbara Mourão, no texto *UPPs, uma polícia de quê gênero?* (2013), argumenta que o sentimento de ser reconhecido e respeitado, que toma parte na construção da identidade dos policiais das UPPs, na relação com os moradores e outros policiais, alude a um campo simbólico que encontra na linguagem do gênero um de seus alicerces. "A presença feminina, nesse contexto, parece, por um lado, destravar as vias de comunicação da polícia com a favela. Por outro, quando evoca pretensos atributos naturais das mulheres, dando margem a representações sobre um 'lado não policial da polícia', acaba reforçando a lógica confrontativa que pretende amenizar" (p. 44).

Um aspecto preocupante associado ao projeto UPPs é o crescimento dos homicídios e crimes contra o patrimônio, no estado do Rio de Janeiro, a partir de 2012, e a manutenção dessa tendência em 2013 e 2014. Há indicações de que o modelo de criminalidade típico das favelas cariocas — presença de armamento ostensivo, controle de território, alta letalidade nas ações, capacidade de corromper as polícias etc. — foi ou está sendo estabelecido em áreas da Baixada Fluminense, São Gonçalo e outras.[20] Talvez não se trate propriamente de migração de bandos das favelas cariocas (pois os criminosos presos nessas áreas são predominantemente de lá e não de fora), mas do aprofundamento de tendências locais, aproveitando a extrema fragilidade das políticas de segurança nesses locais combinadas. Além disso, houve a "importação" de uma modalidade de violência tipicamente carioca, a presença de criminosos exibindo armas em áreas que antes não havia essa presença ostensiva. De novo, o destino dessas áreas e da violência no resto do estado dependerá em boa medida das respostas que a polícia e as políticas de segurança forem capazes de oferecer: se usarem a política dos confrontos, da guerra ao crime e da limpeza dos territórios, provavelmente estaremos diante de uma escalada. Se a tônica for a retomada dos territórios com policiamento permanente, abundante e de boa qualidade, modernização da gestão, supervisão de comandos locais, respeito e escuta das prioridades dos moradores, muito possivelmente veremos o controle do crescimento da criminalidade.

Muitos analistas argumentam que o projeto das UPPs é excessivamente caro e não poderá ser expandido para todas as áreas do estado do Rio de Janeiro que necessitam de retomada de território (Cano, 2012). Não creio nessa hipótese. Seria o mesmo que dizer, na área da saúde, que o tratamento de certa doença letal é muito dispendioso, e por isso vamos

---

[20] Estudo realizado pelo Cesec sobre a criminalidade nos 13 municípios da Baixada Fluminense, revelou que os homicídios dolosos que tinham alcançado ali sua menor taxa em 2010 e 2011 (40 por 100 mil) voltaram a subir e em 2014 alcançou a taxa de 56 por 100 mil. Os autos de resistência, os roubos de veículos e os roubos a transeuntes, que historicamente situavam-se em níveis abaixo das taxas da capital, cresceram e em 2012 e 2013 ultrapassaram as taxas da cidade do Rio de Janeiro. O problema é mais acentuado em alguns municípios da Baixada, e menos em outros. As áreas mais problemáticas são Belford Roxo, Caxias, Nova Iguaçu, Mesquita e Nilópolis.

deixar esses doentes morrerem. É certo que o projeto das UPPs apresenta desafios complexos, além de seu custo, como a dificuldade de formação de milhares de policiais para renovar e ampliar a capacidade e a qualidade do policiamento. Mas o preço pago pelo Rio de Janeiro com políticas equivocadas de segurança durante décadas deveria ser suficiente para definir prioridades para os próximos anos.

Finalmente, um aspecto problemático das experiências das UPPs diz respeito às intervenções sociais que supostamente se seguiriam à retomada das favelas das gangues armadas. O desenho de *UPP Social* baseado em coordenação e articulação de políticas sociais nos territórios pacificados, estabelecido inicialmente no âmbito do governo estadual (ver Henriques e Ramos, 2011), não foi bem-sucedido, isto é, foi interrompido. Sua transferência para a esfera municipal foi suficiente para que o programa social não fosse inteiramente encerrado, mas o projeto enfrentou ao longo dos anos seguintes de existência, dificuldades e descontinuidades.[21] Na verdade, o conjunto de políticas para as favelas sofreu interrupção ou enfraquecimento após as reeleições dos governos estadual (2010) e municipal (2012) de Cabral e Paes. É o que se verificou com a quase interrupção do PAC das Favelas, do Morar Carioca ou do projeto Pouso, entre outros. De fato, a única intervenção pública forte e nova em favelas — seja em âmbito federal, estadual ou municipal — que se mantém em pleno vigor após sua implantação é o projeto de polícia. Por essa razão, muitos líderes comunitários afirmam que os governos só veem as favelas como espaços perigosos que devem ser controlados e que a única política social que as elites oferecem para as comunidades é a polícia. Pela mesma razão, isto é, porque apenas as polícias entraram nas favelas por meio das UPPs e não as contrapartidas sociais na proporção que se esperava, muitos moradores e também muitíssimos policiais (Musumeci et al., 2013)

---

[21] Em setembro de 2014 o nome *UPP Social* foi alterado para *Rio + Social*. O programa continuou sob a gestão do Instituto Pereira Passos (IPP), órgão do município do Rio de Janeiro. Em fevereiro de 2015, o governo do estado publicou um decreto que dispõe sobre a "institucionalização, planejamento e controle da política de pacificação no estado do Rio de Janeiro", identificando o governador como o coordenador das ações de 15 secretarias envolvidas com a prestação de serviços em favelas com UPPs.

se perguntam se as UPPs serão mantidas após os grandes eventos do Rio de Janeiro.

Conclusões

O estado do Rio de Janeiro, especialmente sua região metropolitana, foi durante muitos anos recordista da violência no Brasil, considerando que o país se mantém há anos entre os 10 países mais violentos do mundo, tomando por base as taxas anuais de homicídios. O ápice da violência fluminense ocorreu nos anos 1990, quando o estado atingiu taxas de homicídios na faixa de 50 e 60 por 100 mil habitantes, enquanto o Brasil permanecia na faixa dos 20 por 100 mil. Nos anos 2000 as taxas recuaram para o patamar ainda altíssimo, na faixa dos 50 e dos 40 homicídios por 100 mil habitantes, com o agravante de que a modalidade da violência em algumas favelas cariocas se universalizou para todas as favelas e se enraizou nos morros, conjuntos habitacionais e em muitos bairros pobres, tornando o Rio um caso muito particular, com poucos paralelos em termos de violência e criminalidade. Centenas de áreas no coração da região metropolitana, seja em favelas situadas nas áreas ricas ou pobres, foram controladas por gangues que fizeram desses territórios não apenas locais de venda de drogas. O tipo de mando sobre as populações dessas favelas inviabilizou a governança democrática local, os traficantes se tornaram provedores de serviços públicos e privados monopolizados e as armas se tornaram um negócio bem mais preocupante que as drogas.

Como isso foi acontecer em uma região que é a segunda mais rica de um país que tem uma das 10 maiores economias do mundo? Como se explica que traficantes passaram a mandar em áreas dentro de regiões entre as mais abastadas do Brasil, como Ipanema e Copacabana? Não há nada de muito específico com os traficantes cariocas e fluminenses. Seu único objetivo é a venda de drogas, os roubos, o crime comum. Os grupos não têm conotação ideológica, religiosa ou étnica, como ocorrem em situações complexas de violência em diversas partes do mundo. As quadrilhas são formadas por jovens de baixa escolaridade, que circulam pelas gangues em alta rotatividade, devido às mortes e às prisões em quantidades que se contam na casa dos milhares por ano e que apresentam pequena ou nenhuma capacidade de articulação nos poderes Judiciário ou Legislativo, como ocorrem com as máfias ou os cartéis. Valem-se apenas da capacidade de negociar com fornecedores de drogas no atacado e contrabandistas de armas e corromper a polícia no varejo da venda das drogas nas favelas, além de usar a violência como uma linguagem permanente de poder a ponto de torná-los donos, patrões e chefes, dos territórios que ocupam, algumas vezes com crueldade desmedida.

O que houve de particular no Rio de Janeiro foi a combinação profunda, sofisticada e diversificada de brutalidade autorizada contra as populações mais pobres e extorsão praticada contra criminosos, ao longo de décadas nas favelas cariocas e em outras áreas pobres da região metropolitana. Pelo menos desde os anos 1950, com raros períodos de exceção, como nas duas gestões de Leonel Brizola, essas práticas foram emolduradas por discursos sobre a guerra contra o crime. Muito frequentemente as práticas policiais e as políticas de segurança foram acompanhadas por uma narrativa de promessa de limpeza da cidade por meio do extermínio dos *facínoras que se escondem nas favelas* de caráter heroico e ficcional, que serviu de inspiração para romances e filmes. Junto com a naturalização da violência policial, o direito tácito de matar concedido a policiais que sobem os morros, o fechar os olhos aos casos de desvios de conduta e a glorificação da ideologia da *tropa de elite*, o Rio de Janeiro conheceu outras especificidades, como a interferência constante da política partidária na política de segurança chegando ao limite de vereadores e deputados indicarem sistematicamente delegados titulares e comandantes de batalhões, a partir dos quais mantinham negociações com o mundo do crime. As políticas de segurança também sempre estiveram no centro dos debates eleitorais do Rio de Janeiro, ainda que os investimentos na polícia e na modernização da gestão da segurança tenham sido pouco expressivos ao longo de décadas. Até pouco tempo, os salários da PM do RJ estavam entre os piores do país. Paralelamente a isso, a sociedade fluminense viveu mais de 30 anos num esquema bipolar que combinava indiferença pelo que se passava cotidianamente nas favelas com o susto provocado de tempos em tempos por cada tragédia que extravasava os limites dos morros. A maioria dessas tragédias envolveu policiais como protagonistas, como as chacinas e as execuções por vingança decorrentes do rompimento do esquema de propinas. Outras foram devidas a acidentes e equívocos, como erros de avaliação por parte de policiais e balas perdidas. De outro lado, criminosos passaram a atirar e a executar policiais mesmo em ocasiões em que não havia confrontos. O Rio de Janeiro chegou, no final da década de 2000, a uma situação do tipo *ardil 22*: se a polícia não fazia nada nas favelas, permitia ao tráfico ampliar seu poder, inclusive aumentando o controle de território para fora das favelas e ameaçando até o espaço aéreo; se fazia algo, causava danos ainda maiores aos moradores e às regiões no entorno, com o fechamento de escolas, tiroteios traumáticos, mortes de traficantes, de moradores e de policiais. O último degrau desse processo foram as milícias, grupos de policiais e ex-policiais que passaram a copiar o sistema de controle de território de traficantes para oferecer segurança e serviços que eles monopolizam. No Rio de Janeiro, as polícias foram fundo nos negócios do crime e a sensação que predominava em meados da década de 2000 era de que o Rio de Janeiro não tinha jeito.

Em dezembro de 2008 o governo do estado deu início a uma experiência de retomada dos territórios das favelas — sem que as fases de intervenção tática e estabilização priorizassem a morte ou captura de traficantes, mas sim a segurança da população local — que alterou substantivamente o quadro anterior. As unidades de polícia pacificadora, que ao fim dos primeiros seis anos somavam aproximadamente 40 e mobilizavam mais de 10 mil policiais em mais de 200 favelas, foram capazes de acabar com os tiroteios em muitas áreas, de reduzir de forma expressiva os homicídios dentro das comunidades e no entorno e de controlar alguns crimes contra o patrimônio, como roubos de veículos. As taxas de homicídio caíram para 28 por 100 mil em 2011 e 2012, segundo os dados do Datasus e os autos de resistência recuaram 56% se compararmos o ano de seu ápice, 2007, com o último ano de informações disponíveis, 2014, segundo dados do Instituto de Segurança Pública da Secretaria de Segurança do Rio de Janeiro. A redução das mortes no estado do Rio de

Janeiro não pode ser atribuída somente às UPPs. Quando observamos a queda de homicídios e autos de resistência nas áreas em que UPPs foram implantadas, vemos que elas explicam aproximadamente 10% das mortes que deixaram de ocorrer no estado. Diversas mudanças nas políticas de segurança passaram a ser desenvolvidas, como o estabelecimento de um sistema de gestão por metas, ao qual todos os batalhões e delegacias estão submetidos; a criação da Delegacia de Homicídios; e a determinação de interromper a tradição de interferência política em áreas técnicas de segurança. Minha tese é de que o conjunto de novas políticas de segurança e novas determinações às polícias foram o principal responsável pelos novos patamares das taxas do estado.

A principal pergunta para entender o Rio de Janeiro é por que demoramos 30 anos para criar respostas simples e óbvias para reduzir o controle de território por gangues, os tiroteios e as altas taxas de mortes. As UPPs e outras políticas são intervenções baseadas na saturação de policiamento em áreas anteriormente dominadas por quadrilhas armadas, combinadas com noções de policiamento de proximidade e da ideia de substituir aos poucos a força pela legitimidade. Elas protagonizam aquilo que especialistas e observadores defenderam durante décadas, de que é possível controlar a violência de grupos armados nas favelas com policiamento efetivo e respeitoso em relação às populações locais, trocando o temor pela confiança. A chave da questão está na polícia e na política, e não nos criminosos ou nos moradores das favelas. Demoramos porque foi e é difícil mudar a polícia, alterar sua cultura e suas práticas, ancoradas na brutalidade com os jovens negros e os mais pobres e na tolerância à extorsão de criminosos, que no caso do Rio de Janeiro datam dos anos 1950 e foram criativamente reinventadas nas décadas seguintes.

Ao fim dos primeiros anos, a experiência nas UPPs reuniu uma quantidade de resultados positivos, apoios e aplausos a ponto dessa radical inversão de expectativas ter feito a polícia, a mídia e parte da sociedade minimizarem os problemas que o modelo ainda carrega e a necessidade imperiosa de avaliações honestas e ajustes permanentes, como em qualquer experiência de polícia. As três principais fragilidades das UPPs são as escassas práticas de diálogo permanente entre polícia e moradores das favelas; o isolamento da polícia militar no território, sem apoio de inteligência e trabalho investigativo profissional da polícia civil e federal e a consequente sucessão de episódios de tiroteios entre policiais e traficantes; e a ausência de programas para a reintegração de pessoas anteriormente envolvidas com os grupos armados. Além disso, as UPPs são um pedaço apenas das políticas de segurança. Elas dizem respeito aos territórios dominados por quadrilhas. Tem havido respostas lentas a um conjunto de outras fragilidades estruturais de polícia no Rio de Janeiro, como a baixa taxa de esclarecimentos de crimes, inclusive de homicídios, a formação dos policiais ainda voltada predominantemente para o ethos guerreiro e não para o ethos comunitário e outras. Além disso, durante as duas gestões da administração Cabral, acompanhamos uma política bipartida de segurança. Para as favelas com UPPs, respeito e trabalho de proximidade. Para as favelas sem UPPs prevaleceu a autorização para matar, os tiroteios, os excessos, as balas perdidas na hora da saída da escola, os helicópteros perseguindo traficantes e atirando do alto. Foram desenvolvidas duas polícias, uma nova, que se mantinha basicamente sob controle e a tropa antiga, que seguia práticas não totalmente diferentes do padrão de polícia dos anos 1990 e 2000. Se os gestores de segurança foram corajosos em alterar o discurso sobre a violência e não repetiram o mantra da guerra ao crime e morte aos traficantes — e isso tem feito diferença na sociedade, nas favelas e nos comandos das polícias —, os mesmos dirigentes têm sido econômicos nos discursos de que é imperioso mudar a polícia.

É por ser uma reforma da polícia tímida, hesitante e parcial, e sem dizer seu nome, que o programa das UPPs e a política de segurança do Rio de Janeiro enfrentam sua maior fragilidade. O futuro é incerto, e talvez, a despeito da magnitude e das virtudes do projeto, não ultrapasse a prova dos próximos anos. O futuro do Rio de Janeiro no campo da segurança pública está em aberto. Tanto poderá ter o destino do desvirtuamento do policiamento comunitário, do enfraquecimento do respeito às favelas e do retorno ao discurso da tropa de elite e das práticas violentas, quanto poderá fazer da experiência das UPPs a pedra fundamental de um processo de reforma da polícia fluminense. Sem mudar profundamente a polícia e as políticas de segurança não seremos capazes de controlar os problemas de violência e criminalidade no estado.

Bibliografia

ANUÁRIO Brasileiro de Segurança Pública 2013. São Paulo, Fórum Brasileiro de Segurança Pública, 2014.

BEATO, Cláudio; ZILLI, Luis Felipe. Organização social do crime. In: Lima, Renato Sergio, Ratton, José Luiz e Azevedo, Rodrigo (Orgs.). *Crime, polícia e justiça no Brasil*. São Paulo: Editora Contexto, 2014.

BURGOS, Marcelo Baumann et al. O efeito UPP na percepção dos moradores das favelas. *Desigualdade & Diversidade — Revista de Ciências Sociais da PUC-Rio*, nº 11, ago/dez, 2011, pp. 49-98.

CALDEIRA, Cesar. Segurança Pública e sequestros no Rio de Janeiro, 1995-1996. *Tempo Social Revista de Sociologia da USP*, São Paulo 9(1) 115-153, 1997.

CANO, Ignacio (Coord.). Os donos do morro: uma avaliação exploratória do impacto das Unidades de Polícia Pacificadoras (UPPs) no Rio de Janeiro. Fórum Brasileiro de Segurança Pública / LAV-UERJ, 2012.

_____; Duarte, Thais. Milícias. In: Lima, Renato Sergio, Ratton, José Luiz e Azevedo, Rodrigo (Orgs.). *Crime, polícia e justiça no Brasil*. São Paulo, Editora Contexto, 2014.

_____. *Letalidade da ação policial no Rio de Janeiro*. Rio de Janeiro: ISER, 1997.

_____; Santos, Nilton. *Violência letal, renda e desigualdade social no Brasil*. Rio de Janeiro: Sete Letras, 2001.

_____. *Seis por meia dúzia?* Um estudo exploratório do fenômeno das chamadas milícias no Rio de Janeiro. Segurança, tráfico e milícias no Rio de Janeiro. Rio de Janeiro: Fundação Heinrich Böll, 2008. pp. 48-103.

HENRIQUES, Ricardo; RAMOS, Silvia. UPPs Sociais: ações sociais para consolidar a pacificação. In: Urani, André e Giambiagi, Fabio. (Org.). *Rio*: a hora da virada. Rio de Janeiro: Elsevier, 2011. p. 242-254.

IMANISHI, Rute e Rivero, Patricia Silveira. Áreas de concentração das vítimas da violência no município do Rio de Janeiro (2002-2006). *IPEA, Texto para Discussão*, 1698, Fevereiro de 2012.

KAHN, Túlio. *Homicídios dolosos em São Paulo*. Texto produzido para a coordenadoria de Análise e Planejamento da Secretaria de Segurança Pública de São Paulo (SSP/SP), 2007.

LEEDS, Elizabeth, Cocaína e poderes paralelos na periferia urbana brasileira: ameaças à democratização em nível local. In: Zaluar e Alvito, 2006. *Um século de favela*. Rio de Janeiro: FGV, 2006.

LEMGRUBER, Julita; Musumeci, Leonarda; Cano, Ignácio. *Quem vigia os vigias? Um estudo sobre controle externo da polícia no Brasil*. Rio de Janeiro: Record, 2003.

MANSO, Bruno Paes. *Crescimento e queda dos homicídios em SP entre 1960 e 2010 — uma análise dos mecanismos da escolha homicida e das carreiras no crime*. Tese apresentada à Universidade de São Paulo, 2012.

MINAYO, Maria Cecília de Souza; Souza, Ednilsa Ramos; Constantino, Patrícia. *Missão prevenir e proteger*. Rio de Janeiro: Editora Fiocruz, 2008.

MISSE, Michel. As ligações perigosas: mercado informal legal, narcotráfico e violência no Rio. Contemporaneidade e Educação. Salvador, FAEBA/UNEB v.2, n. 1, 1997.

_____. Sobre a acumulação social da violência no Rio de Janeiro. *Civitas 8* (3) Porto Alegre, 2008, pp. 371-85.

MOURÃO, Barbara Musumeci. UPPs: uma polícia de que gênero? Centro de Estudos de Segurança e Cidadania, 2013.

MUSUMECI, Leonarda. Homicídios no Rio de Janeiro: tragédia em busca de políticas. *Boletim Segurança e Cidadania*, CESeC, 2002.

_____. et al. Ser policial de UPPs: aproximações e resistências. *Boletim Segurança e Cidadania*, ano 12, n.14, 2013.

RAFAEL, Antonio. *Um abraço para todos os amigos*. Algumas considerações sobre o tráfico de drogas no Rio de Janeiro. Rio de janeiro: EDUFF, 1998.

RAMOS, Silvia. Meninos do Rio. Jovens, violência armada e polícia nas favelas cariocas. CESEC, *Boletim Segurança e Cidadania*, 2009.

RIBEIRO, Ludmila. O nascimento da polícia moderna: uma análise dos programas de policiamento comunitário implementados na cidade do Rio de Janeiro (1983-2012). *Análise Social*, 211, XLIX (2º), 2014, 272-309.

RISSO, Melina. Intentional Homicides in São Paulo City: A New Perspective. *Stability: International Journal of Security & Development*, 3(1): 19, pp. 12-12, 2014

RIVERO, Patrícia. Segregação urbana e distribuição da violência: Homicídios georreferenciados no município do Rio de Janeiro. *Dilemas: Revista de Estudos de Conflito e Controle Social*. vol. 3, n. 9, jul./ago./set. 2010, pp. 117-142.

RODRIGUES, André; SIQUEIRA, Raíza. As Unidades de Polícia Pacificadora e a segurança pública no Rio de Janeiro. In: Rodrigues, André; Siqueira, Raíza e Lissovsky, Mauricio (Coords.). Unidades de Polícia Pacificadora: Debates e reflexões. *Comunicações do Iser*, ano 31, n. 67, 2012, p. 9-52.

RODRIGUES, Robson. The Dilemmas of Pacification: News of War and Peace in the 'Marvelous City'. *Stability: International Journal of Security and Development*, [S.l.], v. 3, n. 1, p. Art. 22, may. 2014.

SILVA, Bruno Marques. *A Polícia é o público e o público é a Polícia:* o policiamento comunitário e a política de segurança brizolista no Rio de Janeiro (1983-1994). In: XXVII Simpósio Nacional de História, 2013, Natal. Conhecimento histórico e diálogo social, 2013.

SILVA, Luis Antonio. *Vidas sob cerco.* Violência e rotina nas favelas do Rio de Janeiro. Rio de Janeiro: Nova fronteira, 2008.

SILVA, Luciana. Agora abaixe o som: UPPS, ordem e música na cidade do Rio de Janeiro. *Cadernos CRH.* v. 27, n.70, Salvador, jan./abr. 2014.

SKOLNICK, Jerome e BAYLEY, David. *Policiamento comunitário:* questões e práticas através do mundo. São Paulo: Edusp, 2002.

SOARES, Luiz Eduardo. *Meu casaco de general:* 500 dias no front da segurança pública. Rio de Janeiro: Cia. das letras, 2000.

_____. *Legalidade libertária.* Rio de Janeiro: Lumem Juris, 2006.

_____; BILL, MV; ATHAYDE, Celso. *Cabeça de porco.* Rio de Janeiro: Objetiva, 2005.

_____ et al. *Violência e política no Rio de Janeiro.* Rio de Janeiro: Relume Dumará, 1996.

_____; Ferraz, Cláudio; Batista, André; Pimentel, Rodrigo. *Tropa de elite 2.* Rio de Janeiro: Nova fronteira, 2010.

SOUZA, Ednilsa Ramos; MINAYO, Maria Cecília de Souza. Vitimização de policiais civis e militares brasileiros. In: Anuário do Fórum Brasileiro de Segurança Pública, 2013 — pp. 110-117.

VARGAS, Xico. *O caminho do ouro.* Site *No Mínimo.* 01/05/2006.

VENTURA, Zuenir. *Cidade partida.* Rio de Janeiro: Cia. das Letras, 1994.

WAISELFIZS, Julio Jacobo. Mapa da Violência 2012. Os novos padrões da violência homicida no Brasil — Excerto Rio de Janeiro. Brasília, Instituto Sangari, 2012.

_____. *Mapa da Violência 2014.* Os jovens do Brasil. Rio de Janeiro: FLACSO, 2014.

ZALUAR, Alba. *Condomínio do diabo.* Rio de Janeiro: Revan, UFRJ, 1994.

_____; Alvito, Marcos. *Um século de favela.* Rio de Janeiro: FGV, 2006.

Sobre os autores

ADILSON DE OLIVEIRA. Doutor em economia do desenvolvimento pela Université de Grenoble. Professor do Instituto de Economia (IE) da Universidade Federal do Rio de Janeiro (UFRJ).

BRUNO LEONARDO BARTH SOBRAL. Doutor pelo Instituto de Economia da Universidade Estadual de Campinas (Unicamp). Professor da Faculdade de Ciências Econômicas da Universidade do Estado do Rio de Janeiro (Uerj).

FERNANDO MAC DOWELL. Livre docente em engenharia pela UFRJ. Professor do Mestrado em Engenharia Urbana e Ambiental na Pontifícia Universidade Católica do Rio de Janeiro (PUC-Rio).

FLORIANO C. M. PIRES JR. Doutor em engenharia oceânica pela UFRJ. Professor da Coppe/UFRJ.

HILDETE PEREIRA DE MELO. Doutora em economia da indústria e da tecnologia pela UFRJ. Professora da Faculdade de Economia da Universidade Federal Fluminense (UFF).

ISRAEL SANCHES MARCELLINO. Mestre em economia pela UFF. Professor substituto de economia da Universidade Federal Rural do Rio de Janeiro (UFRRJ). Pesquisador na Redesist (IE/UFRJ).

JORGE BRITTO. Doutor em economia da indústria e da tecnologia pela UFRJ. Professor de economia da UFF. Colaborador em Pesquisa da Redesist (IE/UFRJ).

JOSÉ EDUARDO CASSIOLATO. Doutor em economia pela Universidade de Sussex. Professor do IE/UFRJ. Coordenador da Redesist (IE/UFRJ).

JULIA PARANHOS. Doutora em economia pelo IE/UFRJ. Professora adjunta do IE/UFRJ.

LIA HASENCLEVER. Doutora em engenharia de produção pela Coppe/ UFRJ. Professora associada do IE/UFRJ.

LUIZ MARTINS DE MELO. Doutor em economia pelo IE/UFRJ. Professor Associado do IE/UFRJ.

MARCELO AUGUSTO GURGEL DE LIMA. Mestre em psicossociologia de comunidades e ecologia social, Programa Eicos/IP/UFRJ. Pesquisador do Gapis do Instituto de Psicologia da UFRJ.

MARCOS FERREIRA DA SILVA. Estatístico (ENCE/IBGE). Técnico de Controle Externo do Tribunal de Contas do Estado do Rio de Janeiro

MARIA HELENA VERSIANI. Doutora em história, política e bens culturais pelo Centro de Pesquisa e Documentação de História Contemporânea do Brasil da Fundação Getulio Vargas (CPDOC/FGV). Pesquisadora do Museu da República e do Observatório de Estudos sobre o Rio de Janeiro, vinculado ao Programa de Mestrado em Direito e Instituições, da FND/UFRJ.

MARIA LÚCIA WERNECK. Doutora em ciência política pelo IUPERJ. Professora associada da UFRJ.

MARTA DE AZEVEDO IRVING. Doutora em ciências pela USP. Professora e pesquisadora associada do IP/IE/UFRJ.

MAURO OSORIO. Economista. Doutor em planejamento urbano e regional pelo Instituto de Pesquisa e Planejamento Urbano Regional (UFRJ). Professor da Faculdade Nacional de Direito (FND) da UFRJ. Coordenador do Observatório de Estudos sobre o Rio de Janeiro, vinculado ao Programa de Mestrado em Direito e Instituições, da FND/UFRJ.

NINA QUINTANILHA ARAÚJO. Mestre em economia industrial pelo IE/ UFRJ. Analista de Controle Externo do Tribunal de Contas do Estado do Rio de Janeiro.

PAULA ALEXANDRA NAZARETH. Doutora em Economia pelo IE/UFRJ. Diretora-Geral da Escola de Contas e Gestão do Tribunal de Contas do Estado do Rio de Janeiro.

RENATA LÈBRE LA ROVERE. Doutora em ciências econômicas pelo Université Paris Diderot. Professora associada do IE/UFRJ. Coordenadora do Programa de Pós-Graduação em Políticas Públicas, Estratégias e Desenvolvimento do IE/UFRJ.

RILEY RODRIGUES DE OLIVEIRA. Mestre em engenharia de produção pela Coppe/UFRJ. Membro do Global Leaders Panel – Economist Intelligence Unit. Pesquisador do Grupo Produção & Espaço & Tecnologia (Getema/Coppe/UFRJ).

SILVIA RAMOS. Cientista social. Doutora em ciências pela ENSP/Fiocruz. Coordenadora do Centro de Estudos de Segurança e Cidadania da Universidade Candido Mendes.

Impressão e acabamento:

Grupo Smart Printer
Soluções em impressão